Das Buch

Der Welfe Heinrich der Löwe ist sicherlich eine der bekanntesten Persönlichkeiten des deutschen Mittelalters, er ist in seiner Rolle und seinem Wirken umstritten, in Dichtung und Sage immer wieder verklärt oder aber verketzert worden. Der Herzog von Sachsen und Bayern war einer der mächtigsten Landesherren seiner Zeit, der durch eine geschickte Territorialpolitik, die Förderung wichtiger Städte (u. a. Lübeck, Braunschweig, München), durch gezielte Wirtschaftspolitik und zentralisierte Verwaltung sein Herrschaftsgebiet zu einem einheitlichen Staatsgebilde zu formen suchte. Seine Machtfülle und die fast königliche Stellung, die er erlangte, führten jedoch zu dem berühmt gewordenen Konflikt mit dem Stauferkaiser Friedrich Barbarossa, der Heinrich die Herrschaft über seine Herzogtümer kostete.
Das Buch des Kieler Historikers Karl Jordan ist eine auf langjähriger Forschung beruhende Biographie, die Leben und Wirken des „Löwen" im Zusammenhang mit den politischen, sozialen und geistigen Auseinandersetzungen seiner Zeit darstellt und so ein umfassendes Bild nicht nur dieser Herrscherpersönlichkeit, sondern des 12. Jahrhunderts insgesamt entwirft.


Der Autor

Karl Jordan, geb. 1907, gest. 1984, lehrte von 1943 bis zu seiner Emeritierung im Jahre 1975 Mittlere und Neuere Geschichte an der Universität Kiel. Sein wissenschaftliches Werk umfaßt zahlreiche Veröffentlichungen, insbesondere zur Geschichte des Hohen Mittelalters und der Universität Kiel.

Karl Jordan:
Heinrich der Löwe
Eine Biographie

Deutscher
Taschenbuch
Verlag

Juli 1993
4. Auflage Januar 1996: 14. bis 16. Tausend
Deutscher Taschenbuch Verlag GmbH & Co. KG, München
© C. H. Beck'sche Verlagsbuchhandlung (Oscar Beck), München 1979
ISBN 3-406-04033-0
Umschlagtypographie: Celestino Piatti
Umschlagbild: Braunschweig, Burglöwe, 1166
Foto: Gisela Rothe, mit freundlicher Genehmigung des Amtes
Stadtentwicklung und Stadtmarketing, Braunschweig
Satz: Sellier Druck GmbH, Freising
Druck und Bindung: C. H. Beck'sche Buchdruckerei, Nördlingen
Printed in Germany · ISBN 3-423-04601-5

*Für Ilse Jordan*

# Vorwort

Der Plan einer Biographie Heinrichs des Löwen hat mich schon seit längerer Zeit beschäftigt. Der Abschluß dieses Buches hat sich aber wegen anderer Pflichten, insbesondere wegen der Aufgaben des Lehramtes, leider immer wieder verzögert. Auch erwies es sich als notwendig, zur Entlastung der Darstellung zunächst eine Reihe von Vorarbeiten durchzuführen, deren Ergebnisse ich in einer größeren Anzahl von Aufsätzen veröffentlicht habe.

Das Buch soll dem wissenschaftlichen Historiker eine auf den Forschungen der letzten Jahrzehnte aufbauende Monographie des großen Welfen geben. Es wendet sich aber auch an den größeren Kreis geschichtlich interessierter Leser, die sich nicht mit der heute wieder stark verbreiteten historischen Belletristik begnügen wollen. Diese doppelte Zielsetzung erklärt Umfang und Anlage des Buches. Es will Heinrichs Wirken als Herzog von Sachsen und Bayern, aber auch seine Rolle in der Geschichte des deutschen Reiches im 12. Jahrhundert aufzeigen. Ich habe deshalb von einer rein chronologischen Darstellung abgesehen und das Schwergewicht mehr auf eine thematische Behandlung des Geschehens gelegt, auch wenn sich dabei gewisse Überschneidungen nicht vermeiden ließen. Ganz bewußt habe ich mich der Form der Erzählung bedient, die mir auch heute noch für eine Biographie besonders geeignet zu sein scheint.

Für wichtige Hinweise und Ratschläge habe ich den Freunden und Kollegen Erwin Aßmann, Horst Fuhrmann und Erich Hoffmann zu danken. Bei den Abschlußarbeiten, insbesondere bei der Erstellung des Registers und den Korrekturen, hat cand. phil. Jens Ahlers wertvolle Hilfe geleistet. Ich bin der Deutschen Forschungsgemeinschaft für die Bewilligung einer entsprechenden Beihilfe zu Dank verpflichtet. Mein Dank gilt schließlich der Beck'schen Verlagsbuchhandlung für die gute Ausstattung dieses Bandes.

*Kiel, im Dezember 1978*                                    *Karl Jordan*

# Inhalt

*Erstes Kapitel*

# Erbe und Umwelt

Die Welfen sind eines der ältesten Adelsgeschlechter Deutschlands, und keine andere fürstliche Familie Europas kann auf eine heute mehr als zwölf Jahrhunderte umspannende Tradition zurückblicken. Wie bei vielen Dynastien hat auch bei ihnen die Sage die Anfänge des Geschlechts umrankt und ausgeschmückt. Aber aus diesen sagenhaften Erzählungen schimmert ein historischer Kern deutlich hervor.

Als die Welfen zu Beginn des 12. Jahrhunderts das mächtigste Adelsgeschlecht in Deutschland geworden waren und die Krone des Reiches in greifbarer Nähe sahen, fand dieser Führungsanspruch auch in schriftlichen Darstellungen der Geschichte des Hauses seinen Ausdruck. Den ersten genealogischen Aufzeichnungen, die in der Mitte der 20er Jahre zunächst in Oberdeutschland und ein Jahrzehnt später in Lüneburg entstanden und die im wesentlichen die Abfolge der Generationen wiedergeben, folgte um 1170 die „Welfengeschichte", die ein mit Namen nicht bekannter schwäbischer Geistlicher aus der Umgebung Herzog Welfs VI. abfaßte. Sie spiegelt das welfische Selbstbewußtsein am deutlichsten wider.

Voll Stolz berichtet ihr Verfasser, er habe in einem alten Geschichtsbuch gelesen, daß die Welfen von jenen Franken abstammten, die aus Troja ausgewandert seien und nach Kämpfen mit den Römern ihre Sitze an den Ufern des Rheines genommen hätten. Diese Sage von der trojanischen Abstammung der Franken begegnet in der Geschichtsschreibung des Mittelalters immer wieder, um das hohe Ansehen des Stammes zu begründen. Wenn auch die Welfengeschichte mit ihr ein beliebtes literarisches Motiv übernimmt, so ist doch der Kern der Erzählung, die fränkische Abstammung der Welfen, richtig.

Als Stammvater des Geschlechts können wir heute einen Grafen Ruthard ansehen, der in der zweiten Hälfte des 8. Jahrhunderts unter Pippin, dem ersten König aus dem Hause der Karolinger, zur höchsten Aristokratie des fränkischen Reiches gehörte. Er stammte aus dem Osten der Monarchie; seine Güter lagen im Elsaß und in Lothringen. Er wurde einer der wichtigsten Helfer Pippins bei der Eingliederung Alemanniens in das großfränkische Reich und wird einmal geradezu als Verwalter dieses Landes bezeichnet. In dem unterworfenen Gebiet erwarb er reichen Besitz, im Jahr 769 erscheint er als Graf im Argengau nördlich des Bodensees.

Einer seiner Nachfahren, wohl ein Sohn oder Enkel, war ein Graf Welf, der erste Träger jenes Namens, der erst im 12. Jahrhundert zur Bezeichnung des ganzen Geschlechts üblich wurde. Die Erklärung dieses Wortes hat zu verschiedenen sagenhaften Erzählungen Anlaß gegeben, die die Welfengeschichte – allerdings nicht ohne Zweifel anzudeuten – anführt. Das Wort Welf, dessen ältere Form Hwelpo oder Hwelfo lautet, ist die Kurzform eines Namens Welfhard oder Bernwelf. Als Bezeichnung für das Junge eines wilden Tieres oder Hundes ist das Wort „Welf" oder „Welp" sprachlich mit dem lateinischen „catulus" oder dessen Weiterbildung „catilina" gleichbedeutend. So konnte die Sage entstehen, daß ein Vorfahre Welfs die Tochter eines vornehmen römischen Senators Catilina geheiratet und dessen Namen seinem Sohne gegeben habe. In der verdeutschten Form sei dieser dann Welf genannt worden. Eine andere Erzählung berichtete, einem Angehörigen des Geschlechts sei ein Sohn geboren, als er sich bei seinem Kaiser aufhielt. Als er sofort nach Hause zurückkehren wollte, habe der Kaiser spottend gesagt: „Wegen eines Welfen, der Euch geboren ist, wollt Ihr so eilig nach Hause zurückkehren". Der Vater habe dieses Wort aufgegriffen und es zum Namen seines Sohnes gemacht.

Eine doppelte Eheverbindung mit dem Hause der Karolinger trug dazu bei, das Ansehen des Geschlechts im 9. Jahrhundert wesentlich zu steigern. Welfs älteste Tochter, die ebenso schöne wie ehrgeizige Judith, ist durch die Rolle bekannt geworden, die sie als zweite Gemahlin Kaiser Ludwigs des Frommen gespielt hat. Durch die Ansprüche, die sie für ihren Sohn, den späteren westfränkischen König Karl den Kahlen, erhob, beschwor sie die Kämpfe zwischen dem Kaiser und seinen älteren Söhnen herauf, die seit 830 zu einer schweren Krise des Reiches führten. Ihre jüngere Schwester Emma wurde die Frau eines dieser Kaisersöhne, Ludwigs des Deutschen, des ersten Karolingers, der nur über Ostfranken, das spätere deutsche Reich, herrschte.

Auf Konrad, einen Sohn des Grafen Welf, gehen die beiden Linien zurück, an die die geschichtliche Rolle des Hauses in den nächsten Jahrhunderten eng geknüpft ist. Sein ältester gleichnamiger Sohn begründete die Dynastie der Welfen in Burgund, die bald die Königskrone dieses

Landes errang und dessen Geschicke bis zum Aussterben des Geschlechts im Jahre 1032 lenkte. Konrads jüngerer Sohn, der als Welf (I.) den Namen des Großvaters trug, wurde der Stammvater der süddeutschen Welfen.

Da sich die Welfen in den Jahren 858/59 in den Kämpfen Ludwigs des Deutschen gegen Karl den Kahlen auf dessen Seite schlugen, verloren sie die führende Rolle, die sie bis dahin im ostfränkischen Reich gespielt hatten. Auch in der Frühzeit des deutschen Reiches treten sie politisch nicht hervor. Es gelingt ihnen aber, ihre Stellung im Südwesten des Reiches langsam auszubauen. Dabei haben sie ihre ursprüngliche Zugehörigkeit zum fränkischen Stamm aufgegeben und sind Schwaben geworden.

Macht und Ansehen eines mittelalterlichen Adelsgeschlechts sind weitgehend von seiner Hausmacht abhängig. War zunächst das Gebiet im Nordosten des Bodensees, der Argen- und Schussengau, der Kern des welfischen Grundbesitzes, so dehnen sie ihren Besitzstand allmählich in die dünner besiedelten Landstriche Oberschwabens aus. Vor allem beginnen sie, die Randgebiete der Voralpen durch Rodung zu erschließen, und erweitern ihren Herrschaftsbereich beiderseits des Lechs nach Norden hin. So entsteht im schwäbisch-bayerischen Grenzgebiet, vor allem im Ammer- und Augstgau, ein zweiter welfischer Herrschaftsbezirk.

Die spätere welfische Geschichtsschreibung bringt diese Erweiterung des Besitzstandes der Dynastie in mehreren voneinander abweichenden Versionen mit Heinrich, in dem wir wohl den Enkel Welfs I. erblicken können, in Verbindung. Er habe gegen den Willen seines Vaters Eticho einem Kaiser die Huldigung geleistet und dafür ein umfangreiches Lehen erhalten. Der Kaiser habe ihm dabei das Gebiet zugesagt, das er an einem Mittag umpflügen könne. Heinrich habe den Kaiser dadurch überlistet, daß er sich einen goldenen Pflug herstellen ließ und diesen mit schnellen Reitpferden, während der Kaiser schlief, um ein großes Gebiet führte. Ob dieser Erzählung, in der das alte Sagenmotiv von der Landgewinnung durch Umpflügen wieder auftaucht, ein echter Kern zugrunde liegt, läßt sich nicht sagen. Von einer Belehnung Heinrichs, dem diese Geschichte später den Beinamen „mit dem goldenen Wagen" eintrug, durch einen deutschen Herrscher ist nichts bekannt.

Inmitten seines großen Besitzes im Schussengau gründete Heinrich um 935 in Altdorf am Fuße seiner Burg das erste Eigenkloster der Welfen, das er mit Nonnen besetzte. Es wurde die Grablege seines Hauses. Nach Altdorf, ihrem Hauptsitz, wurden die Welfen fortan vielfach genannt. Durch Heinrichs Ehe mit der Angehörigen einer bayerischen Adelsfamilie aus der Gegend von Weilheim faßten die Welfen jetzt auch im eigentlichen bayerischen Stammesgebiet Fuß.

Was Heinrich begonnen hatte, wurde rund hundert Jahre später durch einen seiner Nachfahren, Welf II., fortgeführt. Er vermählte sich mit Imiza (Irmentrud) aus dem luxemburgischen Grafengeschlecht, das auch in Bayern begütert war. Durch diese Ehe konnte Welf den Besitzstand seines Hauses im Gebiet östlich des Lechs vermehren. Er erhielt auch die Grafschaft beiderseits des Brenners; doch wurde sie ihm später von Konrad II. wieder entzogen, als er sich am Aufstand Herzog Ernsts von Schwaben gegen den Kaiser beteiligte. Im Oberinntal, im Vintschgau und Unterengadin besaßen damals die Welfen auch Eigengut. Es bildete neben den Besitzungen im Bodenseegebiet und im schwäbisch-bayerischen Grenzraum den dritten Güterkomplex der Welfen. Zur Mitgift Imizas gehörten auch Güter in der Lombardei, wohl im Gebiet von Este, mit denen die Welfen erstmals in Oberitalien Fuß faßten. In den schwäbischen Stammlanden erbaute Welf unweit von Altdorf die Ravensburg, die zum Hauptsitz des Geschlechts wurde und die in der Folgezeit häufig dessen Herkunft bezeichnete.

Mit Welf III., dem einzigen Sohn Welfs II. und Imizas, treten die Welfen auch in der Geschichte des Reiches wieder hervor. Im Jahre 1047 übertrug ihm Kaiser Heinrich III. das damals erledigte Herzogtum Kärnten. Die Herrschaft der Welfen in Kärnten war allerdings nur von kurzer Dauer. Bereits acht Jahre später, im November 1055, ist Welf gestorben. Da er unvermählt war, erlosch mit ihm das Geschlecht der süddeutschen Welfen im Mannesstamm. Einige Jahre vorher hatte er das Kloster Altdorf nach einem Brand auf die Höhe des nahen Martinsberges verlegt und ihm den Namen Weingarten gegeben. In seinem Testament hatte Welf dem Kloster, in dem er die letzte Ruhe finden wollte, sein ganzes Eigengut vermacht. Die Geschichte der Welfen in Deutschland schien beendet zu sein.

In dieser Situation tat Imiza, die tatkräftige Witwe Welfs II., einen ungewöhnlichen Schritt. Sie focht die letztwillige Verfügung ihres Sohnes an, da sie als dessen Erbin ihr nicht zugestimmt hätte. Ihre Tochter Cuniza (Kunigunde) hatte sich in den Tagen Konrads II. mit dem Markgrafen Albert-Azzo II. von Este aus dem Hause der Otbertiner vermählt. Die Otbertiner waren eines der angesehensten und mächtigsten Dynastengeschlechter Oberitaliens, die außer einer Reihe von Grafschaften eine Fülle von Besitzungen in verschiedenen Teilen Oberitaliens, vor allem in der östlichen Lombardei, in der Emilia, Romagna und der nördlichen Toscana, in ihrer Hand vereinigten. Aus Azzos Ehe mit Cuniza war ein Sohn, der damals etwa zwanzigjährige Welf, hervorgegangen. Da Cuniza bereits gestorben war, rief Imiza ihren Enkel nach Deutschland, um die Tradition des Hauses weiterzuführen. Als Welf IV. ist er der Begründer der jüngeren Linie der Welfen geworden.

Wenige Monate nach dem Tode seines Onkels übernahm er das gesamte Welfenerbe in Schwaben und Bayern. In Weingarten hielten Mönche aus dem bayerischen Kloster Altomünster ihren Einzug; die Weingartener Nonnen übernahmen dafür Altomünster. Welf selbst gründete das Augustiner-Chorherrenstift Rottenbuch im Ammertal, das in der kirchlichen Reformbewegung des 11. und 12. Jahrhunderts eine wichtige Rolle spielen sollte.

Nachdem Welf in erster Ehe mit einer namentlich nicht bekannten Angehörigen eines italienischen Geschlechts verheiratet gewesen war, vermählte er sich mit Ethelinde, der Tochter des Bayernherzogs Otto von Northeim, und verband sich dadurch mit einer der angesehensten Dynastien des Reiches. Als Otto wegen eines angeblichen Anschlages auf Heinrich IV. im Jahre 1070 durch einen Fürstenspruch abgesetzt wurde, verstieß Welf seine Gemahlin und stellte sich auf die Seite des jungen Königs.

Damit begann seine zwiespältige Rolle in der Reichsgeschichte dieser Jahrzehnte. König Heinrich übertrug ihm das Herzogtum Bayern. Dadurch stiegen die Welfen endgültig zur herzoglichen Würde empor. Mehr als ein Jahrhundert haben sie, wenn auch mit Unterbrechungen, das herzogliche Amt in Bayern innegehabt und so ihre Machtstellung im Reiche ausgebaut. Bald nach 1070 ging Welf eine dritte Ehe mit Judith von Flandern ein. Aus dieser Ehe gingen zwei Söhne hervor, Welf V. und Heinrich, der später „der Schwarze" genannt wurde.

In den innerdeutschen Auseinandersetzungen der 70er Jahre stand Welf IV. zunächst auf der Seite Heinrichs IV. und leistete ihm beim Kampf gegen die Sachsen wertvolle Hilfe. Nach dem Ausbruch des Konflikts zwischen dem König und Papst Gregor VII. wechselte er aber bald in das Lager der fürstlichen Opposition gegen Heinrich IV. über und spielte bei der Wahl Herzog Rudolfs von Schwaben zum Gegenkönig im März 1077 eine führende Rolle. Ebenso wie die Herzöge von Schwaben und Kärnten wurde er deshalb vom König abgesetzt.

Die Herzogtümer Schwaben und Kärnten wurden von Heinrich wieder neu verliehen. Das wichtige schwäbische Herzogtum übertrug er dem

Grafen Friedrich von Büren, der sich fortan nach seiner auf dem Staufen-
berg bei Göppingen neu erbauten Burg Friedrich von Staufen nannte und
der sich mit Agnes, der Tochter Heinrichs IV., vermählte. Im Dienst des
salischen Königshauses begann damit die geschichtliche Leistung jenes
anderen schwäbischen Geschlechts, das später zeitweilig der stärkste Rivale der Welfen werden sollte. Das Herzogtum Bayern behielt der König
vorläufig in seiner Hand, ohne jedoch hier die Stellung der Welfen er-
schüttern zu können.

Welfs Ziel war es, sich auch in Italien eine Machtbasis zu schaffen. Sein
Vater Albert-Azzo war nach Cunizas Tod eine zweite Ehe eingegangen,
der zwei Söhne, Hugo und Fulco entsprossen waren. Nach Welfs Abfall
von der königlichen Partei hatte Heinrich IV. ihnen die Rechte und Besitzungen ihres Vaters in Italien zugesichert. Demgegenüber versuchte
Welf IV., durch ein Bündnis mit dem mächtigen Hause Canossa in Ober-
und Mittelitalien wieder zur Macht zu kommen. Durch Vermittlung
Papst Urbans II. schloß im Jahre 1089 der 17jährige Welf V. die Ehe mit
der damals 42- oder 43jährigen Markgräfin Mathilde von Tuszien, die
seit den Tagen Gregors VII. die eifrigste Verfechterin der päpstlichen
Sache in Ober- und Mittelitalien war. Sie hatte – vermutlich im Jahre
1079 – das umfangreiche Eigengut ihres Hauses in Italien und Lothringen
der römischen Kirche geschenkt, es aber als Lehen zurückerhalten. Als
sich die Hoffnung des jungen Welf, durch seine Ehe mit Mathilde die
Anwartschaft auf diese Gebiete zu erhalten, nicht erfüllte, trennte er sich
nach wenigen Jahren (1095) von der Markgräfin. Mit diesem Schritt steht
ein neuer Parteiwechsel seines Vaters im Zusammenhang. Welf IV.
söhnte sich mit Heinrich IV. aus und wurde wieder als Herzog in Bayern
eingesetzt.

Als Azzo von Este 1097 im hohen Alter die Augen schloß, brach
zwischen seinen Söhnen aus seinen beiden Ehen ein heftiger Streit um das
reiche väterliche Erbe aus. Welf IV. erhob gegenüber seinen Stiefbrüdern,
den Markgrafen Hugo und Fulco, weitgehende Ansprüche auf die Besitzungen und konnte sie auf einem Zug nach Italien zum großen Teil
durchsetzen. Es war sein letzter großer Erfolg; wenige Jahre später ist er
im Jahre 1101 auf der Rückkehr von einer Pilgerfahrt ins Heilige Land
auf der Insel Cypern gestorben.

In Bayern trat Welf V. die Nachfolge des Vaters an, während Heinrich
der Schwarze die Rechte des Hauses in Italien wahrnahm. Die herzogliche Regierung Welfs in Bayern (1101–1120) ist durch das gute Einvernehmen zwischen ihm und dem Königshaus, insbesondere mit HeinrichV.,

dem letzten Salier, bestimmt. Immer wieder, so beim ersten Romzug Heinrichs V. 1110/11, sehen wir ihn in der Nähe des Königs.

Nach Welfs Tod bekleidete sein Bruder Heinrich der Schwarze knapp sechs Jahre, von 1120–1126, die herzogliche Würde in Bayern, da Welf keine Erben hinterließ. Diese kurze Regierungszeit ist jedoch für die Geschichte des welfischen Hauses von größter Bedeutung geworden. Noch zu Lebzeiten seines Vaters hatte er sich mit Wulfhild, der älteren Tochter des sächsischen Herzogs Magnus aus dem angesehenen Geschlecht der Billunger, vermählt. Als mit dem Tode des Magnus die Billunger im Jahre 1106 in männlicher Linie ausstarben, gingen die reichen Besitzungen dieses Hauses an Wulfhild und ihre jüngere Schwester Eilika, die Gemahlin des Grafen Otto von Ballenstedt aus dem Hause der Askanier, über. Wulfhild erhielt vor allem die umfangreichen Eigengüter der Billunger um ihren Stammsitz Lüneburg und im Bardengau. Damit faßten die Welfen besitzmäßig auch in Sachsen Fuß.

Der Ehe Heinrichs mit Wulfhild sind sieben Kinder, drei Söhne und vier Töchter, entsprossen. Da Konrad, wohl der zweite Sohn, in jungen Jahren als Zisterziensermönch starb, wurden seine beiden Brüder, Heinrich, später „der Stolze" genannt, und Welf VI., die Repräsentanten des Welfenhauses. Von ihren Schwestern ist Judith bekannt geworden. Sie gab dem jungen Friedrich II. von Schwaben die Hand, der im Jahre 1105 seinem Vater Friedrich von Staufen in der schwäbischen Herzogswürde gefolgt war. Durch diese Ehe des Staufers mit der welfischen Fürstentochter schien ein enges Bündnis zwischen den beiden großen schwäbischen Geschlechtern gesichert zu sein. Die Entscheidung, die Heinrich der Schwarze nach dem Tode Heinrichs V. bei der Königswahl des Jahres 1125 traf, führte aber eine ganz andere Entwicklung herbei.

Da mit Heinrich V. die Salier in männlicher Linie ausstarben, hatte nach Geblütsrecht Herzog Friedrich II. von Schwaben als Neffe des verstorbenen Herrschers die nächste Anwartschaft auf den Thron. Gegen ihn bildete sich unter Führung des Erzbischofs Adalbert von Mainz eine Opposition, vor allem aus den Reihen der geistlichen Fürsten. Adalberts Kandidat war sein langjähriger Verbündeter, Herzog Lothar von Sachsen aus dem Hause der Süpplingenburger, der in der letzten Regierungszeit Heinrichs V. dessen mächtigster Widersacher gewesen war. Auch der Markgraf Leopold III. von Österreich und Graf Karl von Flandern wurden als Bewerber um die königliche Würde in Betracht gezogen.

Bei den Wahlverhandlungen, die im August 1125 in Mainz unter Adalberts Leitung abgehalten wurden, rief man zunächst in tumultuarischer

Form Lothar zum König aus. Dagegen erhoben die bayerischen Großen
unter Führung ihres Herzogs Heinrich Einspruch. In den Beratungen der
nächsten Tage wurde aber der Welfe für Lothar gewonnen. So konnte der
Sachsenherzog am 30. August in aller Form zum König gewählt werden.
Der Gedanke der freien Wahl des Königs hatte sich gegenüber dem Geblütsrecht durchgesetzt.

Der unerwartete Parteiwechsel Heinrichs des Schwarzen, der sich gegen seinen Schwiegersohn Friedrich von Staufen und für Lothar entschied, wurde zweifellos dadurch herbeigeführt, daß bei diesen Verhandlungen in Mainz eine Ehe zwischen seinem Sohn Heinrich dem Stolzen
und Lothars einziger Tochter, der damals zehnjährigen Gertrud, verabredet wurde. Da Lothar keine Söhne hatte, war Gertrud die alleinige Erbin
des riesigen Besitzes, den ihr Vater im Laufe der Zeit in seiner Hand
vereinigt hatte. Vor allem erwarb der junge Heinrich durch diese Ehe eine
Anwartschaft auf Lothars Nachfolge im sächsischen Herzogtum und im
Falle von dessen Wahl zum König auch auf den deutschen Königsthron.
Lothar war mit fünfzig Jahren für die damalige Zeit ein alter Mann und
konnte nicht mehr mit einer sehr langen Regierung rechnen. Wenn nach
seinem Tod auch das Herzogtum Sachsen an die Welfen fallen sollte,
waren diese das mächtigste Fürstengeschlecht in Deutschland. Der Weg
zum Königtum schien ihnen dann offen zu stehen.

Herzog Friedrich von Schwaben sah sich durch die Entscheidung seines Schwiegervaters um seine berechtigten Hoffnungen auf die Königskrone gebracht. So mußte er der erbitterte Gegner nicht nur des neuen
Königs, sondern auch seiner welfischen Verwandten werden. Die Wahl
Lothars zum deutschen König führt damit den staufisch-welfischen Gegensatz herbei, der mehr als ein Jahrhundert die deutsche Geschichte
immer wieder verhängnisvoll überschattete.

Als Heinrich der Schwarze bereits im nächsten Jahr im Kloster Weingarten, in dem er sich kurz vor seinem Tode als Mönch hatte einkleiden
lassen, starb, folgte ihm Heinrich der Stolze als Herzog von Bayern. Ein
Jahr später vermählte er sich mit der jungen Gertrud. Auf dem Gunzenlee, einem alten Burghügel in der Nähe von Augsburg, beging Heinrich
am 29. Mai 1127 mit einem prächtigen Fest die Hochzeit mit der sächsischen Fürstentochter. Ein einziges Kind stammt aus dieser Ehe: Heinrich
der Löwe.

Man wird das Leben und das Werk Heinrichs des Löwen wie das jeder
anderen Persönlichkeit der Geschichte nur dann richtig würdigen kön-

nen, wenn man sich – wenigstens in großen Zügen – die Umwelt verdeutlicht, in die er hineingeboren wurde.

Wenige Jahre vor der Wahl Lothars zum deutschen König war im Jahre 1122 mit dem Wormser Konkordat jene Epoche zu Ende gegangen, die man vielfach als die Zeit des Investiturstreits bezeichnet. Dieses Zeitalter bedeutet jedoch weit mehr, als es dieser Begriff besagt. Es geht in den Jahrzehnten von etwa 1075–1122 nicht nur um die Frage nach der Verfügung über kirchliche Ämter und Würden. Sie führen vielmehr auf vielen Gebieten des politischen, sozialen und geistigen Lebens eine entscheidende Wende in der Geschichte des abendländischen Mittelalters herbei.

Das gilt zunächst für die Stellung der beiden universalen Gewalten, Kaisertum und Papsttum. In dem harmonischen Zusammenwirken dieser beiden Mächte sah man bis zur Mitte des 11. Jahrhunderts die rechte Ordnung der christlichen Welt begründet. Der Kaiser sollte der Schützer und Vorkämpfer der abendländischen Christenheit sein. Diese religiöse Aufgabe gab seiner Würde einen sakralen Charakter und stellte ihn als Statthalter (vicarius) Christi ebenbürtig neben den Papst, das andere Haupt der Christenheit. Durch das Sakrament der Salbung war er wie jeder Monarch, der die geistliche Weihe erhalten hatte, aus der Reihe der Laien herausgehoben und nahm eine priestergleiche Stellung ein. Die besonderen Pflichten seines Amtes gaben ihm einen ideellen Vorrang gegenüber den übrigen Herrschern des Abendlandes.

Diese Ordnung der Welt wird seit den Tagen Papst Gregors VII. (1073–1085) erschüttert. Indem jetzt das Papsttum den Anspruch auf die alleinige Universalität erhebt, zerstört es das bisherige Weltbild und stellt die geistigen Grundlagen des Kaisertums in Frage. Da eine neue kirchliche Rechtswissenschaft den geistlichen Charakter des Herrscheramtes bestreitet, muß das Kaisertum jetzt eine neue theoretische Begründung seiner Herrschaft suchen.

Trotz mancher Zugeständnisse, die das Papsttum den deutschen Königen und anderen Herrschern hatte machen müssen, durfte es sich beim Abschluß des großen Ringens als Sieger betrachten. Nach dem Tiefstand des 10. und frühen 11. Jahrhunderts war das durch die kirchliche Reformbewegung erneuerte Papsttum wieder eine moralische und geistige Macht geworden, die ihre Autorität – auch über den Bereich kirchlicher Fragen hinaus – bis in die entferntesten Teile der Christenheit zur Geltung brachte. Allerdings zeichnete sich für die römische Kurie dadurch auch die Gefahr ab, durch eine zu starke Verflechtung mit dem politischen Geschehen selbst ein weitgehend politischer Faktor zu werden.

Innerhalb der Staatenwelt des Abendlandes beginnen sich die Machtverhältnisse seit dem Anfang des 12. Jahrhunderts zu verschieben. In Frankreich geht König Ludwig VI. (1108–1137) daran, zunächst innerhalb der Krondomäne die feudale Anarchie des 10. und 11. Jahrhunderts zu überwinden und dadurch die Voraussetzungen für den allmählichen Aufstieg des französischen Königtums zu schaffen. Unter seinem Sohn und Nachfolger, dem nicht unbegabten, aber unsteten Ludwig VII. (1137–1180), erleidet jedoch die Königsgewalt manche Rückschläge.

In England kann König Heinrich I. (1100–1135) den inneren Aufbau der neuen normannischen Monarchie durch die Schaffung eines starken königlichen Gerichts- und Finanzwesens zu einem gewissen Abschluß bringen. Nach fast zwanzigjährigen Kämpfen um sein Erbe kann Heinrich II. aus dem Hause der Plantagenets (1154–1189) den anglonormannischen Staat dadurch zur stärksten Macht Westeuropas machen, daß er nicht nur England und die Normandie, sondern auch die meisten übrigen Gebiete des westlichen Frankreichs unter seinem Zepter vereinigt. Wenn der englische König für diese festländischen Besitzungen rechtlich auch Lehnsmann des französischen Königs war, so war er machtmäßig seinem Lehnsherrn weit überlegen. Daraus ergeben sich immer wieder starke Spannungen zwischen beiden Monarchien.

Die bedeutendste abendländische Herrschergestalt in der ersten Hälfte des 12. Jahrhunderts war zweifellos der Normannenkönig Roger II. (1101–1154). Er hat die verschiedenen von den Normannen in Süditalien und Sizilien eroberten Gebiete zu einem einheitlichen Staatswesen zusammengefügt und ist der Schöpfer einer Monarchie geworden, die durch die Ausbildung einer starken Zentralgewalt ihrer Zeit vielfach vorauseilt. Die Normannen sind dadurch ein wichtiger politischer Machtfaktor im Mittelmeerraum geworden. Sie sind nicht nur in Italien gefährliche Widersacher des Kaisers und des Papstes, sondern bedrohen auch durch kühne Vorstöße ins östliche Mittelmeer das byzantinische Reich. Byzanz selbst erlebt unter den Herrschern aus dem Hause der Komnenen einen Wiederaufstieg, vor allem seitdem Kaiser Manuel I. (1143–1180) eine kraftvolle Außenpolitik zu treiben beginnt. Damit tritt auch das in den Tagen Karls des Großen entstandene Zweikaiserproblem, das Verhältnis der beiden Imperien des Ostens und Westens zueinander, in eine neue Phase.

Die allmähliche Ausbildung nationaler Monarchien in Westeuropa wurde auch durch die sozialen Wandlungen dieser Jahrzehnte begünstigt. Bis zum Ende des 11. Jahrhunderts war in allen europäischen Ländern die verhältnismäßig kleine Schicht des Hochadels im politischen und kirchlichen Bereich bestimmend gewesen. Jetzt treten neue soziale Gruppen stärker hervor. Es ist dies einmal das Rittertum. Edelfreie und die ursprünglich unfreie Schicht der Ministerialen verschmelzen zu einem neuen Stand, der mit seinen besonderen Rechten und Pflichten, aber auch mit seiner Lebensweise und seiner Ethik die gesellschaftlichen Verhältnisse Europas für Jahrhunderte entscheidend geprägt hat. Die Ausbildung dieses Ritterstandes ist durch die Kreuzzüge und durch die Berührung mit der Welt des Orients wesentlich gefördert worden.

Neben dem Rittertum, ihm an Bedeutung allerdings zunächst noch nicht gleichwertig, beginnt auch das Bürgertum im Laufe des 12. Jahrhunderts eine wichtige Rolle zu spielen. Der immer stärker werdende Übergang von der Naturalwirtschaft zur Geldwirtschaft und die Ausweitung des abendländischen Gesichtskreises durch die Kreuzzüge gaben dem Fernhandel einen großen Auftrieb. Dieser wirtschaftliche Aufschwung kam vor allem der in den Städten führenden Schicht der Kaufleute zugute. Das Bürgertum, das sich in genossenschaftlichen Zusammenschlüssen seiner selbst bewußt wird, fordert immer nachdrücklicher seine Mitwirkung am Stadtregiment. In Italien, in Nordfrankreich und Flandern, im Maasgebiet und in einigen rheinischen Bischofsstädten können wir im letzten Drittel des 11. Jahrhunderts den Durchbruch dieser bürgerlichen Freiheitsbewegung erkennen, die an verschiedenen Orten bereits wichtige Erfolge erringt.

Für die sozialen Verhältnisse der Zeit wurde die sehr starke Bevölkerungszunahme seit dem Beginn des 12. Jahrhunderts ein bestimmender Faktor. Vom Anfang des Jahrhunderts an mehren sich die Stimmen, die von einem Landmangel in Flandern und in den Landschaften am Niederrhein sprechen. Erst durch diesen großen Bevölkerungsüberschuß waren die Voraussetzungen für die Besiedlung der östlich der Grenzmarken des Reiches gelegenen Gebiete gegeben.

Der Wandel der Zeiten wird nicht zuletzt im geistigen Leben des Abendlandes sichtbar. Auf dem Boden Frankreichs, das im 12. Jahrhundert geistig die führende Stellung in Europa einnimmt, entsteht die neue Wissenschaft der Scholastik, die die Glaubenswahrheiten auch verstandesmäßig begreifen und miteinander in Einklang bringen will. Neben Anselm von Canterbury (1033–1109) wurde vor allem Petrus Abaelard (1079–1142), der in Paris eine starke Wirksamkeit als Lehrer entfaltete, einer der namhaftesten Vertreter dieser neuen Wissenschaft. Die neue dialektische Methode des Fragens und Antwortens konnte aber über die kirchlichen Lehrmeinungen hinausführen. So erwächst Abaelard in dem Abt Bernhard von Clairvaux (1091–1153) ein erbitterter Widersacher. Dieser ist zwar kein Gegner der Wissenschaft; für ihn ist aber nicht das verstandesmäßige Begreifen, sondern das gläubige Erleben Gottes in der Kontemplation entscheidend. Er wird damit einer der Begründer der mittelalterlichen Mystik. Aus der mystischen Schau Gottes schöpft er den Antrieb, das empfangene Gnadengeschenk Anderen mitzuteilen. So wird er zu einem der gewaltigsten Prediger seiner Zeit, zugleich aber auch zu einem Kirchenpolitiker, der nicht frei von einer gewissen Herrschsucht war. Etwa ein Vierteljahrhundert lang nahm er fast die Stellung eines ungekrönten Herrschers im Abendland ein, ohne dessen Wissen kaum eine wichtige Aktion geschah.

Dem gesteigerten religiösen Bedürfnis der Zeit entsprang auch die Gründung neuer Orden, vor allem der Zisterzienser und der Prämonstratenser. Während die Zisterzienser wieder stärker die Einfachheit und Askese im monastischen Leben zur Geltung bringen wollten, sahen die Prämonstratenser als Weltgeistliche ihre besondere Aufgabe in der Seelsorge. Beide Orden, insbesondere die Zisterzienser, die es ihren Mitgliedern zur Pflicht machten, von der Arbeit ihrer Hände zu leben, sollten für die ostdeutsche Siedlung eine große Bedeutung gewinnen.

Der Umbruch der Zeit wird auch in der bildenden Kunst und der Literatur deutlich. In Frankreich beginnt seit dem zweiten Drittel des 12. Jahrhunderts der neue Stil der Gotik die Romanik, die in Deutschland damals ihre Hochblüte erlebte, langsam abzulösen. Die Literatur des ausgehenden 11. und beginnenden 12. Jahrhunderts ist noch weitgehend – vor allem in Deutschland – religiöse Dichtung mit lehrhaftem Charakter. Daneben entsteht aber in der ersten Hälfte des 12. Jahrhunderts eine Laiendichtung, die vom Gefühl der Weltzugewandtheit geprägt wird. Ihr Träger ist das neue Rittertum. Auch für diese Dichtung ist die Begegnung mit der Welt des Orients in den Kreuzzügen sehr fruchtbar geworden. Überall bilden sich allmählich nationale Literaturen in der Volkssprache heraus. So zeigt das geistige Leben des frühen 12. Jahrhunderts das Bild einer großen Vielgestaltigkeit und läßt sich nicht auf eine einheitliche Formel bringen.

Noch tiefgreifender als in den übrigen Staaten des Abendlandes waren die Auswirkungen dieses allgemeinen Umbruchs in Deutschland. Der Investiturstreit bringt die erste größere Krise in der Verfassungsentwicklung des mittelalterlichen deutschen Reiches. Das Kräftespiel zwischen Königtum, den herzoglichen Gewalten und der Kirche hatte seit dem 10. Jahrhundert das innere Gefüge des deutschen Staates bestimmt. Gegenüber allen eigenständigen Kräften, die im Herzogtum lebendig waren, hatte das Königtum seit den Tagen Ottos des Großen in steigendem Maße die Kirche in seinen Dienst gezogen und jene Ordnung geschaffen, die man gemeinhin das ottonisch-salische Reichskirchensystem nennt und die dem mittelalterlichen deutschen Staat für anderthalb Jahrhunderte sein besonderes Gepräge gegeben hat. In den Kämpfen des Investiturstreits brach dieses Reichskirchensystem zusammen. Gewiß hat sich das deutsche Königtum im Wormser Konkordat noch einen starken Einfluß auf die Besetzung der deutschen Bistümer wahren können. Doch entzieht sich die Kirche immer mehr dem Machtbereich des Königs. Die Bischöfe haben in den unruhigen Jahrzehnten des ausgehenden 11. und beginnenden 12. Jahrhunderts vielfach neue Rechte und Besitzungen in ihre Hand bringen können und gehen daran, ihre Herrschaftsgebiete zu Territorien auszubauen. Damit entsteht in Deutschland im Laufe des 12. Jahrhunderts der Stand der geistlichen Reichsfürsten, wie ihn andere abendländische Staaten nicht kennen. Aus Amtsträgern des Königs sind die Bischöfe zu Vasallen der Krone geworden, die mit dem Herrscher nur noch durch das Band des Lehnrechtes verbunden sind. Damit wird auch die Kirche immer mehr feudalisiert.

Ebenso wie die geistlichen sind auch die weltlichen Fürsten aus dem Ringen jener Jahrzehnte als Sieger hervorgegangen. Damit vollzog sich auch ein struktureller Wandel im Wesen des Herzogtums. Grundlage der herzoglichen Gewalt war im 10. und 11. Jahrhundert im allgemeinen der Stamm gewesen. Der Herzog war der Erste seines Stammes. Er führte das Stammesaufgebot, rief die Großen zu Landtagen zusammen und sorgte für die Friedenswahrung im Stammesgebiet. Er war aber nicht der alleinige Träger der öffentlichen Gewalt, die weitgehend in den Händen der Grafen lag. Die Herzogtümer bildeten auch kein lückenloses Netz im Reich. Neben ihnen gab es umfangreiche hochadlige Herrschaftsbezirke, die keinem Herzog untergeordnet waren.

Dieses Stammesherzogtum beginnt sich seit dem Ende des 11. Jahrhunderts zu wandeln. Schon früher begegnen uns gelegentlich Herzöge, die diesen Titel tragen, ohne über ein Stammesgebiet zu verfügen. Das Bestreben dieser Titularherzöge und anderer Dynasten, sich mit Hilfe ihres Hausgutes eine herzogliche Gewalt aufzubauen, führte zwangsläufig zur Auflösung des alten Stammesherzogtums. So haben etwa die Welfen bereits am Ende des 11. Jahrhunderts in ihren schwäbischen Besit-

zungen praktisch eine herzogliche Macht ausgeübt und sich damit der
Oberhoheit der schwäbischen Herzöge aus dem Geschlecht der Staufer
entzogen. Das ältere Herzogtum wird seit dem Beginn des 12. Jahrhunderts durch ein jüngeres abgelöst, dessen Grundlage nicht mehr die Gemeinschaft der Stammesgenossen, sondern ein Territorium ist. Der Ausbau ihrer zunächst lockeren Herrschaftsbereiche zu geschlossenen Territorien wurde das vornehmste Ziel der Herzöge und anderer Dynasten der
Zeit. Das 12. Jahrhundert wurde in Deutschland die erste wichtige Phase
des Prozesses, der zur Ausbildung der Landesherrschaft führt.

Dabei wies die herzogliche Gewalt schon frühzeitig große landschaftliche Unterschiede auf. Das zeigt etwa ein Vergleich der beiden Herzogtümer, die Heinrich der Löwe später in seiner Hand vereinigte: Bayern und
Sachsen. In Bayern war die Herrschaft der Herzöge trotz des wiederholten Wechsels der Dynastie besonders stark ausgeprägt. Sie kamen hier in
den Besitz wichtiger ursprünglich königlicher Rechte. So verfügten sie in
der Regel über die Grafschaften und haben wiederholt das Heimfallrecht
am Besitz ausgestorbener Geschlechter in Anspruch genommen. Auch
bei der Friedenswahrung trat der Herzog immer wieder als der oberste
Schiedsrichter in Erscheinung.

Sehr viel geringer war die Machtfülle der Billunger, die etwa anderthalb
Jahrhunderte die herzogliche Würde in Sachsen innehatten. Otto der
Große hatte zu Beginn seiner Regierung Hermann, den Stammvater der
im Lüneburgischen beheimateten Billunger, zum Markgrafen der wichtigen Grenzmark östlich der unteren Elbe ernannt und ihn später wiederholt mit seiner Stellvertretung als Herzog von Sachsen betraut. Aus beiden Aufgaben erwuchs unter Hermanns Nachfahren die eigene herzogliche Gewalt der Billunger. Sie bauten im Laufe der Zeit einen großen
Herrschaftsbereich auf, dessen Schwerpunkte im nordöstlichen Sachsen
und an der mittleren Weser lagen. Neben umfangreichem Allodialbesitz
erwarben sie zahlreiche Grafschaften und Kirchenvogteien. Ihre Herrschaft erstreckte sich jedoch nicht über das ganze Stammesgebiet. In den
westlichen Teilen Sachsens haben sie kaum einen Einfluß ausgeübt. Sie
waren nur Herzöge in Sachsen, nicht aber Herzöge von Sachsen.

Neben ihnen stand eine größere Anzahl von geistlichen und weltlichen
Herren, die ihre Gewalt allein vom König herleiteten und sie auch als
Ausübung eigener Herrschaftsrechte betrachteten. Von den geistlichen
Würdenträgern sind hier in erster Linie die Erzbischöfe von Bremen zu
nennen, die lange Zeit die wichtigste Stütze der Reichsgewalt in Sachsen
waren. Mit Hilfe der Könige konnten sie die Grafschaften in ihrer Diö-

zese erwerben und damit eine herzogsähnliche Stellung erringen. Seit der
Zeit Heinrichs IV. besaßen sie die Lehnshoheit über die wichtige Grafschaft Stade. Daraus ergaben sich zwischen ihnen und den sächsischen
Herzögen starke Spannungen, die auch im 12. Jahrhundert noch fortbe-
standen.

Aus der Reihe der weltlichen Dynasten ragen einige Grafengeschlech-
ter durch eine besondere Machtfülle hervor. Sie haben auch in der Reichsgeschichte des 11. und frühen 12. Jahrhunderts eine wichtige Rolle gespielt. Das sind einmal die Grafen von Stade, nach ihrem Leitnamen auch
Udonen genannt. Sie schufen sich seit der Mitte des 10. Jahrhunderts
zwischen der unteren Elbe und Weser einen Herrschaftsbereich, der dem
der Billunger kaum nachstand. Mit dem Erwerb Dithmarschens griffen
sie Mitte des 11. Jahrhunderts über die Elbe nach Norden aus. Gleichzeitig erhielten sie auch das Amt des Markgrafen in der Nordmark, der
späteren Altmark. Seit dem Ende des 10. Jahrhunderts begann der Aufstieg der Grafen von Northeim, die in ähnlicher Weise im Gebiet an der
Leine und der Oberweser aus Allodialgut, Grafschafts- und Vogteirechten ein großes Herrschaftsgebiet aufbauten. Otto von Northeim, der vom
Jahre 1061 bis zu seiner Absetzung im Jahre 1070 die herzogliche Würde
in Bayern bekleidete, ist zweifellos die bedeutendste Persönlichkeit dieses
Geschlechts gewesen.

Im Kreise dieser und anderer sächsischer Dynasten waren die Billunger
gewissermaßen nur die primi inter pares. Im Unterschied zu den Herzögen von Bayern besaßen sie kein allgemeines Aufgebotsrecht zu Hoftagen
oder Heerfahrten, wenn sie auch bei königlichen Feldzügen das Stammesaufgebot anführten. Auch für eine besondere herzogliche Gerichtsbarkeit, die über die Funktionen eines Grafen hinausging, fehlen in Sachsen für die Zeit der Billunger alle Zeugnisse. Die drei Grenzmarken, die
im ausgehenden 10. Jahrhundert an der mittleren Elbe und Saale entstanden waren, die Nordmark, die Lausitz und die Mark Meißen, waren
ebenfalls von ihnen völlig unabhängig und unterstanden nur dem König.
Das Herzogtum der Billunger war nur ein Ehrenvorrang, den sie in Sachsen einnahmen.

Mit dem Tode des Herzogs Magnus starben die Billunger im Jahre
1106 in männlicher Linie aus. Seine beiden Töchter waren mit Angehörigen angesehener Geschlechter vermählt; Wulfhild, die ältere, mit dem
Welfen Heinrich dem Schwarzen, Eilika, die jüngere, mit Otto von Ballenstedt. Aber keiner der beiden Schwiegersöhne des verstorbenen Herzogs erhielt dessen Würde. Heinrich V. verlieh das herzogliche Amt an

Graf Lothar von Süpplingenburg, der bis dahin politisch kaum hervorgetreten war und auch in Sachsen nur über eine bescheidene Hausmacht verfügte.

Die Gründe, die den deutschen König zu diesem Schritt veranlaßten, lassen sich mit Sicherheit nicht erkennen. Vermutlich wollte er dadurch verhindern, daß in Sachsen, in dem seit den Tagen Heinrichs IV. starke oppositionelle Kräfte gegen das Königtum lebendig waren, eine zu große Macht in einer Hand vereinigt wurde. Die Erhebung Lothars zum Herzog bedeutete zugleich, daß der große Herrschaftsbereich der Billunger zerschlagen wurde. Ihre Eigengüter fielen teilweise über Wulfhild an die Welfen, zum anderen Teil über Eilika an die Ballenstedter oder Askanier, wie sie nach ihrer Burg Aschersleben fortan meist genannt werden. Die Mark nordöstlich der unteren Elbe, ihre Grafschaftsrechte und Vogteien kamen mit der herzoglichen Würde an Lothar.

Die Süpplingenburger waren von Hause aus nicht sehr begütert. Neben der Grafschaft im Harzgau und in den angrenzenden nordöstlichen Vorlanden des Harzes besaß Lothar ein nicht sehr umfangreiches Allodialgut, das sich um seine Stammburg bei Königslutter gruppierte. Wenn er in den rund zwanzig Jahren seiner herzoglichen Regierung zum mächtigsten Dynasten Sachsens emporstieg, so verdankte er dies nicht nur seinem neuen Amt, sondern vor allem der Tatsache, daß er in dieser Zeit, vor allem beim Aussterben mehrerer sächsischer Adelsgeschlechter, große Erwerbungen machen konnte.

Durch seine Ehe mit Richenza, einer Enkelin Ottos von Northeim, erhielt er allerdings nur die Anwartschaft auf einen Teil der Northeimer Besitzungen, da außer Richenzas Vater Heinrich noch seine sechs Geschwister an Ottos Erbe beteiligt waren. Einen wichtigen Gewinn bildete dagegen der Herrschaftskomplex der Grafen von Haldensleben im nordöstlichen Vorland des Harzes, der nach dem Tode seiner Großmutter Gertrud an Lothar überging. Noch wertvoller war die Erbschaft von seiten seiner Schwiegermutter Gertrud von Braunschweig, mit der im Jahre 1117 das angesehene Geschlecht der Brunonen ausstarb. Dazu gehörten außer den Rechten der Brunonen in und um Braunschweig auch die Besitzungen der Grafen von Katlenburg, deren Stammburg östlich von Northeim lag. Es war ein großer Erfolg für Lothar, daß er nach Gertruds Tod in geschickten Verhandlungen ihre ganze Erbschaft in seine Hand bringen konnte. Jetzt war er der mächtigste Territorialherr in Sachsen, der herrschaftsmäßig alle anderen Dynasten des Landes weit überragte.

Lothars persönliche Leistung war es, daß er als Herzog wieder der wirkliche Führer des sächsischen Stammes wurde. Das zeigt sich einmal bei seinem Vorgehen in Nordelbingen, wo er die seit dem 10. Jahrhundert bestehende Grenzmark planmäßig in den sächsischen Machtbereich einzugliedern begann. Seine wichtigsten Helfer sollten dabei die ursprünglich an der mittleren Weser beheimateten Schauenburger werden. Adolf I., der erste namentlich bekannte Angehörige dieses Geschlechts, wurde von Lothar im Jahre 1111 mit der Grenzgrafschaft Holstein-Stormarn belehnt, deren Kern die Gebiete nördlich und östlich von Hamburg bildeten. Mit dieser Berufung der Schauenburger nach Nordelbingen schuf Lothar die Voraussetzung, daß in der Folgezeit Mission und deutsche Siedlung im Raum an der westlichen Ostsee erfolgreich beginnen konnten.

Die starke Machtstellung, die er während seiner herzoglichen Regierung in Ostsachsen errungen hatte, gab ihm auch die Möglichkeit, in den westlichen Teilen Sachsens, vor allem in Westfalen, wo er keine unmittelbaren Herrschaftsrechte besaß, seine Autorität auf dem Gebiete der Landfriedenswahrung durchzusetzen und damit das Amt des Herzogs mit neuem Inhalt zu füllen.

Vor allem wird er der Repräsentant des Stammes, als unter Heinrich V. die Kämpfe zwischen dem salischen Königshaus und den Sachsen wieder mit aller Schärfe entbrennen. Der Versuch des Kaisers, die sächsische Opposition militärisch niederzuwerfen, fand im Jahre 1115 in der Schlacht am Welfesholz bei Mansfeld, in der ihm ein sächsisches Heer unter Lothars Führung eine schwere Niederlage beibrachte, ein unrühmliches Ende. Die königliche Gewalt des letzten Saliers war in Sachsen fortan ausgeschaltet. Das zeigte sich sehr deutlich, als im Jahre 1123 die Lausitz und die Mark Meißen, zwei der drei wichtigsten mitteldeutschen Marken, neu vergeben werden mußten. Lothar setzte sich über die Entscheidung Heinrichs V., der den Grafen Wiprecht von Groitzsch mit beiden Marken belehnt hatte, hinweg und setzte in der Lausitz Albrecht den Bären, den Sohn Ottos von Ballenstedt, und in der Mark Meißen Konrad von Wettin ein. Zum ersten Mal hatte ein sächsischer Herzog die Verfügung über wichtige Reichslehen für sich in Anspruch genommen und damit die Machtfülle seiner herzoglichen Gewalt deutlich zum Ausdruck gebracht.

Als Lothar im Jahre 1125 zum Königtum berufen wurde, behielt er die Würde eines sächsischen Herzogs bei. Noch einmal, wie im 10. Jahrhundert, wird Sachsen die wichtigste Kernlandschaft des Königtums. Aller-

dings treten die inneren Angelegenheiten Sachsens für Lothar zunächst
hinter den Aufgaben der Reichspolitik zurück. Seine wichtigste Aufgabe
mußte die Auseinandersetzung mit den Staufern sein. Herzog Friedrich II. von Schwaben weigerte sich, das Reichsgut, das er seit dem Tode
Heinrichs V. verwaltete, herauszugeben, da mit ihm das salische Hausgut, auf das er Erbansprüche besaß, eng verbunden war. Er verfiel deshalb der Reichsacht; doch konnte Lothar sie nicht vollstrecken. Die Stellung der Staufer in Süddeutschland war zunächst noch so stark, daß sie im
Dezember 1127 Friedrichs jüngeren Bruder Konrad zum Gegenkönig
erheben konnten. Konrads Versuche, sich im Süden des Reiches und in
Oberitalien, wohin er 1128 zog, eine feste Machtbasis zu schaffen, blieben aber ohne Erfolg. Seit dem Beginn der 30er Jahre gewann Lothar im
ganzen Reich immer mehr das Übergewicht. Die beiden Staufer mußten
sich ihm unterwerfen. Konrad legte 1135 den Königstitel nieder.

Diese allmähliche Festigung seiner Königsmacht gab Lothar auch die
Möglichkeit, sich wieder stärker den sächsischen Angelegenheiten zuzu-
wenden. Sein besonderes Augenmerk galt dabei den Verhältnissen an der
Nord- und Ostgrenze des Reiches. In Nordelbingen war er die wichtigste
Stütze der ersten Schauenburger, die als landfremde Grafen auf die starke
Gegnerschaft des einheimischen Adels stießen. Auch Adolf II., der 1130
seinem Vater nach dessen Tod in der gräflichen Würde folgte, hat zunächst mit erheblichen Widerständen im Lande zu kämpfen. Aber auch
die Kirche spürte, was es bedeutete, daß hinter ihrer Arbeit in den Mis-
sionsgebieten östlich der Elbe jetzt die starke Autorität des Königs stand.

Es war zweifellos der Ausfluß der vertieften Religiosität der Zeit, daß
diese Mission in der Mitte der 20er Jahre überall mit neuer Kraft einsetzte. Auch im Erzbistum Hamburg-Bremen besann man sich damals
unter Erzbischof Adalbero auf die alte Missionsaufgabe der Hamburger
Kirche, die im Slawenland in der Mitte des 11. Jahrhunderts unter dem
bedeutenden Erzbischof Adalbert ihre große Zeit erlebt hatte. Was Adalbert im Zusammenwirken mit dem christlichen Obodritenfürst Gottschalk erreicht hatte, war bei einem großen Wendenaufstand im Jahre
1066 vernichtet worden. Die drei Missionsbistümer Oldenburg in Wagrien, Ratzeburg und Mecklenburg waren einer heidnischen Reaktion zum
Opfer gefallen. Gottschalk selbst hatte damals den Tod gefunden; seine
Witwe floh mit ihrem kleinen Sohn Heinrich zu ihrem Vater, dem Dänenkönig Sven Estridson.

Erst gegen Ende des Jahrhunderts hat Gottschalks Sohn Heinrich die
Herrschaft seines Hauses über die Stämme der Obodriten wieder begrün-

den können und dabei Altlübeck, eine ältere Burganlage bei der Mündung der Schwartau in die Trave, zu seiner Residenz gemacht. Im Schutze der Burg, in der eine kleine Kirche erbaut wurde, war außer einer Handwerkersiedlung auch eine Niederlassung von sächsischen Kaufleuten mit einer Kaufmannskirche erwachsen. Sonst gab es keine christliche Kirche im Obodritenland. Damit war für die Mission der Bremer Kirche ein günstiger Ausgangspunkt gegeben. Träger dieser Arbeit wurde der Bremer Kanoniker Vizelin, der ganz vom Ideal mönchischer Askese und dem Gedanken der Heidenmission ergriffen war. Eine spätere Zeit hat ihn als Apostel der Wenden verehrt.

Im Jahre 1126 begab er sich nach Altlübeck zum Fürsten Heinrich; doch fand sein erster Missionsversuch ein rasches Ende, als im nächsten Jahr beim Tode Heinrichs, der wohl einem Mordanschlag zum Opfer fiel, innere Wirren im Obodritenreich ausbrachen. Auf dem Boden Holsteins fand er dicht an der Reichsgrenze eine neue Wirkungsmöglichkeit. Hier begründete er in den nächsten Jahren das Augustinerchorherrenstift Wippentorp, später Neumünster, von dem aus später wieder die Mission nach Wagrien hineingetragen wurde.

Um die Ruhe in Wagrien zu sichern, übertrug Lothar dieses Gebiet bald nach Heinrichs Tod als Lehen an den dänischen Prinzen Knut Laward, der als Statthalter des Dänenkönigs Niels in Schleswig residierte. Die Vereinigung Wagriens mit dem Gebiet an der Schlei blieb jedoch nur eine kurze Episode. Bereits im Jahre 1131 fiel Knut einem Mordanschlag zum Opfer, den sein Vetter Magnus, ein Sohn des Königs Niels, gegen ihn verübte, da er seine Nachfolge auf dem dänischen Thron durch eventuelle Ansprüche Knuts bedroht sah.

Die Ermordung seines Lehnsmanns zwang Lothar, persönlich in Nordelbingen einzugreifen. Für Dänemark begann damals das Zeitalter der Thronkämpfe, die sich etwa ein Vierteljahrhundert hinzogen. Der Streit der Rivalen, die im deutschen Reich für ihre Ansprüche Unterstützung suchten und fanden, stellte die deutschen Könige, aber auch die sächsischen Herzöge in diesen Jahrzehnten immer wieder vor eine neue Situation. Bereits Lothar hat dabei die Lehnshoheit des Reiches gegenüber den dänischen Herrschern durchgesetzt. Bei seinem Vorstoß gegen das Danewerk bei Schleswig mußten sich im Jahre 1131 Niels und Magnus unterwerfen und erhebliche Sühnezahlung leisten. Drei Jahre später wurde Magnus auf einem Reichstag zu Halberstadt in aller Form mit Dänemark belehnt. Auch unter den beiden nächsten Königen, Erich Emune und Erich Lamm, wurde die Lehnshoheit des Reiches gegenüber Dänemark gewahrt.

Auch der Wiederbeginn der Mission in Wagrien war vor allem mit Lothars Hilfe möglich. Im Jahre 1134 unternahm er auf Vizelins Rat einen Zug in das Land, der ihn bis in das Gebiet von Segeberg führte. Auf dem Alberg, dem Kalkfelsen beim heutigen Segeberg, ließ der Kaiser eine Burg, die den Namen Segeberg erhielt, anlegen und setzte auf ihr einen seiner Vasallen als Burghauptmann ein. Wagrien sollte als Teil der Grenzmark auch in Zukunft dem König direkt unterstellt bleiben und wurde noch nicht in die Grafschaft Adolfs II. eingegliedert. Am Fuße der Burg gründete Lothar ein Stift, dessen Leitung Vizelin übernahm und das von Neumünster aus mit Chorherren besetzt wurde. Damit hat die Mission in Wagrien selbst wieder einen wichtigen Stützpunkt erhalten; ein Missionsversuch in Altlübeck blieb allerdings erfolglos.

Wie stark Lothars Stellung gerade an der Ostgrenze des Reiches während seiner Regierung geworden war, zeigte der letzte große Reichstag, den er im August 1135 auf sächsischem Boden in Merseburg abhielt und auf dem eine Reihe von Gesandtschaften anderer Herrscher anwesend war. Herzog Boleslaw III. von Polen war persönlich erschienen, zahlte dem Reich den für zwölf Jahre rückständigen Tribut und nahm Pommern östlich der Oder vom Kaiser zu Lehen. Lothars Ziel war es auch, den Handel zwischen den Ostseeländern und dem Reich zu beleben. Vielleicht schon im Jahre 1134 hat er in einem heute verlorenen Privileg den Kaufleuten auf Gotland weitgehenden Schutz in seinem Machtbereich zugesagt. Durch diese Maßnahmen im Norden und Osten des Reiches hat er aber als Herzog und König die Wege gewiesen, auf denen später sein Enkel Heinrich der Löwe weiterschreiten sollte.

Auch bei den Marken im mitteldeutschen Osten traf er eine für die Reichsgeschichte wichtige Neuregelung. Albrecht der Bär wurde 1134 mit der Nordmark belehnt. Die Mark Lausitz kam zwei Jahre später an Konrad von Wettin, der seitdem die Lausitz und die Mark Meißen in seiner Hand vereinigte. Damit erhielten die Askanier und die Wettiner jene Gebiete, die die Grundlage für den Aufbau ihrer Territorialstaaten wurden. Gerade Albrecht der Bär, der zielbewußt die Erweiterung seiner Macht betrieb und seinen Einfluß bald auf das Gebiet um Brandenburg ausdehnte, wurde in kurzer Zeit ein gefährlicher Rivale der Welfen.

Lothar war als Gegner des salischen Königshauses emporgekommen. Als König bog er aber in die vorgezeichnete Linie der deutschen Königspolitik ein und versuchte, die Stellung der Krone gegenüber Papsttum und Kirche wieder zu stärken. Das zeigt auch seine Politik in Italien. Sein

Eingreifen in die italienischen Verhältnisse war dadurch bestimmt, daß es im Jahre 1130 bei der Neubesetzung des päpstlichen Stuhles zu einer Doppelwahl gekommen war. Die Mehrheit der Kardinäle hatte Anaklet II., einen Vertreter des älteren Reformpapsttums, gewählt, während sich eine starke, aus jüngeren Kardinälen bestehende Minderheit für Innocenz II. entschied. Anaklet konnte sich in Rom und in Mittelitalien durchsetzen und fand auch die Unterstützung Rogers II. von Sizilien. Innocenz mußte in Frankreich Zuflucht suchen. Der Autorität Bernhards von Clairvaux verdankte er es, wenn er im Abendland immer mehr Anerkennung fand. Auch die deutsche Kirche und Lothar sprachen sich für ihn aus.

Die Rückführung des Papstes nach Rom war eine der wichtigsten Aufgaben des ersten Italienzuges Lothars in den Jahren 1132/33. Er sollte aber auch der Wiederherstellung der Königsmacht in Italien und der Erlangung der Kaiserkrone dienen. Im Juni 1133 wurden Lothar und seine Gemahlin Richenza in Rom von Innocenz gekrönt.

Bei den Verhandlungen, die diesen feierlichen Akt begleiteten, erteilte der Papst dem Kaiser wichtige Privilegien für die deutsche Kirche. Außerdem wurde die seit den Tagen Heinrichs V. zwischen dem deutschen König und der Kurie strittige Verfügung über das sogenannte Mathildische Gut geregelt. Lothar erkannte das Eigentumsrecht der römischen Kirche an, erhielt aber diese Besitzungen gegen eine jährliche Zinszahlung von 100 Pfund Silber. Innocenz erteilte Lothar die Investitur für diese Gebiete mit dem geistlichen Symbol des Ringes, ohne eine förmliche Belehnung zu vollziehen. Es wurde jedoch vereinbart, daß Lothars Schwiegersohn Heinrich der Stolze, der an diesem ersten Italienzug nicht teilnahm, zusammen mit seiner Gemahlin Gertrud, diese Güter später erhalten, dafür aber dem Papst den Lehnseid leisten sollte.

Der Erwerb dieser umfangreichen Besitzungen brachte nicht nur dem Kaiser, sondern auch den Welfen einen großen Machtzuwachs. Neben dem ihnen zustehenden Hausgut der Este erhielten die Welfen damit die Anwartschaft auf einen bedeutenden Besitzkomplex in Ober- und Mittelitalien.

Bald nach dem Abzug des Kaisers haben sich die Verhältnisse in Italien für Innocenz wieder ungünstig gestaltet. Bei dem Vordringen Rogers II. gegen den Kirchenstaat mußte er in Norditalien Zuflucht suchen. Das machte im Sommer 1136 ein erneutes Eingreifen Lothars in Italien erforderlich. Diesmal begleitete ihn sein Schwiegersohn Heinrich der Stolze mit einem stattlichen militärischen Kontingent. Auf dem Zug durch Oberitalien belehnte ihn der Kaiser mit den wichtigen Reichsburgen

Garda am Gardasee und Guastalla, das an einem wichtigen Übergang
am Po lag. Nachdem Lothar im Herbst des Jahres zunächst seine Stellung
in Oberitalien gesichert hatte, zog er zu Beginn des nächsten Jahres nach
dem Süden weiter. Auf getrennten Wegen konnten er und Heinrich der
Stolze bis nach Bari vorstoßen und diesen wichtigen Hafenplatz erobern.
Friedensverhandlungen mit Roger II. zerschlugen sich jedoch. Bei der
starken Sommerhitze mußte der Kaiser den Feldzug in Süditalien abbrechen, ohne einen Ausgleich mit den Normannen erreicht zu haben. Auf
dem Rückmarsch übertrug er seinem Schwiegersohn die Markgrafschaft
Tuszien.

Während des Zuges durch Italien war der Kaiser schwer erkrankt.
Wohl konnte er noch die Alpen überqueren. Am 4. Dezember ist er aber
in dem Dorfe Breitenwang in Tirol gestorben. Vor seinem Tode übergab
er seinem Schwiegersohn die Reichsinsignien. Ebenso übertrug er ihm
auch das Herzogtum Sachsen; doch ist es unsicher, ob das in rechtsförm-
licher Weise geschah. In dem von ihm gegründeten Stift Königslutter
fand Lothar seine letzte Ruhe.

Nach dem Tode Lothars war Herzog Heinrich zweifellos der mächtigste
Fürst im Reich. Zu den beiden Herzogtümern, den Lehen und Besitzungen des Reiches in Italien kamen das reiche Allodialgut und die übrigen
Herrschaftsrechte der Welfen in Schwaben, Bayern und Oberitalien, über
die er zusammen mit seinem jüngeren Bruder Welf VI. verfügte. Nicht
minder groß war seine Machtstellung in Sachsen. Mit den Besitzungen
der Billunger, die er von seiner Mutter Wulfhild geerbt hatte, vereinigte
er den vielschichtigen Herrschaftsbereich Lothars in seiner Hand. Nach
den Worten des Bischofs Otto von Freising, dessen Chronik die wichtigste Quelle für diese Jahre ist, rühmte er sich, seine Macht reiche von Meer
zu Meer, von Dänemark bis nach Sizilien. So durfte er sich als den zu-
künftigen König betrachten, zumal Lothar durch die Übergabe der
Reichsinsignien an ihn eine Art Designation vollzogen hatte.

Durch sein hochfahrendes und herrisches Wesen, das ihm schon zu
seiner Zeit den Beinamen „der Stolze" eintrug, hatte er sich jedoch im
Reiche viele Feinde geschaffen. Auch Innocenz II. war ein Gegner seiner
Wahl, da er in Italien die Rechte des Reiches gegenüber der Kurie un-
nachgiebig vertreten hatte. Da der Mainzer Stuhl nach dem Tode des
Erzbischofs Adalbert noch vakant war und der Kölner Erzbischof Ar-
nold noch nicht die kirchliche Weihe erhalten hatte, lag die Leitung der
Wahl in den Händen Adalberos von Trier. Dieser berief, ohne den zu-

nächst auf Pfingsten 1138 festgesetzten Wahltermin abzuwarten, seine Anhänger nach Koblenz und ließ hier am 7. März 1138 Konrad von Staufen zum König wählen. Wenige Tage später wurde Konrad III. von einem päpstlichen Legaten in Aachen gekrönt. Konrads Wahl war das Werk einer Minderheit; abermals hatte sich der Gedanke der freien Wahl durchgesetzt.

Trotzdem fand der neue König bald allgemeine Anerkennung. Auch Heinrich der Stolze lieferte ihm die Reichsinsignien aus, lehnte aber die Huldigung ab, da Konrad von ihm die Herausgabe eines Teiles seiner Reichslehen verlangte.

Damit brach der Konflikt zwischen den Staufern und Welfen mit aller Schärfe aus. Erleichtert wurde Konrads Vorgehen gegen Heinrich dadurch, daß in Sachsen schon zu Beginn des Jahres Albrecht der Bär als Gegner der Welfen aufgetreten war und als Enkel des Magnus Billung jetzt in Form einer Klage vor dem König Ansprüche auf das Herzogtum Sachsen erhob. Auf einem Reichstag zu Würzburg im Juli 1138 verfiel Heinrich, der nicht erschienen war, der Reichsacht. Sachsen wurde ihm nach Lehnrecht abgesprochen und durch einen Spruch der anwesenden Fürsten Albrecht dem Bären zuerkannt.

In Sachsen wurde jetzt die energische Kaiserinwitwe Richenza die Vorkämpferin der welfischen Sache. Trotz des Widerstandes, den sie und andere sächsische Fürsten Albrecht dem Bären entgegensetzten, konnte dieser zunächst Erfolge erringen. Auch Nordelbingen wurde in diese Kämpfe hineingezogen. Da sich Adolf II. weigerte, Albrecht als Herzog anzuerkennen, mußte er aus dem Lande weichen. Mit den Grafenrechten in Holstein und Stormarn belehnte Albrecht Heinrich von Badwide, den Angehörigen eines im Lüneburgischen ansässigen Rittergeschlechts.

In eine neue Phase traten die Auseinandersetzungen im Reich, als Konrad im Dezember 1138 auf einem Hoftag zu Goslar Heinrich dem Stolzen auch das Herzogtum Bayern aberkannte und dieses im Frühjahr 1139 dem Markgrafen Leopold IV. von Österreich aus dem Hause der Babenberger übertrug. Durch seine Mutter Agnes, die sich nach dem Tode ihres ersten Mannes, Friedrichs I. von Schwaben, mit dem Markgrafen Leopold III. von Österreich vermählt hatte, war er der Halbbruder des Königs. Die Babenberger wurden in den innerdeutschen Kämpfen der Folgezeit die wichtigsten Bundesgenossen der mit ihnen eng verwandten Staufer. Auch die Markgrafschaft Tuszien ging Heinrich dem Stolzen verloren.

Die Herrschaft Albrechts in Sachsen war nur von kurzer Dauer. Anfang des Jahres 1139 überließ Heinrich der Stolze seinem jüngeren Bruder Welf den Kampf gegen die Staufer in Süddeutschland und begab sich nach Sachsen. König Konrad, der sich hier aufhielt, sah sich gezwungen, Sachsen fluchtartig zu verlassen. Auch Albrecht der Bär wurde immer mehr in die Defensive gedrängt und mußte nicht nur das Herzogtum, sondern auch seine Markgrafschaft preisgeben und beim König in Süddeutschland Hilfe suchen.

Der Sommer des Jahres schien die militärische Entscheidung zu bringen. Unter der Führung des Königs sammelte sich bei Hersfeld eine stattliches Heer, um eine Reichsheerfahrt gegen Sachsen durchzuführen. Ihm zog Heinrich mit seinem Aufgebot entgegen. Bei Creuzburg an der Werra lagen sich die Truppen eine Zeitlang gegenüber. Durch die Vermittlung der auf beiden Seiten anwesenden geistlichen Herren wurde ein längerer Waffenstillstand abgeschlossen.

Heinrich der Stolze konnte sich als Sieger betrachten. Sachsen war jetzt fast ganz in seiner Hand. Da sich der Waffenstillstand nicht auf Bayern erstreckte, faßte er den Plan, dort die Herrschaft seines Hauses wiederherzustellen. Ehe er aber sein Vorhaben ausführen konnte, starb er nach kurzer Krankheit am 20. Oktober 1139 in Quedlinburg. Der Tod des energischen Herzogs, der damals erst 40 Jahre alt war, kam für seine Anhänger so überraschend, daß in Sachsen das Gerücht aufkam, Heinrich sei von seinen Gegnern durch Gift beseitigt worden.

Die Welfen hatten im entscheidenden Moment ihren führenden Kopf verloren. Es war kein leichtes Erbe, das der Herzog seinem gleichnamigen, noch im Knabenalter stehenden Sohn hinterließ.

Heinrich, für den sich in der Geschichtsschreibung das Beiwort „der Stolze" eingebürgert hat, wird im 12. Jahrhundert gelegentlich auch mit dem Beinamen „der Löwe" bedacht. In einer Zeit, in der sich die großen Dynastengeschlechter individuelle Wappen zulegten und dabei als Symbol für ihre Familie eine Tiergestalt wählten, bot sich für die Welfen der Löwe als Wappentier an, da der Begriff Welf oder Welp im Lateinischen nicht nur mit dem Wort „catulus", sondern auch mit dem Wort „leo" wiedergegeben wurde. Heinrich der Stolze und Welf VI. haben Münzen mit dem Löwenbild prägen lassen. Welf VI. hat auf einem heute verschollenen Siegel den Löwen geführt. Aber erst Heinrich der Löwe hat das Tier endgültig zum Symbol seines Geschlechts gemacht.

## Zweites Kapitel

# Heinrichs Jugend und seine Anfänge in Sachsen

Es ist durch die Form der Geschichtsschreibung des frühen und hohen Mittelalters bedingt, daß wir über die Kindheit und Jugend selbst bedeutender Herrscher nur wenig wissen. Erst wenn sie handelnd hervortreten, wendet sich ihnen die Aufmerksamkeit der zeitgenössischen Quellen zu. Das gilt auch für die beiden Persönlichkeiten, die die deutsche Geschichte im 12. Jahrhundert entscheidend bestimmt haben: Friedrich Barbarossa und Heinrich den Löwen.

Weder für den Kaiser noch für den Herzog, seinen Vetter, sind der Zeitpunkt und der Ort ihrer Geburt bekannt. Bei seinem Tode am 6. August 1195 stand Heinrich nach Angabe der Chronik des bei Wolfenbüttel gelegenen Stifts Steterburg, deren Verfasser Propst Gerhard in den letzten Lebensjahren des Herzogs zu dessen Vertrauten gehörte, im 66. Lebensjahr. Danach müßte er in den letzten Monaten des Jahres 1129 oder in der ersten Hälfte des Jahres 1130 geboren sein. Allerdings wäre dann seine Mutter Gertrud, die am 18. April 1115 geboren ist, bei seiner Geburt kaum fünfzehn Jahre alt gewesen. Da Heinrich erst Pfingsten 1135 oder 1136 getauft ist, hat man seine Geburt in die Jahre 1134 oder 1135 verlegen wollen; doch ist ein längerer Zeitraum zwischen Geburt und Taufe gerade im 12. Jahrhundert keine Seltenheit. Auch die Tatsache, daß er im Jahre 1147 erstmalig die Rückgabe des Herzogtums Bayern gefordert hat, ist kein Beweis für die Annahme, daß er erst damals das zu dieser Zeit übliche Mündigkeitsalter von zwölf Jahren erreicht hat.

Heinrichs erste selbständige Regierungshandlungen in der Mitte der 4oer Jahre zeigen zudem eine so stark persönliche Note, daß er damals kaum ein Knabe von etwa zehn Jahren gewesen sein kann. Auch wenn dem Steterburger Propst ein Versehen unterlaufen ist, wird man Heinrichs Geburt in das Jahr 1130 oder kurze Zeit später zu setzen haben. Er war also etwa acht oder neun Jahre jünger als Friedrich Barbarossa, der als der älteste Sohn des Herzogs Friedrich II. von Schwaben und der Welfin Judith wohl im Jahre 1122 geboren ist. Auch über Heinrichs Geburtsort ist nichts bekannt. Die Annahme, daß er auf der Ravensburg, dem alten Stammsitz seines Geschlechts, das Licht der Welt erblickt hat, läßt sich quellenmäßig nicht belegen.

In seiner Jugend hat Heinrich zweifellos die ritterliche Erziehung genossen, die bei den großen Dynastengeschlechtern der Zeit üblich war, sofern das Kind nicht von vornherein zum kirchlichen Dienst bestimmt war. Dabei spielte das Erlernen des Waffenhandwerks eine wichtige Rolle. Er wuchs in jener Adelskultur auf, die zu Beginn des 12. Jahrhunderts ihre Ausprägung erfuhr. Regensburg, die alte Residenz der bayerischen Herzöge, war in diesen Jahrzehnten mit seinen Klöstern und Stiften, die wie etwa St. Emmeram teilweise auf eine lange Tradition zurückblicken konnten, das bedeutendste geistige Zentrum im Südosten des Reiches. Ob diese Kultur der Stadt die Erziehung des jungen Welfen stark beeinflußt hat, können wir nicht sagen, da wir nicht wissen, ob sich der junge Heinrich während der Herrschaft seines Vaters in Bayern längere Zeit in Regensburg aufgehalten hat. Unmittelbaren Zugang zur gelehrten Literatur der Zeit hat er nicht gehabt. Wie die meisten Angehörigen des Adels seiner Zeit konnte er die lateinische Sprache weder lesen noch schreiben. Die starken Anregungen, die später von seinem Hof für das literarische und künstlerische Schaffen der Zeit ausgegangen sind, lassen aber vermuten, daß er schon in seiner Jugend von den geistigen Strömungen des frühen 12. Jahrhunderts nicht unberührt geblieben ist.

Seine Jugend fiel in eine sehr bewegte Zeit, in der sein Geschlecht um seine Stellung hart kämpfen mußte. Dieses Erleben hat ihn zweifellos früh reifen lassen; es gab ihm eine gute Kenntnis der Welt und der Menschen. Die Tatsache, daß sich die welfische Partei allen Wechselfällen zum Trotz siegreich behauptete, mußte in ihm nicht nur den Stolz auf die Macht seines Hauses, sondern auch ein starkes Selbstgefühl wecken; das zeigte sich darin, daß er die eigenen Ansprüche rücksichtslos durchzusetzen bestrebt war und die Rechte der anderen geringachtete.

Beim Tode seines Vaters fand der junge Heinrich bei den sächsischen Großen allgemeine Anerkennung. Seine Mutter Gertrud und seine Großmutter, die energische Kaiserin Richenza, übernahmen für ihn zunächst die Regierung. Vor allem Richenza führte in Sachsen den Kampf für ihre Dynastie weiter. In Süddeutschland wurde jetzt Welf VI., der wohl einen großen Teil des welfischen Allodialbesitzes in Süddeutschland erhielt, der Führer der welfischen Partei. Er machte Ansprüche auf Bayern geltend und griff, als König Konrad diese nicht anerkannte, zu den Waffen.

Albrecht der Bär, der sich zu Lebzeiten Heinrichs des Stolzen in Sach-

sen nicht hatte behaupten können, sah jetzt die Möglichkeit, seine Herrschaft im Herzogtum durchzusetzen. Auf die Nachricht vom Tode seines
Widersachers hin eilte er nach Bremen und wollte hier die Gelegenheit
eines vielbesuchten Marktes am Allerheiligenfest, dem 1. November
1139, benutzen, um sich als Herzog huldigen zu lassen. Von den Anhängern des verstorbenen Herzogs wurde er jedoch aus der Stadt verjagt.

Eine Reihe sächsischer Fürsten, an ihrer Spitze Erzbischof Konrad von
Magdeburg, Pfalzgraf Friedrich von Sommerschenburg und Graf Rudolf
von Stade, ging jetzt ihrerseits zum Angriff gegen Albrecht vor. Als sie
nicht nur die Nordmark, sondern auch die askanischen Stammlande eroberten, mußte Albrecht abermals Sachsen preisgeben und beim König in
Süddeutschland Zuflucht suchen. Konrad wollte auf zwei Reichstagen,
die er in den ersten Monaten der Jahre 1140 in Worms und Frankfurt
abhielt, die Streitigkeiten in Sachsen schlichten; doch weigerten sich die
sächsischen Fürsten, an ihnen teilzunehmen, da der König ihnen kein
freies Geleit zusagte.

Im Süden des Reiches zogen sich die Kämpfe mit wechselndem Erfolg
hin. Wohl konnte Welf im Sommer 1140 den neuen Herzog von Bayern,
den Babenberger Leopold, bei der Burg Valley im Mangfalltal im südlichen Bayern schlagen. Konrad selbst ging aber mit Unterstützung seines
Bruders, des Herzogs Friedrich, in Schwaben zum Angriff über und
schloß im November die wichtige welfische Feste Weinsberg bei Heilbronn ein. Welf eilte zum Entsatz herbei, wurde aber geschlagen, so daß
Weinsberg schließlich kapitulieren mußte.

An die Einnahme der Feste knüpft die bekannte Erzählung von den
„treuen Weibern" von Weinsberg an. Der König – so wird berichtet –
habe nur den Frauen den freien Abzug aus der Burg gestattet, ihnen
jedoch erlaubt, das mitzunehmen, was sie auf ihren Schultern tragen
könnten. Daraufhin hätten die Frauen in langem Zug auf ihren Rücken
ihre Männer herausgetragen, um sie vor der Gefangenschaft zu bewahren.
Konrad sei durch diese List überrascht gewesen, habe aber erklärt, er
wolle das einmal gegebene Wort nicht brechen. Man hat diese Erzählung
wiederholt als eine spätere Sage verworfen. Da sie aber auf eine zeitgenössische Quelle zurückgeht, ist sie durchaus glaubwürdig.

Die Einnahme von Weinsberg war für die Staufer ein sichtbarer Erfolg.
Welf VI. gab aber den Kampf nicht auf. Er nahm deshalb mit König
Roger II. von Sizilien, dem wichtigsten Gegner des deutschen Königtums
in Italien, Verbindung auf. Da diesem sehr daran gelegen war, daß Konrad durch innere Fehden im Reich an einem Eingreifen in Italien gehin-

dert würde, sagte er Welf eine jährliche Unterstützung von 1000 Mark zu. Da die Mark noch keine Scheidemünze, sondern eine Gewichtseinheit von etwa 230–240 g Silber war, handelte es sich um eine sehr beträchtliche Summe. Der Zeitpunkt dieses Vertrags ist allerdings nicht ganz sicher; vielleicht ist er erst einige Jahre später abgeschlossen worden.

Rogers expansive Politik im Mittelmeerraum hatte schon unter Lothar III. zu einer Annäherung zwischen diesem und dem oströmischen Kaiser Johannes II. Komnenos geführt. Diese diplomatischen Beziehungen wurden unter Konrad noch intensiviert. Das Einvernehmen zwischen den beiden Reichen sollte durch eine dynastische Verbindung bekräftigt werden. Zwischen Manuel, einem der Söhne des byzantinischen Kaisers, und der Gräfin Bertha von Sulzbach, einer Schwägerin Konrads, wurde eine Ehe verabredet. Bertha trat bald darauf die Reise nach Byzanz an; ihre Ehe mit Manuel, der nach dem Tode seiner älteren Brüder seinem Vater im Jahre 1143 auf den Thron folgte, wurde allerdings erst 1146 vollzogen. So bahnte sich seit dem Beginn der 40er Jahre im Abendland und Mittelmeerraum ein neues Bündnissystem an, das für das politische Geschehen der Zeit eine entscheidende Rolle spielen sollte.

Konrads Bemühungen um den inneren Frieden blieben zunächst vergeblich. Erst der Tod der Kaiserin Richenza im Juni 1141 schuf eine neue Lage, zumal auch die staufisch-babenbergische Partei durch den Tod des Herzogs Leopold von Bayern einen unerwarteten Verlust erlitt. Sein Bruder Heinrich Jasomirgott trat die Nachfolge zunächst nur in der Mark Österreich an. Wenn es im Frühjahr 1142 zu einem Ausgleich zwischen beiden Lagern kam, so war dies das Verdienst des neuen Mainzer Erzbischofs Markolf, der wie seine Vorgänger mit dem sächsischen Herzogshaus in gutem Einvernehmen stand. Auf einem Reichstag, den der König im Mai in Frankfurt abhielt und an dem viele deutsche Fürsten teilnahmen, wurde Heinrich der Löwe als Herzog von Sachsen anerkannt und – vermutlich zusammen mit seiner Mutter Gertrud – mit dem Herzogtum belehnt. Albrecht der Bär gab seine Ansprüche auf das sächsische Herzogtum endgültig auf und erhielt dafür seine Rechte und Besitzungen in Sachsen wieder zurück. Durch die Ehe, die Heinrich Jasomirgott damals mit Gertrud schloß, sollte der Ausgleich zwischen beiden Parteien besiegelt werden. Konrad, der die Hochzeit mit einem großen Fest ausrichtete, hoffte, damit auch einen gewissen Einfluß auf die Verhältnisse in Sachsen zu gewinnen. Auf einem Reichstag zu Goslar wurden zu Beginn des Jahres 1143 diese Vereinbarungen von Frankfurt noch einmal in aller Form in Sachsen bestätigt. Jetzt erklärte sich Heinrich der Löwe zum

Verzicht auf das Herzogtum Bayern bereit, mit dem der König Heinrich Jasomirgott belehnte. Welf VI. hielt zwar an seinem Anspruch auf Bayern fest, konnte ihn aber durch einen Vorstoß ins Land nicht durchsetzen.

Inzwischen hatte Gertrud für ihren Sohn die Regierung in Sachsen übernommen. In den wenigen urkundlichen Zeugnissen der nächsten Zeit sehen wir sie mit dem jungen Herzog gemeinsam handeln. So trafen beide im September 1142 in Bremen gemeinsam mit Erzbischof Adalbero Bestimmungen über die Besiedlung des Bruchlandes am linken Weserufer im Lande Stedingen, wobei der Erzbischof seine Rechte in diesem Gebiet zu wahren verstand. Im Frühjahr 1143 trat Gertrud die Reise nach Bayern an. Hier ist sie bei der vorzeitigen Geburt eines Sohnes am 18. April, ihrem 28. Geburtstag, gestorben. In dem von den Babenbergern gestifteten Kloster Heiligenkreuz bei Wien fand sie ihre letzte Ruhe.

Gertruds früher Tod zerriß das persönliche Band, das zwischen den beiden Parteien im Reich hergestellt war, und gefährdete das von Konrad gestiftete Friedenswerk. Ihr Sohn übernahm im Frühjahr 1143 selbst die Regierung Sachsens, beraten von Dynasten und Ministerialen, die meist schon seinem Großvater und Vater gedient hatten.

Die ersten Regierungshandlungen des jungen Herzogs betrafen die Verhältnisse in Nordelbingen. Die Kämpfe um das sächsische Herzogtum und der Streit, der um die Grenzgrafschaft Holstein-Stormarn zwischen Adolf II. von Schauenburg und Heinrich von Badwide entbrannt war, hatten die hier von Kaiser Lothar geschaffene Ordnung erschüttert. Pribislaw, ein Neffe des Slawenfürsten Heinrich, der sich in Wagrien als Herrscher durchgesetzt hatte, überfiel bereits im Sommer 1138 die ersten sächsischen Siedlungen, die in der Nähe von Segeberg entstanden waren, und zerstörte auch das Stift selbst. In Högersdorf westlich der Trave fanden die Chorherren zunächst eine Bleibe. Aber auch seine eigene Residenz Altlübeck fiel einem Überfall seines Rivalen, des Slawenfürsten Race, zum Opfer.

Heinrich von Badwide unternahm im folgenden Winter eine Strafexpedition gegen Pribislaw und verwüstete weite Teile Wagriens. Die stark befestigte Burg Plön wurde im Sommer 1139 von einem Aufgebot der Holsten wohl unter Führung ihres Overboden (Landesältesten) Marcrad erobert. Graf Heinrich hatte inzwischen das Land verlassen müssen, als sich Adolf II. mit Hilfe Heinrichs des Stolzen wieder in den Besitz seiner Grafschaft setzte. Beim Abzug zerstörte er die Burgen in Hamburg und in Segeberg. Er erreichte es aber, daß nach dem Tode des Herzogs dessen Witwe Gertrud ihn gegen eine Geldzahlung mit der Landschaft Wagrien belehnte.

Angesichts dieser verworrenen Lage war es für Heinrich den Löwen eine vordringliche Aufgabe, den Frieden im deutsch-slawischen Grenzgebiet durch einen Ausgleich zwischen den beiden Grafen wiederherzustellen. Das ist ihm noch im Jahre 1143 gelungen. Graf Adolf erhielt gegen die Zahlung einer größeren Geldsumme seine frühere Grafschaft zurück. Mit ihr wurde jetzt die Landschaft Wagrien endgültig vereinigt. Die Burg auf dem Segeberg, die Adolf wieder aufbaute, wurde sein wichtigster Stützpunkt in diesem Gebiet.

Heinrich von Badwide wurde mit der neu geschaffenen Grafschaft Ratzeburg entschädigt. Sie umfaßte das Land der Polaben, das spätere Land Lauenburg. Die noch in slawischer Zeit errichtete Burg Ratzeburg wurde der Sitz des Grafen. Nur der Südwesten des Landes, die Sadelbande, blieb unter der unmittelbaren Hoheit des Herzogs.

Die politische Neuordnung Nordelbingens im Jahre 1143 war die Voraussetzung dafür, daß jetzt die Besiedlung und Christianisierung Wagriens einsetzen konnten. In seiner Slawenchronik, die Helmold von Bosau etwa zwei Jahrzehnte später in seiner Pfarrei am Plöner See verfaßte, gibt er uns von diesen Vorgängen eine Schilderung, wie wir sie in dieser Anschaulichkeit für keine andere deutsche Landschaft besitzen. Graf Adolf schickte Boten aus, um Siedler für die noch dünn bevölkerten Landstriche anzuwerben. Dieser Aufruf erging nicht nur an die Bewohner der benachbarten Gaue Holstein und Stormarn, sondern auch in die entfernteren Landschaften im Reich, nach Flandern, Holland, Friesland und Westfalen. „Daraufhin" – so berichtet Helmold in Anlehnung an Worte aus der Bibel – „brach eine große Menge aus verschiedenen Stämmen auf, nahm Familien und Habe mit und kam zu Graf Adolf nach Wagrien, um das Land in Besitz zu nehmen, das er ihnen versprochen hatte". Der Zustrom der Siedler erfaßte zunächst die Gebiete zwischen dem Plöner See und dem Unterlauf der Trave. Der Nordosten Wagriens und die Küstengegenden wurden das Rückzugsgebiet für die Slawen, die unter dem Fürsten Pribislaw dem Grafen zinspflichtig wurden. Jetzt erhielt auch Vizelin die Möglichkeit, die Missionsarbeit, die hier seit dem Tode Lothars III. zum Erliegen gekommen war, wieder aufzunehmen und die ersten Kirchspiele zu gründen.

Eines der ersten Ziele Adolfs war es auch, den alten Handelsplatz an der unteren Trave, der mit der Zerstörung Altlübecks vernichtet war, wiederherzustellen. Er legte ihn aber nicht an seiner früheren Stelle, sondern ein Stück stromaufwärts auf dem Werder, einer Halbinsel, an, den die Wakenitz bei ihrer Mündung in die Trave mit dieser bildet. Die neue Kaufmannssiedlung, die wiederum den Namen Lübeck erhielt, besaß dadurch einen guten natürlichen Schutz; der einzige schmale Landübergang im Norden der Halbinsel wurde durch die Errichtung einer Burg gesichert. Der genaue Standort dieser gräflichen Gründung ist nicht mit Sicherheit zu bestimmen; doch lag sie wohl auf dem Plateau, das von der späteren Marienkirche flach zur Trave abfällt. Man hat in jüngster Zeit die Annahme geäußert, daß auf dieser Halbinsel schon unter Lothar III. ein Ableger der Kaufmannssiedlung von Altlübeck entstanden sei; doch läßt sich diese These quellenmäßig nicht belegen. In kurzer Zeit hat dieser Ort einen raschen Aufschwung genommen und den älteren Handelsplätzen im Nordosten Sachsens, vor allem Bardowick, starke Konkurrenz gemacht. Auch wenn es noch kein schriftlich fixiertes Stadtrecht besaß, so ist Lübeck nach den Vorstellungen der Zeit in topographischer Hinsicht eine Stadt gewesen. Um die neuen Siedlungen in Wagrien gegen Angriffe von außen zu schützen, schloß Graf Adolf mit Niklot, dem Fürsten der in Mecklenburg wohnenden Obodriten, einen Freundschaftsvertrag ab.

Herzog Heinrich hat nach 1143 an dem Geschehen in Nordelbingen zunächst kaum Anteil gehabt. Andere Auseinandersetzungen in Sachsen haben ihn zunächst ganz in Anspruch genommen. Am 15. März 1144 wurde Graf Rudolf II. von Stade in Dithmarschen, wo er seine Herrschaft mit harter Hand durchsetzen wollte, von Bauern erschlagen. Da er keine Kinder hinterließ, wurde jetzt die Frage akut, wer in dem ausgedehnten Herrschaftsbereich des Stader Geschlechts, der sich von der Unterweser bis zur Eider erstreckte, dessen Nachfolge antreten sollte. Rudolfs nächste Erben waren sein Bruder Hartwig, der Domherr in Magdeburg und gleichzeitig Dompropst in Bremen war, und seine Schwester Liutgard, die kurz vor Rudolfs Tod eine Ehe mit König Erich Lamm von Dänemark eingegangen war, nachdem sie von Pfalzgraf Friedrich von Sommerschenburg geschieden worden war.

Bald nach Rudolfs Tod schloß Hartwig mit Erzbischof Adalbero von Bremen einen Vertrag ab, in dem er ihm sein gesamtes Erbgut, soweit es in der Bremer Diözese lag, übergab. Dafür erhielt er von der Bremer Kirche nicht nur dieses Allodialgut, sondern auch die Grafschaftsrechte des Stader Hauses, über die das Erzbistum die Lehnshoheit besaß, auf Lebenszeit als Lehen zurück. Den Familienbesitz an der mittleren Elbe schenkten Hartwig und seine Mutter teilweise dem Bistum Havelberg, dem Stift Jerichow und dem Marienstift in Magdeburg, den übrigen Teil verkauften sie an das Erzbistum Magdeburg, dessen Erzbischof Friedrich dafür seine Hilfe bei der Wiedererlangung Dithmarschens versprach.

Der Übergang des Stader Erbes an die Bremer Kirche hätte die starke Stellung, die das Erzstift im nordöstlichen Sachsen besaß, noch wesentlich gesteigert und ihm dem Herzog gegenüber ein erhebliches Übergewicht gegeben. Dem wollte Heinrich zuvorkommen. Er erhob seinerseits Anspruch auf Rudolfs Erbe und nahm es noch im gleichen Jahr in seinen Besitz.

Die Frage, worauf er seine Forderungen stützte, läßt sich nicht mit Sicherheit beantworten. Nach dem Bericht der allerdings erst in der Mitte des 13. Jahrhunderts entstandenen Stader Annalen hätte er sich auf ein angebliches Versprechen des Erzbischofs berufen, der seiner Mutter Gertrud zugesagt habe, ihrem Sohn beim Tode Rudolfs dessen Grafschaft zu überlassen. Von einer solchen Zusage ist sonst nichts bekannt; es ist auch wenig wahrscheinlich, daß Erzbischof Adalbero noch zu Lebzeiten Rudolfs über dessen Nachfolge in dieser Weise verfügt haben sollte.

Helmold von Bosau, der den Ereignissen zeitlich näher steht, bemerkt, daß der Herzog das Stader Erbe teils nach Erbrecht, teils nach Lehnrecht beansprucht habe. Ein Erbrecht konnte Heinrich aber ebensowenig geltend machen wie eine lehnrechtliche Oberhoheit über die Stader Grafschaft. Ob er für seine Forderungen überhaupt eine rechtliche Grundlage besaß, bleibt deshalb fraglich.

Ein Fürstentag, den Konrad zu Weihnachten 1144 in Magdeburg abhielt und an dem sowohl der Herzog wie auch Hartwig teilnahmen, bestätigte dessen Abmachungen mit der Bremer Kirche. Heinrich war aber nicht gewillt, sich diesem Spruch zu fügen und die Besitzungen herauszugeben. Auf einem neuen Hoftag des Königs in Sachsen sollte der Streitfall im August des nächsten Jahres in Corvey erneut verhandelt werden; doch war Erzbischof Adalbero aus Furcht vor einem Anschlag des Herzogs nicht erschienen. Auf Heinrichs erneute Klage setzte der König ein Schiedsgericht ein, dem Albrecht der Bär und andere sächsische Fürsten angehörten und das bald darauf in Ramelsloh in der Nähe von Lüneburg den Streit endgültig entscheiden sollte.

In Ramelsloh fanden sich beide Parteien ein; auch Erzbischof Adalbero wollte hier seine Sache selbst verfechten. Da der Herzog kaum mit einem für ihn günstigen Spruch rechnen konnte, schritt er zur Gewalt. Bald nach Beginn der Verhandlungen führten seine Leute einen Tumult herbei, nahmen den Erzbischof gefangen und brachten ihn nach Lüneburg. Erst nachdem Adalbero auf seine Ansprüche verzichtet hatte, ließ man ihn frei. Propst Hartwig war in Ramelsloh zunächst entkommen, dann aber einem Vasallen des Herzogs in die Hände gefallen. Gegen ein hohes Lösegeld wurde er zu Albrecht dem Bären entlassen, so daß er bald nach Bremen zurückkehren konnte.

Heinrichs Vorgehen im Streit um die Stader Erbschaft zeigt, daß schon der junge Herzog eine rücksichtslose Machtpolitik trieb und sich über das Recht hinwegsetzte, wenn es ihm im Wege stand. Selbst die im Mittelalter allgemein anerkannte Heiligkeit der Gerichtsstätte hinderte ihn nicht, Gewalt anzuwenden.

Der Erwerb der Stader Rechte und Besitzungen brachte dem Löwen einen bedeutenden Machtzuwachs. Mit dem Ort Stade kam der wichtigste Handelsplatz an der unteren Elbe in seine Hand. Da er damit wohl auch in den Besitz der bremischen Stiftsvogtei kam, die das Stader Haus zeitweilig innegehabt hatte, gewann er auch auf das Erzbistum einen starken Einfluß. Sein schroffes Vorgehen mußte den alten Gegensatz zwischen dem Erzstift und dem Herzogtum noch vertiefen. Die Gewalttat von Ramelsloh ließ auch die Spannungen zwischen dem Welfen und dem König wieder aufbrechen, zumal Konrad nicht in der Lage war, dem Erzbischof zu seinem Recht zu verhelfen.

Im gleichen Jahr, in dem die Frage der Stader Erbschaft akut wurde, bahnte sich auch im Süden Sachsens eine wichtige territoriale Veränderung an. Wenige Wochen nach der Ermordung Rudolfs von Stade starb am 27. April 1144 Graf Siegfried IV. von Boyneburg (bei Eschwege), der letzte männliche Sproß des angesehenen Geschlechts der Northeimer. Er verfügte über einen Herrschaftsbereich, der dem seines Großvaters Otto von Northeim kaum nachstand und der sich hauptsächlich von der mittleren Leine und der Oberweser bis in den Raum von Eschwege erstreckte. Siegfried besaß aber nicht nur einen großen Teil der Allodialgüter seiner Familie, sondern auch fast alle Grafschafts- und Vogteirechte, die die Northeimer im Laufe der Zeit in ihrer Hand vereinigt hatten.

Neben seiner Witwe Richenza waren seine einzige Tochter Guda und seine Schwester Richenza seine nächsten Erben. Aber auch Heinrich der Löwe konnte als Enkel der Kaiserin Richenza, einer Northeimerin, Erbansprüche auf die Hoheitsrechte Siegfrieds, der sein Großonkel war, anmelden. Wenn er sie damals noch nicht geltend machte, so lag dies zweifellos darin begründet, daß er zu dieser Zeit im Ringen um die Stader

Erbschaft stand, die ihm wohl noch wertvoller erschien. Seine Stellung in Sachsen war noch nicht so stark, daß er gleichzeitig Ansprüche auf zwei so große Erbschaften hätte durchsetzen können.

Das Erbe der Boyneburger trat zunächst jene Dynastie an, die neben ihnen im südlichen Sachsen eine starke Machtposition besaß. Das waren die Grafen im Leinegau, die ursprünglich südlich von Göttingen in Reinhausen und auf den Gleichen saßen, die sich aber seit Anfang des 12. Jahrhunderts meist nach der Winzenburg nannten, die sie von den Bischöfen von Hildesheim zu Lehen trugen. Der führende Kopf des Geschlechts war damals Graf Hermann II., der seit den Tagen Kaiser Lothars III. in der Reichspolitik eine wichtige Rolle spielte, dabei aber zwischen Staufern und Welfen wiederholt die Partei wechselte. Sein jüngerer Bruder Heinrich von Assel vermählte sich bald nach Siegfrieds Tod mit dessen Witwe Richenza und erhielt dadurch einen Teil der Erbgüter. Den weitaus größten Teil des Nachlasses hat aber Hermann, der über große Mittel verfügte, von Siegfrieds Erben käuflich erworben. Auch die umfangreichen Lehen des Boyneburgers brachten beide Brüder in ihre Hand. König Konrad übertrug ihnen noch im gleichen Jahr die Grafschafts- und Vogteirechte, die Siegfried vom Reich zu Lehen besessen hatte, um dadurch die Winzenburger fest an die Krone zu binden. Ebenso konnten diese sich auch die Lehen sichern, die Siegfried vom Erzstift Mainz und anderen Kirchen innegehabt hatte. Wie wichtig ihnen vor allem die Mainzer Lehen waren, ergibt sich daraus, daß sie dem Erzbistum dafür ihr Hauskloster Reinhausen und das Kloster Northeim, das sie eben erworben hatten, abtraten. Hatte Konrad III. in der Frage der Stader Erbschaft nachgeben müssen, so konnte er die Regelung der territorialen Verhältnisse im südlichen Sachsen nach dem Aussterben der Boyneburger als einen Erfolg verbuchen. Die Winzenburger bildeten hier fortan ein gutes Gegengewicht gegen die Welfen.

Bald darauf gelang es dem König, seinen Einfluß in Sachsen noch in anderer Hinsicht geltend zu machen. Als in dem bedeutenden Reichskloster Corvey im Jahre 1146 ein neuer Abt gewählt werden mußte, erreichte er es, daß die Mönche den Abt Wibald von Stablo, einen seiner engsten Berater, auch zum Leiter ihres Klosters wählten. Wibald sollte nicht nur in Corvey selbst, sondern auch in anderen Stiften für die Erneuerung des in Verfall geratenen geistlichen Lebens Sorge tragen. Deshalb übergab ihm der König zu Beginn des nächsten Jahres die beiden Corvey benachbarten Kanonissenstifte Fischbeck und Kemnade, die ebenfalls dem Reiche unterstanden.

Diese Maßnahme rief nicht nur in den beiden Stiften selbst, sondern auch bei Herzog Heinrich heftigen Widerstand hervor. Er sah darin einen Eingriff in die Vogteirechte, die er wie schon seine Vorfahren über beide Stifte besaß. Als Wibald von Fischbeck Besitz ergreifen wollte, haben dies Graf Adolf von Schauenburg, der im Auftrag des Herzogs die Vogtei verwaltete, und welfische Ministeriale verhindert. Nach einem Reichstag zu Frankfurt im März 1147 forderte Konrad den Herzog auf, beide Vogteien aus der Hand des Abtes entgegenzunehmen. Diesem Verlangen kam Heinrich nur für Kemnade nach; im Sommer des Jahres übertrug ihm Wibald die Vogtei über Kemnade zu Lehen. Die Auseinandersetzungen in dieser Frage zogen sich noch Jahre hin. Wibalds Bemühungen, die Zustimmung der Kurie zur Inkorporation der beiden Stifte in sein Kloster zu erhalten, blieben vergeblich. Erst im Frühjahr 1151 wurde der Streit durch einen Kompromiß beigelegt. Der König übertrug noch einmal Kemnade dem Kloster Corvey; doch blieb die Vogtei im Besitz des Herzogs. Dafür mußte Wibald stillschweigend auf Fischbeck verzichten. Heinrich der Löwe hatte damit seine Rechte, die er schon damals im Gebiet an der mittleren Weser besaß, festigen können.

Die Spannungen, die sich in der Mitte der 40er Jahre überall im Reich wieder deutlicher abzeichneten, traten bald hinter einem Ereignis im Orient zurück, das im Abendland große Bestürzung hervorrief. Im Jahre 1144 eroberte Zengi, der Herrscher von Mossul und Aleppo, den größten Teil der Grafschaft Edessa und nahm auch die Hauptstadt dieses Kreuzfahrerstaates ein. Der Fall ihres östlichen Bollwerks brachte die übrigen Kreuzfahrerstaaten in eine bedrohliche Situation. Da sie allein nicht in der Lage waren, den Türken Widerstand zu leisten, suchten sie im Abendland, vor allem bei Papst Eugen III., der gerade den Stuhl Petri bestiegen hatte, um Hilfe nach. Der Papst richtete den Aufruf zur Kreuzfahrt zunächst an König Ludwig VII. von Frankreich und den französischen Adel; beim Weihnachtsfest 1145 gab Ludwig seinen Entschluß bekannt, mit einem Heer ins Heilige Land zu ziehen.

Wenn sich dieser Plan zu einem allgemeinen Kreuzzug ausweitete, so war dies das Werk Bernhards von Clairvaux. Die beherrschende, aber oft auch verhängnisvolle Rolle, die der Abt im abendländischen Geschehen seiner Zeit spielte, wird gerade beim Beginn des zweiten Kreuzzugs deutlich. Mit der ihm eigenen Beredsamkeit entfachte er eine starke Kreuzzugsbewegung, die weit über Frankreich ausgriff und die in den Städten des Rheinlandes sogar zu grausamen Judenpogromen führte.

Um ihnen Einhalt zu gebieten, kam Bernhard selbst nach Deutschland. Vor allem aber wollte er hier König Konrad für den Kreuzzug gewinnen. Mit Rücksicht auf die gespannte Lage im Reich verhielt sich dieser zunächst ablehnend, entschloß sich aber unter dem Eindruck einer gewaltigen Predigt des Abtes doch, beim Weihnachtsfest des Jahres 1146 das Kreuz zu nehmen. Zahlreiche deutsche Fürsten folgten seinem Beispiel. Zu ihnen gehörten sein Neffe, Friedrich III. von Schwaben, der damals seinem Vater Friedrich II. in der Herzogswürde gefolgt war, und Heinrich Jasomirgott von Bayern. Schon vorher hatte Welf VI. das Kreuz genommen. Auch Roger II. war zeitweilig geneigt, sich am Kreuzzug zu beteiligen, wenn Ludwig VII. seinen Weg über Sizilien nehmen würde. Das Unternehmen sollte damit wie schon der erste Kreuzzug den normannischen Eroberungsplänen im östlichen Mittelmeer dienen.

Vor Antritt der Kreuzfahrt mußte Konrad die Verhältnisse im Reiche regeln. Dem diente der große Reichstag, den er im März 1147 in Frankfurt abhielt. Hier wurde ein allgemeiner Landfriede für die Dauer des Kreuzzugs verkündet. Um für alle Fälle die Nachfolge seines Hauses auf dem Thron zu sichern, ließ Konrad seinen damals zehnjährigen Sohn Heinrich zum König wählen. Erzbischof Heinrich I. von Mainz sollte während der Abwesenheit des Herrschers die Regierung führen. Während des Reichstages erhob Heinrich der Löwe zum ersten Mal die Forderung, ihm das Herzogtum Bayern zurückzugeben, da es seinem Vater widerrechtlich abgesprochen worden sei. Konrad ließ die Rechtsfrage noch offen, erreichte es aber, daß der Herzog seine Ansprüche bis zum Ende des Kreuzzugs zurückstellte.

Die sächsischen Fürsten wollten die Kreuzzugsidee ihren eigenen politischen Zielen nutzbar machen. Sie erklärten, daß sie lieber einen Kreuzzug gegen die heidnischen Slawen östlich der Reichsgrenze durchführen als sich an dem Zug in den Orient beteiligen würden. Dem stimmte der Reichstag zu. Auch Bernhard von Clairvaux griff diesen Gedanken auf. In einem Aufruf sicherte er den Teilnehmern an einem solchen Zug den gleichen Ablaß wie den übrigen Kreuzfahrern zu. Ausdrücklich erklärte er, daß die Bekehrung oder die rücksichtslose Bekämpfung der Heiden das Ziel des Unternehmens sei, und verbot alle Verträge mit den Slawen, die diesen zwar Tribute auferlegen, aber die Ausübung ihres Glaubens gestatten würden. Papst Eugen III. hat in einer Bulle, mit der er Bischof Anselm von Havelberg zu seinem Bevollmächtigten für den Kreuzzug gegen die Wenden ernannte, diese Erklärungen Bernhards ausdrücklich bestätigt. Während Konrad von Frankfurt nach Regensburg zog, um von hier auf dem Landweg den Zug nach dem Osten anzutreten, sollte sich das sächsische Kreuzfahrerheer am 29. Juni, dem Feste von Peter und Paul, in Magdeburg versammeln. Auch in Dänemark, wo es nach dem Tode des Königs Erich Lamm im Jahre 1146 zu Thronstreitigkeiten zwischen dem Prinzen Sven und seinem Vetter Knut gekommen war, fand die Predigt zum Kreuzzug gegen die Wenden ein starkes Echo. Beide Fürsten schlossen zunächst Frieden und stellten eine Flotte gegen die Slawen auf.

Den Wenden blieben die Vorbereitungen für diesen Feldzug nicht verborgen. Fürst Niklot ließ deshalb die Feste Dobin am Nordende des Schweriner Sees zu einer Fluchtburg für die Bewohner des umliegenden Landes ausbauen. Unter Hinweis auf den zwischen ihnen geschlossenen Freundschaftsvertrag bat er gleichzeitig Graf Adolf um seine Vermittlung. Der Graf, der in Frankfurt ebenfalls das Kreuz genommen hatte, konnte ihm aber keine Neutralität zusichern. Er bat aber Niklot, selbst Frieden zu halten und ihn zu warnen, falls die Slawen von sich aus angreifen würden.

Niklot hat dies zwar zugesagt, entschloß sich aber, den Kreuzfahrern durch einen Vorstoß nach Wagrien zuvorzukommen. Mit einer Flotte lief er in den letzten Junitagen in die Travemündung ein, sandte aber auch Boten nach Segeberg, um seinem Versprechen gemäß Graf Adolf zu warnen. Da dieser abwesend war, konnte man keine wirksamen Gegenmaßnahmen treffen. Die Bewohner Lübecks, die am 26. Juni trotz der Warnung durch die Besatzung der Burg sorglos das Fest der Märtyrer Johannes und Paulus mit einem großen Gelage gefeiert hatten, wurden von Niklots Truppen im Schlaf überrumpelt. Die im Hafen liegenden Schiffe gingen in Flammen auf; bei den Kämpfen sollen mehr als 300 Mann den Tod gefunden haben. Nur die Burg leistete erfolgreich Widerstand. Gleichzeitig zogen Niklots Reiterscharen durchs Land und zerstörten einen großen Teil der in den letzten Jahren angelegten Siedlungen. Lediglich die Burg Segeberg und einige andere Orte konnten sich halten. Als der Graf Truppen zu einem Gegenangriff aufbot, trat Niklot mit seiner Flotte, auf der er Gefangene und reiche Beute mitführte, den Rückzug an.

Die Kreuzfahrer, die sich inzwischen an der Elbe versammelt hatten, teilten sich in zwei Heere. Das größere, dessen Führung in den Händen Albrechts des Bären und Konrads von Meißen lag und bei dem sich auch Anselm von Havelberg befand, wandte sich von Magdeburg aus nicht gegen die östlich der Elbe sitzenden heidnischen Liutizen, sondern gegen Vorpommern. Dieser Angriff auf ein Land, in dem seit den Tagen Ottos von Bamberg das Christentum langsam an Boden gewonnen hatte, ließ deutlich erkennen, daß die Kreuzzugsidee der Vorwand für andere Zwecke war. Albrecht der Bär sah jetzt die Möglichkeit, Ansprüche auf diese Gebiete, die ihm Lothar zugestanden hatte, durchzusetzen; Anselm von Havelberg wollte seine Diözese nach Norden ausweiten. Vor Demmin, das man vergeblich belagerte, und vor Stettin, wo Bischof Adalbert die Kreuzfahrer von einem Angriff auf die Stadt abhielt, kam das Unternehmen zum Stillstand. Nach Verhandlungen mit Fürst Ratibor von Stettin über die weitere Christianisierung seines Landes löste sich das Heer auf.

Die gleiche Diskrepanz zwischen der Kreuzzugsidee und den politischen Absichten der sächsischen Fürsten zeigte sich auch bei dem zweiten Heer, das unter Führung Heinrichs des Löwen, Konrads von Zähringen und des Erzbischofs Adalbero von Bremen gegen die Obodriten vorging. Vor Dobin vereinigte es sich mit den dänischen Kreuzfahrern, die mit einer Flotte in der Nähe von Wismar gelandet waren. Bei Kämpfen vor der Feste erlitten die Dänen schwere Verluste; die Ranen von Rügen, die den Obodriten zu Hilfe kommen wollten, überfielen die dänische Flotte und zerstörten einen Teil ihrer Schiffe. Die sächsischen Großen ihrerseits erkannten bald, daß der Kreuzzug ihnen mehr Schaden als Nutzen brachte, da durch ihn das Land, dessen Tribute für sie eine gute Einnahmequelle waren, verwüstet wurde. Bezeichnend sind die Worte, die Helmold sie sprechen läßt: „Ist es nicht unser Land, das wir verheeren, und unser Volk, das wir bekämpfen?" Sie weigerten sich deshalb, den Kampf mit aller Härte zu führen, und gerieten dadurch zu den Dänen und der großen Masse der Kreuzfahrer in einen scharfen Gegensatz. Als sich die Obodriten bereit fanden, den christlichen Glauben anzunehmen und die Gefangenen freizulassen, gab man die Belagerung Dobins auf.

Mit dieser Scheintaufe war nach den Anschauungen der Zeit zwar das Kreuzzugsgelübde erfüllt; sie konnte aber nicht darüber hinwegtäuschen, daß das Unternehmen letzten Endes ein Mißerfolg war. Die bisherigen Methoden des Kampfes gegen die Heiden hatten sich als untauglich erwiesen; das gute Einvernehmen zwischen Sachsen und Slawen, wie es in Nordelbingen in den ersten Jahren Adolfs II. bestanden hatte, war zeitweilig gestört, wenn es auch später wieder zu einer Annäherung zwischen dem Grafen und Niklot kam.

Ein Jahr später sehen wir den Herzog erneut im Gebiet nördlich der Elbe. Im Sommer 1148 unternahm er mit einem großen Aufgebot, bei dem sich auch Albrecht der Bär, die Grafen von Holstein und Ratzeburg

und zahlreiche holsteinische Ritter befanden, eine Expedition gegen das
Land Dithmarschen, um den Tod Rudolfs von Stade zu rächen. Auch
Erzbischof Adalbero und Propst Hartwig von Bremen hatten sich diesem
Zug anschließen müssen. Die selbstbewußten Dithmarscher wurden in
einer Schlacht bezwungen; die Verwaltung des Landes übertrug der Her-
zog einem Grafen Reinold und legte den Dithmarschern einen Zins auf.
Damit hatte Heinrich auch diesen Teil der Stader Erbschaft unter seine
Botmäßigkeit gebracht.

Etwa zur gleichen Zeit wurde Holstein in die dänischen Thronwirren
hineingezogen, die nach dem Ende des Wendenkreuzzugs zwischen Sven
und Knut wieder mit aller Schärfe ausgebrochen waren. Beide Rivalen
versuchten, Graf Adolf für sich zu gewinnen. Dieser entschied sich für
Knut, der ihn dafür mit Besitzungen – wohl im Gebiet von Schleswig –
belehnte. Sven antwortete mit einem Plünderungszug nach Wagrien;
Etheler, ein aus seiner Heimat vertriebener Dithmarscher, leistete ihm
dabei Hilfe und konnte einen Teil des holsteinischen Adels für sich gewinnen. Oldenburg wurde in Brand gesteckt und der ganze Küstenstrei-
fen verheert; auch die Siedlung am Fuße des Segebergs wurde abermals
verwüstet. Wie schwach die Stellung des Schauenburgers damals noch in
seiner Grafschaft war, zeigt die Tatsache, daß Adolf vor dem Angriff
Ethelers das Land zeitweilig verlassen und beim Herzog Zuflucht suchen
mußte. Andererseits war Heinrichs Autorität schon so groß, daß er allein
durch den Befehl, Frieden zu halten, Adolfs Herrschaft in seiner Grafschaft sichern konnte, ohne selbst eingreifen zu müssen. Der Graf ging
jetzt seinerseits zum Angriff gegen Sven und Etheler vor. Die Kämpfe
zogen sich im Gebiet zwischen Schleswig und Rendsburg noch eine Zeitlang hin. Als Etheler in einem Gefecht fiel, fanden sie ihr Ende.

Der Herzog war an diesen Auseinandersetzungen in Nordelbingen nicht
persönlich beteiligt. Für ihn gewann damals eine andere Frage entscheidende Bedeutung. Am 25. August 1148 starb Erzbischof Adalbero von
Bremen. Als seinen Nachfolger hatte das Domkapitel zunächst Abt Wibald von Corvey in Aussicht genommen. Schließlich konnte aber der
ehrgeizige Propst Hartwig seine Wahl zum Erzbischof durchsetzen. Sie
kam einer Kampfansage an den Herzog gleich. Hartwigs Ziel war es, das
Erzbistum aus der mißlichen Lage, in der es sich damals befand, heraus-
zuführen und ihm wieder die geachtete Stellung zu verschaffen, die es um
die Mitte des 11. Jahrhunderts besessen hatte. Er griff dabei den Plan
seines Vorgängers auf, die Metropolitangewalt in Skandinavien, die das

Erzstift zu Beginn des 12. Jahrhunderts durch die Errichtung des Erzbistums Lund verloren hatte, wiederzugewinnen. Er sah jetzt aber auch den Zeitpunkt gekommen, die drei im Wendenland gelegenen Bistümer Oldenburg, Ratzeburg und Mecklenburg, die seit der Katastrophe des Jahres 1066 nicht mehr besetzt waren, neu zu begründen und dadurch die kirchliche Oberhoheit Bremens im Slawenland wiederherzustellen.

Als er sich im Frühjahr 1149 in Rom aufhielt, um aus der Hand Eugens III. das Pallium, das Zeichen seiner erzbischöflichen Würde, entgegenzunehmen, hat er zweifellos auch versucht, den Papst für diese Pläne zu gewinnen. Erfolg haben diese Bemühungen nicht gehabt. Die Kurie war nicht gewillt, der Bremer Kirche wieder den Primat im Norden zu überlassen. In der Frage der Neugründung der drei Missionsbistümer hielt sie es für ratsam, zunächst mit Herzog Heinrich in Verbindung zu treten. Mit dieser Aufgabe wurde der Kardinal Guido betraut; er war im Jahre 1148 zu einer Legationsreise aufgebrochen, die ihn zunächst nach Polen und Mähren und anschließend nach Sachsen führte. Im Sommer 1149 traf er mit dem Herzog in Königslutter zusammen; doch ist über diese Verhandlungen nichts bekannt. Bindende Abmachungen scheinen nicht getroffen worden zu sein; vermutlich handelte es sich nur um eine erste Fühlungnahme.

Jetzt trieb Hartwig von sich aus die Entwicklung voran, indem er an die Besetzung der vakanten Bistümer ging. Im September 1149 weihte er in dem bei Stade gelegenen Kloster Harsefeld Vizelin zum Bischof von Oldenburg und einen Mönch Emmehard, von dem wir sonst kaum etwas wissen, zum Bischof für Mecklenburg. Die dem König zustehende Investitur mit den Regalien ist allerdings unterblieben. Für Ratzeburg wurde noch kein Bischof berufen, da der Bischof von Verden Ansprüche auf das Gebiet der Polaben erhob.

Der Erzbischof war zu dieser Weihe zweifellos berechtigt, da die drei Bistümer niemals aufgehoben waren. Er war aber nicht in der Lage, den wiedererstandenen Bistümern die notwendige wirtschaftliche Grundlage zu geben. Das konnten nur die Inhaber der weltlichen Gewalt in diesen Gebieten tun. So war es eine große diplomatische Unklugheit, vielleicht sogar ein bewußter Affront, wenn Hartwig diesen Schritt ohne jede Fühlungnahme mit dem Herzog tat. Die eigenmächtige Besetzung der Bistümer mußte den alten Konflikt zwischen dem Bremer Erzbischof und Heinrich dem Löwen, seinem alten Rivalen, erneut offen aufbrechen lassen.

Der Herzog erkannte die Gefahr, die sich für ihn ergeben konnte,

wenn sich im Nordosten seines Herzogtums geistliche Herrschaftsgebiete herausbildeten, die nur der Oberhoheit der Bremer Kirche unterstanden. Er nahm die Investitur der Bischöfe für sich in Anspruch und
ließ Vizelin die ohnehin zunächst noch bescheidenen Zehnten in seinem
Bistum durch Graf Adolf sperren.

Deutlich treten in der Schilderung Helmolds von Bosau die unter-
schiedlichen Rechtsanschauungen hervor. Der Herzog erklärte dem Bischof, in dem Lande, das seine Vorfahren erobert und ihm als erblichen
Besitz hinterlassen hätten, stehe ihm allein die Regelung dieser Frage zu.
Daraus konnte er niemals den Anspruch auf die Investitur ableiten. Wenn
der Erzbischof es Vizelin untersagte, die Investitur aus der Hand des
Herzogs entgegenzunehmen, da diese nur dem König zukomme, so entsprach dieses Verbot ganz den damaligen Rechtsverhältnissen. Vizelin
stand vor der Frage, ob er die Forderung des Herzogs anerkennen oder
auf die kirchliche Arbeit in seinem Sprengel verzichten sollte. Er fügte
sich zunächst dem Wunsche des Erzbischofs und weigerte sich, sich vom
Herzog investieren zu lassen. Seine Tätigkeit in der Diözese war damit
fast ganz lahmgelegt. Ein erster Schlaganfall minderte zudem seine Ar-
beitskraft. Er mußte sich darauf beschränken, von Neumünster aus einige
Kirchen in seinem Bistum zu weihen. Nachdem er vergeblich versucht
hatte, den Erzbischof oder den Herzog zum Nachgeben zu bewegen, gab er schließlich den Widerstand auf und empfing im Winter 1150/51,
vermutlich im Dezember 1150, in Lüneburg aus der Hand des Herzogs in
Form der Übergabe eines Bischofsstabes die Investitur mit seinem Bistum. Heinrich von Weida, einer der führenden Ministerialen des Herzogs, hatte ihm diesen Schritt sehr eindringlich nahegelegt, da der Herzog
der alleinige Herr in diesem Gebiet sei.

Heinrich nahm jetzt zusammen mit Graf Adolf die erste Ausstattung
des Bistums vor. Er überließ Vizelin das Dorf Bosau am Plöner See mit
einem dazugehörenden Ort; der Graf verzichtete in diesem Gebiet auf die
Hälfte des Zehnten, der hier wie auch sonst im Kolonisationsgebiet nicht
nur als kirchlicher Zins, sondern auch als staatliche Abgabe galt. Da der
alte Bischofssitz in Oldenburg seine frühere Bedeutung verloren hatte,
nahm Vizelin seinen Sitz in Bosau und entfaltete von hier aus eine rege
missionarische Tätigkeit, bis ein zweiter Schlaganfall im Jahre 1152 sein
weiteres Wirken unmöglich machte.

Emmehard von Mecklenburg scheint sich der Forderung des Herzogs
nicht gefügt zu haben und hat sein Bistum deshalb wohl überhaupt nicht
betreten können. Wie in der Frage der Stader Erbschaft hatte auch dies-

mal Heinrich im Ringen mit der Bremer Kirche seinen Willen mit harter Hand durchgesetzt.

Es könnte eigenartig wirken, daß Konrad III. in diese Auseinandersetzungen, bei denen es um die Rechte der Krone ging, nicht eingriff. Das war aber durch die mißliche Lage des Königtums nach dem Kreuzzug bedingt.

Wie der Zug der Kreuzfahrer gegen die Wenden hatte auch der zweite Kreuzzug mit einem Fehlschlag geendet. Das deutsche Kreuzfahrerheer unter Konrad III., das im September 1147 vor Konstantinopel angekommen war, hatte seinen Weitermarsch durch das Innere Kleinasiens nach schweren Kämpfen mit den Türken abbrechen müssen. Ein Teil des Heeres war fast ganz aufgerieben; der Rest schloß sich den nachfolgenden französischen Kreuzfahrern an. Konrad selbst, der schwer erkrankt war und den Winter in Konstantinopel verbracht hatte, kam erst im Frühjahr 1148 auf dem Seewege ins Heilige Land. Hier traf er mit Ludwig VII. von Frankreich zusammen, dessen Heer beim Zug durch Kleinasien ebenfalls große Verluste erlitten hatte. An eine Rückeroberung Edessas konnte man deshalb nicht denken. Aber auch zwei Vorstöße gegen Damaskus und Askalon brachten keinen Erfolg. Konrad verließ deshalb im September 1148 das Heilige Land und begab sich zunächst zu Kaiser Manuel, um in den ersten Monaten des nächsten Jahres auf dem Seeweg nach Deutschland zurückzukehren. Ludwig VII. hielt sich noch bis Ostern 1149 in Jerusalem auf und trat dann über Sizilien die Rückfahrt an.

Hatte es schon während des Kreuzzugs zwischen den Kreuzfahrern Differenzen gegeben, so brachen nach seinem unglücklichen Ende die alten Spannungen im Abendland und im Mittelmeer, die man vorher mühselig beigelegt hatte, wieder mit aller Schärfe auf. Roger II. hatte den Kreuzzug benutzt, um gegen das byzantinische Reich vorzugehen. Im Sommer 1147 besetzte er Korfu und unternahm von hier aus Plünderungszüge nach Griechenland. Da Kaiser Manuel gleichzeitig in Kämpfe an der Nordgrenze seines Reiches verwickelt war, konnte er den Normannen nicht wirksam entgegentreten. Er versuchte deshalb, Bundesgenossen gegen sie zu gewinnen. Während des Aufenthalts Konrads an seinem Hofe schlossen beide Herrscher – vermutlich im Oktober 1148 in Saloniki – einen Vertrag über ein gemeinsames Vorgehen gegen die Normannen. Konrad sollte in Italien den Kampf gegen Roger aufnehmen, Manuel wollte ihn dabei mit Truppen und Geld unterstützen. Dafür verpflichtete sich der deutsche König, dem byzantinischen Kaiser Teile

des Normannenreiches nach dessen Eroberung abzutreten. Die italienischen Seestädte Venedig und Pisa sollten in diese Koalition einbezogen
werden. Durch die Ehe zwischen dem Babenberger Heinrich Jasomirgott, der Konrad begleitete, und Manuels Nichte Theodora wurde die
Allianz zwischen beiden Mächten gefestigt. Auch eine Heirat zwischen
Konrads Sohn König Heinrich und einer byzantinischen Prinzessin
wurde in Aussicht genommen.

Roger II. hatte die seinem Reiche drohende Gefahr schon länger erkannt und versuchte, ein Gegenbündnis zustande zu bringen. Als
Welf VI. auf der Rückreise aus Palästina im Sommer 1148 in Sizilien mit
Roger zusammentraf, erneuerten beide Fürsten ihre früheren Abmachungen. Der König wollte auch mit Heinrich dem Löwen, Konrad von Zähringen und Friedrich von Schwaben Verbindung aufnehmen; doch wurden seine Boten bereits in Italien gefangengenommen. Als Ludwig VII.
im Juli 1149 in Kalabrien landete, wurde er ebenfalls für dieses Bündnis
gewonnen. Ebenso stand Roger mit König Geza II. von Ungarn im
Bunde, während Ludwig mit Papst Eugen III. Verhandlungen aufnahm.
Ein neuer Krieg im Mittelmeer schien das Ergebnis des zweites Kreuzzugs zu sein; nur die Weigerung des Papstes, der Koalition gegen Konrad
und Manuel beizutreten, hat ihn verhindert.

Auch in Deutschland zeichneten sich die gegnerischen Gruppierungen
wieder deutlicher ab. Konrad von Zähringen hatte sich, soweit wir wissen, als einziger süddeutscher Fürst am Wendenkreuzzug beteiligt. Die
Verbindung, die sich daraus mit dem Löwen ergab, wurde noch dadurch
gefestigt, daß sich der Herzog nach dem Ende des Zuges, vermutlich
schon 1148 oder im nächsten Jahr, mit Konrads Tochter Clementia vermählte. Als Mitgift erhielt sie die Burg und Herrschaft Badenweiler mit
500 Hufen und 100 Ministerialen. Als Erbe seines Vaters hatte Heinrich
am welfischen Hausgut in Oberschwaben einen nicht geringen Anteil,
den wir allerdings im einzelnen nicht genau bestimmen können. Durch
das Heiratsgut seiner Gemahlin konnte er diese Machtposition im Südwesten des Reiches bis ins Oberrheintal erweitern. Welfen und Zähringer
stehen hier einstweilen im Bunde gegen die Staufer.

Als Konrad III. im Frühsommer 1149 nach einer Abwesenheit von
zwei Jahren wieder den Boden des Reiches betrat, hatte Welf VI. die
Feindseligkeiten in Schwaben bereits begonnen. Der König wollte ein
Übergreifen der Kämpfe auf Sachsen verhindern und rief deshalb die
sächsischen Fürsten nach Würzburg. Heinrich der Löwe, der zur gleichen Zeit mit Kardinal Guido über die Neugründung der Bistümer

Nordelbingens verhandelte, nahm aber an diesem Hoftag nicht teil. Auch bei den weiteren Reichstagen des Königs in diesem Jahre ist er nicht erschienen.

Zu Beginn des nächsten Jahres fiel im Süden des Reiches eine wichtige Entscheidung. In den ersten Februartagen griff Welf die staufische Feste Flochberg bei Nördlingen an, erlitt aber im Kampfe mit dem jungen König Heinrich eine Niederlage. Nur mit knapper Not entging er selbst der Gefangennahme. Wibald und andere Berater Konrads III. legten diesem nahe, den Sieg auszunutzen. Konrad von Zähringen und Friedrich von Schwaben rieten jedoch mit Erfolg zur Verständigung. Welf unterwarf sich dem König und gelobte Frieden; dafür ließ Konrad III. die Gefangenen frei. Das Bestreben Friedrichs, zwischen den beiden Geschlechtern, deren Abkömmling er war, zu vermitteln, tritt damals zum ersten Mal deutlich zutage.

Nach dem Erfolg über Welf VI. war die Regelung der bayerischen Frage, die vor Beginn des Kreuzzuges vertagt worden war, das vordringlichste Problem im Inneren des Reiches. Heinrich der Löwe betrachtete sich als rechtmäßigen Inhaber der Herzogsgewalt und brachte dies auch dadurch zum Ausdruck, daß er sich seit 1150 in Briefen und Urkunden wiederholt den Titel eines Herzogs von Bayern und Sachsen beilegte. Über die weiteren Verhandlungen zwischen ihm und dem König wissen wir wenig; dabei hat Konrad wieder den Weg eines förmlichen Rechtsverfahrens gewählt. Vermutlich sollte diese Frage schon im Juli 1150 auf einem Reichstag zu Würzburg erörtert werden. Da der Löwe hier nicht erschien, wurde ein neuer Termin für einen Hoftag anberaumt, der für den 13. Januar 1151 nach Ulm einberufen wurde.

Der Herzog wollte aber schon vorher eine Entscheidung mit den Waffen herbeiführen. Gegen Ende des Jahres brach er von Lüneburg, wo er damals Hof hielt, mit seinen Mannschaften nach dem Süden auf, um den Kampf um Bayern aufzunehmen. Die Regierung Sachsens übergab er für die Zeit seiner Abwesenheit der Herzogin Clementia, der er Graf Adolf von Holstein als Berater beigab. Er sollte vor allem für den Frieden in Nordelbingen Sorge tragen. Mit einer großen Mannschaft leistete er dem Obodritenfürsten Niklot beim Kampf gegen die Kessiner und Zirzipanen im östlichen Mecklenburg Hilfe.

Der Ladung nach Ulm leistete Heinrich wiederum nicht Folge. Doch kam es auch nicht zum offenen Kampf. Einige Fürsten, vermutlich wiederum Konrad von Zähringen und Friedrich von Schwaben, erreichten eine friedliche Einigung, nach der dem Herzog im Juni 1151 auf einem

neuen Reichstag in Regensburg Genugtuung zugesagt wurde. Heinrich
erschien aber nicht in Regensburg; auch einem dritten Termin, der für
den September nach Würzburg anberaumt wurde, blieb er fern.

Nachdem eine friedliche Verständigung gescheitert war, entschloß sich
der König, nach Sachsen vorzustoßen, um hier den Herzog während
seiner Abwesenheit im Zentrum seiner Macht zu treffen. Da sich Heinrich durch sein hartes Regiment in Sachsen viele Gegner gemacht hatte,
schien ein solches Unternehmen erfolgversprechend zu sein. So fanden
sich zahlreiche sächsische Fürsten, an ihrer Spitze Albrecht der Bär, im
November beim König in Altenburg ein, wo er die Vorbereitungen für
den Feldzug traf. Anfang Dezember kam er nach Goslar und rückte von
hier aus gegen Braunschweig vor. Um dem Herzog den Weg nach Norden abzuschneiden, ließ er die Grenzen Schwabens streng bewachen.

Heinrich, der vom Plan des Königs erfahren hatte, verstand es jedoch,
seinen Gegner zu überlisten. Er lud seine Anhänger in Schwaben ein, das
bevorstehende Weihnachtsfest mit ihm zusammen zu feiern. Inzwischen
brach er jedoch heimlich in Verkleidung mit wenigen Begleitern auf und
kam in einem kühnen Eilritt nach Braunschweig, um hier den Widerstand
gegen den König zu leiten. Mit Heinrichs Ankunft in der Stadt war
Konrads Plan, die Stadt im Handstreich zu nehmen, gescheitert. Er brach
deshalb den Feldzug ab und kehrte noch im gleichen Jahr nach Süddeutschland zurück.

In Sachsen gingen die Kämpfe zwischen Heinrich dem Löwen und
Albrecht dem Bären weiter. Die alte Gegnerschaft zwischen ihnen erhielt
damals neue Nahrung. Auf dem zweiten Kreuzzug hatte Graf Bernhard
von Plötzkau, der Letzte seines Geschlechts, den Tod gefunden. Auf
seine am Ostrand des Harzes gelegene Erbschaft meldeten sowohl der
Herzog wie der Markgraf Ansprüche an. In der Nacht vom 29. zum
30. Januar 1152 wurde Hermann II. von Winzenburg zusammen mit seiner Gemahlin Liutgard von Stade, die nach dem Tode des Königs Erich
Lamm von Dänemark mit ihm ihre dritte Ehe eingegangen war, von
Angehörigen seiner Ministerialität, bei der er wegen seines herrischen
Wesens verhaßt war, auf seiner Burg ermordet. Sie hinterließen nur zwei
kleine Töchter. Hermanns Bruder Heinrich von Assel war schon vorher
gestorben. Die Erbansprüche seines mutmaßlichen Sohnes Otto wurden
aus uns nicht bekannten Gründen ebenso wie die der beiden Töchter
Hermanns übergangen. Die Frage, wer die Nachfolge in diesem riesigen
Herrschaftsgebiet antreten würde, war für das Kräfteverhältnis in Sachsen von größter Bedeutung. Wiederum erhoben sowohl Heinrich der

Löwe wie Albrecht der Bär Ansprüche auf diese Erbschaft. Auf welche Rechtstitel sie sich in beiden Fällen stützten, können wir nicht erkennen. Zu einer Entscheidung ist es unter Konrad III. nicht mehr gekommen.

Hinter diesen inneren Auseinandersetzungen traten in Konrads letzter Regierungszeit außenpolitische Probleme ganz zurück. Der Feldzug gegen Roger II., den er mit Kaiser Manuel vereinbart hatte, mußte unterbleiben. In Rom geriet das Papsttum in eine immer schwierigere Lage, seitdem die Bürger der Stadt in einem revolutionären Akt im Jahre 1143 einen Senat als eine eigene städtische Behörde eingesetzt hatten. Wie seine Vorgänger konnte auch Eugen III. nur vorübergehend in der Stadt residieren. Er bat Konrad um Hilfe und stellte ihm dafür die Kaiserkrönung in Aussicht. Der König erklärte sich auch zu einem Romzug bereit; im Herbst 1152 sollte dieser beginnen.

In Dänemark waren inzwischen die Thronstreitigkeiten zwischen Sven und Knut weitergegangen. Dabei hatte sich Sven durchgesetzt. Knut hatte das Land verlassen müssen und in Sachsen zunächst bei Heinrich dem Löwen und dann bei Hartwig von Bremen um Hilfe nachgesucht. Seine wiederholten Versuche, wenigstens Jütland in seine Hand zu bringen, schlugen fehl. Nachdem er im Jahre 1151 erneut an der Mildau unweit von Husum von Sven und dem jetzt mit ihm verbündeten Prinzen Waldemar, dem Sohne Knut Lawards, besiegt worden war, begab er sich erneut an den Hof Heinrichs des Löwen. Sven seinerseits nahm Verbindung mit Erzbischof Hartwig von Bremen und den Askaniern auf. Beide Prätendenten wandten sich aber auch in Schreiben an Konrad III., den sie als Kaiser anredeten, um seine Gunst zu gewinnen. Der König war aber nicht mehr in der Lage, im dänischen Thronstreit eine Entscheidung zu treffen und dadurch die seit den Tagen Lothars III. bestehende Lehnshoheit des Reiches gegenüber Dänemark wieder in aller Form zur Geltung zu bringen.

Konrad war aus dem Orient als kranker Mann heimgekehrt. Dadurch wurde er in diesen Jahren immer wieder in seiner Regierungstätigkeit gehemmt. Zu Beginn des Jahres 1152 erkrankte er erneut; am 15. Februar ist er in Bamberg gestorben. Sein ältester Sohn Heinrich war ihm schon zwei Jahre vorher im Tode vorausgegangen; sein zweiter Sohn Friedrich war damals noch ein Knabe von sechs Jahren. Da der König erkannte, daß dieser nicht in der Lage sein würde, die Geschicke des Reiches zu meistern, designierte er auf dem Totenbett seinen Neffen, den Schwabenherzog Friedrich, der damals wohl im Alter von 29 Jahren stand, durch die Übergabe der Reichsinsignien zu seinem Nachfolger und vertraute ihm die Fürsorge für seinen kleinen Sohn an. Diese Designation war aber noch kein rechtsverbindlicher Akt.

In ihren Anfängen brachte die Regierung Konrads, der als ein liebenswürdiger Mann geschildert wird, eine Reihe von Neuansätzen. Vor allem gelang es ihm, mit einer konsequenten Territorialpolitik die Machtgrundlagen des staufischen Hauses in Schwaben und Franken weiter auszubauen. Bei seinem Tode befand sich aber das Reich in einer desolaten Lage. Im Inneren war es durch Zwistigkeiten und Fehden zerrissen; auch in den großen abendländischen Entscheidungen hatte das deutsche Königtum seine führende Rolle eingebüßt. In der langen Reihe der deutschen Herrscher seit den Tagen Ottos des Großen war Konrad der erste König, der nicht die Würde des Kaisertums erlangt hat. In seiner diplomatischen Korrespondenz hat er sich allerdings wiederholt den Kaisertitel beigelegt, um die Gleichrangigkeit mit dem byzantinischen Herrscher zu betonen.

Die Zeitgenossen haben diese Entwicklung deutlich empfunden. Als Bischof Otto von Freising, Konrads Halbbruder, um die Mitte der 40er Jahre seine Weltchronik, wohl das bekannteste geschichtsphilosophische Werk des abendländischen Mittelalters, abschloß, in der er das Ringen zwischen dem ewigen Reich Gottes und dem Reich der sich ständig wandelnden irdischen Welt darstellt, ist er von düsteren Ahnungen erfüllt. Er sieht das Ende der Welt mit dem Kommen des Antichrist heraufziehen, wenn er auch von dem festen Glauben erfüllt ist, daß Christus als der Weltenrichter über seinen Widersacher im Endkampf triumphieren wird.

Zwei Jahre nach Konrads Tod starb sein Gegenspieler Roger II.; bereits 1153 hat Bernhard von Clairvaux die Augen geschlossen. Das Zeitalter, in dem der Zisterzienserabt fast die Rolle eines ungekrönten Königs im Abendland gespielt hat, ging damit zu Ende. Neue Männer und Kräfte sollten in den nächsten Jahrzehnten das europäische Geschehen bestimmen.

## Drittes Kapitel

# Der Ausgleich zwischen Staufern und Welfen.
## Der Herzog im Dienst des Reiches

Wenige Wochen nach Konrads Tod wurde Herzog Friedrich am 4. März 1152 in Frankfurt von den deutschen Fürsten, die hier in großer Zahl versammelt waren, als erster deutscher Herrscher dieses Namens zum König erkoren und fünf Tage später nach altem Brauch im Münster zu Aachen von Erzbischof Arnold von Köln gekrönt und dann auf dem Stuhl Karls des Großen inthronisiert. Die Vorgänge bei der Wahl sind nicht ganz durchsichtig. Otto von Freising, dessen zweites Werk, „Die Taten Kaiser Friedrichs", unsere wichtigste Quelle für die erste Regierungszeit des neuen Königs bildet, spricht in seinem auffallend kurzen Bericht von einer einhelligen Wahl. Als Verwandter der beiden großen rivalisierenden Geschlechter des Reiches habe Friedrich „gleichwie ein Eckstein den klaffenden Riß dieser beiden Wände vereinigen können". Quellen aus dem Ende des 12. Jahrhunderts wollen aber etwas von einer Arglist des Staufers gehört haben. Bei den Verhandlungen, die Friedrich vor seiner Wahl geführt hat, ist er in den letzten Februar- oder den ersten Märztagen in oder bei Mainz auch mit Heinrich dem Löwen zusammengetroffen und hat seinem Vetter, der auch als Kandidat in Frage gekommen wäre, zweifellos wichtige Zugeständnisse für dessen Zustimmung zu seiner Wahl gemacht. Auch Welf VI. hat er wohl in gleicher Weise für sich gewonnen. Beide Fürsten haben sicher sowohl an der Wahl wie der Krönung teilgenommen, auch wenn ihre Anwesenheit ausdrücklich nur für die Feier in Aachen bezeugt wird. Heinrich Jasomirgott von Bayern blieb dagegen beiden Vorgängen fern.

Bereits in Aachen wurden die Grundzüge der Politik des neuen Königs festgelegt. Wenn es in der Wahlanzeige an Papst Eugen heißt, daß das römische Reich in seiner früheren Kraft und Herrlichkeit wiederhergestellt werden solle, so umreißt dieser Begriff der „Reformatio Imperii" das Programm, das sich Friedrich für seine Regierung setzte. Bezeichnend ist es auch, daß der König in diesem Schreiben bei aller Ergebenheit gegenüber dem Heiligen Vater die Unmittelbarkeit seiner Würde von

Gott betont und dem Papst seine Wahl nur mitteilt, nicht aber um ihre Bestätigung bittet.

Mit der ihm eigenen Tatkraft hat Friedrich, dem die Italiener später wegen seines rotblonden Haares den Beinamen Barbarossa gegeben haben, dieses Ziel einer Erneuerung des Reiches in Angriff genommen. Die wichtigste Voraussetzung dafür war die innere Befriedung Deutschlands. Auf dem Königsumritt durch das Reich, den Friedrich von Aachen aus antrat, sollte die innere Ordnung überall wiederhergestellt werden. Auf diesem Zug, der ihn zunächst in die Gebiete am Niederrhein und dann nach Sachsen führte, haben Heinrich der Löwe und Welf VI. den König begleitet. In den ersten Maitagen residierte dieser kurze Zeit in der Pfalz von Goslar. Hier hat er aller Wahrscheinlichkeit nach dem Sachsenherzog die Reichsvogtei Goslar, die wegen der reichen Silberschätze in dem zu ihr gehörenden Rammelsberg große Erträge brachte, als Lehen übertragen. Dieser Vorgang wird zwar in keiner Quelle erwähnt. Wenn aber Anno von Heimburg, einer der angesehensten Ministerialen des Herzogs, der bei diesem auch das Amt des Kämmerers bekleidete, von diesem Zeitpunkt an die Vogtei für mehr als ein Jahrzehnt verwaltete, so können wir diese Tatsache am zwanglosesten mit einer solchen Überlassung der Vogtei an den Welfen erklären, der dann diese Vogtei seinem Kämmerer weiterverlieh. Demgegenüber ist die Annahme, daß der König einen welfischen Dienstmann direkt mit der Vogtei belehnt habe, weniger wahrscheinlich. Der Pfalzbezirk selbst blieb dem König unterstellt.

Bald darauf hielt Friedrich zu Pfingsten in Merseburg seinen ersten großen Reichstag ab. Er sollte vornehmlich der Regelung der Streitfragen in Sachsen und Dänemark dienen. Die Bemühungen des Königs, im Konflikt zwischen dem Herzog und Albrecht dem Bären wegen des Plötzkauer und des Winzenburger Erbes einen Ausgleich zu finden, blieben hier allerdings noch vergeblich. Auch in der Frage des strittigen Investiturrechts bei den nordelbingischen Bistümern traf Friedrich noch keine Entscheidung. Erzbischof Hartwig, der am Reichstag teilnahm, wollte Vizelin, der mit ihm nach Merseburg gekommen war, veranlassen, die Investitur mit seinem Bistum noch einmal aus der Hand des Königs entgegenzunehmen, um dadurch die Investitur durch den Herzog als nicht rechtswirksam hinzustellen. Der Bischof lehnte dies jedoch ab, da ein solcher Schritt den Herzog zu seinem unversöhnlichen Gegner gemacht hätte.

Der Merseburger Reichstag brachte aber eine Entscheidung in den dänischen Thronstreitigkeiten. Beide Rivalen waren geladen und erschie-

nen: Sven in Begleitung des Erzbischofs Hartwig, Knut unter dem Geleit
Heinrichs des Löwen. Durch einen Schiedsspruch wollte Friedrich einen
Ausgleich zwischen den Widersachern erreichen. Knut, der sich in Dänemark nicht hatte durchsetzen können, mußte auf seine Ansprüche auf
den Thron verzichten, indem er dem deutschen König ein Schwert übergab. Sven wurde mit dem gleichen Symbol mit Dänemark belehnt und
leistete dem deutschen Herrscher die Dienste eines Vasallen und den
Treueid. Dieser setzte ihm eine Königskrone aufs Haupt; bei der feierlichen Pfingstprozession trug Sven das Reichsschwert vor dem König ein-
her. Die Lehnshoheit des Reiches gegenüber Dänemark wurde damit in
aller Form erneuert. Knut wurde mit einzelnen Landschaften in Dänemark, vor allem auf Seeland, abgefunden. Auch Prinz Waldemar, der
ebenfalls am Reichstag teilnahm, erhielt eine Provinz des Landes, wahrscheinlich das Gebiet von Schleswig. Heinrich der Löwe , der bisher für
Knut Partei ergriffen hatte, stimmte diesem Schiedsspruch zu. Wenn
Heinrich hier in Merseburg mit Zustimmung seines Onkels Welf für das
von seinem Ministerialen Gebezo von Peißenberg-Ravensburg südlich
von Ravensburg gegründete Prämonstratenserstift Weißenau ein wichtiges Privileg ausstellte, in dessen Zeugenliste auch Friedrich I. und der
Dänenkönig genannt werden, so zeigt dies, daß er auch in den welfischen
Stammlanden seine Herrschaft selbständig ausüben wollte.

Einige Monate später traf der König auf seinem nächsten großen
Reichstag, den er im Oktober in Würzburg abhielt, im Streit zwischen
dem Herzog und Markgraf Albrecht um das Erbe der beiden ausgestor-
benen sächsischen Dynastengeschlechter eine Entscheidung. Wenn er
Heinrich dem Löwen die Winzenburger und Albrecht dem Bären die
Plötzkauer Rechte und Besitzungen zuerkannte, so trug er damit vor
allem den Forderungen des Herzogs Rechnung. Gewiß konnte dadurch
auch der Askanier seinen Herrschaftsbereich am Ostrand des Harzes
wesentlich erweitern. Der Gewinn für den Welfen war aber erheblich
größer, da zur Erbschaft der Winzenburger auch ein wesentlicher Teil des
ursprünglichen Besitzstandes der Northeimer gehörte.

Hatte Heinrich die Herrschaftsgrundlagen seines Hauses, die er von
seinem Vater übernommen hatte, zu Beginn seiner Regierung im Norden
des Herzogtums durch die Stader Erbschaft wesentlich erweitern können, so gewann er jetzt im Süden Sachsens einen neuen wichtigen Macht-
komplex hinzu. Er besaß fortan im Raum zwischen der Oberweser und
Leine fast alle Grafschaftsrechte und eine Reihe von Kirchenvogteien, so
über die Reichsklöster Corvey und Helmarshausen und über das Mainzer

Kloster Heiligenstadt im Eichsfeld. Dazu kam ein großer Bestand von Eigengütern, die sich vor allem ziemlich dicht massiert von der mittleren Leine im Norden bis in das Gebiet von Eschwege im Süden erstreckten, die aber auch in Form von Streubesitz westlich der Weser bis tief nach Westfalen hineinreichten. Auch die Übertragung der Klöster Northeim und Reinhausen an das Erzstift Mainz durch die Winzenburger erkannte Heinrich nicht an; beide Klöster wurden bald wieder in den welfischen Machtbereich eingegliedert. In Zukunft gab es in Sachsen kein Dynastengeschlecht, das sich machtmäßig mit den Welfen messen konnte.

Hier in Würzburg oder kurz vorher erhielten die Welfen auch die Reichsrechte zurück, die sie zeitweilig in Italien besessen hatten. Friedrich belehnte damals Welf VI. mit dem Herzogtum Spoleto, der Markgrafschaft Tuszien, der Insel Sardinien und den Mathildischen Gütern. Wenn er seinem Onkel diese Gebiete, die früher dessen Bruder Heinrich der Stolze innegehabt hatte, überließ, so hoffte er, in Welf eine Stütze der Reichsgewalt in Ober- und Mittelitalien zu gewinnen. Heinrich der Löwe selbst erhielt vielleicht zur gleichen Zeit die Vogtei über das Kloster Reichenau zurück, die den Welfen von Konrad III. entzogen worden war.

Auf dem Würzburger Reichstag sollte auch der seit Jahren andauernde Streit um das Herzogtum Bayern entschieden werden. Wenn sich Heinrich der Löwe in seinen Urkunden in diesen Jahren wiederholt Herzog von Bayern und Sachsen nannte, so brachte er damit zum Ausdruck, daß er sich als rechtmäßiger Inhaber der bayerischen Herzogswürde betrachtete. Heinrich Jasomirgott war nach Würzburg geladen worden, aber nicht erschienen. Damit begann ein neues Rechtsverfahren um Bayern, das sich jahrelang hinzog, da der Babenberger von den Möglichkeiten der Einrede, die das mittelalterliche Prozeßwesen den Beteiligten gab, immer wieder Gebrauch machte. Bei einem neuen Termin, der nach zweimaliger Ladung zu Pfingsten 1153 auf einen Hoftag zu Worms angesetzt wurde, war der Bayernherzog ebenso wie Heinrich der Löwe anwesend; er erklärte jedoch, daß er nicht rechtmäßig geladen sei. Bei der Wiederholung dieses Termins bei einem Reichstag zu Speyer im Dezember des Jahres bestritt der Babenberger erneut die Rechtmäßigkeit seiner Ladung.

Der König, der für den geplanten Romzug auf die Hilfe Heinrichs des Löwen angewiesen war, entschloß sich deshalb, für den Reichstag, den er für Juni 1154 nach Goslar einberief, einen letzten Termin anzuberaumen. Diesmal leistete Heinrich Jasomirgott der Ladung nicht Folge. Deshalb erging hier gegen ihn ein Versäumnisurteil, durch das Bayern Heinrich dem Löwen zugesprochen wurde. Das bedeutete jedoch zunächst nur eine „Anleite" auf das Herzogtum, das zunächst noch im Besitz seines bisherigen Inhabers blieb. Wichtig war für den Welfen, daß die Rechtsfrage zu seinen Gunsten entschieden worden war. Angesichts der Machtstellung und des Ranges des Babenbergers, der mit einer byzantinischen Prinzessin vermählt war, handelte es sich bei dem Streit um Bayern aber auch um ein eminent politisches Problem, das nicht nur durch ein Prozeßverfahren entschieden werden konnte. Friedrich mußte versuchen, hier eine Lösung zu finden, die einen Bruch mit den Babenbergern vermied.

Der Goslarer Reichstag brachte für den Löwen noch einen anderen wichtigen Erfolg. In Abwesenheit des Bremer Erzbischofs entschied der König den langwierigen Streit um die Besetzung der nordelbingischen Bistümer zugunsten des Herzogs. In einem feierlichen Privileg erkannte er ihm das Recht zu, in den Gebieten jenseits der Elbe, die er durch königliche Verleihung besitze, zur Ausweitung des christlichen Glaubens Bistümer und Kirchen zu errichten und diese nach freiem Ermessen mit Reichsgut auszustatten. Er überließ dem Herzog und seinen Nachfolgern die Investitur der Bischöfe bei den Bistümern Oldenburg, Mecklenburg und Ratzeburg; diese sollten aus der Hand Heinrichs die Regalien mit der gleichen Rechtsgültigkeit empfangen, als wenn sie direkt vom König belehnt wären. Auch für den Fall, daß Heinrich noch weitere Bistümer in diesem Gebiet gründen würde, sollte er das gleiche Recht besitzen. Hatte Heinrich bisher die Investitur kraft Eroberungsrechts für sich beansprucht, so stellte Friedrich in diesem Privileg ausdrücklich fest, daß es sich bei ihr um ein königliches Recht handelte, das lediglich an den Herzog delegiert wurde. Der Rechtsstandpunkt des Königtums blieb gewahrt; doch wurde das Gebiet an der Nordostgrenze des Reiches als Interessensphäre des Herzogs anerkannt, der hier fortan weitgehend die Funktionen eines Vertreters der Reichsgewalt ausübte.

Diese Entscheidung des Königs gab dem Herzog die Möglichkeit, noch im gleichen Jahr durch die Berufung eines Bischofs für Ratzeburg mit der Neugründung dieses Bistums zu beginnen. Dieser Schritt eröffnete eine neue Phase seiner Politik im Slawenland, die wir als Ganzes in anderem Zusammenhang darzulegen haben.

Bei allen Zugeständnissen an Heinrich den Löwen war Friedrich aber bemüht, die Stellung des Königtums in Sachsen mit Hilfe der Kirche zu wahren. So erreichte er es im Frühjahr 1154, daß die damals strittige Frage der Neubesetzung des Erzbistums Magdeburg durch die Verlei-

hung des Palliums an seinen Kandidaten Bischof Wichmann von Naumburg in seinem Sinne geregelt wurde. Schon vorher waren zur Leitung des
Erzbistums Mainz und der Bistümer Hildesheim und Minden nach Absetzung der bisherigen Amtsträger Männer seines Vertrauens berufen
worden.

Der Goslarer Reichstag bildete den erfolgreichen Abschluß der Bemühungen des Königs, zu einem Ausgleich mit den Welfen zu kommen. An
die Stelle des alten Gegensatzes trat jetzt das Einvernehmen zwischen den
beiden Geschlechtern. Für etwa zwei Jahrzehnte bestimmte es das Geschehen im Reich in entscheidender Weise; es schuf aber auch die wichtigste Voraussetzung für die Durchführung des außenpolitischen Pro-
gramms des Staufers.

Die Beratungen in Goslar standen zweifellos auch im Zeichen des bevorstehenden Italien- und Romzugs des Königs, dessen Beginn man schon
im Jahre 1152 für den Herbst 1154 festgesetzt hatte. Friedrich hatte das
Unternehmen diplomatisch gut vorbereitet. Der Vertrag, den er nach
längeren Verhandlungen mit der Kurie im März 1153 in Konstanz mit
den Legaten Eugens III. in der Form eines bilateralen Abkommens
schloß, sollte die Beziehungen zwischen dem deutschen Königtum und
dem Papsttum auf lange Sicht regeln. Der König verpflichtete sich, keinen
Sonderfrieden mit den Normannen und den Römern zu schließen und
diese der Botmäßigkeit des Papstes zu unterwerfen. Er versprach, die
Hoheitsrechte des apostolischen Stuhles gegen jedermann zu verteidigen.
Der Papst seinerseits sicherte dem König die Kaiserkrönung zu, wenn er
nach Rom käme, und erklärte sich bereit, mit kirchlichen Mitteln gegen
alle die vorzugehen, die die Rechte des Reiches verletzen würden. Beide
Vertragspartner verpflichteten sich schließlich, dem „König der Griechen", wie der byzantinische Kaiser in dem Vertrag genannt wird, keine
territorialen Zugeständnisse in Italien zu machen.

Die Wiederherstellung der Rechte des Reiches und seine gebietsmäßige
Unversehrtheit in Italien war einer der wichtigsten Programmpunkte des
Konstanzer Vertrages. Die gemeinsamen Gegner von König und Papst
waren die Normannen und die stadtrömische Bewegung. Aber auch die
Politik der Staufer gegenüber Byzanz erhielt ein neues Gesicht. Gewiß
vollzog Friedrich noch keinen Bruch mit dem Ostreich; er setzte den
Gesandtschaftsverkehr mit Kaiser Manuel zunächst noch fort. Im Unter-
schied zu Konrad III. war er aber nicht gewillt, dem byzantinischen
Reich irgendwelche Gebiete in Italien zu überlassen.

Im Oktober 1154 trat Friedrich von Augsburg aus über den Brenner seinen ersten Zug nach Italien an. Wenn in seinem verhältnismäßig kleinen Heer die sächsischen Ritter unter Herzog Heinrich das stärkste Kontingent bildeten, so war dies der deutliche Ausdruck des neuen staufisch-welfischen Einvernehmens. Die Verwaltung Sachsens während seiner Abwesenheit übertrug Heinrich wieder der Herzogin Clementia. Auch schwäbische Vasallen und Ministeriale des Herzogs gehörten zu seinem Gefolge. Der Italienzug des Königs gab ihm auch die Möglichkeit, die alten Herrschaftsansprüche seines Hauses in Oberitalien durchzusetzen. Gleich nach der Ankunft des Heeres in Italien traf er in den letzten Oktobertagen im Feldlager in der Nähe von Verona mit den Markgrafen Bonifaz und Fulco von Este, den Enkeln Azzos II. von Este aus dessen zweiter Ehe, zusammen. Dabei kam es zu einer Einigung über die Besitzungen des Hauses Este, die Welf IV. nach dem Tode seines Vaters vergeblich für sich zu gewinnen versucht hatte. Die beiden Markgrafen erkannten für sich und ihre nicht anwesenden Brüder Albert und Opizo die Rechte des Herzogs auf Este und andere Orte in diesem Gebiet an und wurden von ihm mit diesen Besitzungen für sich und ihre Nachkommen in männlicher und weiblicher Linie belehnt. Außerdem leisteten sie eine Entschädigung von 400 Mark Silber. Welf VI., der am Italienzug nicht teilnahm, hat im Jahre 1160 mit den Markgrafen einen ähnlichen Vertrag abgeschlossen.

In Reichsitalien hatte sich die Lage in den letzten Jahrzehnten zuungunsten des Königtums verändert. Das Fernbleiben der deutschen Herrscher, die seit den Tagen Heinrichs V. den Boden Italiens nur noch gelegentlich betreten hatten, hatte der städtischen Freiheitsbewegung starken Auftrieb gegeben. Die Zunahme des Orienthandels begünstigte den wirtschaftlichen Aufschwung der Städte. In zunehmendem Maße hatten sie Rechte und Besitzungen des Reiches usurpiert. So waren mächtige Stadtstaaten in Oberitalien entstanden, die sich allerdings teilweise auch gegenseitig befehdeten. Die bedeutendste dieser Städte war Mailand, schon in den Tagen Heinrichs IV. die Vorkämpferin der antikaiserlichen Partei in der Lombardei. An eine Auseinandersetzung mit dieser mächtigen kommunalen Bewegung konnte Friedrich zunächst nicht denken; die Kaiserkrönung war das wichtigste Ziel dieses Zuges. Auf den Ronkalischen Feldern in der Poebene bei Piacenza hielt er in den ersten Dezembertagen einen Reichstag ab, der zugleich eine Heerschau war. Auf ihm nahm Friedrich die Huldigung der ihm ergebenen Städte entgegen und erneuerte ein bereits von Lothar III. erlassenes Lehnsgesetz, das den Vasallen verbot, ihre Lehen ohne die Genehmigung ihrer Herren zu veräußern. Mailand wurde zum Frieden mit Pavia gezwungen, das die Stütze des deutschen Königtums in Oberitalien war; doch verfiel die mächtige Stadt später der Reichsacht, da sie diesen Frieden nicht einhielt. Barbarossa war aber nicht in der Lage, diese Acht zu vollstrecken.

Der Reichstag von Roncaglia brachte auch eine für Heinrich den Löwen wichtige Entscheidung. Dem Erzbischof Hartwig von Bremen und dem Bischof Ulrich von Halberstadt, einem anderen Gegner des Herzogs, wurden für ihre Person, nicht aber für ihre Kirchen die Regalien abgesprochen, weil sie dem Italienzug ohne Grund ferngeblieben seien und dadurch ihre Lehnspflichten versäumt hätten. Hartwig hatte inzwischen die Abwesenheit des Herzogs benutzt, um in Sachsen gegen ihn vorzugehen. Er brachte die Burgen Stade, Bremervörde, Freiburg an der Elbe und Harburg, die der Herzog seit 1145 besetzt hielt, in seine Hand und traf bald darauf im Böhmerwald mit anderen sächsischen Gegnern der Welfen und einigen bayerischen Großen zusammen. Von einem gemeinsamen kriegerischen Vorgehen gegen den Herzog, wie es der Erzbischof zweifellos plante, sah man jedoch ab. Heinrichs Anhänger konnten Hartwig sogar längere Zeit daran hindern, in seinen Sprengel zurückzukehren. So stellte der Spruch des Reichstages für den Herzog einen wichtigen Erfolg dar.

Auf dem Weitermarsch wandte sich Friedrich zu Beginn des nächsten Jahres gegen die mit Mailand eng verbündete Stadt Tortona, die immer wieder das königstreue Pavia bedroht hatte. Bei der Belagerung der Stadt leistete Heinrich der Löwe große Hilfe. Schon nach kurzer Zeit eroberte er mit seinen Rittern die Unterstadt. Die stark befestigte Oberstadt konnte allen Angriffen, bei denen auch moderne Belagerungsmaschinen eingesetzt wurden, lange Zeit standhalten. Erst nach einer Belagerung von neun Wochen mußte sie sich am 18. April ergeben, nachdem ihr die Wasserzufuhr abgeschnitten worden war. Ganz Tortona wurde geplündert und zerstört. In Pavia hielt Friedrich wenige Tage später eine Siegesfeier ab, bei der er sich im Schmucke der langobardischen Krone zeigte.

In Rom war bereits im Juli 1153 Papst Eugen III. gestorben. Ihm folgte Anastasius IV., doch starb der hochbetagte Papst schon im nächsten Jahr. Jetzt wählten die Kardinäle im Dezember 1154 den Kardinal Nikolaus Breakspear, der vor allem durch eine Legationsreise nach Skandinavien in der kurialen Politik hervorgetreten war, als Hadrian IV. zum neuen Oberhaupt der Kirche. Er ist der einzige Engländer, der jemals den Stuhl Petri innegehabt hat. Zusammen mit seinem Kanzler Roland, der vor seiner Ernennung zum Kardinal zeitweilig in Bologna als einer der bekanntesten Kirchenrechtslehrer seiner Zeit gewirkt hatte, wurde er bald ein energischer Verfechter der Führungsansprüche des Papsttums im Abendland. Dabei war Hadrians Lage in Rom zunächst sehr schwierig. Die stadtrömische Bewegung hatte in Arnold von Brescia, einem Schüler Abaelards, der in Rom als Vertreter des kirchlichen Armutsideals eine rege Predigttätigkeit entfaltete, einen Verbündeten im Kampf gegen die weltliche Herrschaft des Papstes gefunden. Auch stieß Wilhelm I., der neue normannische König, gegen den Kirchenstaat vor, da Hadrian sich weigerte, ihn als König anzuerkennen.

So mußte dem Papst sehr an einem raschen Einvernehmen mit dem deutschen König gelegen sein. Nachdem er bereits im Januar 1155 durch eine Gesandtschaft den Konstanzer Vertrag erneuert hatte, traf er Anfang Juni mit Friedrich bei Sutri nördlich von Rom zusammen. Dabei kam es zu einem Zwischenfall, der für die Standpunkte der beiden Parteien sehr bezeichnend ist. Der Papst verlangte vom deutschen König den sogenannten Marschalldienst, bei dem der König das Pferd des Papstes eine Strecke zu führen und den Steigbügel zu halten hatte. Friedrich lehnte dies zunächst ab, da eine solche Handlung die Abhängigkeit des Königtums vom Papsttum zum Ausdruck bringen könne. Erst als von kurialer Seite betont wurde, daß es sich dabei um einen alten Brauch und um eine reine Ehrenbezeugung handele, erklärte sich der König nach einer Beratung mit den deutschen Fürsten dazu bereit, diesen Dienst zu leisten.

Auf dem gemeinsamen Weitermarsch von König und Papst erschien bei Friedrich eine Gesandtschaft der Römer, die ihn mit hochtrabenden Worten aufforderte, die Kaiserkrone vom römischen Volk entgegenzunehmen, die dafür aber eine Summe von 5000 Pfund Silber forderte. Friedrich lehnte dieses Verlangen als eine Anmaßung ab. Die Macht und die Würde des römischen Reiches – so erwiderte er den Gesandten – seien inzwischen an die Deutschen übergegangen. Diese Antwort bedeutete aber auch, daß eine Krönung durch den Papst nur gegen den Widerstand der stadtrömischen Bevölkerung möglich war. Unter dem Schutz des deutschen Heeres, das die Umgebung der Peterskirche besetzt hatte, konnte Papst Hadrian am 18. Juni in Anwesenheit der deutschen Fürsten, zu denen auch Heinrich der Löwe gehörte, Friedrich in einer feierlichen Handlung zum Kaiser krönen. Auf die Nachricht von der Krönung brach noch am gleichen Tag in Rom ein allgemeiner Aufstand aus, der dem Papst und dem kleinen deutschen Heer gefährlich zu werden drohte, da die Römer bis zur Peterskirche vordrangen. Da war es Heinrich der

Löwe, der mit seinen Rittern die Römer anscheinend im Rücken angriff und in einem bis in die Nacht dauernden blutigen Kampf diese Erhebung der Römer niederschlagen konnte.

Der Papst hat diese Tat des Herzogs mit einem ungewöhnlichen Gnadenerweis belohnt. Im Dezember 1154 war Vizelin nach langer schwerer Krankheit gestorben. Zu seinem Nachfolger im Bistum Oldenburg hatte die Herzogin Clementia den aus Schwaben stammenden Kanoniker Gerold bestimmt, der die Schule des Blasiusstiftes in Braunschweig leitete und zugleich Kaplan am herzoglichen Hofe war. Er war ein für seine Gelehrsamkeit bekannter Mann. Erzbischof Hartwig lehnte es jedoch ab, ihm die bischöfliche Weihe zu erteilen, da er die Form seiner Erhebung als unkanonisch ansah. Auf Wunsch des Herzogs begab sich Gerold deshalb zu Beginn des Jahres 1155 nach Italien und begleitete Heinrich von Tortona aus nach Rom. Bereits bei der Zusammenkunft in Sutri hatte der Herzog den Papst gebeten, Gerold zu weihen; doch zögerte Hadrian zunächst, da er nicht in die Rechte des Bremer Metropoliten eingreifen wollte. Jetzt entsprach er dieser Bitte und weihte bereits am Tage nach der Kaiserkrönung Gerold zum Bischof.

Mit der Kaiserkrönung hatte Barbarossa das wichtigste Ziel seines Italienzugs erreicht. Nach den Vereinbarungen des Konstanzer Vertrages hätte er jetzt gegen die Normannen vorgehen müssen. Die Voraussetzungen waren dafür nicht ungünstig, da König Wilhelm durch einen Aufstand der Barone in Apulien in eine schwierige Lage geraten war. Das deutsche Heer war aber für eine längere kriegerische Auseinandersetzung zu klein. Gerade die weltlichen Fürsten drängten auf eine Umkehr; auch Heinrich dem Löwen war zweifellos sehr daran gelegen, nach einer einjährigen Abwesenheit nach Sachsen zurückzukehren, wo durch die Umtriebe Hartwigs von Bremen eine schwierige Lage entstanden war. Schweren Herzens entschloß sich deshalb der Kaiser im Hochsommer, den Feldzug abzubrechen. Auf dem Rückmarsch durch Oberitalien konnte er den Frieden zwischen den Städten in der Lombardei nicht sichern. Die feindselige Haltung der Stadt Verona brachte das deutsche Heer beim Übergang über die Etsch und beim Zug durch die Veroneser Klausen in eine große Gefahr. Beim Kampf um die Klausen hat sich Pfalzgraf Otto von Wittelsbach sehr bewährt. Im September 1155 betrat Friedrich zusammen mit Heinrich dem Löwen wieder deutschen Boden.

Mit dem vorzeitigen Abzug aus Italien hatte der Kaiser die Politik des Konstanzer Vertrages keineswegs aufgegeben. Dessen spätere Durchführung lag durchaus im Bereich des Möglichen. Die entscheidende Wen-

dung ging jetzt von der Kurie aus. Als Wilhelm I. von Sizilien seine
Position auf dem Festland festigen konnte, glaubte Papst Hadrian, mit
ihm Frieden schließen zu müssen. Im Vertrag von Benevent vom Juni
1156 erkannte er Wilhelm als König an und belehnte ihn mit allen normannischen Gebieten in Süditalien und auf Sizilien. Für Sizilien erhielt
Wilhelm noch weitgehende Zugeständnisse auf dem Gebiet der Kirchen-
herrschaft. Der Vertrag von Benevent brachte den endgültigen Friedensschluß zwischen dem Papsttum und den Normannen. Die Kurie gab
ihren Widerstand gegen das Bestehen eines normannischen Großreiches
im Mittelmeerraum endgültig auf. Das Verhältnis zwischen Kaiser und
Papst wurde dadurch auf eine harte Probe gestellt.

Gleichzeitig kam es zu einer Entfremdung zwischen Friedrich und
Byzanz. Das Projekt einer Heirat des Kaisers mit einer byzantinischen
Prinzessin, über das längere Zeit verhandelt worden war, zerschlug sich
zu Beginn des Jahres 1156. Im Jahre 1158 vermittelte Papst Hadrian sogar
einen Frieden von 30 Jahren zwischen Manuel von Byzanz und Wilhelm
von Sizilien. Byzanz und die Normannen, seit Generationen unversöhn-
liche Gegner, schlossen sich gegen das abendländische Kaisertum zusammen. Innerhalb weniger Jahre hatte sich die politische Konstellation im
Mittelmeergebiet völlig verändert.

Nach seiner Rückkehr nach Deutschland war die Lösung der bayerischen
Frage Friedrichs vordringlichste Aufgabe. Bereits im September 1155 traf
er mit seinem Onkel Heinrich Jasomirgott, der am Italienzug nicht teilgenommen hatte, in der Nähe von Regensburg zusammen und wollte ihn
veranlassen, gegen eine Entschädigung auf Bayern zu verzichten. Dieser
lehnte das jedoch ab. Auch eine neue Zusammenkunft des Kaisers mit
Bevollmächtigten des Babenbergers führte zu keinem Ergebnis, obwohl
sich diesmal auch Bischof Otto von Freising, Heinrichs Bruder, sehr um
eine Vermittlung bemühte. Jetzt entschloß sich Friedrich, auf einem
Reichstag, den er Mitte Oktober in Regensburg abhielt, Heinrich den
Löwen in Bayern als Herzog einzusetzen. Die bayerischen Großen mußten dem neuen Herzog huldigen und ihm den Lehnseid leisten; die Bürger von Regensburg mußten darüber hinaus für ihre Treue dem Herzog
auch Bürgen stellen.

Heinrich Jasomirgott betrachtete sich aber auch jetzt noch als den
rechtmäßigen Inhaber des Herzogtums. Erst nach längeren Verhandlungen erklärte er sich bei einer erneuten Zusammenkunft mit dem Kaiser
Anfang Juni 1156 dazu bereit, seine Ansprüche auf Bayern aufzugeben.

Dafür sollte die Mark Österreich, das eigentliche Herrschaftsgebiet der Babenberger, ein eigenes Herzogtum werden. Auf der Basis dieses Vergleichs konnte Friedrich auf einem neuen Reichstag, den er in Anwesenheit vieler Fürsten im September in Regensburg abhielt, endlich den langwierigen Streit schlichten. In einer feierlichen Zeremonie, die mit Rücksicht auf den bisherigen Herzog nicht in der Stadt selbst, sondern vor den Toren der Stadt durchgeführt wurde, leistete dieser am 8. September auf das Herzogtum Bayern Verzicht, indem er dem König sieben Fahnen übergab. Friedrich überreichte sie Heinrich dem Löwen und belehnte ihn dadurch noch einmal mit Bayern. Durch die Rückgabe von zwei Fahnen verzichtete dieser auf alle Rechte an der Mark Österreich. Durch Beschluß des Fürsten wurde die Mark mit den seit alters dazugehörenden Grafschaften in ein Herzogtum umgewandelt und dieses an Heinrich Jasomirgott und seine Gemahlin Theodora als erbliches Reichslehen in männlicher und weiblicher Linie übertragen.

In einer wichtigen Urkunde vom 17. September 1156 erhielt das Herzogspaar besondere Vorrechte. Im Falle eines kinderlosen Todes durften sie einen Nachfolger auswählen. Alle Gerichtsbarkeit innerhalb des Herzogtums sollte nur mit Zustimmung des Herzogs ausgeübt werden. Seine Lehnspflichten gegenüber dem Reich wurden dahingehend festgelegt, daß er nur königliche Hoftage in Bayern besuchen mußte und sich nur an Heerfahrten des Königs zu beteiligen hatte, die in angrenzende Gebiete, also gegen Ungarn, führten. Dieses berühmte „Privilegium minus", wie es im Unterschied zu dem „Privilegium maius", einer im 14. Jahrhundert entstandenen Fälschung, genannt wird, ist nicht nur die Geburtsurkunde für das Herzogtum Österreich, es bildet auch einen wichtigen Markstein in der verfassungsrechtlichen Entwicklung vom alten Stammesherzogtum zum neuen territorialen Fürstenstaat in Deutschland. Der Diplomatie Friedrichs I. war eine Lösung gelungen, die den Forderungen Heinrichs des Löwen Rechnung trug, andererseits aber auch dafür Sorge trug, daß der Rang und das Ansehen des Babenbergers keine Einbuße erlitten.

An diesen Ausgleichsverhandlungen ist vielleicht auch schon Reinald von Dassel beteiligt gewesen, der seit dem Frühjahr 1156 das Amt des königlichen Kanzlers bekleidete. Im Juli des Jahres hat er sich in Braunschweig am Hofe Heinrichs des Löwen aufgehalten. Wenn wir auch über den Zweck dieser Reise zum Herzog nichts wissen, so liegt doch die Vermutung nahe, daß dabei auch die bayerische Frage erörtert wurde. Als Abkömmling eines angesehenen sächsischen Grafengeschlechts aus der Nähe von Einbeck hatte Reinald in Frankreich eine gelehrte geistliche

Bildung genossen, ohne allerdings von den neuen geistigen Strömungen der Zeit innerlich tief ergriffen zu sein. Er lebte noch ganz in den Vorstellungen jener großen Reichsbischöfe des 10. und 11. Jahrhunderts, die im Dienst am Reich ihre vornehmste Aufgabe sahen und keinen Gegensatz zwischen ihren geistlichen und weltlichen Pflichten kannten. Vor seinem Eintritt in die königliche Kanzlei war er Dompropst in Hildesheim gewesen. Er wurde jetzt der wichtigste Berater des Kaisers und der führende Staatsmann des Reiches. Seine hochbegabte, aber oft auch sehr ungestüme Persönlichkeit hat zwar nicht, wie man gelegentlich gemeint hat, die Politik Friedrichs I. grundsätzlich bestimmt; aber für etwa ein Jahrzehnt bis zu seinem Tode im Jahre 1167 hat Reinald einen starken Einfluß auf den Kaiser ausgeübt. Über sein Verhältnis zu Heinrich dem Löwen in jenen Jahren wissen wir wenig. In den allgemeinen Fragen der Reichs- und Kirchenpolitik haben beide zunächst wohl den gleichen Standpunkt vertreten; doch zeigte sich bald, daß der Herzog die schroffe Art, in der Reinald immer mehr seine Ziele durchsetzen wollte, nicht billigte. Nachdem der Kaiser im Jahre 1159 Reinald zum Erzbischof von Köln erhoben hatte, stießen dieser und Herzog Heinrich in der ersten Hälfte der 60er Jahre bei ihrer Territorialpolitik in Westfalen hart aufeinander.

Nach dem Regensburger Reichstag kehrte Heinrich im Herbst 1156 nach Sachsen zurück. Hier wurde er bald wieder in die dänischen Thronwirren hineingezogen. Die Regelung, die Friedrich im Jahre 1152 auf dem Merseburger Reichstag für Dänemark getroffen hatte, hatte dem Land keinen Frieden gebracht. Bald zeigte es sich, daß Sven seinen Aufgaben als König nicht gewachsen war. Schon im nächsten Jahr mußte er die Hilfe des Sachsenherzogs gegen die Slawen erbitten, die die dänischen Küsten plünderten. Gegen eine Summe von 1500 Pfund Silber, die er dem Herzog zahlte, hoffte er dessen militärische Unterstützung zu finden. Heinrich war damals aber durch die Auseinandersetzungen um das Herzogtum Bayern zu stark beansprucht, um Hilfe leisten zu können. Durch einen unglücklichen Feldzug, den Sven im Winter 1153/54 gegen Schweden unternahm, und durch sein unpopuläres Regiment im Lande verschlechterte er seine Lage noch mehr. Seine beiden Rivalen Knut und Waldemar verbündeten sich gegen ihn; auch der einflußreiche Erzbischof Eskil von Lund schloß sich Svens Gegnern an. Im Jahre 1154 mußte Sven Dänemark verlassen und bei seinem Schwiegervater Markgraf Konrad von Meißen Zuflucht suchen. Erst nach zweijährigem Exil machte er den Versuch, sein Königreich wiederzuerobern.

Für dieses Vorgehen suchte und fand er Unterstützung bei Heinrich dem Löwen. Wenn der Herzog sich jetzt entschloß, seine bisherige Zurückhaltung in den dänischen Thronstreitigkeiten aufzugeben und mit einem großen Heer, bei dem sich auch slawische Hilfstruppen befanden, gegen Ende des Jahres 1156 nach Jütland vorzustoßen, so war dabei nicht nur die Tatsache bestimmend, daß ihm Sven wiederum eine größere Geldsumme versprach. Er handelte dabei zweifellos auch im Einverständnis mit Friedrich I., der ihm seit dem Jahre 1154 im Norden des Reiches weitgehend freie Hand ließ. Er ging dabei auch im Einvernehmen mit Hartwig von Bremen und anderen sächsischen Fürsten vor, die den Herzog bei seiner Rückkehr nach Sachsen ausdrücklich um Hilfe für Sven baten. Nachdem das Danewerk – vielleicht durch Verrat oder Bestechung – in die Hände des Heeres gefallen war, nahm man die Stadt Schleswig ein. Durch eine Kontribution, die er von ihr erhob, hielt sich Heinrich der Löwe für die Kosten des Feldzugs schadlos, während Sven russische mit Pelzwerk beladene Schiffe im Hafen plünderte und dadurch dem Handel von Schleswig schweren Schaden zufügte. Auf dem Weitermarsch eroberten beide noch die Stadt Ripen und drangen bis in die Gegend von Hadersleben vor. Nachhaltige Erfolge konnten sie jedoch nicht erringen; entgegen den Zusagen Svens fand das Heer im Lande keine Unterstützung. Sein Gegner Knut scheint sogar mit den Slawen im Heer des Herzogs Kontakt aufgenommen zu haben. Um nicht in eine gefährliche Lage zu kommen, entschloß sich deshalb Heinrich, im Januar 1157 unter Mitnahme von Geiseln aus den beiden eroberten Städten nach Sachsen zurückzukehren.

An den weiteren Auseinandersetzungen in Dänemark hat er sich selbst nicht mehr beteiligt. Als Sven in den nächsten Monaten den Plan faßte, Dänemark mit einer wendischen Flotte zu erobern, befahl der Herzog lediglich den Slawen in Wagrien und Mecklenburg, Sven dabei Hilfe zu leisten. Im August des Jahres 1157 fiel Knut bei einer Zusammenkunft der drei Thronprätendenten in Roskilde einem Mordanschlag Svens zum Opfer. Waldemar entkam dem Blutbad, sammelte in Jütland ein Heer und konnte im Oktober in der Schlacht auf der Gratheheide bei Viborg seinen Gegner vernichtend schlagen; auf der Flucht wurde Sven getötet. Waldemar fand jetzt als König allgemeine Anerkennung im Lande; das Zeitalter der dänischen Thronwirren ging damit zu Ende.

Da Sven Lehnsmann des deutschen Königs war, hätte sein Tod das Eingreifen Friedrichs in die dänischen Verhältnisse erforderlich gemacht. Waldemar trug dieser Lage Rechnung, indem er von sich aus im Jahre 1158 den Kaiser durch eine Gesandtschaft um die Bestätigung seiner königlichen Würde und um die Belehnung mit seinem Reich bat. Friedrich, der sich gerade in den Vorbereitungen für seinen zweiten Italienzug befand, erklärte sich dazu unter der Bedingung bereit, daß Waldemar ihm nach Beendigung des Italienzugs den Lehnseid leisten und sein Reich aus seinen Händen in Empfang nehmen sollte.

Das Einvernehmen zwischen Friedrich und Heinrich dem Löwen, das der Reichspolitik jener Jahre die Signatur gibt, zeigte sich auch bei einer anderen wichtigen außenpolitischen Aktion des Kaisers, seinem Vorgehen gegen Polen im Jahre 1157. Noch während der Regierung Konrads III. war Herzog Wladislaw II. von Polen, der mit einer Stiefschwester des deutschen Königs vermählt war, von seinem Bruder Boleslaw IV. vertrieben worden. Ein Versuch Konrads, seinen Schwager nach Polen zurückzuführen, war im Jahre 1146 gescheitert.

Als sich jetzt Boleslaw und seine Brüder weigerten, Friedrich I. die Lehnshuldigung für Polen zu leisten und den üblichen Jahrestribut von 500 Mark zu entrichten, entschloß sich der Kaiser, im Sommer 1157 gegen Polen zu Felde zu ziehen. In den ersten Augusttagen brach er von Halle an der Saale aus mit einem großen Heer, bei dem sich Heinrich der Löwe, Albrecht der Bär und zahlreiche andere geistliche und weltliche Fürsten befanden, nach dem Osten auf. In einem raschen Vormarsch stieß er durch Schlesien bis in das Gebiet von Posen vor. Boleslaw mußte sich jetzt unterwerfen und die Lehnshuldigung leisten. Er verpflichtete sich weiter, dem Kaiser und den übrigen Fürsten eine erhebliche Geldbuße zu zahlen und für den nächsten Romzug eine Mannschaft von 300 Rittern zu stellen. Er erklärte sich schließlich dazu bereit, im Streit mit seinem Bruder Wladislaw einen Schiedsspruch anzuerkennen, der zu einem späteren Zeitpunkt gefällt werden sollte.

Der Feldzug gegen Polen bildet den erfolgreichen Abschluß des ersten Jahrfünfts der Regierung Barbarossas. Als im gleichen Jahr Otto von Freising auf Bitten Friedrichs, seines Neffen, seine „Gesta Friderici" begann, da durfte er feststellen, daß sich die Dinge seit dem Regierungsantritt Friedrichs zum Besseren gewendet hätten und daß durch das Werk des Kaisers das Ansehen des römischen Reiches wieder erstarkt sei. Daran hatte Heinrich der Löwe keinen geringen Anteil. Der Ausgleich zwischen Staufern und Welfen hatte in wenigen Jahren für beide Seiten schöne Erfolge gebracht.

Nach der Rückkehr aus Polen begab sich der Kaiser noch im Herbst des Jahres nach Burgund. Nachdem seine erste Ehe mit Adela von Vohburg bereits 1153 geschieden worden und der Plan einer Heirat Friedrichs mit einer byzantinischen Prinzessin gescheitert war, hatte sich der Kaiser im Sommer 1156 mit Beatrix, der Erbin der Grafschaft Hochburgund, vermählt. An den Hochzeitsfeierlichkeiten, die im Juni des Jahres in Würzburg mit großem Prunk begangen wurden, hatte auch Heinrich der Löwe teilgenommen. Jetzt kam der Kaiser mit Beatrix nach Burgund, um im Oktober auf einem Reichstag zu Besançon die Huldigung des Landes entgegenzunehmen.

Hier in Besançon kam es aber auch zu einem Zwischenfall, der die wachsende Spannung zwischen der Kurie und dem deutschen Königshof schlaglichtartig beleuchtete. Zu Beginn des Jahres hatte Papst Hadrian dem Erzbischof Eskil von Lund den Primat über die Kirche Schwedens übertragen. Auf der Rückreise von Rom war Eskil in Burgund überfallen und gefangengenommen worden; trotz päpstlicher Mahnungen hatte Friedrich nichts für seine Befreiung unternommen. Dagegen erhob jetzt eine päpstliche Gesandtschaft, die unter der Führung des Kanzlers Roland nach Besançon kam, heftige Beschwerden.

Die Sache Eskils war aber für Hadrian auch der Anlaß, das grundsätzliche Verhältnis zwischen Papst und Kaiser zur Sprache zu bringen. In einem Schreiben erinnerte er Friedrich daran, wie bereitwillig er ihm die Zierde der Kaiserkrone übertragen habe und auch sonst auf seine Wünsche eingegangen sei. „Und doch" – so fuhr er fort – „gereut es uns nicht, die Wünsche Deines Herzens erfüllt zu haben, sondern wenn Deine Erhabenheit noch größere ‚beneficia‘ aus unserer Hand empfangen hätte, ... so würden wir uns gerechterweise darüber freuen".

Der mehrdeutige Begriff ‚beneficium‘ war sicher nicht ohne Absicht gewählt. Nach dem Sprachgebrauch der Zeit bedeutete er ganz allgemein Wohltat oder Gnade. Im Kirchenrecht bezeichnete er das Amts- oder Dienstgut, während er im Lehnrecht gleichbedeutend mit dem Worte ‚feudum‘ zur Bezeichnung des Lehens diente. Als Reinald bei der Übersetzung des päpstlichen Schreibens vor dem Reichstag das Wort zweifellos ganz bewußt in seiner lehnrechtlichen Bedeutung wiedergab, erhob sich ein allgemeiner Sturm der Entrüstung. Durch die Bemerkung eines der Kardinäle: „Von wem hat er denn das Kaisertum, wenn er es nicht vom Papst hat?" wurde die Erregung noch gesteigert. Otto von Wittelsbach wollte sogar mit gezücktem Schwert auf die Legaten losgehen. Nur durch sein persönliches Dazwischentreten konnte der Kaiser Tätlichkeiten gegen die Legaten vermeiden. Da man in ihrem Gepäck Schriftstücke fand, mit denen die Kurie in die Angelegenheiten der deutschen Kirche eingreifen wollte, mußten sie das Reich verlassen. Appellationen und Reisen deutscher Geistlicher nach Rom wurden zunächst untersagt.

In einem Rundschreiben, mit dem Friedrich die Fürsten des Reiches über diese Vorgänge unterrichtete, wandte er sich mit aller Entschiedenheit gegen die Vorstellung, daß die Kaiserkrone ein päpstliches Lehen sei. Königtum und Kaisertum seien ihm allein von Gott durch die Wahl der Fürsten übertragen. Hadrian versuchte zwar in Briefen an die deutschen Bischöfe den Episkopat für sich zu gewinnen. In einer gemeinsamen Antwort, die sie zu Beginn des nächsten Jahres verfaßten, machten sich aber die Bischöfe den Standpunkt des Kaisers zu eigen und baten den Papst um eine versöhnliche Haltung.

Heinrich der Löwe, der sich damals zum ersten Mal längere Zeit in seinem neuen Herzogtum Bayern aufhielt, hatte am Reichstag zu Besançon nicht teilgenommen. Er schaltete sich jedoch bald in den Konflikt ein. Wohl noch im Jahre 1157 ging eine herzogliche Gesandtschaft nach Rom, die die Kurie um Schutzprivilegien für das neugegründete Bistum Ratzeburg und das unter der Schirmvogtei des bayerischen Herzogs stehende Stift Ranshofen am Inn bitten sollte. Die wichtigste Aufgabe dieser Gesandten war es aber zweifellos, den Papst zum Einlenken in seiner Kontroverse mit dem Kaiser zu bewegen. Angesichts des einhelligen Widerstandes, auf den sein Schritt in Deutschland gestoßen war, entschloß sich Hadrian, seinen anfänglichen Standpunkt aufzugeben. In einem seiner Schreiben an den Kaiser, in dem er auf den Vermittlungsversuch Heinrichs des Löwen ausdrücklich Bezug nahm, erklärte er, daß der Begriff „beneficium" nur im Sinne von „bonum factum" gemeint sei. Auch der Propst Gerhoch von Reichersberg, der über das Geschehen der Zeit stets gut informiert war, hob bald darauf in einem Brief an den Herzog rühmend dessen Verdienste um den Ausgleich zwischen Kaiser und Papst hervor.

Mit dieser Vermittlungsaktion stand der Herzog allerdings erstmals in einem gewissen Gegensatz zu der Politik Reinalds von Dassel, der sich mit Otto von Wittelsbach nach Oberitalien begeben hatte, um hier die Machtstellung des Kaisers auszubauen und den zweiten Italienzug vorzubereiten. Wenn beide in ihrem Gesandtschaftsbericht vom Frühjahr 1158 dem Kaiser rieten, sich der Kurie gegenüber nicht nachgiebig zu zeigen und sich niemandem zu Liebe dazu verleiten zu lassen, Gesandte des Papstes gnädig zu empfangen, so liegt die Vermutung nahe, daß sich diese Warnung gegen Heinrich den Löwen richtete.

Die beiden Kardinäle Heinrich und Hyacinth, die das päpstliche Schreiben im Frühjahr 1158 dem Kaiser überbringen sollten, wurden auf ihrer Reise im oberen Etschtal von den dort sitzenden Grafen Friedrich und Heinrich von Eppan überfallen und gefangengenommen. Erst als sich ein Bruder des Kardinals Hyacinth als Geisel zur Verfügung stellte, ließen die Eppaner die Legaten frei. Herzog Heinrich war aber nicht gewillt, eine solche Gewalttat gegen päpstliche Legaten in seinem Herrschaftsbereich ungesühnt zu lassen. Er unternahm deshalb, vermutlich im nächsten Jahr auf einem Zug nach Oberitalien, eine Strafexpedition gegen die beiden Grafen. Sie mußten ihre Gefangenen freilassen und Genugtuung leisten.

Der Kaiser empfing die beiden päpstlichen Gesandten auf dem Reichstag, den er im Juni 1158 zu Pfingsten in Augsburg abhielt. Wenn auch noch nicht alle zwischen ihm und dem Papst strittigen Fragen befriedigend geregelt waren, so war mit der Übergabe des päpstlichen Entschuldigungsschreibens der Friede zunächst doch wiederhergestellt. Auch Heinrich der Löwe, der an diesem Ausgleich entscheidenden Anteil hatte, nahm an diesem Reichstag teil.

In Augsburg sollten sich auch die Teilnehmer an dem neuen Italienzug sammeln, den Friedrich von hier aus antrat. Da der Kaiser diesmal mit einer längeren Abwesenheit von Deutschland rechnete, war er bemüht, Zwistigkeiten im Reich vorher beizulegen. In Bayern war es zwischen Herzog Heinrich und Bischof Otto von Freising zu einem heftigen Streit gekommen. Im Herbst 1157 hatte der Herzog die Markt- und Zollstätte, die an der großen Handelsstraße von Salzburg nach Schwaben an der Isar bei Föhring bestand und die seit alters dem Bistum Freising gehörte, gewaltsam aufgehoben und die Brücke über den Fluß zerstört. Markt, Münze und Zoll wurden etwa eine Meile stromaufwärts bei einer Örtlichkeit Munichen, einer alten Mönchssiedlung, neu angelegt. Die Salzstraße wurde hier auf einer neuen Brücke über die Isar geführt.

Die Bedeutung dieser Maßnahme wird im Zusammenhang mit der Politik des Herzogs von Bayern zu erörtern sein. Otto von Freising erhob gegen diesen Rechtsbruch beim Kaiser Klage. Friedrich fällte hier in Augsburg am 14. Juni eine Entscheidung, durch die er in Form eines Kompromisses einen Ausgleich zwischen den beiden ihm nahe verwandten Fürsten herbeiführen wollte. Er bestätigte die Maßnahmen des Herzogs, doch mußte dieser dem Bischof ein Drittel der Einnahmen aus dem Zoll und der Münze überlassen und ihm auch ein Mitbestimmungsrecht an der Verwaltung dieser Regalien einräumen.

Auch in Sachsen wollte der Kaiser den Frieden zwischen dem Herzog und seinem alten Gegner, dem Erzbischof Hartwig von Bremen, sichern. Nach seiner Rückkehr vom ersten Italienzug hatte sich Heinrich im Herbst 1155 nach Bremen begeben, um hier, einem alten Brauche folgend, am 1. November, dem Tag des Wilhadimarktes, als Vogt des Erzstifts einen Gerichtstag abzuhalten. Die Bewohner des Landes Rüstringen, die sich ihm gegenüber feindselig verhalten hatten, wurden hart bestraft. Ihre beim Markt in Bremen anwesenden Kaufleute wurden gefangengesetzt und deren Waren beschlagnahmt. Als gleichzeitig ein Beauftragter des Kaisers die Güter einzog, die dem Erzbischof in Roncaglia abgesprochen worden waren, konnte der Herzog einen Teil dieser Besitzungen in seine Hand bringen und sich zunächst zum Herrn der Stadt und des Erzstifts machen. Hartwig befand sich damals auf dem Tiefpunkt seiner Macht. Nach den Worten der Stader Annalen achtete ihn Heinrich nicht höher als einen Kaplan. So vertrieb er damals Bovo, den vom Erzbischof über die Kolonisten in den Wesermarschen eingesetzten Beamten.

Um nicht jeden Einfluß in seinem Sprengel zu verlieren, näherte sich Hartwig wieder dem Kaiser und dem Herzog. Er verständigte sich zunächst mit Bischof Gerold von Oldenburg, der ihn als seinen Metropoliten anerkannte. Als Heinrich im Jahre 1156 auf seiten Svens in die dänischen Thronwirren eingriff, trat der Erzbischof in der Hoffnung, dadurch wieder Einfluß auf die kirchlichen Verhältnisse in Dänemark zu gewinnen, mit ihm in Verbindung. Seit Beginn des Jahres 1158 hielt er sich auch wiederholt am Hofe des Kaisers auf, dessen Gunst er allmählich wiedererlangen konnte. Im Frühjahr stellte ihm Friedrich mehrere wichtige Privilegien aus, mit denen er die Bremer Kirche in seinen Schutz nahm und die ihr von seinen Vorgängern verliehenen Rechte und Besitzungen, insbesondere die Metropolitangewalt im Norden, bestätigte.

Der Augsburger Reichstag sollte den Frieden zwischen dem Herzog und dem Erzbischof besiegeln. Der Kaiser machte es beiden zur Pflicht, bei neuen Zwistigkeiten sich ihr Recht nicht selbst zu verschaffen, sondern seine Entscheidung anzurufen. Dem Erzbischof gestand er auch das Vorrecht zu, daß er auf seinen Wunsch hin von der Teilnahme an königlichen Heerfahrten und anderen Dienstleistungen befreit sein solle. Wenn auch noch nicht alle Spannungen zwischen Heinrich und Hartwig beigelegt waren, so konnte der Kaiser doch hoffen, daß es zwischen ihnen nicht zu kriegerischen Auseinandersetzungen kommen würde.

Nach Abschluß des Augsburger Reichstags brach der Kaiser mit einem
großen Heer nach dem Süden auf. Heinrich der Löwe nahm an diesem
zweiten Italienzug zunächst nicht teil; die Verhältnisse im Nordosten
Sachsens haben ihn zunächst ganz in Anspruch genommen. Die Wieder-
aufrichtung der Reichsgewalt sollte das Ziel dieses Italienzugs sein, der
Friedrich wider Erwarten etwa vier Jahre, bis zum Oktober 1162, von
Deutschland fernhielt. Es galt, alle Fragen in Italien zu regeln, die auf
dem ersten kurzen Italienzug ungelöst geblieben waren. Vor allem mußten in Ober- und Mittelitalien jene Rechte und Besitzungen wiederge-
wonnen werden, die dem Reiche in den letzten Jahrzehnten – vor allem
an die Städte – verlorengegangen waren. Reinald von Dassel und der
Pfalzgraf Otto von Wittelsbach hatten bei ihrem Aufenthalt in Italien den
Zug des Kaisers diplomatisch gut vorbereitet. Eine Reihe von Städten
hatte ihnen den Treueid geleistet. Bei seiner Ankunft in Italien erhielt
das kaiserliche Heer weiteren Zuzug. Nur Mailand versuchte den Widerstand fortzusetzen, wurde aber nach einer Belagerung von mehreren
Wochen Anfang September bezwungen. Alle Einwohner mußten dem
Kaiser den Treueid leisten. Die Stadt zahlte nicht nur eine hohe Geldbuße, sondern gab auch die Regalien zurück. Sie behielt zwar das Recht,
ihre Konsuln zu wählen; doch mußten diese vom Kaiser erst bestätigt
werden.

Nach der Niederwerfung Mailands konnte Friedrich an die politische
und rechtliche Neuordnung Oberitaliens gehen. Das war die Aufgabe
eines großen Reichstages, der noch 1158 in der ersten Novemberhälfte
auf den Ronkalischen Feldern zusammentrat. Bereits während seines ersten Italienzuges war Friedrich mit Vertretern der damals aufblühenden
Rechtsschule von Bologna zusammengetroffen. Jetzt wurde eine Kommission eingesetzt, der vier angesehene Bologneser Juristen und 28 Vertreter der Städte angehörten und die die dem Kaiser zustehenden Gerechtsame bestimmen sollte. Zu diesen Regalien gehörten nach der Fest-
stellung dieser Kommission vor allem die Verfügung über die Herzogtümer, Markgrafschaften und Grafschaften, das Ernennungsrecht der Konsuln, die Hoheit über die Verkehrswege und deren Einkünfte, das Münz-
und Marktrecht, das Recht, Pfalzen zu erbauen, und das gesamte Reichs-
und Königsgut. Alle Herren und Städte sollten auf diese Regalien verzichten, soweit sie nicht ihren rechtmäßigen Besitz durch ausdrückliche
Verleihungen nachweisen konnten. An dieses Weistum über die Regalien
schlossen sich andere Gesetze an, die vor allem die Gerichtsbarkeit des
Kaisers betrafen. Seinen Abschluß fand dieses große Gesetzgebungswerk

mit einem allgemeinen Landfrieden und einem Lehnsgesetz, das die Bestimmungen des 1154 erlassenen Gesetzes noch verschärfte.

Wenn auch diese Ronkalischen Gesetze in einzelnen Wendungen den Einfluß des römischen Rechts erkennen lassen, so bedeuteten sie tatsächlich im wesentlichen nur die Wiederherstellung der Königsgewalt, wie sie in Italien im 11. Jahrhundert bestanden hatte. Die Entwicklung, wie sie sich in den letzten Generationen gewohnheitsmäßig angebahnt hatte, sollte weitgehend rückgängig gemacht werden. Für das staufische Königtum ergab sich daraus ein außerordentlicher Machtzuwachs. Rahewin, der Notar Ottos von Freising, der dessen Geschichtswerk, auch für diese Jahre eine besonders wichtige Quelle, nach dem Tode des Bischofs (1158) fortführte, schätzte die jährlichen Einnahmen aus diesen Regalien auf 30 000 Mark Silber, für jene Zeit eine riesige Summe. Die Regalien sollten unter die unmittelbare Verwaltung des Reiches genommen werden.

Für die Städte hätte die Verwirklichung dieser Beschlüsse, denen sie zunächst zugestimmt hatten, das Ende der seit Jahrzehnten erworbenen städtischen Freiheiten und ihrer Selbstverwaltung bedeutet. Ihre Rechtsauffassung stand im Gegensatz zu der des Kaisers. So mußte es bei der Durchführung der Gesetze von Roncaglia zwangsläufig zu neuen harten Auseinandersetzungen zwischen dem Kaiser und den oberitalienischen Kommunen kommen.

Im Anschluß an den Reichstag wurden kaiserliche Gesandte in die einzelnen Städte geschickt, um hier die Regalien festzustellen und zu ihrer Verwaltung dem Kaiser ergebene Männer als Rektoren oder Podestas einzusetzen. Eine Reihe von Städten, so Pavia, Cremona, Piacenza und Lodi, die schon vorher auf Friedrichs Seite gestanden hatten, fügte sich. In Mailand und der mit ihm verbündeten kleinen Stadt Crema stießen die Boten des Kaisers auf energischen Widerstand. Beide Städte verfielen deshalb der Reichsacht.

Jetzt mußten erneut die Waffen sprechen. Da Friedrich einen Teil seines Heeres schon früher entlassen hatte, richtete er in den ersten Monaten des Jahres 1159 an Heinrich den Löwen, Welf VI. und andere Fürsten in Deutschland die Aufforderung, ihm militärische Hilfe zu leisten. Ehe Heinrich diesem Rufe folgte, bemühte er sich, den Frieden an der Nordostgrenze Sachsens zu sichern. Mit Waldemar I. von Dänemark schloß er bei einer persönlichen Zusammenkunft einen Freundschaftsvertrag; die Slawenfürsten mußten sich durch einen Eid dazu verpflichten, während seiner Abwesenheit keine Feindseligkeiten gegen die Sachsen und die Dänen zu unternehmen. Ende Mai brach der Herzog um die

Pfingstzeit mit einem Aufgebot von 1200 Rittern nach dem Süden auf. Auch Graf Adolf von Holstein und andere sächsische und bayerische Große gehörten zu seinem Gefolge. Auf dem Zuge nach Italien übernahm Heinrich auch das Geleit für die Kaiserin Beatrix, die ebenfalls ihrem Gemahl Hilfstruppen zuführte. Beim Marsch durch Oberitalien zerstörte er die Burg Peschiera in der Nähe von Garda, deren Besatzung sein Heer überfallen hatte.

Am 20. Juli traf er zusammen mit der Kaiserin vor Crema ein, mit dessen Belagerung Friedrich kurz zuvor begonnen hatte. Trotz der militärischen Überlegenheit des Kaisers konnte sich die kleine Stadt fast sieben Monate halten. Die Kämpfe, an denen der Herzog mit seinem starken Aufgebot jetzt entscheidenden Anteil hatte, wurden auf beiden Seiten mit unerbittlicher Härte und Grausamkeit geführt. Der Kaiser ließ Gefangene in Körben an den großen Belagerungsturm, den er an die Stadt heranführte, anbinden, so daß sie den Abwehrmaßnahmen ihrer Mitbürger zum Opfer fielen. Die Einwohner der Stadt richteten Gefangene, die sie gemacht hatten, auf der Mauer der Stadt öffentlich hin. Erst in den letzten Januartagen des Jahres 1160 gaben die Bürger den Widerstand auf. Für ihre Verhandlungen mit dem Kaiser riefen sie die Vermittlung des Patriarchen von Aquileja und Heinrichs des Löwen an; doch verhängte Barbarossa über Crema ein hartes Strafgericht. Die Bewohner behielten nur ihr nacktes Leben; die Stadt selbst wurde dem Erdboden gleichgemacht. In der Zwischenzeit hatten auch die Kämpfe gegen Mailand begonnen. Auch an ihnen war Herzog Heinrich mit einem kühnen Vorstoß bis vor die Tore der Stadt beteiligt; doch zeigte sich sehr bald, daß das mächtige Mailand noch schwerer zu bezwingen war als das kleine Crema.

Während der Kämpfe in der Lombardei hatte sich in Rom eine neue Lage ergeben. Der Gegensatz zwischen Friedrich I. und Hadrian IV. war noch dadurch verschärft, daß sich die Regaliengesetzgebung nicht auf die Lombardei beschränkte, sondern auch die Toscana erfaßte und selbst vor dem Kirchenstaat nicht halt machte. Wegen dieser Übergriffe erhob der Papst beim Kaiser Beschwerde; dieser machte dem Papst wegen des Beneventer Vertrags Vorwürfe. Hadrian knüpfte mit den Städten in der Lombardei Beziehungen an, während Friedrich durch Otto von Wittelsbach mit der stadtrömischen Bewegung Fühlung nahm. In dieser angespannten Situation starb Hadrian IV. am 1. September 1159.

Die Gegensätze, die schon seit einiger Zeit im Kardinalkollegium bestanden hatten, führten bei der Neubesetzung des päpstlichen Stuhles zu einer Doppelwahl. Die Mehrheit der Kardinäle, die die Politik Hadrians gegenüber dem Kaiser gebilligt hatte, wählte den Kanzler Roland, den Exponenten dieser Politik, zum Papst. Demgegenüber erhob die kaiserfreundliche Minderheit, die sich vor allem aus Angehörigen des Adels zusammensetzte, den Kardinal Oktavian aus dem mit den Staufern verwandten Geschlecht der Monticelli zum Papst. Otto von Wittelsbach, der sich gerade in der Nähe von Rom aufhielt, begünstigte seine Wahl. Bei der Inthronisation des neuen Papstes kam es zu tumultartigen Vorgängen. Oktavian entriß seinem Gegner den Papstmantel, ließ sich damit bekleiden und nahm bei der Weihe den Namen Viktor IV. an. Roland mußte mit seinen Anhängern die Stadt verlassen und wurde als Alexander III. geweiht.

Die rasche Beilegung dieses Schismas mußte das nächste Ziel des Kaisers sein, da es seine Restitutionspolitik in Italien nur erschweren konnte. Äußerlich wahrte Friedrich die Neutralität, wenn ihm auch Viktor von Anfang an der genehmere Papst war. Denn es lag auf der Hand, daß Alexander die Politik fortsetzen würde, deren Träger er als Kanzler Hadrians gewesen war. In seiner Biographie Alexanders III. weiß später allerdings der Kardinal Boso zu berichten, Friedrich sei über die Wahl Alexanders derart in Zorn geraten, daß er im Lager vor Crema die Gesandten des Papstes, die ihm von dessen Wahl Mitteilung machten, aufhängen lassen wollte. Nur Heinrich der Löwe und Welf VI. hätten durch ihr Dazwischentreten eine solche Freveltat verhindert. Diese Nachricht steht aber ganz für sich; sie ist wie auch andere Angaben bei Boso tendenziös gefärbt und unglaubwürdig.

Die Entscheidung über die strittige Papstwahl sollte in einer Form erfolgen, die Friedrichs Auffassung vom Kaisertum entsprach. Als Vogt der römischen Kirche nahm er das Recht für sich in Anspruch, zur Regelung dieser Frage ein allgemeines Konzil einzuberufen, das im Januar 1160 in Pavia zusammentreten sollte. Es war die Frage, ob man diesen Führungsanspruch des Kaisers in kirchlichen Fragen noch überall im Abendland anerkennen würde. Viktor IV. nahm die Ladung vor das Konzil an, Alexander III. lehnte sie ab, da er als Papst von niemandem gerichtet werden könne.

Wegen der Kämpfe um Crema konnte das Konzil erst nach deren Beendigung Anfang Februar zusammentreten. Dabei zeigte es sich, daß es nicht den Anspruch erheben konnte, ein allgemeines Konzil zu sein. Nur etwa 50 Erzbischöfe und Bischöfe aus Deutschland und den dem Kaiser ergebenen Gebieten Italiens waren erschienen; außerdem Gesandte der Könige von England, Frankreich, Böhmen, Dänemark und

Ungarn. Es fehlte aber fast ganz der französische, englische und süditalie-
nische Klerus. Nach kurzer Beratung wurde Viktor IV. als rechtmäßiger
Papst anerkannt; über Alexander III. wurde wegen seiner Weigerung, vor
dem Konzil zu erscheinen, der Bann verhängt. Auch Heinrich der Löwe,
der zusammen mit anderen deutschen Fürsten am Konzil teilnahm, hat
diesen Beschlüssen zugestimmt. Alexander III. antwortete mit dem
Bannstrahl über den Kaiser und dessen wichtigste Ratgeber. Damit war
das Schisma, das achtzehn Jahre lang die abendländische Christenheit
spalten sollte, Wirklichkeit geworden. Die Auseinandersetzung mit dem
Papsttum hat seitdem für lange Zeit der Regierung Friedrichs I. das Gepräge gegeben und ihn gezwungen, neue Wege zu gehen, um sein Programm der „Reformatio Imperii" durchsetzen zu können.

In diesem Ringen war die Lage Alexanders III. keineswegs ungünstig.
Auf seiner Seite standen von Anfang an die Mehrheit der Kardinäle, das
Königreich Sizilien und ein großer Teil der oberitalienischen Städte.
Auch die abendländischen Randstaaten Ungarn, Spanien, Norwegen und
Irland erkannten ihn ebenso wie die Fürsten des Orients an. Durch eine
Gesandtschaft nahm er auch mit Kaiser Manuel Fühlung auf. Ein großer
Erfolg für ihn war es aber vor allem, daß sich im Sommer des Jahres der
englische und französische Klerus und die Herrscher beider Länder für
ihn entschieden. Demgegenüber konnte Viktor IV. nur die vom Kaiser
abhängigen Länder zu seiner Obödienz rechnen; das waren Deutschland,
Dänemark, Polen und das von Friedrich beherrschte Italien. Aber auch
die deutsche Kirche stand nicht geschlossen hinter ihm. Erzbischof Eberhard von Salzburg, einer der angesehensten deutschen Kirchenfürsten,
bekannte sich zu Alexander. Die Geistlichkeit seines Erzstifts folgte entweder dem Beispiel ihres Metropoliten oder verhielt sich neutral. Diese
Einstellung des bayerischen Klerus hat aber die Haltung ihres Herzogs
nicht beeinflußt. Auch nach der Synode von Pavia hat Heinrich der Löwe
in der Frage des Schismas stets auf der Seite des Kaisers gestanden. Irgendwelche Maßnahmen gegen die alexandrinische Partei in Bayern hat
er jedoch in den nächsten Jahren nicht getroffen. Welf VI. trat demgegenüber bald mit Alexander III. in Verbindung.

Dagegen gaben die Beschlüsse von Pavia Heinrich die Möglichkeit, in
Sachsen, wohin er im Sommer 1160 zurückkehrte, gegen Bischof Ulrich
von Halberstadt, seinem alten Widersacher, vorzugehen. Ebenso wie
Hartwig von Bremen hatte Ulrich, nachdem ihm im Jahre 1154 in Roncaglia die Regalien abgesprochen worden waren, später wieder die Gunst
des Kaisers erlangt. Auf der Rückkehr von einer Pilgerfahrt nach Jerusa-

lem traf Ulrich wohl im Winter 1159/60 mit Eberhard von Salzburg zusammen und hat sich vermutlich öffentlich zu Alexander III. bekannt.

Die Haltung des Bischofs bot dem Herzog den erwünschten Vorwand, gegen Ulrich ein kirchliches Verfahren anzustrengen. Viktor IV. sandte im Frühsommer 1160 den Kardinal Gerard als seinen Legaten nach Sachsen. Dieser setzte in Halberstadt den Bischof ab und exkommunizierte ihn, ohne daß Ulrich, der noch abwesend war, die Möglichkeit hatte, sich zu rechtfertigen. Daß bei diesem ganz unkanonischen Verfahren Heinrich der Löwe die treibende Kraft war, wird von den Quellen ausdrücklich betont. Der Kaiser hat diesem Vorgehen zweifellos zugestimmt. Als neuer Bischof von Halberstadt wurde der Dekan Gero eingesetzt, der dem Herzog treu ergeben war.

Bald nach der Absetzung Ulrichs wurde in den letzten Julitagen 1160 in Erfurt eine große Fürstenversammlung abgehalten, zu der außer Reinald von Dassel, den Erzbischöfen von Trier und Magdeburg und mehreren Bischöfen auch Heinrich der Löwe, der junge Herzog Friedrich von Schwaben, Albrecht der Bär und eine Reihe anderer Fürsten erschienen waren. Wenn sich die Teilnehmer dieses Fürstentages eidlich verpflichteten, dem Kaiser bei seinen Kämpfen gegen Mailand, die damals wieder begonnen hatten, militärische Hilfe zu leisten, so ist die Initiative zu diesem Beschluß wohl von Reinald ausgegangen. Da die Slawenfürsten entgegen ihren Zusagen während der Abwesenheit des Herzogs nicht Frieden gehalten hatten, unternahm Heinrich im Spätsommer im Bunde mit Waldemar von Dänemark einen erfolgreichen Feldzug gegen die Obodriten, ehe er sich gegen Ende des Jahres zum Zuge nach dem Süden rüstete.

Bereits in den letzten Januartagen des Jahres 1161 war er in Oberitalien; in Como traf er damals mit dem Kaiser zusammen. Wenn es auch nicht ausdrücklich bezeugt ist, so dürfen wir doch annehmen, daß er nach den Vereinbarungen von Erfurt auch diesmal Friedrich eine Streitmacht zugeführt hat. Trotz des starken Zuzugs, den Barbarossa aus Deutschland erhielt, gewann er bei der Belagerung des stark befestigten Mailand nur langsam an Boden. Bezeichnend für die Härte, mit der die Kämpfe auf beiden Seiten geführt wurden, ist die Nachricht, der Kaiser habe ein Gelübde abgelegt, nicht eher von den Mauern der Stadt zu weichen, bis er sie bezwungen habe. Wenn er im Kampfe fallen würde, so sollten Herzog Friedrich von Schwaben, der Sohn Konrads III., und nach ihm Heinrich der Löwe ihm auf dem Throne folgen. Daß Friedrich, der damals noch keine Kinder hatte, für seine Nachfolge auch den Löwen in Aussicht nahm, zeigt am deutlichsten, wie eng das Einvernehmen zwischen Kaiser und Herzog damals war.

Anfang Juli weilte Heinrich noch im Feldlager vor Mailand, bald darauf kehrte er nach Deutschland zurück. An den weiteren Kämpfen um Mailand nahm er nicht mehr teil. Trotz ihres erbitterten Widerstands mußte die Stadt in den ersten Märztagen des Jahres 1162 in einer äußerst demütigenden Weise kapitulieren. Der berühmte Mailänder Fahnenwagen, das stolze Symbol der städtischen Freiheit, wurde vor dem Kaiser niedergelegt. Die Mauern der Stadt wurden niedergerissen, so daß das kaiserliche Heer seinen Einzug halten konnte. Wie zwei Jahre vorher bei der Einnahme Cremas traf auch diesmal die Einwohner der besiegten Stadt ein furchtbares Strafgericht. Auf Verlangen der feindlichen Nachbarstädte ließ Friedrich Mailand zerstören und siedelte die Bewohner in einigen Dörfern an. Auch die übrigen Städte in der Lombardei unterwarfen sich jetzt dem Kaiser.

Der Fall der Stadt, die das Hauptbollwerk des Widerstands in ganz Oberitalien gewesen war, fand überall im Abendland eine starke Beachtung. Als bald darauf Herzog Heinrich und Erzbischof Hartwig von Bremen dem Bistum Ratzeburg zwei Privilegien ausstellen, erwähnen sie in diesen Urkunden auch den „glänzenden Sieg des Kaisers über die berühmte Stadt Mailand".

Vor der Übermacht des Kaisers mußte Papst Alexander aus Italien weichen. Im April des Jahres kam er nach Frankreich, um hier die Streitigkeiten zwischen Ludwig VII. von Frankreich und seinem Vasallen König Heinrich II. von England zu schlichten. Dieser Gegensatz zwischen den beiden Westmächten schien aber auch dem Kaiser die Möglichkeit zu bieten, das Schisma zu beenden. Er brach deshalb die Vorbereitungen für einen Feldzug gegen die Normannen ab und nahm mit dem französischen König Verhandlungen auf. In ihnen wurde vereinbart, daß beide Herrscher mit beiden Päpsten am 29. August an der Grenze zwischen Burgund und Frankreich an der Saônebrücke bei St. Jean-de-Losne zusammentreffen sollten, um durch ein paritätisches Schiedsgericht über die zwiespältige Papstwahl entscheiden zu lassen. Unter dem Druck des französischen Klerus wurde Ludwig wieder schwankend, zumal sich auch Alexander weigerte, sich einem solchen Schiedsgericht zu stellen. Wenn an dem vereinbarten Termin diese Zusammenkunft nicht zustande kam, so lag dies darin begründet, daß der Kaiser, aus Italien kommend, erst am Abend dieses Tages an der Saône eintraf. Vor dem neuen Termin für die Begegnung zwischen beiden Herrschern, die jetzt drei Wochen später stattfinden sollte, schuf der Kaiser dadurch vollendete Tatsache, daß er auf einer Synode, die er bereits in den ersten Septembertagen in St. Jean abhielt, Viktor IV. noch einmal in aller Form anerkennen und Alexander III. bannen ließ.

Auch Heinrich der Löwe, der sich im Sommer des Jahres in Bayern aufhielt, nahm an dieser großen Versammlung teil. Waldemar von Dänemark war ebenfalls nach St. Jean-de-Losne gekommen. Er leistete dem Kaiser, wie er es vor Jahren versprochen hatte, den Lehnseid und wurde von ihm mit Dänemark belehnt. Ebenso bekannte er sich erneut zur Obödienz Viktors IV. Der enge Anschluß des dänischen Königs an die Politik des Kaisers, der auch in der Folgezeit bestehen blieb, bedeutete aber auch eine Stärkung der Stellung Heinrichs des Löwen im Ostseeraum.

Die Vorgänge in St. Jean-de-Losne haben die Kluft zwischen Friedrich I. und der alexandrinischen Partei nur noch vertieft. Wenn Reinald von Dassel bei diesen Verhandlungen in herrischen Worten den übrigen Herrschern des Abendlandes das Recht streitig machen wollte, bei der Entscheidung des Schismas mitzuwirken, da sie nur Provinzkönige seien, so hatte er damit den Bogen weit überspannt. Das Unternehmen, das als Triumph des Kaisers gedacht war, endete mit einem Mißerfolg. Unverrichteter Dinge kehrte Friedrich im Herbst des Jahres nach Deutschland zurück.

Auf einem Reichstag, den er Ende November in Konstanz abhielt und an dem auch Heinrich der Löwe teilnahm, wurde dessen Ehe mit Clementia von Zähringen nach einer Dauer von etwa fünfzehn Jahren geschieden. Dieser Ehe entstammten ein Sohn, der schon als kleines Kind bei einem Unglücksfall starb, und aller Wahrscheinlichkeit nach zwei Töchter. Gertrud, die eine von ihnen, vermählte sich einige Jahre später mit Friedrich IV. von Schwaben, dem Sohn Konrads III., dem Barbarossa 1152 das Herzogtum Schwaben übertragen hatte. Die andere, deren Name nicht sicher ist, die aber vielleicht Richenza hieß, wurde bald darauf mit Knut, dem Sohne Waldemars von Dänemark, verlobt, doch ist sie in jungen Jahren gestorben. Die Tatsache, daß der Herzog damals keinen männlichen Erben besaß, hat bei seiner Scheidung zweifellos eine Rolle gespielt. Die angeblich zu nahe Verwandtschaft der beiden Ehegatten war aber auch diesmal wie so oft bei der Auflösung fürstlicher Ehen im Mittelalter nur ein Vorwand.

Aber auch politische Momente dürften bei dieser Scheidung mitgesprochen haben. Der alte Gegensatz zwischen Staufern und Zähringern, der zu Beginn der Regierung Friedrichs I. zeitweise ausgeglichen war, hatte sich wieder zugespitzt, nachdem die territorialpolitischen Interessen der beiden Geschlechter am Oberrhein und in Burgund erneut aufeinandergestoßen waren. Im Jahre 1158 erreichte es Friedrich, daß ihm Heinrich der Löwe das umfangreiche Heiratsgut der Clementia im Gebiet um Badenweiler in Form eines Tausches gegen mehrere Reichsburgen am Südharz überließ.

Mit der Trennung von Clementia gab der Herzog sein langjähriges Bündnis mit den Zähringern auf. Vielleicht ist die Initiative zu diesem Schritt sogar vom Kaiser ausgegangen; auf jeden Fall vollzog ihn der Herzog in vollem Einvernehmen mit Friedrich. Wie in den großen Fragen der Reichs- und Kirchenpolitik läßt sich auch auf dem Felde der innerdeutschen Territorialpolitik in jenen Jahren ein enges Einverständnis zwischen Kaiser und Herzog erkennen.

## Viertes Kapitel

# Politik in Nordelbingen und im Ostseeraum

Etwa ein Jahrzehnt lang, vom Regierungsantritt Friedrichs I. bis zum Ende seines zweiten Italienzugs, hat Heinrich der Löwe seine Person und seine Machtmittel weitgehend in den Dienst des Reiches gestellt. An fast allen wichtigen Aktionen des Kaisers hat er in diesem Dezennium handelnd oder beratend Anteil gehabt. Er lernte in diesen Jahren aber auch die Kräfte und Spannungen kennen, die damals das politische Geschehen im Abendland bestimmten.

Dieser starke Einsatz für die Sache des staufischen Königtums bedeutete aber nicht, daß darüber die Aufgaben zu kurz kamen, die sich ihm als Herzog in Sachsen und Bayern stellten. Der Ausgleich mit Friedrich I. und die Unterstützung, die er fortan bei ihm fand, gaben ihm die Möglichkeit, seine Ziele wirksamer durchzusetzen, als dies in der Zeit Konrads III. der Fall gewesen war, in der der Gegensatz zur Krone den Aufbau einer starken herzoglichen Gewalt in Sachsen immer wieder gehemmt hatte.

Dieser Wandel wird vor allem in Nordelbingen deutlich, jenem Gebiet, in dem Heinrich schon in den ersten Jahren seiner Regierung eine besondere Aktivität entfaltet hatte. Der Spruch auf dem Goslarer Reichstag im Juni 1154, mit dem ihm die Investitur der Bischöfe in Nordelbingen übertragen wurde, entschied nicht nur den Streit mit Hartwig von Bremen zu seinen Gunsten. Die Tatsache, daß dadurch königliche Rechte an ihn delegiert wurden und daß er hier fortan als Repräsentant der Reichsgewalt auftreten konnte, mußte seine Stellung gegenüber den deutschen und den slawischen Herrschaftsträgern in diesem Gebiet wesentlich stärken.

Bald nach dem Goslarer Reichstag hat der Herzog, wie wir bereits kurz erwähnten, im Sommer 1154 mit der Einsetzung eines Bischofs den entscheidenden Schritt für die Wiederbegründung des Bistums Ratzeburg getan. Wenn er zum Oberhirten der neuen Diözese Evermod, den Propst des angesehenen Prämonstratenserstifts St. Marien in Magdeburg, berief, so wollte er damit die großen Erfahrungen, die dieser Orden in den letzten Jahrzehnten bei der Mission im Gebiet östlich der mittleren Elbe gemacht hatte, auch der kirchlichen Arbeit in Nordelbingen nutzbar machen. Erzbischof Wichmann von Magdeburg, der am Goslarer Reichstag teilnahm, hat Heinrich zweifellos auf Evermod hingewiesen; er hat dem neuen Bischof auch die Weihe erteilt.

Graf Heinrich von Ratzeburg überließ Evermod die Insel im Ratzeburger See in der Nähe der Burg als Wohnstätte für den Bischof und die Domherren und für den Bau eines Gotteshauses. Aus seinem Lehnsbesitz trat er dem Herzog 300 Hufen zur Ausstattung des Bistums ab und schloß mit dem Bischof ein Abkommen über die Zehnten in dessen Sprengel ab. Dabei sollten die Zehnten, wie dies auch sonst im Kolonisationsgebiet üblich war, zwischen dem Grafen als dem Träger der staatlichen Gewalt und der Kirche geteilt werden. Das Zehntrecht als solches sollte dem Bischof zustehen; doch gab dieser die Hälfte der Zehnten dem Grafen zu Lehen. Nur für die 300 Hufen besaß der Bischof das volle Zehntrecht. Den Abschluß des Gründungsvorganges bildete die Bestätigung der neuen Stiftung durch den Papst. Hadrian IV. sprach sie in einem großen Privileg aus, das er auf Bitten des Herzogs wenige Jahre später im Januar 1158 dem Bischof und dem Domkapitel erteilte. Er nahm das Bistum, dessen Sprengel das Polabenland und zur Elbe hin die Sadelbande umfaßte, in seinen Schutz und bestätigte seine Rechte und Besitzungen. Dem Domkapitel bestätigte er die Augustinerregel und verlieh ihm das Recht der Bischofswahl; doch besaß diese Bestimmung gegenüber dem Investiturrecht des Herzogs einstweilen keine Bedeutung.

Trotz dieser Förderung durch den Herzog, den Grafen und den Papst sah sich Evermod keiner leichten Aufgabe gegenüber. Die Christianisierung des Polabenlandes stand noch in ihren ersten Anfängen. Der Bischof nahm seinen Sitz zunächst in dem Kloster auf dem Georgsberg am Westufer des Sees, das im 11. Jahrhundert gegründet, dann aber beim großen Slawenaufstand des Jahres 1066 zerstört und erst nach der Errichtung der Grafschaft wiederhergestellt worden war. Von hier aus hat Evermod lange Zeit seine Diözese verwaltet. Auch die Zuweisung der Ausstattung dauerte einige Zeit. Vielleicht erfolgte sie auf einem Zug, den der Herzog im Jahre 1158 ins Obodritenland unternahm und der ihn durch das Gebiet der Grafschaft Ratzeburg führte. Den Hauptteil des kirchlichen Grundbesitzes bildete das spätere Stiftsland Boitin östlich des Ratzeburger Sees. Dazu kam noch Streubesitz in den übrigen Teilen der Diözese.

Im Bistum Oldenburg lagen beim Tode Vizelins im Dezember 1154 die Verhältnisse kaum günstiger. Wohl hatte sich Graf Adolf noch zu Vizelins Lebzeiten dazu bereit erklärt, nach dem Vorbild des Ratzeburger Grafen dem Herzog aus seinem Lehnsbesitz ebenfalls 300 Hufen zur Ausstattung des Bistums zu überlassen; doch ist auch hier die Zuweisung dieser Hufen zunächst unterblieben.

Die Schwierigkeiten, vor denen der neue Bischof Gerold nach seiner Rückkehr aus Italien in seinem Bistum stand, hat uns Helmold von Bosau, der ihn im Winter 1155/56 auf seiner ersten Visitationsreise durch seinen Sprengel begleitete, recht anschaulich geschildert. In Oldenburg, dem ehemaligen Sitz des Bischofs, beging man am 6. Januar 1156 das Epiphaniasfest; doch war der Ort fast menschenleer. Zu dem Gottesdienst, den Gerold bei eisiger Kälte in einer kleinen Holzkapelle abhielt, hatte sich die slawische Bevölkerung der Umgebung nicht eingefunden. Nur der Fürst Pribislaw war erschienen, um Gerold in sein Haus einzuladen, in dem er ihn üppig mit einem Gastmahl von zwanzig Gängen bewirtete. Obwohl der Bischof und seine Begleiter auf der Weiterreise den heiligen Hain des slawischen Gottes Prove zerstörten, fanden sie einige Tage später bei einem anderen slawischen Großen gastliche Aufnahme. Hier sahen sie gefangene dänische Priester, die Fesseln und andere Marterwerkzeuge, die gegen sie angewandt wurden. Zu ihrer Befreiung konnte Gerold aber nichts tun.

Als der Bischof am folgenden Sonntag auf dem Markt in Lübeck in einer Predigt die hier versammelten Slawen aufforderte, von ihrem Götzenglauben zu lassen und zum Christentum überzutreten, führte Pribislaw in bewegten Worten über die fast unerträgliche Bedrückung, der sein Volk unter den neuen Machthabern ausgesetzt sei, bittere Klage. Allein im letzten Jahr habe man dem Herzog volle tausend Mark und dem Grafen hundert zahlen müssen; dazu kämen täglich neue Lasten. So müßten die Slawen in der Furcht vor der Vertreibung leben und ihren Unterhalt als Seeräuber suchen. Wenn seinem Volk bei seinen Besitzungen und den Einkünften die gleichen Rechte wie den Sachsen eingeräumt würden, dann würde man gern Christ werden, Kirchen bauen und Zehnten zahlen.

Noch deutlicher war Niklots Antwort an Heinrich den Löwen, als dieser bald darauf auf einem Landtag auf der Ertheneburg, die an einem alten Elbübergang westlich der später erbauten Lauenburg lag, auf Drängen Gerolds die anwesenden Slawenfürsten aufforderte, zum Christentum überzutreten. Niklot erwiderte ihm: „Der Herr, der im Himmelreich ist, sei dein Gott, du sollst unser Gott sein, das genügt uns. Verehre du ihn, wir werden dich verehren".

Die Schilderung dieser Vorgänge bei Helmold und die Worte, die er den Obodritenherrscher sprechen läßt, enthalten eine harte Kritik an dem Vorgehen der deutschen Fürsten, die durch ihre hohen Tributforderungen die Arbeit der christlichen Mission erheblich erschwerten. Noch schärfer urteilt Helmold über das Vorgehen des Herzogs, wenn er ganz allgemein feststellt, daß bei allen Feldzügen, die der Herzog von seiner Jugend an ins Slawenland unternommen habe, niemals vom Christentum die Rede gewesen sei, sondern immer nur vom Geld. Dieser harte Druck, der auf den Slawen lastete, erklärt ihren Widerstand gegen die Annahme des Christentums; das haben die Männer der Kirche deutlich erkannt.

Für eine ersprießliche Arbeit in seinem Bistum fehlte Gerold zunächst noch jede wirtschaftliche Grundlage. Er mußte sich deshalb zunächst am Hofe des Herzogs in Braunschweig aufhalten; doch konnte ihm dieser keine größere Hilfe leisten, da die Teilnahme am ersten Italienzug des Kaisers seine Mittel zunächst stark beansprucht hatte. Auch die dreihundert Hufen hatte Graf Adolf dem Bistum noch nicht zugewiesen. Erst nachdem Gerold beim Herzog darüber Klage geführt hatte, überließ der Graf dem Bischof den Ort Eutin und ein Dorf am Eutiner See, vergrößerte den bischöflichen Besitz bei Bosau und fügte noch weiteren Besitz bei Oldenburg hinzu. Diese Liegenschaften umfaßten aber nur 100 Hufen, da sie mit einem kleineren als dem sonst üblichen Maß vermessen und Sümpfe und Urwald mitberechnet waren. Der Herzog ordnete deshalb eine neue Vermessung nach dem sonst üblichen Maß an; doch ist es dazu zunächst nicht gekommen. Resigniert stellte Helmold noch ein Jahrzehnt später fest, daß das Bistum seine Besitzansprüche nicht voll hatte durchsetzen können.

Mittelpunkt des Bistums blieb das Gebiet zwischen dem Plöner und Eutiner See. Gerold nahm seinen Sitz allerdings nicht in Bosau, sondern in Eutin, wo er einen Markt gründete und sich ein Haus baute. Die Fortschritte der deutschen Siedlungen in Wagrien gaben ihm auch die Möglichkeit, den kirchlichen Ausbau seiner Diözese voranzutreiben. Die Chorherren von Segeberg, die nach der Zerstörung ihres Stiftes in Högersdorf Zuflucht gefunden hatten, konnten nach Segeberg östlich der Trave zurückkehren; hier entstand in den nächsten Jahrzehnten die prächtige Segeberger Stiftskirche. In Oldenburg begann Gerold ebenfalls mit dem Bau eines neuen großen Gotteshauses. Auch in den übrigen Teilen seines Bistums rief er gemeinsam mit dem Grafen neue Kirchspiele ins Leben.

Graf Adolf hat diese siedlungsmäßige und kirchliche Erschließung

Wagriens vor allem auch deshalb gefördert, weil er sich hier im Unterschied zu den altholsteinischen Gebieten seiner Grafschaft, in denen der eingesessene Volksadel seine Macht behauptete, die notwendigen politischen und wirtschaftlichen Grundlagen für seine Herrschaft schaffen konnte. Das gute Einvernehmen mit dem Herzog bildete aber auch weiterhin eine wichtige Stütze für seine Stellung im Lande. Nur einmal ist es, soweit wir dies erkennen können, zu einem heftigen Konflikt zwischen ihm und dem Welfenherzog gekommen, dessen treuer Vasall er sonst blieb.

Der neue, von Adolf gegründete Handelsplatz Lübeck nahm dank seiner günstigen Lage an der unteren Trave rasch einen erheblichen wirtschaftlichen Aufschwung. Zahlreiche Kaufleute aus Bardowick, dem alten dem Herzog gehörenden Markt- und Handelsort an der Nordostgrenze Sachsens, siedelten deshalb nach Lübeck über. Bardowick erlitt dadurch schwere Einbußen. Auch das Salzwerk, das Adolf in Oldesloe südwestlich von Lübeck anlegte, machte der herzoglichen Saline in Lüneburg starke Konkurrenz. Heinrich richtete deshalb, wohl zu Beginn der 50er Jahre, an den Grafen die Aufforderung, ihm die Hälfte seiner Einkünfte aus dem Marktverkehr in Lübeck und aus der Salzgewinnung in Oldesloe abzutreten. Als Adolf dies ablehnte, griff der Herzog wie schon früher öfters in seiner hart zupackenden Art zur Gewaltmaßnahme; er verbot den Markt in Lübeck mit Ausnahme des Lebensmittelhandels und ließ die Salzquellen in Oldesloe zuschütten.

Trotz des wohl nicht strikt durchgeführten Marktverbots harrten die Kaufleute in Lübeck aus, da sie auf eine Aufhebung dieser Maßnahmen hofften. Als aber ihre Stadt im Jahre 1157 durch eine Feuersbrunst zerstört wurde, wandten sie sich an den Herzog und baten ihn, ihnen einen anderen Platz als Siedlungsort anzuweisen, da die Marktsperre und die Feuersbrunst ein weiteres Verbleiben in ihrer Stadt unmöglich gemacht hätten. Heinrich forderte den Grafen nochmals auf, ihm das Gebiet zwischen Trave und Wakenitz abzutreten; doch versagte sich dieser abermals dem Verlangen seines Lehnsherrn. Jetzt entschloß sich der Herzog noch im Herbst des gleichen Jahres, auf eigenem Grund und Boden im Lande Ratzeburg an der Wakenitz eine neue Stadt zu errichten, die den Namen Löwenstadt erhielt. Über die genaue Lage dieser Stadt wissen wir nichts; vielleicht haben wir sie bei dem heutigen Dorf Herrenburg südöstlich von Lübeck zu suchen.

Hier fehlten aber alle Voraussetzungen für einen Handelsverkehr. Der

Ort besaß nicht den natürlichen Schutz, den der Lübecker Werder bot. Die Wakenitz war zudem so flach, daß nur kleine Schiffe mit einem geringen Tiefgang bis hierher gelangen konnten. Auf eine erneute sehr nachdrückliche Forderung des Herzogs hin fand sich jetzt Graf Adolf dazu bereit, ihm die Burg Lübeck mit der Halbinsel gegen recht erhebliche Gegenleistungen, die vermutlich finanzieller Art waren, abzutreten.

Damit war die Neugründung Lübecks möglich geworden. Auf Geheiß des Herzogs – so berichtet Helmold – verließen die Bürger freudig die unbequeme Stadt an der Wakenitz, kehrten nach Lübeck zurück und begannen ihre Häuser und Kirchen wiederaufzubauen.

Dieser Neubeginn in Lübeck fällt zweifellos in das Frühjahr 1159. Heinrich der Löwe selbst hielt sich damals allerdings nur kurze Zeit in diesem Gebiet auf. Bereits Ende Mai brach er, wie wir bereits sahen, nach Italien auf, um dem Kaiser bei der Belagerung von Crema Hilfe zu leisten. So mußte er sich zunächst darauf beschränken, die Anweisungen für die ersten Maßnahmen zum Wiederaufbau der Stadt und der Neubelebung des Handelsverkehrs zu geben. Die förmliche Verleihung eines Stadtrechts, für die noch Verhandlungen mit den in einer Eidgenossenschaft zusammengeschlossenen Bürgern erforderlich waren, erfolgte erst einige Jahre später.

Eine großzügige Stadtplanung wurde erst dadurch möglich, daß der Herzog den von einem dichten Wald bedeckten Höhenrücken der Halbinsel roden ließ, wozu auch die bäuerliche Bevölkerung der Umgebung aufgeboten wurde. Zu beiden Seiten der Trave wurde den Bürgern ein Gebiet als Feldmark überlassen. Die Anlage der Straßen und den Bau ihrer Häuser und der ältesten Kirchen haben die Bürger zweifellos von sich aus durchgeführt. Dabei haben ihnen sicher auch technisch geschulte Kräfte zur Verfügung gestanden, die aus dem Altreich städtebauliche Erfahrungen mitbrachten. Mittelpunkt der neuen Stadt wurde der weiträumige Markt mit den Marktbuden der Kaufleute; an seiner Nordseite wurde bald der älteste Bau der Marienkirche errichtet.

Der Aufschwung, den Lübeck in kurzer Zeit nahm, war aber nur dadurch möglich, daß die Bewohner des gräflichen Lübeck, die den Kern der Bevölkerung der neuen Stadt bildeten, rasch starken Zuzug erhielten. Da waren einmal wohl deutsche Kaufleute, die bisher in Schleswig ansässig waren und deren Handel in der Zeit der dänischen Thronwirren schwere Verluste erlitten hatte. Vielleicht hat der Herzog im Jahre 1156 bei seinem Vorstoß in das Gebiet von Schleswig, bei dem er die Zerstörung der Schiffe im Hafen durch die Leute des Königs Sven erlebt hatte, mit diesen Kaufleuten erste Kontakte aufgenommen. Viel bedeutsamer war jedoch der Zustrom unternehmungsfreudiger und kapitalkräftiger Fernhändler aus Westfalen und dem Rheinland, die bald die guten wirschaftlichen Möglichkeiten erkannten, die ihnen die Stadt an der Trave bot.

Der Herzog hat von sich aus die Entfaltung dieses Fernhandels nach Kräften unterstützt. Nach den Worten Helmolds sandte er Boten zu den Städten und Reichen des Nordens, nach Dänemark, Schweden, Norwegen und Rußland, und bot ihnen Frieden an, so daß sie Zugang zu freiem Handel in seiner Stadt Lübeck hätten. Wir hören auch von Handelsverträgen, die er mit König Knut Eriksson und Herzog Birger von Schweden und wohl auch mit einem namentlich nicht bekannten Fürsten von Nowgorod geschlossen hat. Diese Verträge sind uns leider nicht erhalten, so daß wir auch über den Zeitpunkt, an dem sie abgeschlossen wurden, nichts sagen können. Auch die Zollfreiheit, die die Bürger von Lübeck im ganzen Herzogtum Sachsen mit Ausnahme der alten herzoglichen Zollstätte bei der Ertheneburg erhielten, kam diesem wirtschaftlichen Aufschwung der Stadt sehr zugute.

Bei diesen Maßnahmen war für den Herzog selbst das fiskalische Interesse bestimmend. Als Stadtherr verfügte er über die Einnahmen aus den Abgaben am Markt, aus dem Zoll, der hier erhoben wurde, und aus der Münzstätte, die in Lübeck errichtet wurde. Daß diese Einnahmen bald recht erheblich waren, erkennen wir schon aus der Tatsache, daß Heinrich schon im Jahre 1162 dem Domkapitel in Ratzeburg in jedem Jahr die für die damalige Zeit recht beträchtliche Summe von 27 Mark aus den Einkünften des Lübecker Zolls überließ.

Die Rechte des Herzogs in der Stadt nahm als sein Vertreter ein Vogt wahr, der seinen Sitz auf der alten gräflichen Burg hatte. Im Jahre 1161 begegnet uns der erste mit Namen bekannte Vogt Reinold. Wenn er auch als Graf von Lübeck bezeichnet wird, so kann doch kein Zweifel daran bestehen, daß er ein Ministeriale des Herzogs war. Er ist wohl mit jenem Reinold identisch, der bald darauf als Burghauptmann auf der Ertheneburg bezeugt ist.

Wenn auch die Gründung Lübecks im Jahre 1159 noch nicht in allen Einzelheiten abgeschlossen wurde, so stellten die Vorgänge dieses Jahres doch ein Ereignis von weitreichender historischer Bedeutung dar. Lübeck wurde der Ausgangspunkt für die deutsche Ostseeschiffahrt und für viele neue Stadtgründungen, die dem Ostseeraum innerhalb eines Jahrhunderts sein Gepräge gaben. Die politische Macht des Sachsenherzogs und der kaufmännische Unternehmergeist des niederdeutschen Bürgertums verbanden sich dabei in glückhafter Weise und schufen dadurch die Voraussetzungen für den Aufstieg der Stadt, die später für Jahrhunderte als Haupt der deutschen Hanse eine so hervorragende Rolle spielen sollte.

Die Neugründung Lübecks war zugleich ein sichtbares Zeichen für die starke politische Aktivität, die Heinrich der Löwe seit dem Ende der 50er Jahre in Nordelbingen und in den angrenzenden Gebieten entfaltete. Sein Ziel war es dabei, durch die Unterwerfung des Obodritenreiches auch den letzten Teil der sächsischen Grenzmark seiner Herrschaft einzuordnen und die Peene als Grenzlinie seines Machtbereichs zu gewinnen. Für ein solches Vorgehen war der Ausgleich, den Friedrich I. im Sommer 1158 zwischen ihm und Hartwig von Bremen herbeigeführt hatte, eine wichtige Voraussetzung. Gewiß blieb das persönliche Verhältnis zwischen beiden Fürsten weiter gespannt. Für den Herzog war es aber ein Vorteil, daß der Erzbischof den Widerstand gegen seine Kirchenpolitik aufgab. Hartwig mußte die Maßnahmen des Herzogs in Nordelbingen anerkennen, wenn er seine geistliche Oberhoheit in diesem Gebiet wahren wollte.

Der Erzbischof hoffte sogar, die alten Ansprüche seiner Kirche auf den Primat in Skandinavien wieder geltend machen zu können. Wenn Friedrich I. ihm im März 1158 die Metropolitanrechte im Norden bestätigte, so richtete sich dieser Schritt gegen Erzbischof Eskil von Lund. Papst Hadrian IV., der die kirchlichen Verhältnisse in Skandinavien von seiner Legatentätigkeit in Skandinavien aus eigener Anschauung kannte, beschränkte sich aber darauf, im Februar 1159 nur das Slawenland bis zur Peene als Metropolitansprengel der Hamburger Kirche zu bezeichnen. Auch Viktor IV. war nicht geneigt, auf Hartwigs Wünsche einzugehen. Schon um Waldemar I. von Dänemark fest an seine Obödienz zu binden, bestätigte der kaiserliche Gegenpapst im Februar 1160 nach dem Konzil von Pavia dem Erzbischof nur die Oberhoheit über die drei namentlich aufgeführten Bistümer Oldenburg, Mecklenburg und Ratzeburg. Angesichts dieser Verhandlungen Hartwigs mit der Kurie war es für Heinrich den Löwen wichtig, daß der Kaiser ihm damals – vielleicht ebenfalls zu Beginn des Jahres 1160 – noch einmal das Recht der Investitur bei den drei nordelbingischen Bistümern bestätigte. Es war wohl auch der Lohn für die wertvolle Waffenhilfe, die der Herzog bei den Kämpfen vor Crema geleistet hatte. Fraglich bleibt allerdings, ob Friedrich darüber noch einmal eine Urkunde ausgestellt hat.

Heinrichs Politik im Ostseeraum wurde aber auch dadurch bestimmt, daß mit dem Sieg Waldemars I. über seine Gegner im Jahre 1157 in Dänemark die Zeit der langen Thronwirren ihr Ende fand. Das Ziel des Königs, der beim Wiederaufbau einer starken Königsmacht in Bischof Absalon von Roskilde einen klugen Berater und Helfer fand, war es, nicht nur im Innern die Stellung seiner Dynastie zu festigen, sondern auch nach außen den Frieden seines Landes zu sichern. Mit den Kriegszügen, die er vom Beginn seiner Regierung an nach Mecklenburg und Vorpommern unternahm, wollte er nicht nur die Plünderungsfahrten slawischer Seeräuber gegen die dänischen Küsten abwehren, sondern auch den Herrschaftsbereich des dänischen Königtums in der Ostsee erweitern.

Die gemeinsame Gegnerschaft gegen die Slawen führte den König und den sächsischen Herzog zunächst zusammen. Als sich aber später ihre territorialen Interessen in Vorpommern überschnitten, wurden aus Bundesgenossen wiederholt Rivalen. Heinrich der Löwe hat deshalb seine Politik im Slawenland den jeweiligen Machtverhältnissen angepaßt und mehrmals an die Stelle eines sächsisch-dänischen Bündnisses ein solches mit den Slawenfürsten gegen den Dänenkönig treten lassen. Solange sich aber Waldemar noch um die Anerkennung seiner Herrschaft durch Friedrich I. bemühte, war er auf das Einvernehmen mit dem Herzog angewiesen.

Den ersten Vorstoß ins Slawenland unternahm Heinrich im Sommer 1158; doch ist uns über diesen kurzen Zug, der durch die Grafschaft Ratzeburg gegen die Obodriten führte, kaum etwas bekannt. Vielleicht ist Niklot damals in seine Gefangenschaft geraten und einige Zeit in Lüneburg in Haft gehalten worden. Als der Herzog im nächsten Jahr mit einem größeren Aufgebot nach Italien zog, fand seine Politik in Nordelbingen eine etwa einjährige Unterbrechung. Vor seinem Aufbruch war er aber bemüht, den Frieden im Grenzgebiet zu sichern. Bei einer Zusammenkunft mit Waldemar schloß er mit ihm einen Freundschaftsvertrag und erklärte sich gegen eine Summe von 1000 Mark Silber, die ihm dieser zusicherte, dazu bereit, zwischen dem König und den Slawen zu vermitteln. Er berief Niklot und die anderen Slawenfürsten zu sich und verpflichtete sie durch einen Eid, bis zu seiner Rückkehr mit den Sachsen und Dänen Frieden zu halten und ihre Schiffe in Lübeck an seine Beauftragten auszuliefern. Auch Graf Adolf ermahnte Niklot, während seiner Abwesenheit keine Feindseligkeiten zu unternehmen.

Diese Maßnahmen hatten jedoch keinen Erfolg, da die Obodriten nur alte und unbrauchbare Schiffe ablieferten und nach dem Abzug des Herzogs ihre Angriffe auf die dänischen Küsten erneuerten. Nur mit aller Mühe konnte Bischof Gerold einen Waffenstillstand vermitteln und einen Vorstoß des Dänenkönigs nach Wagrien verhindern. Waldemar entschloß sich stattdessen, noch im gleichen Jahr zwei Vergeltungszüge gegen das Küstengebiet von Vorpommern und gegen die Insel Rügen durchzuführen, da die Plünderungsfahrten der Slawen immer wieder auch von hier aus ihren Ausgangspunkt genommen hatten.

Nach seiner Rückkehr nach Sachsen hielt der Herzog in den ersten Augusttagen des Jahres 1160 in Barförde an der Elbe nordöstlich von Lüneburg einen Landtag ab und traf auf der nahen Ertheneburg mit König Waldemar zusammen, der sich über die Wortbrüchigkeit der Slawen beklagte. Über die Slawenfürsten, die der Ladung des Herzogs nicht Folge geleistet hatten, sprach Heinrich die Acht aus und verabredete mit dem Dänenkönig ein gemeinsames Unternehmen gegen die Obodriten, das während der Erntezeit beginnen sollte. Niklot wollte diesem Angriff wiederum wie beim Wendenkreuzzug des Jahres 1147 durch einen Überfall auf Lübeck zuvorkommen. Durch die Wachsamkeit eines Priesters – so berichtet Helmold – gelang es aber, die Brücke über die Wakenitz zu sperren und dadurch eine Überrumpelung der Stadt zu verhindern.

Im Spätsommer des Jahres drang der Herzog mit einem großen Heer ins Obodritenland ein, während gleichzeitig eine dänische Flotte unter Führung König Waldemars und Bischof Absalons bei der Insel Poel landete und von hier aus das mecklenburgische Küstengebiet verwüstete. Diesem doppelten Angriff war Niklot nicht gewachsen. Er mußte den größten Teil seines Landes preisgeben und setzte beim Rückzug die Burgen Ilow bei Wismar, Mecklenburg, Schwerin und Dobin in Brand. Nur in der durch die Warnow geschützten Feste Werle konnte er sich halten und führte von hier aus einen Kleinkrieg gegen das langsam vorrückende sächsische Heer. Als seine beiden Söhne Pribislaw und Wratislaw in der Nähe von Mecklenburg eine Schlappe erlitten, unternahm Niklot selbst einen Vorstoß und wollte die Troßknechte des Herzogs beim Futterholen in einen Hinterhalt locken. Dabei wurde er von sächsischen Rittern, die sich als Knechte verkleidet hatten, überlistet und im Kampf erschlagen. Daß die Sachsen das Haupt ihres gefallenen Gegners als Beute mit sich führten, zeigt die ganze Härte der Kämpfe.

Niklot war der letzte bedeutende Obodritenfürst; über seinem Leben liegt eine gewisse Tragik. Er versuchte, die politische Selbständigkeit des Obodritenlandes östlich der Lübecker Bucht zu wahren und dabei am alten Glauben festzuhalten. Dieses Ziel glaubte er durch ein Einverneh-

men mit Graf Adolf von Holstein, an dem er auch nach dem Wendenkreuzzug festhielt, erreichen zu können. Als dieser Wille der Selbstbe-
hauptung mit dem Herrschaftsanspruch des sächsischen Herzogs zusam-
menstieß, war er dessen militärischer Überlegenheit nicht gewachsen.
Mit seinem Tode brach der Widerstand im Lande schnell zusammen.
Seine beiden Söhne gaben auch Werle preis, steckten die Burg in Brand
und zogen sich in das unwegsame Landesinnere zurück. Noch im gleichen Jahre schlossen sie mit dem Herzog Frieden, traten das ganze von
ihm eroberte Land an ihn ab und behielten nur die Gebiete von Kessin
und Zirzipanien mit der Burg Werle, die sie von Heinrich zu Lehen
nahmen.

Bereits wenige Tage nach der Landung der dänischen Flotte hatte
Heinrich der Löwe in seinem Lager vor Werle eine erste Zusammenkunft
mit Waldemar und Absalon, an die sich weitere Verhandlungen mit dem
Bischof anschlossen. Nach dem Fall der Burg zog der Herzog mit seinem
Heer die Warnow abwärts und traf in der Nähe von Rostock erneut mit
dem Dänenkönig zusammen, der inzwischen mit seiner Flotte die Mündung der Warnow erreicht und die Burg Rostock selbst geplündert hatte.
Über den Gegenstand dieser verschiedenen Beratungen zwischen beiden
Fürsten ist nichts bekannt. Es läßt sich aber vermuten, daß Waldemar für
seine Beteiligung an diesen Kämpfen auch gewisse territoriale Ansprüche
gestellt hat. Es gelang aber Heinrich zu verhindern, daß sich die Dänen in
Mecklenburg festsetzten. Waldemar segelte vielmehr mit seiner Flotte
weiter nach Osten bis in das vorpommersch-rügische Küstengebiet und
zwang die Rügener, seine Oberhoheit durch die Stellung von Geiseln
anzuerkennen.


Der Herzog konnte jetzt von sich aus die politische Neuordnung des
eroberten Landes vornehmen. Dabei knüpfte er an die bisherige slawische
Burgwardverfassung an. Die teilweise zerstörten Burgen wurden wieder
aufgebaut und wurden Stützpunkte der neuen sächsischen Machthaber.
Die auf ihnen eingesetzten Herren sollten aber nicht nur die militärische
Sicherung, sondern auch die Verwaltung des umliegenden Landes übernehmen. Befehlshaber eines großen Gebiets wurde Gunzelin, der Angehörige des edelfreien Geschlechtes von Hagen, dessen Stammsitz am Elm
östlich von Helmstedt lag. Er ist der Stammvater des Schweriner Grafen-
hauses geworden. Außer Schwerin wurde ihm auch die Burg Ilow anvertraut. Liudolf, ein Angehöriger einer welfischen Ministerialenfamilie, der
bis dahin das Amt eines herzoglichen Vogtes in Braunschweig bekleidet

hatte, wurde auf der Burg Quetzin am Plauer See eingesetzt; Liudolf von
Peine, ebenfalls ein Ministeriale des Herzogs, erhielt die Burg Malchow
im Müritzgau. Wenn Heinrich den wichtigen Burgward Mecklenburg an
Heinrich von Schooten, einen niederländischen Adligen, übergab, so
zeigt dieser Schritt, daß die Befehlshaber auf diesen Burgen auch für die
Besiedlung der ihnen anvertrauten Gebiete sorgen sollten. Heinrich von
Schooten hat in größerem Umfang Siedler aus Flandern ins Land gerufen
und sie in der Umgebung von Mecklenburg angesetzt. So stellen diese
Maßnahmen des Herzogs den Versuch dar, das eroberte Land fest in den
sächsischen Herrschaftsbereich einzugliedern.

Bereits in spätslawischer Zeit war im Schutze der Burg Schwerin eine
Niederlassung sächsischer Kaufleute entstanden. Sie wurde der Ausgangspunkt für die erste deutsche Stadtgründung im Obodritenland. Die
näheren Einzelheiten über die Anfänge der Stadt sind nicht bekannt. Daß
aber der Ort im Jahre 1160 oder bald darauf vom Herzog zur Stadt
erhoben worden ist, wird ausdrücklich bezeugt. Auch das älteste Siegel
der Stadt deutet auf ihn als Stadtgründer hin. Es ist dem in den 60er
Jahren üblichen Reitersiegel Heinrichs des Löwen nachgebildet und trägt
auch seinen Namen. Vermutlich hat er der Kaufmannskolonie städtische
Rechte verliehen und damit die Entwicklung Schwerins zur Stadt eingeleitet.

Der politischen Neuordnung des Landes folgte die kirchliche. Der von
Hartwig von Bremen für das Bistum Mecklenburg eingesetzte Bischof
Emmehard hatte in seiner Diözese keine Wirksamkeit entfalten können,
da er sich weigerte, vom Herzog die Investitur entgegenzunehmen. Nach
seinem Tod im Jahre 1154 hatte der Mönch Berno aus dem von Siegfried IV. von Boyneburg in der Nähe von Holzminden gegründeten Zisterzienserkloster Amelungsborn mit der Missionsarbeit bei den Obodriten begonnen. Damit fanden die Zisterzienser in Mecklenburg ein neues
Tätigkeitsfeld. Bernos Bedeutung für die Entwicklung der christlichen
Kirche in Mecklenburg läßt sich mit der Vizelins für Wagrien verglei-
chen. Im Unterschied zu Vizelin hat er aber keinen zeitgenössischen
Biographen gefunden, wie Helmold es für Vizelin geworden ist. So liegen
die Anfänge seiner Tätigkeit fast ganz im Dunkeln. Nur soviel läßt sich
erkennen, daß er zu seiner Missionsarbeit von Papst Hadrian IV. ermäch-
tigt worden ist und von ihm vermutlich ein allgemein gehaltenes Schutzprivileg erhalten hat. Wann er seine Wirksamkeit im Obodritenland begonnen hat, wissen wir nicht; sehr groß kann der Erfolg seiner Predigt bei
der feindlichen Haltung Niklots zum Christentum nicht gewesen sein.

Wahrscheinlich hat ihn Herzog Heinrich einige Jahre nach Emmehards Tod zum Bischof von Mecklenburg ernannt und ihm die Investitur erteilt.

Nach der Eroberung des Obodritenlandes und der Einsetzung Gunzelins als Statthalter war Schwerin der gegebene kirchliche Mittelpunkt des Landes. Gegenüber dem offenen Mecklenburg bot der Ort durch seine Lage inmitten eines Seengebiets den Vorteil eines natürlichen Schutzes. Noch im Jahre 1160 hat Heinrich Schwerin als neuen Sitz des Bistums bestimmt. Ebenso wie bei Oldenburg und Ratzeburg sollte die Ausstattung des Bistums an Grundbesitz dreihundert Hufen betragen.

Im gleichen Jahr wurde eine entsprechende Änderung auch für das Bistum Oldenburg getroffen. Der Ort Oldenburg, der ursprüngliche Sitz des Bischofs, hatte für die Neugründung des 12. Jahrhunderts keine Bedeutung mehr gehabt. Vizelin hatte in Bosau residiert, Gerold hatte seinen Sitz in Eutin genommen. Mit dem Aufstreben Lübecks und der Zunahme der Bevölkerung in der Stadt verschob sich auch in Wagrien das Schwergewicht. Gegenüber Eutin empfahl sich Lübeck auch durch seine verkehrsmäßig bessere Lage an der Trave. Auf Bitten Gerolds verlegte deshalb Herzog Heinrich noch im Jahre 1160 den Sitz des Bistums nach Lübeck und wies im Süden der Stadt ein Gebiet für den Bau eines Domes und für die Kurien der Kanoniker an.

Mit der Verlegung der beiden Bischofssitze fand der kirchliche Aufbau im Slawenland seinen ersten organisatorischen Abschluß. Erzbischof Hartwig mußte sich damit begnügen, die vom Herzog geschaffenen Verhältnisse anzuerkennen. Im Jahre 1160 unterstellte er die drei Bistümer, die in seiner Urkunde zum erstenmal mit den Namen Lübeck, Ratzeburg und Schwerin bezeichnet werden, dem Hamburger Domkapitel als ihrer Metropole. Die älteren Rechte der Bremer und Hamburger Kirche sollten gewahrt bleiben; doch waren die drei rechtselbischen Suffraganbischöfe nur zum Besuch der Provinzialsynode in Hamburg, nicht aber zum Erscheinen auf der Generalsynode in Bremen verpflichtet. Auch Heinrich der Löwe hat die Metropolitangewalt der Hamburger Kirche in Nordelbingen damals ausdrücklich anerkannt.

Die Machtstellung, die der Herzog in jenen Jahren weit über Nordelbingen hinaus im Ostseeraum einnahm, wird vor allem auf einem Landtag deutlich, den er im Oktober 1161 auf der Ertheneburg abhielt. Hier erschienen Abgesandte der schwedischen Kaufleute auf Gotland und der deutschen Kaufmannsgenossenschaft, die sich im Laufe der Zeit auf der Insel gebildet hatte und deren Vogt Odelrich von Heinrich eingesetzt war. Zwischen beiden Gruppen war es zu Zwistigkeiten gekommen, die der Herzog jetzt durch einen Vergleich beilegte. Er bestätigte dabei den Gotländern die Rechte, die ihnen einst Kaiser Lothar III. in einer nicht mehr erhaltenen Urkunde für ihren Handel in seinem Reich verliehen hatte. Während sich der Kaiser allem Anschein nach auf ein allgemeines Schutzprivileg beschränkt hatte, werden jetzt die Bestimmungen und Bußen, durch die die persönliche Sicherheit der Gotländer und die Unversehrtheit ihrer Waren im Herrschaftsgebiet des Herzogs gewährleistet werden sollten, im einzelnen aufgeführt. Darüber hinaus verlieh Heinrich den Gotländern Zollfreiheit in seinen Städten. Er machte aber – und das zeigt den Wandel, der sich in den letzten Jahrzehnten im Ostseehandel vollzogen hatte – diese Zugeständnisse davon abhängig, daß die deutschen Kaufleute auf Gotland die gleichen Rechte genießen sollten. Auch forderte er die Gotländer zum häufigen Besuch von Lübeck auf. Dem Vogt Odelrich machte er es zur Pflicht, die gleichen Rechtssätze über den Schutz der Kaufleute und ihrer Waren auch gegenüber den ihm unterstellten Kaufleuten anzuwenden. Wie die verlorenen Handelsverträge mit den schwedischen Herrschern und dem Fürsten von Nowgorod sollten auch diese Abmachungen den Handelsverkehr mit Lübeck fördern. Wenn der Herzog ein kaiserliches Privileg seines Großvaters Lothar bestätigte und erweiterte, so handelte er auch in diesem Fall wie bei der Ausübung des Investiturrechtes in Nordelbingen als Vertreter der Reichsgewalt im Gebiet der Ostsee.

Gemeinsam mit Erzbischof Hartwig hat Heinrich in den nächsten Jahren den organisatorischen Ausbau der beiden Bistümer Lübeck und Ratzeburg weitergeführt. So haben sie im Jahre 1162 die Diözesangrenzen des Bistums Ratzeburg festgelegt. Gleichzeitig bestimmten sie auch den Anteil des Domkapitels an den Einnahmen des Bistums. Die der Kirche zustehende Hälfte der Zehnterträge sollte zwischen dem Bischof und dem Domkapitel wiederum zur Hälfte geteilt werden. Dementsprechend sollten die Domherren im Lande Boitin die Hälfte, in den übrigen Gebieten der Diözese den vierten Teil der gesamten Zehntleistung erhalten. Diese Zehnterträge konnten erst nach Erschließung des Landes durch die deutsche Siedlung eine ausreichende Existenzgrundlage für das Domkapitel bilden. Deshalb wies ihm, wie wir bereits erwähnten, der Herzog jährlich einen Anteil von 27 Mark am Lübecker Zoll zu.

Ein Jahr später vollzogen im Juli 1163 Erzbischof Hartwig und Bischof Gerold in Anwesenheit Herzog Heinrichs und Graf Adolfs die Weihe des ersten Domes in Lübeck. Es war dies ein noch bescheidener Bau aus Holz, der zu Ehren der Jungfrau Maria, Johannes des Täufers und des heiligen Nikolaus geweiht wurde. Bei diesem Anlaß wurde auch in Lübeck die Ausstattung des Domkapitels geregelt. Bischof Gerold überließ dem Propst alle Zehnten und Neubruchzehnten in der Stadt und ihrem Gebiet. Heinrich bestätigte diese Schenkung und trat dem Propst ein Baugrundstück an der Ostseite des Domes für den Bau der Domherrenkurien ab. Der Anteil des Kapitels an den Zehnteinnahmen der Diözese wurde anders als beim Bistum Ratzeburg geregelt; den Kanonikern wurden bestimmte Gebiete des Bistums zur Zehntung überlassen. Allerdings standen die Zehnten in diesen Gebieten dem Domkapitel nur bis zu einer gewissen Höhe zur Verfügung. Die Überschüsse mußten an den Bischof abgeführt werden. Ebenso wie das Ratzeburger Domkapitel wurde auch das Lübecker mit 27 Mark jährlich am Zoll der Stadt beteiligt. Herzog und Graf statteten es auch mit einigen Dörfern als Grundbesitz aus. Erzbischof Hartwig und Bischof Gerold überließen ihm schließlich die Pfarrechte in der ganzen Stadt; auch die Kirche, die inzwischen am Markt errichtet war, wurde damals dem Domkapitel inkorporiert.

Bei diesem Aufenthalt des Herzogs in Lübeck hat er vermutlich auch der Bürgerschaft der Stadt wichtige Vorrechte verliehen. Eine Urkunde Heinrichs des Löwen für die Stadt Lübeck ist allerdings nicht erhalten; doch nimmt der große Freiheitsbrief Friedrichs I. für Lübeck aus dem Jahre 1188 ausdrücklich auf ein Privileg des Herzogs Bezug. Da diese Barbarossa-Urkunde verfälscht und in der überlieferten Fassung um 1225 entstanden ist, läßt sich der Rechtsinhalt der verlorenen Urkunde Heinrichs des Löwen nicht mit Sicherheit angeben. Ob der Herzog der Stadt ein in alle Einzelheiten gehendes Privileg ausgestellt oder sich mit einer mehr allgemein gehaltenen Bestätigung des Rechtes der Stadt Soest begnügt hat, das das Vorbild für das lübische Recht war, läßt sich nicht sagen.

Nach dem Vorbild des Soester Rechtes überließ Heinrich den Lübekker Bürgern die „Kore", d. h. das Recht, Normen für die innere Ordnung der Stadt zu erlassen und damit den Frieden zu sichern. Auch der Grundsatz „Stadtluft macht frei", einer der wichtigsten Rechtssätze in den Stadtrechtsverleihungen des 12. Jahrhunderts, nach dem jeder Bürger binnen Jahr und Tag die persönliche Freiheit erwarb und auch frei über sein Eigentum verfügen konnte, gehörte zweifellos zu den Bestimmungen dieses verlorenen herzoglichen Privilegs.

Die älteste Bürgerschaft war von Anfang an keine organlose Gemeinde.

Der Vorstand der in der Form eines Schwurverbandes zusammenge-
schlossenen Eidgenossenschaft bildete die älteste städtische Behörde und
war damit der Vorläufer des späteren Rates. Die in niederdeutscher
Sprache überlieferte Ratswahlordnung, die der Herzog angeblich den
Bürgern verliehen haben soll, ist eine Fälschung des 13. Jahrhunderts.
Zur Bildung eines Rates ist es in Lübeck wohl erst um 1200 gekommen.

Der Vorstand der Eidgenossenschaft, der sich aus Kaufleuten zusammensetzte, verwaltete die der Stadt zufallenden Anteile an den Bußen und
übte wohl auch eine vom Herzog unabhängige Aufsicht über das Lebens-
mittelgewerbe am Markt aus. Vielleicht haben die Bürger auch das Recht
gehabt, einen Pfarrer für die Marktkirche zu nominieren.

Wenn auch die Rechte, die der Herzog den Bürgern verlieh, noch nicht
sehr umfangreich waren, so bedeuteten sie doch eine wichtige Etappe für
die Entwicklung einer bürgerlichen Selbstverwaltung in Lübeck. Auch
die Feldmark der Stadt hat Heinrich vermutlich damals nicht unwesent-
lich erweitert.

Wegen der Höhe der Zehnten im Bistum Lübeck war es kurze Zeit vor
der im Sommer 1163 getroffenen Regelung zu einem Konflikt zwischen
Bischof Gerold und den in seiner Diözese angesiedelten Holsten gekommen, der ein bezeichnendes Licht auf die Schwierigkeiten bei der Arbeit
der Kirche wirft. Die Holsten weigerten sich, den Zehnt in voller Höhe
zu leisten und beriefen sich darauf, daß ihnen ein entsprechendes Zugeständnis vor ihrer Übersiedlung nach Wagrien wegen des Kriegsdienstes
im Grenzgebiet gemacht worden sei. Da Graf Adolf erklärte, daß dies
nicht der Fall sei, und da die deutschen Siedler im Gebiet der Polaben und
Obodriten den regulären Zehnt zahlten, verlangte Bischof Gerold von
den Holsten die volle Zehntleistung. Er wandte sich deshalb an den
Overboden Marcrad, den Landesältesten der Holsten, der seinen Sitz in
Bornhöved hatte. Aber auch dieser Schritt blieb vergeblich. Die Holsten
begründeten ihre Weigerung, einen höheren Zehnt zu leisten damit, daß
die von ihnen gezahlten Abgaben nicht für kirchliche, sondern für weltliche Zwecke verwendet würden. Gerold rief jetzt die Entscheidung des
Herzogs an, der den Holsten in Wagrien befahl, den Zehnt in voller
Höhe an den Bischof abzuführen. Diese drohten zwar zunächst damit,
das Land zu verlassen und sich nach Dänemark zu begeben, erklärten sich
aber schließlich doch dazu bereit, in Anwesenheit des Herzogs – vermutlich im Frühjahr 1163 – mit dem Bischof einen Vertrag abzuschließen, in
dem die Höhe der als Zehnt zu leistenden Naturalabgaben genau festgelegt wurde. Zur schriftlichen Beurkundung dieses Vertrages durch den

Herzog kam es jedoch nicht, da sich die Holsten weigerten, die übliche Kanzleigebühr von einer Mark Gold zu zahlen.

Die Regelung der Zehntfrage und die Weihe des Lübecker Domes waren Gerolds letzte Amtshandlungen. Bald darauf ist er auf einer Visitationsreise nach kurzer Krankheit am 13. August 1163 in Bosau gestorben. In dem von ihm geweihten Dom fand er seine letzte Ruhestätte. Nur acht Jahre hatte Gerold das Amt des Bischofs innegehabt. Das gute Einvernehmen, das zwischen ihm, dem Herzog und Graf Adolf bestand, ließ aber die kirchliche Arbeit in diesem kurzen Zeitraum gute Fortschritte machen. Wenn unter ihm eine Reihe neuer Kirchspiele errichtet wurde, so ist dies zugleich ein Beweis für den Fortgang der deutschen Besiedlung Wagriens in diesen Jahren.

Nach einer längeren Sedisvakanz setzte der Herzog im Februar 1164 trotz des Widerstandes des Erzbischofs Hartwig und des Lübecker Domkapitels Gerolds Bruder Konrad, der bisher Abt des Zisterzienserklosters Riddagshausen bei Braunschweig gewesen war, als neuen Bischof in Lübeck ein. Wenn er das Bistum wiederum einem Geistlichen übertrug, der zum Braunschweiger Klerus gehörte, so sollte damit der Einfluß des Herzogs in Nordelbingen gewahrt bleiben. Erzbischof Hartwig mußte sich damit begnügen, dem neuen Bischof die Weihe zu erteilen.

Im Bistum Schwerin konnte man an einen solchen Ausbau der kirchlichen Organisation zunächst noch nicht denken. Der Friede im Obodritenland war durch den siegreichen Feldzug des Jahres 1160 keineswegs gesichert. Niklots Söhne Pribislaw und Wratislaw gaben den Kampf um ihr väterliches Erbe noch nicht auf. Einem Angriff, den sie im Frühjahr 1163 vorbereiteten, kam der Herzog, der von ihren Plänen erfahren hatte, durch einen Vorstoß gegen die stark befestigte Burg Werle zuvor. Mit Hilfe von Belagerungsmaschinen, wie er sie in Italien bei den Kämpfen vor Crema und Mailand kennengelernt hatte, einem Rammbock und einem großen hölzernen Turm, eroberte er Werle und nahm Wratislaw und eine größere Zahl slawischer Herren gefangen. Wratislaw wurde nach Braunschweig abgeführt. Pribislaw gab den Widerstand zunächst auf und schloß Frieden.

Heinrich der Löwe erkannte jedoch, daß eine Befriedung des Obodritenlandes nur dann möglich war, wenn es ihm auch gelang, in dem angrenzenden Vorpommern, wo die beiden Fürsten immer wieder Zuflucht und Hilfe gefunden hatten, seine Herrschaft zur Geltung zu bringen. Nach der Einnahme der Burg Werle zog er deshalb bis in die Gegend von

Wolgast und zwang die rügischen Fürsten, seine Lehnshoheit anzuerkennen. Bei der Weihe des Domes in Lübeck im Juli des Jahres erschienen
hier auch Fürsten von der Insel Rügen, um ihm die Huldigung zu leisten.
Diesen Vorstoß in das vorpommersch-rügische Gebiet sah Waldemar von
Dänemark als einen Eingriff in seine Interessensphäre an. Er zwang deshalb die Rügener bald darauf, seine Oberhoheit anzuerkennen.

Der Friedensabschluß des Jahres 1163 war nicht von langer Dauer. Auf
Veranlassung seines gefangenen Bruders Wratislaw begann Pribislaw mit
Hilfe der Pommernfürsten bereits im Februar 1164 erneut den Kampf. Er
überrumpelte die Feste Mecklenburg, deren Befehlshaber Heinrich von
Schooten gerade abwesend war, und richtete unter den flämischen Bewohnern des Ortes ein schreckliches Blutbad an, Frauen und Kinder
wurden in die Gefangenschaft abgeführt. Bischof Berno von Schwerin
wäre ebenfalls fast in die Gefangenschaft des Obodritenfürsten gefallen,
als er wenige Tage später die Toten in Mecklenburg bestatten wollte.
Auch die Burgwarde von Quetzin und Malchow konnte Pribislaw
kampflos in seine Hand bringen, nachdem er den Besatzungen freies
Geleit zugesichert hatte. Nur die beiden von Gunzelin von Hagen und
seinen Mannen verteidigten Burgen Ilow und Schwerin leisteten erfolgreichen Widerstand.

Wie schon im Jahre 1160 verbündete sich jetzt der Herzog mit König
Waldemar zum gemeinsamen Vorgehen gegen die Slawen. Durch die
Verlobung einer Tochter Heinrichs, vielleicht der bald darauf verstorbenen Richenza, mit dem damals einjährigen dänischen Königssohn Knut
wurde das Bündnis zwischen den beiden Herrschern bekräftigt.

Mit einem großen Heer, bei dem sich nicht nur die sächsischen Großen
aus Nordelbingen, sondern auch zahlreiche Fürsten aus dem übrigen
Sachsen befanden, ging der Herzog im Sommer des Jahres zum Gegenangriff vor. Auch Albrecht der Bär leistete ihm diesmal auf sein Verlangen
hin Hilfe. Bei Malchow ließ er den gefangenen Wratislaw, in dem er den
Anstifter für diese Erhebung sah, öffentlich hängen. Dann stieß die Vor-
hut des Heeres unter der Führung des Grafen Adolf und des Grafen
Reinold von Dithmarschen nach Osten gegen die Grenzfeste Demmin
vor. Am 1. Juli kam es westlich von Demmin bei Verchen am Kumme-
rower See zur Schlacht. Trotz der zahlenmäßigen Überlegenheit der Gegner konnten die Sachsen, die schon ihr Lager preisgegeben hatten, den
Kampf zu ihren Gunsten entscheiden. Der Sieg war aber mit großen
Opfern erkauft. Die Grafen Adolf und Reinold und zahlreiche Ritter
fanden in der Schlacht den Tod. Aber auch die Slawen erlitten große

Verluste. Pribislaw und die pommerschen Fürsten mußten Demmin preisgeben.

Der Tod Graf Adolfs II. war für den Herzog ein schwerer Verlust. In seiner mehr als dreißigjährigen Wirksamkeit hatte er sich als ein treuer Verfechter der welfischen Sache in Nordelbingen erwiesen. Aber auch sonst gehörte er – gerade in den Anfängen der Regierung des Herzogs – zu den wichtigsten Helfern und Ratgebern Heinrichs des Löwen, in dessen Umgebung wir ihn immer wieder sehen.

König Waldemar war inzwischen mit seiner Flotte nach Rügen gesegelt und hatte dann das Gebiet von Wolgast besetzt. Bei Stolpe an der Peenemündung trafen er und der Herzog zusammen und schlossen im gegenseitigen Einvernehmen mit den Slawen Frieden. Das Gebiet von Wolgast wurde unter mehrere slawische Fürsten geteilt, blieb aber unter dänischer Oberhoheit. Herzog Heinrich behielt das eroberte Obodritenland. Die pommerschen Fürsten Kasimir von Demmin und Bogislaw von Stettin haben damals oder bald darauf die Lehnshoheit des Herzogs anerkannt. Die Tatsache, daß sich die dänischen und sächsischen Interessen in Vorpommern überschnitten, führte in der Folgezeit zu gelegentlichen Spannungen zwischen Heinrich und Waldemar. Im Jahre 1166 haben sie aber wieder gemeinsam einen Feldzug gegen die pommerschen Fürsten unternommen.

Das Jahr 1166 brachte aber, wie wir in anderem Zusammenhang noch sehen werden, im Innern Sachsens den Beginn neuer heftiger Kämpfe zwischen dem Herzog und den gegen ihn verbündeten sächsischen Fürsten. Das zwang ihn, seine Politik im Obodritenland grundlegend zu ändern. Um bei den Kämpfen in Sachsen im Rücken gesichert zu sein, nahm er den vertriebenen Pribislaw wieder in Gnaden auf und gab ihm – wohl zu Beginn des Jahres 1167 – den größten Teil des Obodritenlandes mit Ausnahme des Gebietes von Schwerin zurück. Pribislaw, der seinen Sitz in Werle nahm, wurde damit der Begründer der Dynastie, die in Mecklenburg bis 1918 regiert hat. Er erhielt sein Land vom Herzog zu Lehen und verpflichtete sich, ihm Heerfolge zu leisten. Vermutlich ist er damals auch zum Christentum übergetreten. Pribislaw ist in der Folgezeit ein treuer Vasall Heinrichs des Löwen gewesen. Der Herzog verstand es, ihn mit der sächsischen Oberhoheit auszusöhnen, indem er später seine illegitime Tochter Mathilde dem jungen Heinrich Borwin, dem ältesten Sohn des Pribislaw, zur Frau gab. Als der Herzog im Jahre 1172 eine große Pilgerfahrt ins Heilige Land antrat, hat ihn auch Pribislaw begleitet.

Mit dieser Neuordnung des Jahres 1167 gab Heinrich der Löwe seinen ursprünglichen Plan, das eroberte Obodritenland mit Hilfe sächsischer Herren und Ministerialen in seine unmittelbare Verwaltung zu nehmen, auf. Wie in Wagrien und im Gebiet der Polaben begnügte er sich auch hier mit einer lehnrechtlich begründeten Oberhoheit. Auch das Gebiet von Schwerin wurde jetzt Gunzelin in Form einer Grafschaft als erbliches Lehen übertragen.

In der Grafschaft Holstein führte nach dem Tode Adolfs II. dessen Witwe Mathilde von Schwarzburg für ihren damals noch unmündigen Sohn Adolf III. die Verwaltung. Wegen der kriegerischen Auseinandersetzungen, mit denen er in Sachsen rechnen mußte, setzte der Herzog bald darauf den Bruder der Mathilde, Graf Heinrich von Schwarzburg, als Vormund und Führer des Aufgebots ein. Zu Beginn der 60er Jahre trat auch in der Grafschaft Ratzeburg ein Herrschaftswechsel ein. Als Graf Heinrich, der frühere Rivale Adolfs II., bald nach 1163 starb, folgte ihm sein ältester Sohn, Bernhard I. Er hat das Werk seines Vaters durch die Gründung neuer Dörfer und Kirchspiele im Bereich seiner Grafschaft tatkräftig weitergeführt.

Für Heinrich den Löwen selbst traten seit 1167 die Verhältnisse in Nordelbingen hinter den schweren Kämpfen im Innern Sachsens zeitweise stark in den Hintergrund. König Waldemar von Dänemark seinerseits ergriff jetzt die Möglichkeit, durch außenpolitische Erfolge die Stellung seiner Dynastie in seinem Reich zu festigen. Als er im Jahre 1168 einen Feldzug gegen die Insel Rügen unternahm, konnte sich der Herzog wegen der Kämpfe im Inneren Sachsens an diesem Unternehmen nicht beteiligen. Auf seinen Befehl leisteten aber Pribislaw und die Pommernfürsten Kasimir und Bogislaw dem König Hilfe. Auch Bischof Berno nahm an diesem Feldzug teil, da er hoffte, den Sprengel seines Bistums auch auf Teile Rügens ausdehnen zu können. Nach der Eroberung der Tempelburg Arkona, in der der Tempel und das große und von den Heiden verehrte Standbild ihres Gottes Svantevit zerstört wurden, konnte Waldemar die Insel rasch unterwerfen. Bischof Absalon von Roskilde, der den Dänenkönig auch auf diesem Feldzug begleitete, setzte es durch, daß die ganze Insel seinem Bistum unterstellt wurde. Bischof Berno von Schwerin mußte auf seine Pläne verzichten. Mit der Eroberung Rügens verschob sich das Schwergewicht im Ostseeraum deutlich zugunsten Dänemarks.

Da sich Waldemar weigerte, gemäß den früher getroffenen Abmachungen die Hälfte der von den Rügenern gestellten Geiseln und des von ihnen geleisteten Tributs an den Herzog abzutreten, kam es jetzt zwischen den beiden Fürsten zum Bruch. An die Stelle des herkömmlichen sächsisch-dänischen Bündnisses trat für die nächsten Jahre ein solches zwischen dem Herzog und den Slawen gegen Dänemark. Auf Befehl Heinrichs begannen die Obodriten- und die Pommernfürsten wohl noch im gleichen Jahr erneut mit ihren Plünderungszügen an den dänischen Küsten. Waldemar setzte sich zur Wehr und ging selbst zum Angriff über. Im Jahre 1170 stieß eine dänische Flotte bis in das Gebiet von Wollin vor; im folgenden Jahr ließ er das mecklenburgische Küstengebiet und Wagrien plündern. Diese Vergeltungsmaßnahmen hatten aber keinen nachhaltigen Erfolg. Bei einer Zusammenkunft mit Heinrich dem Löwen, die im Juni 1171 am Johannistag an der Eider stattfand, schloß der Dänenkönig mit dem Herzog Frieden. Wenn der Herzog bei dieser Begegnung dem Dänenkönig nur bis zur Mitte der Eiderbrücke entgegenkam, so wollte er damit nachdrücklich betonen, daß er sich als gleichberechtigter Partner betrachtete. Waldemar erfüllte Heinrichs Bedingungen. Er verpflichtete sich, die Hälfte der Geiseln und des auf Rügen gemachten Tributs und auch einen angemessenen Teil der dort erbeuteten Tempelschätze auszuliefern. Auch die Rügener selbst erklärten sich bereit, dem Herzog einen Tribut zu zahlen, und haben damit auch dessen Oberhoheit anerkannt. Da die Tochter des Herzogs, die im Jahre 1164 mit dem dänischen Thronfolger Knut verlobt war, inzwischen gestorben war, wurde eine Ehe des damals achtjährigen Knut mit Heinrichs Tochter Gertrud, der Witwe des Herzogs Friedrich von Rothenburg, der 1167 vor Rom den Tod gefunden hatte, verabredet. Im folgenden Winter trat Gertrud die Reise nach Dänemark an, wo einige Jahre später ihre Hochzeit mit Knut gefeiert wurde.

Dieser Ausgleich des Jahres 1171 war noch einmal ein wichtiger Erfolg für den sächsischen Herzog; er sicherte auch auf Jahre hinaus den Frieden im Ostseeraum. Seit der Wiedereinsetzung des Pribislaw hat der Landausbau in Verbindung mit dem Fortgang der kirchlichen Organisation in allen drei Bistümern wesentliche Fortschritte gemacht.

Im Bistum Lübeck hat sich allerdings ein Konflikt zwischen dem Herzog und dem Bischof Konrad zeitweilig hemmend ausgewirkt. Dieser hatte sich durch sein herrisches Wesen in seinem Bistum viele Feinde geschaffen. Sein Verhältnis zum Herzog war zunächst noch ungetrübt. Beim großen sächsischen Fürstenaufstand des Jahres 1166/67 stellte er sich aber auf die Seite der Gegner Heinrichs des Löwen und suchte für ihre Sache auch Erzbischof Hartwig von Bremen zu gewinnen. Der Herzog berief ihn deshalb zu sich und verlangte von ihm die Ablegung des Lehnseides, den Konrad nach seiner Erhebung zum Bischof noch nicht geleistet hatte. Als Konrad dies bei einer Zusammenkunft in Stade ablehnte, verbot ihm der Herzog das Betreten seiner Diözese und ließ ihm alle Abgaben sperren. Der Bischof begab sich auf Rat Hartwigs zunächst zu Erzbischof Wichmann von Magedeburg und dann zum Generalkonzil der Zisterzienser nach Frankreich. Auch nach seiner Rückkehr nach Deutschland blieb ihm sein Bistum zunächst noch verschlossen. Erst nach dem Tod des Erzbischofs Hartwig von Bremen, der im Oktober 1168 starb, gelang es Friedrich I., eine Aussöhnung zwischen dem Herzog und dem Lübecker Bischof herbeizuführen, so daß dieser in sein Bistum zurückkehren konnte.

Nach Beendigung der Kämpfe in Sachsen wandte sich Heinrich wieder stärker der Entwicklung in Nordelbingen zu. Zunächst regelte er in den Jahren 1169 und 1170 die rechtlichen Verhältnisse in den Bistümern Ratzeburg und Lübeck; die beiden gleichlautenden Privilegien für beide Kirchen sind allerdings vielleicht erst zu einem etwas späteren Zeitpunkt ausgestellt. Dabei war der Herzog darauf bedacht, die alten markgräflichen Rechte voll zu wahren. Die bischöflichen Hintersassen sollten ihm Heerfolge leisten und waren auch zum Burgwerk, dem Bau und der Unterhaltung von Burgen, verpflichtet. Nur zehn Dörfer wurden in jedem Bistum von dieser Leistung befreit. Heinrich gestand den Bischöfen für ihren kirchlichen Besitzstand die Befreiung von den weltlichen Abgaben und dem sogenannten Herzogszins, einer alten noch in slawische Zeit zurückgehenden Leistung, zu. Die Bistümer besaßen also die fiskalische Immunität. Diese Exemtion bezog sich aber nicht auf die Gerichtsverhältnisse. Hier hielt der Herzog an dem markgräflichen Recht, alle Markbewohner vor sein Gericht, das Markding, entbieten zu können, grundsätzlich fest. Die niedere Gerichtsbarkeit wurde den Bischöfen überlassen, die sie entweder selbst oder durch ihre Beauftragten ausüben konnten. Die hohe Gerichtsbarkeit lag in den Händen der Stiftsvögte; bei Kapitalverbrechen sollte der Bischof lediglich zwei Drittel der Bußen erhalten.

Inhaber der Hochvogtei waren im Bistum Lübeck die Grafen von Holstein; in Ratzeburg die dort sitzenden Grafen. Der Herzog war jedoch bestrebt, die Bistümer vor Übergriffen der Vögte zu schützen. So verbot er ihnen, den Nachlaß eines Bischofs in Anspruch zu nehmen. Die gleiche Regelung wurde später auch für das Bistum Schwerin getroffen. Auch hier kamen die Grafen in den Besitz der Hochvogtei. Da der Herzog der Oberlehnsherr der Grafen war, blieb die Einheitlichkeit der Gerichtsverhältnisse, wie sie seit alters in einer Mark bestanden hatte, in diesem Gebiet weiter gewahrt.

Durch diese Ordnung der Rechtsverhältnisse unterscheiden sich die drei vom Herzog gegründeten Bistümer wesentlich von allen anderen deutschen Diözesen. Sie sind die ersten einem Landesfürsten unterstehenden Bistümer, die wir auf deutschem Boden kennen.

Im Bistum Schwerin waren die ersten deutschen Ansiedlungen den schweren Kämpfen des Jahres 1164 meist zum Opfer gefallen. Hier konnte Bischof Berno erst nach dem Friedensschluß zwischen dem Herzog und Pribislaw im Jahre 1167 mit einer erfolgversprechenden Missionsarbeit beginnen. Er hat sich dabei offensichtlich nicht nur auf das Herrschaftsgebiet des Obodritenfürsten beschränkt, sondern seine Tätigkeit auch auf Zirzipanien, das Gebiet südöstlich von Werle, das damals zu Pommern gerechnet wurde, und auf das Land Tribsees ausgedehnt.

Diese besondere Stellung des Schweriner Bistums, das seine Ansprüche über die Grenzen des Obodritenlandes auszudehnen versuchte, ließ es dem Herzog ratsam erscheinen, für dieses Bistum bei Kaiser Friedrich ein Bestätigungsprivileg zu erwirken, zumal er während des Schismas von Papst Alexander III. keine Urkunde für das Bistum erbitten konnte. Auf einem Reichstag, den er im Januar 1170 in Frankfurt abhielt, stellte Friedrich für das Bistum Schwerin ein Diplom aus, das allerdings nur in einer überarbeiteten Fassung aus dem Anfang des 13. Jahrhunderts erhalten ist. In der verlorenen echten Urkunde bestätigte der Kaiser vermutlich die Gründung des Bistums durch den Herzog und legte dabei den Umfang des Sprengels fest. Dabei hat er vielleicht auch die Ansprüche des Bischofs auf das vorpommersch-rügische Gebiet anerkannt; doch läßt sich dies mit Sicherheit nicht sagen. Gerade für die Auseinandersetzungen zwischen Heinrich dem Löwen und König Waldemar wäre es zweifellos für den Herzog ein großer Vorteil gewesen, wenn der Kaiser auch das Gebiet der Rügener zum sächsischen Herrschaftsbereich gerechnet hätte, wie dies der Text der Urkunde in der überlieferten Fassung ausdrücklich besagt.

Ein Jahr später, am 9. September 1171, vollzog Bischof Berno in Anwesenheit des Herzogs und zahlreicher Fürsten die Weihe des ersten Schweriner Domes, der wohl ebenso wie der erste Lübecker Dom aus Holz errichtet war. Auch Pribislaw, der dabei als Herr von Kessin bezeichnet wird, und Kasimir von Demmin nahmen neben den Grafen von Ratzeburg und Schwerin an diesem feierlichen Akt teil. Der Herzog hat dabei dem Bistum die versprochenen dreihundert Hufen als Ausstattung angewiesen. Der Hauptteil dieses bischöflichen Besitzes lag im Gebiet von Bützow und bei Ilow. Aus dieser Gesamtdotation wurde ein Teil für das im Aufbau befindliche Domkapitel ausgesondert; auch an den Zehntrechten wurde es in einzelnen Gebieten der Diözese beteiligt. Der Herzog bestimmte aber ausdrücklich, daß diese Zehntverteilung nur eine vorläufige sein solle. Nach der Urbarmachung des Landes durch die deutsche Siedlung sollten der dann regierende Herzog und der Bischof zusammen mit den Grafen von Schwerin und Ratzeburg, in dessen Grafschaft das Bistum Streubesitz erhielt, eine Neuverteilung der Zehnteinkünfte vornehmen.

Diese letzte Bestimmung der herzoglichen Urkunde weist auf die besondere Aufgabe hin, welche das Bistum besaß. Die deutsche Siedlung hatte das Obodritenland bisher nur wenig erfaßt; Schwerin sollte vor allem ein Missionsbistum sein und dadurch auch den Landesausbau fördern. Berno als früherer Zisterziensermönch war bestrebt, auch in seinem Bistum dem Orden durch Klostergründungen ein neues Betätigungsfeld zu eröffnen. Auf seine Anregung hin entstanden die beiden ältesten Klöster des Landes. Noch im Jahre 1171 hat Fürst Pribislaw im nordöstlichen Teil des Schweriner Sprengels, dem Kessiner Land, das Kloster Doberan gestiftet. Ein Jahr später wurde im östlichen Zirzipanien das Kloster Dargun gegründet. Drei wendische Herren haben das Kloster gestiftet und ausgestattet; Fürst Kasimir von Demmin nahm es in seinen Schutz. Bischof Berno von Schwerin stellte für Doberan und Dargun wichtige Zehntprivilegien aus. In beiden Klöstern hielten Zisterziensermönche ihren Einzug; in Doberan kamen sie aus Bernos früherem Kloster Amelungsborn, in Dargun aus dem dänischen Kloster Esrom.

Seitdem sich die politischen und kirchlichen Verhältnisse in Nordelbingen immer mehr festigten, hat Herzog Heinrich nur bei besonderen Anlässen in die Entwicklung dieser Gebiete eingegriffen. Bischof Konrad von Lübeck, der ihn auf seiner großen Pilgerfahrt ins Heilige Land begleitete, starb im Juli 1172 in Tyrus. Die Frage seiner Nachfolge konnte deshalb erst nach der Rückkehr des Herzogs zu Beginn des nächsten Jahres geregelt werden. Nach dem ausführlichen Bericht, den uns Arnold von Lübeck in seiner Chronik gibt, mit der er zu Beginn des 13. Jahrhunderts Helmolds Werk fortsetzte, ging die Initiative für die Neubesetzung des bischöflichen Stuhles zum ersten Mal vom Domkapitel aus. Es entsprach aber den engen personellen Verbindungen, wie sie seit den Tagen

Gerolds zwischen der Braunschweiger und der Lübecker Geistlichkeit bestanden, daß die Domherren den Abt Heinrich des Ägidienklosters in Braunschweig zu ihrem neuen Oberhirten wählten. Er gehörte zu den engsten Vertrauten des Herzogs und hatte diesen ebenfalls auf der Pilgerfahrt nach Jerusalem begleitet. So konnte man bei dieser Wahl, die mehr ein Vorschlag für den Herzog war, auf dessen Zustimmung rechnen. Heinrich der Löwe wollte den Abt nur ungern in seiner nächsten Umgebung missen. Er zögerte deshalb zunächst, die Wahl zu bestätigen, erklärte sich aber schließlich doch mit ihr einverstanden; mußte ihm doch daran gelegen sein, in Lübeck einen ihm treu ergebenen Bischof zu wissen. Die Abgesandten des Domkapitels begaben sich daraufhin nach Braunschweig, um Abt Heinrich von ihrer Wahl und der Entscheidung des Herzogs Mitteilung zu machen. Nach der üblichen Beteuerung, daß er sich dem neuen Amt nicht gewachsen fühle, nahm der Abt die Wahl an. In Lüneburg empfing er aus der Hand des Herzogs die Investitur; dann wurde er am 24. Juni 1173 in Anwesenheit Heinrichs in Lübeck feierlich inthronisiert. Die Form der Weihe zeigt, daß der Herzog die Mitwirkung des Bremer Erzbischofs ausschalten wollte. Nicht Erzbischof Baldewin, der die Nachfolge Hartwigs I. angetreten hatte, sondern die Bischöfe von Havelberg, Ratzeburg und Schwerin haben die Weihe des Elekten vollzogen.

Eine der ersten Amtshandlungen des neuen Bischofs war die Grundsteinlegung für einen neuen Dom. Der genaue Zeitpunkt dieser feierlichen Handlung ist nicht bekannt. Da aber ausdrücklich berichtet wird, daß die Initiative zum Bau dieses neuen Gotteshauses vom Herzog ausging und daß er den Grundstein gemeinsam mit Bischof Heinrich gelegt hat, dürfte dieser Akt im Sommer 1173 im Anschluß an die Weihe des Bischofs erfolgt sein. Damals hat sich Herzog Heinrich zum letzten Mal für mehrere Jahre in Nordelbingen aufgehalten.

Das Bistum war damals noch nicht in der Lage, die Kosten für einen so großartigen Bau, wie man ihn plante, aus eigener Kraft aufzubringen. Deshalb entschloß sich der Herzog, zu den Baukosten die für die damalige Zeit sehr beachtliche Summe von einhundert Mark Silber jährlich beizusteuern. Die neue aus Ziegelsteinen errichtete Kirche wurde im Süden der Stadt an Stelle der älteren und kleineren Holzkirche angelegt.

Etwa zur gleichen Zeit, vielleicht schon etwas früher, begann man in Ratzeburg auf der Nordspitze der dem Bistum von Graf Heinrich geschenkten Insel mit dem Bau eines Domes, der ebenfalls der Jungfrau Maria und dem Evangelisten Johannes geweiht wurde. Auch hier ging die

Anregung zum Bau des ebenfalls aus Ziegelsteinen aufgeführten Gotteshauses vom Herzog aus. Ebenso wie in Lübeck hat er auch in Ratzeburg, wo das Bistum zunächst über bescheidene Einkünfte verfügte, den Bau durch einen jährlichen Baukostenzuschuß von einhundert Mark gefördert.

Der Baubeginn dieser beiden Dome, an denen bis zu ihrer Vollendung noch Generationen mitgewirkt haben, war aber nicht nur der sichtbare Ausdruck für die großen Fortschritte, die die kirchliche Arbeit in den letzten Jahrzehnten in beiden Bistümern gemacht hatte. Bei der engen Verknüpfung zwischen kirchlicher Organisation und weltlicher Herrschaft, wie sie in Nordelbingen bestand, sollten diese beiden Bauten zugleich ein Denkmal der herzoglichen Macht in diesen Gebieten sein. Für den Herzog war an der Westseite in beiden Kirchen eine Empore vorgesehen, auf der er bei Gottesdiensten Platz nehmen sollte.

Als Helmold von Bosau im Jahre 1172 seine Chronik abschloß, da schrieb er im Rückblick auf das Geschehen in Nordelbingen, dessen Zeuge er in diesen Jahrzehnten gewesen war, die stolzen Worte: „Das ganze Gebiet der Slawen, von der Eider, der Grenze des dänischen Reiches, anfangend, und wie es sich zwischen der Ostsee und der Elbe durch weite Landstriche bis nach Schwerin erstreckt, das einst durch räuberische Überfälle unsicher gemacht und fast ganz verödet war, ist nun durch Gottes Gnade vollständig verwandelt und gleichsam ein einziges Siedlungsland der Sachsen geworden; da werden Städte und Dörfer angelegt und es vervielfältigt sich die Zahl der Kirchen und der Diener Christi." Diese Schilderung des Chronisten ist zweifellos stark übertrieben; noch gab es weite Landstriche, die von der deutschen Siedlung kaum erfaßt waren. Daß sich aber das Bild der Landschaft in den drei Jahrzehnten, die seit dem Beginn der Herrschaft Heinrichs des Löwen verflossen waren, wesentlich gewandelt hat, ist deutlich zu erkennen. Wenn der Herzog auch selbst an dieser Siedlungsarbeit nicht direkt beteiligt war, so hat er doch die politischen Voraussetzungen für sie geschaffen.

Es wäre aber falsch, das Vorgehen Heinrichs des Löwen in Nordelbingen, wie dies oft geschehen ist, aus nationalen Motiven erklären zu wollen. Solche Vorstellungen lagen ihm wie seiner Zeit noch fern. Sein Ziel war es vielmehr, das große Gebiet der Grenzmark, das sich von der Ostgrenze des sächsischen Herzogtums bis zur Peene erstreckte, und in dem seine Vorgänger durch gelegentliche Vorstöße und Tributzüge nur eine lockere Oberhoheit geltend gemacht hatten, militärisch und politisch fest in seinen Herrschaftsbereich einzugliedern.

Wenn er sich dabei auch immer wieder auf die ihm überkommenen markgräflichen Rechte berief, so ist sein Vorgehen doch eine Machtpolitik gewesen, die sich oft über die Rechte anderer hinwegsetzte. Wie er es verstand, die wechselnde politische Situation für seine Zwecke auszunutzen, so griff er auch zu harten Maßnahmen, um seine Ziele durchzusetzen. Und wenn er den Ausbau der kirchlichen Organisation förderte, so sollte diese ebenfalls der herrschaftlichen Durchdringung des Landes dienen.

Trotz mancher Rückschläge hat der Herzog sein Ziel im wesentlichen erreicht. Es gelang ihm, in Nordelbingen ein einheitliches und geschlossenes Herrschaftsgebilde zu schaffen, wie dies im sächsischen Stammesbereich bei der Vielfalt der dort bestehenden Herrschaftsformen damals nicht mehr zu verwirklichen war. Der Fortgang der deutschen Siedlung in diesem Raum, deren Träger die von ihm eingesetzten weltlichen und kirchlichen Herrschaftsträger waren, trug durch die militärischen Dienste und durch die übrigen Leistungen, die der Herzog als Inhaber der lehnrechtlichen Oberhoheit beanspruchen konnte, wesentlich zur Festigung seiner Macht bei. Auch der Aufschwung des von Lübeck ausgehenden Ostseehandels brachte ihm allmählich wachsenden finanziellen Gewinn.

Die fast königliche Machtstellung, die Heinrich der Löwe in Nordelbingen und im Gebiet der westlichen Ostsee errang, steigerte immer mehr nicht nur das Ansehen, sondern auch das Selbstbewußtsein des Herzogs. Gerade von dieser wachsenden Machtfülle aus läßt sich auch sein Vorgehen im sächsischen Herzogtum in vieler Hinsicht erklären.

# Der Ausbau der herzoglichen Herrschaft in Sachsen. Heinrichs Kämpfe mit seinen Gegnern

Überblickt man das erste Jahrzehnt der Regierung Heinrichs des Löwen in Sachsen von seiner Einsetzung in das herzogliche Amt auf dem Frankfurter Reichstag im Mai 1142 bis zum Würzburger Hoftag im Oktober 1152, so war es ihm trotz starker Widerstände gelungen, sich zwischen Weser und Elbe einen riesigen Machtbereich aufzubauen, der von der Nordsee bis zum Eichsfeld und bis in das nördliche Hessen reichte. Der Gewinn der umfangreichen Winzenburger Erbschaft bildete den erfolgreichen Abschluß dieser ersten Phase einer sehr konsequent betriebenen Territorialpolitik des Herzogs in Sachsen.

Dadurch war allerdings noch kein homogenes oder in sich geschlossenes Territorium entstanden. Es war vielmehr ein Konglomerat sehr unterschiedlicher Besitz- und Rechtstitel, das Heinrich in seiner Hand vereinigte. Wenn es üblich geworden ist, diese vielgestaltigen Gebilde, aus denen sich das mittelalterliche Reich damals zusammensetzte, als „Herrschaften" zu bezeichnen, so gibt dieser Begriff diesen Zustand noch am ehesten wieder; denn erst durch ihren Herrn, auf den diese Rechte bezogen sind und durch den sie politisch wirksam werden, werden sie zu Einheiten. Wenn sich diese Rechte und Besitzungen des Herzogs auch in einzelnen Gegenden, so vor allem im Umkreis um Lüneburg, im Raum von Braunschweig bis Königslutter oder im südlichen Sachsen um Northeim und Göttingen, räumlich sehr stark verdichten, fehlt diesen Gebieten noch eine feste Begrenzung.

Diese geographischen und rechtlichen Gegebenheiten erklären das weitere Vorgehen des Löwen in Sachsen. Es mußte sein Ziel sein, diesen Herrschaftsbereich weiter auszubauen und im Inneren zu konsolidieren. In den breiten Grenzzonen seines Einflußbereichs, die sich für eine solche Politik in erster Linie anboten, stieß er dabei auf die Rechte und Ansprüche anderer geistlicher und weltlicher Fürsten und Herren, die ihrerseits an den Ausbau ihrer zunächst locker gefügten Herrschaften gingen. Daraus erwuchsen ständig neue Spannungen und Konflikte, die sich immer wieder in offenen Kämpfen entluden und die dem politischen Geschehen in Sachsen in den nächsten Jahrzehnten das Gepräge gaben.

Nur ein kurzer Überblick über die wichtigsten Gegenspieler des Herzogs kann uns dessen Politik verständlich machen. Im nördlichen Sachsen waren die Erzbischöfe von Bremen durch die herzogsähnliche Stellung, die sie sich seit der Mitte des 11. Jahrhunderts in ihrer Diözese geschaffen hatten, schon länger die schärfsten Widersacher der sächsischen Herzöge gewesen. Mit dem Erwerb der reichen Stader Erbschaft hatte sich aber das politische Schwergewicht im Raum zwischen Unterelbe und Unterweser ganz zugunsten des Herzogs verschoben. Durch die Errichtung von Burgen und Ministerialensitzen, vor allem im Gebiet der Oste, ist Heinrich an die Erfassung und Sicherung dieses Gebiets gegangen. Die Vogteirechte, die er gegenüber dem Erzstift und der Stadt Bremen besaß, gaben ihm die Möglichkeit, seinen Einfluß im Bremer Raum sehr stark zur Geltung zu bringen. Hatte Erzbischof Hartwig sich schon bei seiner Kirchenpolitik in Nordelbingen dem Willen des Herzogs beugen müssen, so blieben ihm auch auf dem Felde der Territorialpolitik nur bescheidene Möglichkeiten. Wenn es Friedrich I. auch gelang, äußerlich einen Ausgleich zwischen dem Erzbischof und dem Herzog herbeizuführen, so sah Hartwig in Heinrich nach wie vor seinen schärfsten Gegner.

Darüber hinaus versuchte der Herzog seinen Besitzstand am linken Ufer der Unterelbe, an dem ihm auch Streubesitz aus dem Erbe der Northeimer zugefallen war, weiter auszubauen. Beispielhaft für sein Vorgehen ist der Erwerb des Hofes Hittfeld bei Harburg, der als Mittelpunkt eines alten Gobezirks besondere Bedeutung besaß. Siegfried IV. von Boyneburg hatte ihn seinem Hauskloster Amelungsborn geschenkt. Heinrich kaufte ihn 1156 dem Kloster ab; spätere Quellen wollen sogar wissen, daß er den Kaufvertrag mit dem Abt ohne Wissen des Konvents geschlossen und das Kloster später um die Hälfte des Kaufpreises geprellt habe.

Im Bistum Verden, zu dessen Sprengel auch der Bardengau mit Lüneburg gehörte, nahm der Herzog ebenfalls eine starke Stellung ein. Hermann von Verden, der das Amt des Bischofs fast zwanzig Jahre, von 1148 bis 1167, bekleidete, war der Angehörige einer welfischen Ministerialenfamilie und stand stets im besten Einvernehmen mit dem Herzog. Wie schon die Billunger und sein Großvater Lothar besaß Heinrich hier außer umfangreichen Eigengütern und Grafschaftsrechten auch die Vogtei über das Domstift und das Kloster Walsrode. Die Möglichkeit, eine eigene landesherrliche Gewalt aufzubauen, war den Bischöfen bis zum Sturz des Löwen nicht gegeben. Mit Hilfe einer auf den Namen Karls des Großen gefälschten Gründungsurkunde für Verden versuchte Bischof Hermann zu Beginn seiner Regierung, seinen Sprengel auf die angrenzenden Gebiete östlich der Elbe auszudehnen, ehe der Herzog hier eine endgültige Regelung der kirchlichen Organisation traf. Dieser Vorstoß scheiterte aber am Widerstand Heinrichs des Löwen, der keine gebietsmäßige Beschränkung für das Bistum Ratzeburg zulassen wollte. Bei den Verhandlungen über die Ausstattung dieses Bistums im Jahre 1158 erreichte es Hermann von Verden nur, daß seine Ansprüche durch die Überlassung zweier großer Werder im Stromspaltungsgebiet der Elbe bei Hamburg abgefunden wurden.

Auch gegenüber den beiden ostsächsischen Bistümern Hildesheim und Halberstadt befand sich der Herzog in einer günstigen Ausgangsposition. Hildesheim war weitgehend von welfischen Besitz- und Hoheitsrechten umgeben. Der herzogliche Besitz innerhalb des Bistums war anfänglich nicht sehr groß. Durch die Winzenburger Erbschaft konnte Heinrich seinen Besitzstand innerhalb der Diözese erheblich vermehren, wenn auch die wichtige Winzenburg selbst als Lehen in der Hand der Bischöfe blieb. Hildesheim geriet immer mehr in Abhängigkeit von der welfischen Territorialpolitik. Die Adelsgeschlechter und die bischöflichen Ministerialen suchten weitgehend Anschluß an den Herzog, in dessen Urkunden sie häufig als Zeugen begegnen. Es bedurfte des großen Geschicks des Bischofs Bruno und seines Nachfolgers Hermann, der ihm 1161 auf dem bischöflichen Thron folgte, um die Selbständigkeit des Bistums zu wahren.

Im Bistum Halberstadt, das die nordöstlichen Vorlande des Harzes umfaßte, nahm der Herzog durch die umfangreichen Besitzungen und Rechte, die von den Süpplingenburgern auf ihn überkommen waren, eine starke Stellung ein. Bischof Ulrich wurde bald nach Beginn seines Pontifikats (1150) ein scharfer Gegner des Welfen. Nachdem ihm auf dem Reichstag zu Roncaglia im Jahre 1154 die Regalien abgesprochen worden waren, da er keine Heerfolge geleistet hatte, hatte der Herzog dieses Urteil nach seiner Rückkehr nach Deutschland vollstreckt. Auch als Ulrich bald wieder die Gnade des Kaisers fand, verbündete sich der Herzog mit den Stiftsministerialen und den Bürgern von Halberstadt, die im Gegensatz zu dem als unverträglich geltenden Bischof standen.

Die Tatsache, daß Ulrich sich nach Ausbruch des Schismas in Rom für Alexander III. entschied, gab, wie bereits erwähnt wurde, dem Herzog die Möglichkeit, ein kirchliches Absetzungsverfahren gegen ihn anzustrengen und ihn aus seinem Bistum zu vertreiben. Der neue Bischof Gero, der bisherige Dekan des Domkapitels, erwies sich während seiner Regierung ganz als gefügiges Werkzeug des Herzogs. Er gab ihm Besitzungen der Halberstädter Kirche zu Lehen und überließ ihm auch andere Einkünfte des Bistums, das ganz in die herzogliche Politik eingeordnet wurde. Auf bischöflichem Besitz ließ Heinrich an einer strategisch wichtigen Stelle die Burg Gatersleben bei Quedlinburg errichten.

Das Gebiet um Haldensleben bildete den am weitesten nach Osten reichenden Teil des welfischen Herrschaftsbereichs im mitteldeutschen Raum. Hier stießen die Interessen des Herzogs mit denen des Erzbistums Magdeburg zusammen, das in dem Raum zwischen Magdeburg und Haldensleben umfangreichen Besitz hatte. Erzbischof Wichmann, zweifellos der bedeutendste Magdeburger Erzbischof während des 12. Jahrhunderts, ging während seines langen Pontifikats (1154–1192) sehr bewußt an den Ausbau des Magdeburger Territoriums. Dadurch geriet er in diesem Raum in einen Konflikt zu Herzog Heinrich, der die auch verkehrsmäßig wichtige Burg Althaldensleben zu einem starken Stützpunkt seiner Macht in Ostsachsen ausbaute. In ihrer Nähe entstand damals unter Mitwirkung des Herzogs die Kaufmannssiedlung Neuhaldensleben. Darin sah Wichmann eine Bedrohung seiner Herrschaft; so erklärt es sich, daß der Erzbischof, der anfänglich in einem guten Einvernehmen mit dem Herzog gestanden hatte, immer mehr in einen Gegensatz zu ihm geriet und sich dessen Gegnern anschloß.

Der mächtigste Gegenspieler Heinrichs des Löwen in Ostsachsen war zweifellos Albrecht der Bär. Hatte schon der Streit um das Herzogtum Sachsen nach dem Tode Lothars III. zu jahrelangen Auseinandersetzungen und Kämpfen zwischen den Welfen und Askaniern geführt, so blieben auch nach dem Verzicht Albrechts auf die Herzogswürde die starken Spannungen auf dem Felde der Territorialpolitik unvermindert bestehen. Mit großer Energie hat Albrecht den Herrschaftsbereich seines Hauses, der ursprünglich nur die östlichen Vorlande des Harzes im Raum Ballenstedt-Aschersleben-Bernburg umfaßte, ausgebaut. Nach dem Erwerb der Nordmark entstand in den östlichen Teilen der späteren Altmark um Stendal und Tangermünde ein weiterer Schwerpunkt der askanischen Herrschaft. Entscheidend für den Aufstieg des Hauses wurde aber die Tatsache, daß Albrecht aufgrund eines Erbvertrags mit dem Fürsten Pribislaw-Heinrich von Brandenburg nach dessen Tod im Jahre 1150 das Havelland in seine Hand bringen und gegen alle Widerstände behaupten konnte. Verschob sich damit allmählich das Schwergewicht der askanischen Politik in die Gebiete östlich der Elbe, so war Albrechts Blick auch nach Westen gerichtet. Seine Ansprüche auf das Winzenburger Erbe hatte er nicht durchsetzen können. Nördlich des Harzes erwarb er aber nicht nur die Vogtei über das Kloster Ilsenburg östlich von Wernigerode, sondern er wurde von Konrad III. auch als Vogt über das Domstift St. Simon und Juda in Goslar eingesetzt. So drang er nördlich des Harzes direkt in die Interessensphäre des Herzogs ein.

Inmitten dieser größeren territorialen Mächte lag der Herrschaftsbereich der Sommerschenburger, die seit dem Ende des 11. Jahrhunderts die Würde der Pfalzgrafen von Sachsen innehatten. Auch ihre Besitzungen und Rechte lagen weit verstreut; doch lassen sich dabei zwei Schwerpunkte erkennen. Das waren einmal das Gebiet um ihren südlich von Helmstedt gelegenen Stammsitz Sommerschenburg und dann der Raum um Quedlinburg. Zu dem Allodialbesitz traten auch bei ihnen wichtige Vogteirechte, so über die Reichsstifte Gandersheim und Quedlinburg und über mehrere Klöster, hinzu, ferner die Grafschaftsrechte, die sie im Hassegau und als Lehnsträger der Halberstädter Bischöfe in der Grafschaft Seehausen ausübten. Bei der Lage ihrer Herrschaftsrechte mußten sie versuchen, eine Neutralitätspolitik zwischen Welfen und Askaniern zu treiben; doch waren Reibereien und Zusammenstöße mit der expansiven Territorialpolitik des Herzogs nicht zu vermeiden.

An der Südgrenze seines Herrschaftsbereichs begegneten sich an der Oberweser und im Gebiet des Reinhardswaldes die territorialen Interessen des Herzogs mit denen zweier Mächte, die für das politische Geschehen in diesem Raum während des 12. Jahrhunderts eine wichtige Rolle gespielt haben. Das war einmal das Erzstift Mainz, dessen Erzbischöfe seit dem Beginn des Jahrhunderts ihre Stellung in den sächsischen und thüringischen Gebieten ihrer großen Diözese ausbauen wollten. Dabei waren sie allerdings stets auf ein gutes Verhältnis zu den sächsischen Herzögen bedacht.

Das gilt auch für die Zeit Heinrichs des Löwen. Erzbischof Heinrich I. hatte nach dem Aussterben der Winzenburger die Besitzungen der Mainzer Kirche, die die beiden Winzenburger Brüder Heinrich und Hermann zu Lehen trugen, Heinrich dem Löwen neu verliehen. Der Herzog konnte auch die beiden reich dotierten Klöster Northeim und Reinhausen, die die Winzenburger dafür an Mainz abgetreten hatten, wieder in seinen Herrschaftsbereich einordnen.

Erzbischof Arnold von Mainz, der 1153 nach der Absetzung Heinrichs I. als dessen Nachfolger auf dem erzbischöflichen Stuhl folgte, geriet bald in einen immer schärfer werdenden Gegensatz zu seinen Stiftsministerialen und der Stadt Mainz. An eine aktive Territorialpolitik im Norden seines Erzstifts konnte er nicht denken. Als es im Jahre 1159 in Mainz zu einer offenen Rebellion kam und der Erzbischof bei der Rückkehr vom Konzil von Pavia im Jahre 1160 die Stadt nicht mehr betreten konnte, bat er Heinrich den Löwen um Hilfe. Ehe aber der Herzog dieser Bitte entsprechen konnte, wurde Arnold im Juni des Jahres von den Bürgern der Stadt ermordet.

Die wenigen Jahre, in denen sein Nachfolger, Konrad von Wittelsbach, das Erzbistum zunächst leitete, standen ganz im Zeichen der großen kirchenpolitischen Auseinandersetzungen des Abendlandes. Als Konrad sich 1165 auf die Seite Alexanders III. stellte, setzte ihn Friedrich I. ab und berief seinen Kanzler Christian von Buch zum neuen Erzbischof. Erzbischof Christian I. ist einer der eifrigsten Helfer bei der Reichspolitik des Kaisers, vor allem in Italien, geworden. Demgegenüber traten die Fragen der inneren Verwaltung und der Territorialpolitik des Erzstifts für ihn sehr stark in den Hintergrund. Weder Konrad noch Christian von Mainz betrieben im Norden ihrer Diözese eine aktive Territorialpolitik. Dieser Haltung entsprach es auch, daß sie in den 60er Jahren während der Auseinandersetzungen zwischen dem Herzog und seinen Gegnern, strikte Neutralität bewahrten.

Wesentlich anders gestalteten sich die Beziehungen des Herzogs zu den Ludowingern, die seit der zweiten Hälfte des 11. Jahrhunderts vom Thüringer Becken ausgehend sich allmählich einen großen Herrschaftsbereich geschaffen hatten und dabei auch nach Norden und Westen vorgestoßen waren. Durch eine geschickte Heiratspolitik brachten sie die Grafschaft Hessen in ihre Hand. Ludwig I., der als erster seines Geschlechts die neue Würde eines Landgrafen innehatte, erhielt von Kaiser Lothar – allerdings nur vorübergehend – die Grafschaft im Leinegau. Auf der anderen Seite schoben sich die neuen Erwerbungen Heinrichs des Löwen an der Werra wie ein Keil zwischen die Besitzungen der Ludowinger in Thüringen und Hessen. In Thüringen selbst besaß der Herzog mit dem Kloster Homburg bei Langensalza, das von den Brunonen gegründet und durch Erbgang an ihn gekommen war, einen wichtigen Stützpunkt. Wie aus mehreren Urkunden Heinrichs deutlich wird, galt dem Kloster vom Beginn seiner Regierung an seine besondere Fürsorge.

Das Verhältnis zwischen dem Herzog und Landgraf Ludwig II., der im Jahre 1140 seinem Vater Ludwig I. folgte, scheint wegen des gemeinsa-

men Gegensatzes zu Albrecht dem Bären zunächst ungetrübt gewesen zu
sein. Später schloß sich aber der Landgraf den Gegnern des Löwen an, da
er sich durch dessen Ausgreifen im Gebiet südlich des Harzes bedroht
sah.

Die starke Stellung, die Heinrich zu Beginn der 50er Jahre im östlichen
Sachsen einnahm, konnte er in der Folgezeit vor allem in den Vorlanden
des Harzes und im Gebirge selbst mit Hilfe Friedrichs I. weiter ausbauen.
Die staufisch-welfische Ausgleichspolitik trug auch hier für ihn ihre
Früchte. Wir erwähnten bereits, daß seit dem Jahre 1152 Heinrichs Kämmerer Anno von Heimburg für etwa ein Jahrzehnt als Vogt der wichtigen
Reichsvogtei Goslar bezeugt ist, die Lothar III. als Organisationsform
des Reichsguts im nördlichen Vorland des Harzes eingerichtet hatte. Wie
wir betonten, läßt sich die Frage, ob Anno direkt vom König in dieses
Amt eingesetzt ist oder ob Friedrich die Vogtei zunächst dem Herzog zu
Lehen gegeben und dieser dann seinen Ministerialen mit der Wahrneh-
mung seiner Rechte betraut hat, mit Sicherheit nicht entscheiden, wenn
wir es auch für wahrscheinlicher halten, daß der König die Vogtei zunächst dem Herzog übertragen hat. Auf jeden Fall brachte die Übergabe
der Vogtei an einen welfischen Ministerialen eine wesentliche Stärkung
der herzoglichen Stellung in und um Goslar. Der Pfalzbezirk selbst unterstand auch in Zukunft dem König, der in Goslar im Laufe seiner
Regierung immer wieder Hof hielt. Die Vogtei über das Domstift blieb
auch jetzt in den Händen Albrechts des Bären. Dadurch war ein Gegengewicht gegen einen zu großen welfischen Einfluß in diesem Raum
gegeben.

Wie stark die Stellung des Herzogs in Goslar war, läßt sich auch daraus
erkennen, daß er im Juni 1154 gleichzeitig mit dem wichtigen Reichstag
Friedrichs I., auf dem dieser den Streit um das Herzogtum Bayern und
die Frage der Gründung und Besetzung der Bistümer in Nordelbingen zu
Heinrichs Gunsten entschied, seinerseits einen sehr zahlreich besuchten
Hoftag in Goslar abhielt, der die neue Machtstellung des Welfen zum
Ausdruck bringen sollte. Wir kennen die Teilnehmer an diesem Hoftag
aus einer Urkunde, mit der Heinrich dem vor den Toren der Stadt gelegenen Stift Riechenberg mehrere Besitzungen übereignete. Sie zählt die
ungewöhnlich große Reihe von 122 Zeugen auf. Außer einigen Geistlichen aus dem Goslarer Raum werden zahlreiche Angehörige gräflicher
und anderer edelfreier Geschlechter aus ganz Sachsen aufgeführt. Es folgen 35 herzogliche Ministeriale, die größte Zahl von Dienstmannen, die

wir zu irgendeinem Zeitpunkt im Gefolge des Herzogs sehen. Wenn dann 64 Goslarer Bürger, deren berufliche Tätigkeit jeweils angegeben wird, als Zeugen eines an sich unbedeutenden Rechtsgeschäfts genannt werden, so spricht dies für die starke Stellung, die Heinrich damals in der Stadt einnahm. Dafür ist auch die Tatsache bezeichnend, daß damals oder etwas später Angehörige zweier angesehener Geschlechter in Goslar Ministeriale des Herzogs geworden sind. Auch zu anderen Goslarer Stiften hat Heinrich enge Beziehungen gehabt.

In den 50er Jahren konnte der Herzog seinen Einfluß im Harzgebiet noch weiter ausbauen. Friedrich I. gab ihm, vielleicht schon 1154 oder wenig später, den Wildbann im Harz zu Lehen. Dieses Bannrecht, das außer dem Jagdrecht auch die generelle Verfügung über die Wildnis umfaßte, wird sich allerdings nicht auf das ganze Gebirge, sondern nur auf dessen westlichen Teil bezogen haben.

Noch wichtiger waren aber die Abmachungen, die Heinrich bei einer neuen Zusammenkunft mit dem Kaiser in Goslar an der Wende des Jahres 1157 traf und die Friedrich in zwei großen Privilegien vom 1. Januar 1158 beurkundete. Einmal vollzogen beide Fürsten einen großen Gütertausch. Heinrich überließ dem Kaiser das umfangreiche Heiratsgut seiner Gemahlin Clementia von Zähringen, das Schloß Badenweiler mit 100 Ministerialen und 500 Hufen Grundbesitz, und erhielt dafür die südlich des Harzes gelegenen Reichsburgen Herzberg, Scharzfels und Pöhlde und außerdem den Reichsministerialen Adelhard von Burgdorf mit seiner Familie und seinem ganzen Besitz. Ausdrücklich wird dabei betont, daß dieser Tausch wegen der günstigen Lage dieser Besitzungen zur Abrundung des herzoglichen Herrschaftsbereichs erfolge. Um diesen auch für die staufische Hausmachtpolitik am Oberrhein wichtigen Tausch überhaupt durchführen zu können, hatte der Kaiser die dem Herzog übergebenen Besitzungen zunächst vom Reich erworben und dafür umfangreiches staufisches Hausgut im Gebiet von Mulde und Pleiße an das Reich abgetreten.

Ebenso wertvoll war es für den Herzog, daß der Kaiser ihn als den Erben des Grafen Udo von Katlenburg am gleichen Tag mit der Grafschaft in dem im südwestlichen Vorland des Harzes gelegenen Lisgau und mit dem Forstrecht im Gebirge, vermutlich auch in diesem Falle nur im Westteil des Harzes, belehnte. Wenn auch bei beiden Vereinbarungen deutlich zwischen den Besitzungen, die in Heinrichs Eigentum übergingen, und den Rechten, die er vom Reiche als Lehen erhielt, unterschieden wurde, so war jetzt doch tatsächlich in Zukunft der ganze Südwesten des

Harzes von Seesen bis nach Lauterberg in seiner Hand. In den 6oer Jahren hat er auch im Gebiet von Nordhausen Vogteirechte über königlichen Besitz ausgeübt; doch wissen wir nicht, wann er sie erworben hat.

Nördlich des Gebirges hatte bereits Lothar III. als Herzog und König die Stellung seines Hauses im Harzgau mit Hilfe von Ministerialen, die er auf der Blankenburg und der benachbarten Heimburg einsetzte, verstärkt. Hier hat Heinrich die Politik seines Großvaters fortgeführt. Beide Geschlechter gehören zu seinen wichtigsten Ministerialenfamilien, deren Angehörige wir ständig im Dienst des Herzogs sehen. Auch die Grafen von Wöltingerode und von Blankenburg-Regenstein, die von Lothar mit ihren gräflichen Rechten betraut waren, sind in diesem Raum lange Zeit getreue Parteigänger des Herzogs gewesen. Die beiden wichtigen Forsten auf der Höhe des Gebirges, der Forst von Bodfeld und der Forst Hasselfelde, waren in der Hand des Herzogs und bildeten eine Verbindung zwischen seinen Besitzungen nördlich und südlich des Gebirges.

Dieser große Machtzuwachs im Harzraum mußte die Spannungen zwischen dem Welfen und seinen Gegenspielern im östlichen Sachsen erheblich verschärfen. Zum offenen Kampf ist es allerdings zunächst noch nicht gekommen.

Wesentlich anders waren die Herrschaftsverhältnisse für den Herzog im Raum westlich der mittleren und oberen Weser gelagert. Hier hatten schon die Billunger im Laufe des 11. Jahrhunderts nicht nur wichtige Grafschaftsrechte, sondern – gerade an der mittleren Weser – auch beträchtliche Allodialbesitzungen erworben. Der Raum der Diözese Minden gehörte damit weitgehend zu ihrem Herrschaftsbereich. Diese Rechte und Besitzungen waren in die Hand Heinrichs des Löwen übergegangen, der dadurch im Bistum Minden eine starke Stellung einnahm, ohne jedoch die Vogtei über das Hochstift zu besitzen. Sein Verhältnis zu Bischof Werner von Minden, der bis 1170 regierte, war ungetrübt; im Dom zu Minden wurde später die zweite Hochzeit des Herzogs gefeiert.

Durch den Erwerb der Erbschaften der Northeimer und der Winzenburger faßte er auch westlich der Oberweser im Gebiet an der Diemel festen Fuß. Damit gewann er auch im Bereich der Diözese Paderborn einen starken Einfluß. Die Bischöfe von Paderborn befinden sich immer wieder an seinem Hof. Dieser Einfluß des Herzogs im Weserraum wurde noch durch die Vogteirechte, die er bei den Weserklöstern geltend machen konnte, verstärkt. Das waren nicht nur die Hausklöster wie Bursfelde und Amelungsborn, besonders wertvoll waren vor allem die Vog-

teien über die Reichsklöster Corvey und Helmarshausen, die er nach dem
Aussterben der Winzenburger aus dem Erbe der Northeimer erhielt.

Die Grenzen der beiden Bistümer Minden und Paderborn bezeichnen
aber auch die Grenzen des herzoglichen Machtbereichs in Westfalen.
Weiter westlich ist sein Einfluß nur gering. Eine spätere Quelle überliefert zwar eine Äußerung des Löwen, sein Herzogtum in Westfalen reiche
bis nach Deutz und noch einen Speerwurf in den Rhein hinaus. Dieses
stolze Wort entsprach, wenn es wirklich so gesprochen ist, aber keineswegs den tatsächlichen Herrschaftsverhältnissen, sondern läßt nur das
Ziel des Herzogs erkennen, auch in dem Gebiet zwischen dem Teutobur-
ger Wald und dem Rhein seine Machtstellung auszubauen. Das führte zu
den scharfen Gegensätzen zwischen ihm und den Kölner Erzbischöfen,
die hier eine bewußte Territorialpolitik betrieben. Von den großen Herren des Kölner Sprengels waren lediglich die Herren von Lippe herzogliche Vasallen; auch die Großen des Bistums Münster begegnen uns niemals in seinem Gefolge. Ein Erfolg für Heinrich war es zweifellos, daß er
die Stiftsvogtei im Bistum Osnabrück in seine Hand bringen konnte,
wobei der Zeitpunkt dieses Erwerbs unsicher ist. Von den adligen Geschlechtern des Bistums haben allerdings nur die Grafen von Ravensberg
Anschluß bei den Welfen gesucht.

Bereits die Billunger hatten ihre an der mittleren und oberen Weser
gelegenen Herrschaftsrechte durch Lehnsgrafen verwalten lassen. Zu den
Geschlechtern, die unter ihnen emporgekommen waren, gehörten auch
die Grafen von Schwalenberg, deren Stammsitz nordwestlich von Corvey
lag. Mit der Vizevogtei über dieses Kloster, die sie für die Northeimer
und später für die Winzenburger ausübten, als Vögte des Hochstifts Paderborn und durch territoriale Erwerbungen hatten sie sich seit dem
Anfang des 12. Jahrhunderts einen Herrschaftsbereich geschaffen, der
weit über den anderer herzoglicher Lehnsgrafen hinausging.

Mußte schon diese Tatsache zu Spannungen mit Herzog Heinrich führen, als er selbst nach dem Erwerb der Winzenburger Erbschaft aktiv in
diesen Raum eingriff, so machte das aggressive Vorgehen der beiden
Brüder Volkwin und Widukind von Schwalenberg gegenüber dem Kloster Corvey Maßnahmen des Herzogs erforderlich. Gerade das Vorgehen
Heinrichs gegen die beiden Brüder läßt erkennen, in welcher Form hier
der Herzog seine Oberhoheit durchsetzte.

Seit dem Ende der 40er Jahre finden wir in den Briefen Abt Wibalds
von Corvey immer wieder bewegte Klagen über die schweren Übergriffe,
die sich die beiden Brüder dem Kloster und seinen Besitzungen gegen-

über zuschulden kommen ließen, ohne daß der Abt mit Hilfe des Bischofs von Paderborn eine Änderung erreichen konnte.

Als sie im Jahre 1152 den dem Kloster Corvey gehörenden Ort Höxter überfielen, die Befestigungen des Ortes zerstörten und von den reichen Bürgern ein Lösegeld erpreßten, lud sie Friedrich I. auf Klagen Wibalds vor sein Gericht und forderte gleichzeitig Herzog Heinrich auf, die beiden Übeltäter zur Rechenschaft zu ziehen und ihnen gegenüber volle Gerechtigkeit walten zu lassen. Über den Fortgang dieses Verfahrens ist allerdings nichts bekannt; ob wirklich Gerichtstermine stattgefunden haben, bleibt fraglich.

Da der wegen seiner Gewalttätigkeit berüchtigte Widukind von seiner Burg Desenberg bei Warburg aus seine Angriffe gegen das Kloster fortsetzte und im Jahre 1156 sogar den Stadtgrafen Dietrich von Höxter, einen Ministerialen des Klosters, erschlug, während dieser vor der geweihten Kirchenmauer zu Gericht saß, schritt Heinrich – vielleicht wieder auf Veranlassung des Kaisers – gegen ihn ein. Im Mai 1157 hielt er über ihn in Corvey Gericht. Das Urteil fiel allerdings ziemlich milde aus. Widukind mußte sich zwar verpflichten, sowohl dem Abt Wibald wie auch der Witwe und den Kindern des Ermordeten Schadenersatz zu leisten. In einem lehnrechtlichen Verfahren entzog ihm der Herzog außerdem alle Lehen, insbesondere die Burg Desenberg, um ihn dann nach Landrecht in das Gebiet links des Rheins mit der Auflage zu verbannen, daß Widukind nur mit Genehmigung des Herzogs zurückkehren dürfe. Ob der Schwalenberger wirklich in die Verbannung gegangen ist, bleibt sehr zweifelhaft. Aus einem Brief des Herzogs an Abt Wibald, den er vor seiner Teilnahme am Polenfeldzug Friedrichs I. im August 1157 schrieb, geht hervor, daß Widukind bis zu diesem Zeitpunkt seine Verpflichtungen nicht erfüllt hatte. Zu Beginn der 60er Jahre sehen wir ihn wieder am Hof des Herzogs; er hat also damals wieder dessen Gnade gefunden. Gerade dieses Verfahren zeigt aber, daß Heinrich die Wahrung des Landfriedens im ganzen Bereich des Stammesgebiets als seine besondere Aufgabe ansah.

Als Wahrer des Landfriedens griff der Herzog im Jahre 1164 noch einmal in die Verhältnisse Westfalens ein. Zwischen dem Grafen Heinrich von Arnsberg und seinem jüngeren Bruder Friedrich war es um 1160 zu einem heftigen Erbstreit gekommen. Wenn Friedrich von Arnsberg an dem großen Landtag, den Heinrich der Löwe im Oktober 1161 auf der Ertheneburg abhielt, teilnahm und wenn wir beide Brüder in den nächsten Jahren zweimal, so bei einem Landtag in Hannover im Jahre 1163, gemeinsam an dessen Hof sehen, so liegt die Vermutung nahe, daß Friedrich von Arnsberg diesen Streitfall vor den Herzog gebracht hat.

Zu einer Einigung ist es jedoch nicht gekommen. Graf Heinrich setzte seinen Bruder sogar auf seiner Burg gefangen und ließ ihn dort verhungern. Auf die Nachricht von dieser schrecklichen Tat hin gingen jetzt Herzog Heinrich, der Kölner Erzbischof Reinald von Dassel und die Bischöfe von Münster, Paderborn und Minden gegen den Friedensbrecher vor. Sie eroberten Arnsberg, zerstörten die Burg und vertrieben den Grafen aus dem Land. Später wurde er allerdings, vielleicht durch Vermittlung des Kaisers, wieder in seine Herrschaft eingesetzt, als er seine Güter dem Kölner Erzstift übertrug. Mit dem Eintritt des Grafen in die Kölner Vasallität verlor der Herzog allen Einfluß im Gebiet von Arnsberg. Später gehörte Heinrich von Arnsberg zu seinen schärfsten Gegnern; vielleicht hat Heinrich der Löwe sich vor allem deshalb an der Strafexpedition beteiligt, um seine Rechte bei der Landfriedenswahrung zur Geltung zu bringen.

Inzwischen spitzten sich die Gegensätze zwischen dem Herzog und seinen Gegnern im östlichen Sachsen immer mehr zu. Bereits im Herbst 1154 hatten, wie wir bereits erwähnten, während der Teilnahme Heinrichs des Löwen am ersten Italienzug Friedrichs I. sächsische Fürsten und einige bayerische Große den Plan eines gemeinsamen Vorgehens gegen den Herzog gefaßt. Erzbischof Hartwig von Bremen und Albrecht der Bär waren damals die treibende Kraft gewesen. Im Böhmerwald fand eine Zusammenkunft dieser Fürsten statt; auch den Böhmenherzog Wladislaw suchte man dafür zu gewinnen. Das ganze Unternehmen war aber schnell zusammengebrochen. Auf der Rückkehr von dieser Versammlung war Erzbischof Hartwig Dienstmannen Heinrichs des Löwen in die Hände gefallen und von diesen ein Jahr gefangengehalten worden. Als der Kaiser im Oktober 1155 wieder seinen ersten Reichstag auf deutschem Boden in Regensburg abhielt, waren auch Wladislaw von Böhmen, Albrecht der Bär und andere Große dort erschienen, um sich wegen ihres Verhaltens zu entschuldigen und die Gunst des Kaisers wiederzuerlangen.

In den nächsten Jahren ist uns von solchen gegen den Herzog gerichteten Plänen nichts bekannt. Erst im Frühjahr 1163 erfahren wir aus einem Brief des Bischofs Albert von Freising an Erzbischof Eberhard von Salzburg wieder etwas von einem solchen Komplott. Albrecht der Bär, Pfalzgraf Adalbert von Sommerschenburg, Bischof Udo von Naumburg und Landgraf Ludwig von Thüringen planten danach ein gemeinsames kriege-

risches Vorgehen gegen Herzog Heinrich. Wenn es nicht dazu kam, so
war dies ein Verdienst des Kaisers. Ihm gelang es nach diesem Bericht,
den Böhmenkönig Wladislaw, Herzog Friedrich von Schwaben, Herzog
Heinrich Jasomirgott von Österreich und Markgraf Ottokar von der
Steiermark von der Teilnahme an diesem Bündnis abzubringen und damit
diese große Fürstenkoalition gegen den Welfen zu sprengen.

Die große Erhebung im Obodritenland im Jahre 1164 ließ die inner-
sächsischen Gegensätze vorübergehend in den Hintergrund treten. Herzog Heinrich hat damals Albrecht den Bären aufgefordert, ihm Hilfe zu
leisten; aller Wahrscheinlichkeit nach hat der Markgraf dieser Bitte Folge
geleistet. Im nächsten Jahr kam es aber zum ersten kriegerischen Zusammenstoß in Sachsen. Albrecht der Bär und Pfalzgraf Adalbert von Sommerschenburg verbündeten sich, um der weiteren Expansionspolitik des
Herzogs entgegenzutreten. Vielleicht hat der Pfalzgraf aber zu früh los-
geschlagen; Albrecht der Bär ließ ihn wenigstens im Stich. So mußte sich
der Sommerschenburger dem Herzog unterwerfen und ihm die wichtige
Lauenburg südwestlich von Quedlinburg und ein Lehen, das er vom
Bischof von Halberstadt erhalten hatte, abtreten. Wo dieses Halberstädter Lehen lag, wissen wir nicht. Durch diesen Erfolg über den Pfalzgrafen, vor allem aber durch den Erwerb der Lauenburg, konnte Heinrich
seine Position im Ostharz gegenüber den Askaniern wesentlich ausbauen.

Diese Fehde mit dem Sommerschenburger war nur das Vorspiel für die
schweren Kämpfe, die im nächsten Jahr ausbrachen und ganz Sachsen für
Jahre stark erschütterten. Im Spätsommer 1166 bildete sich in Sachsen,
während der Herzog zusammen mit Waldemar von Dänemark einen
Vorstoß gegen Pommern unternahm, ein großer Fürstenbund, der fast
alle Gegner des Löwen umfaßte. Erzbischof Wichmann von Magdeburg,
Bischof Hermann von Hildesheim und Albrecht der Bär, dessen Söhne
sich ebenfalls an dem Vorgehen gegen den Herzog beteiligten, waren die
führenden Köpfe dieser Koalition. Auch Landgraf Ludwig II. von Thüringen, Markgraf Otto von Meißen und Pfalzgraf Adalbert von Sommerschenburg traten diesem Bündnis bei. Von den übrigen sächsischen Großen werden die Grafen Otto von Assel, Christian von Oldenburg und
Widukind von Schwalenberg ausdrücklich als Teilnehmer dieser Koalition genannt. Erzbischof Hartwig von Bremen verhielt sich demgegenüber zunächst noch neutral.

Als Friedrich I., der damals die Vorbereitungen für seinen vierten Italienzug traf, Ende August einen Hoftag auf der Boyneburg abhielt, waren
hier viele Gegner des Herzogs versammelt. Vielleicht hat hier damals der

Kaiser einen allerdings vergeblichen Versuch gemacht, die Fürsten vom Kampf abzuhalten. Diesen gelang es sogar, Erzbischof Reinald von Köln für ihr Bündnis zu gewinnen, ehe er selbst mit einem Ritterkontingent zur Unterstützung des Kaisers nach Oberitalien zog.

Angesichts dieser bedrohlichen Lage traf der Herzog Gegenmaßnahmen. Er ließ die Befestigungen seiner Städte und Burgen verstärken und legte in wichtige Orte zuverlässige Besatzungen. Vor allem Braunschweig, das im Laufe der beiden letzten Jahrzehnte immer mehr zu seiner Residenz geworden war, wurde stark befestigt. Wenn er damals im Burghof vor der Burg Dankwarderode das Löwenmonument aufstellen ließ, so sollte der Löwe als Sinnbild des Herzogs gerade in dieser kritischen Situation den starken Macht- und Herrscherwillen des Herzogs deutlich dokumentieren.

Darüber hinaus wollte er sich für die bevorstehenden Auseinandersetzungen in Sachsen den Rücken freihalten. Dem dienten die beiden Maßnahmen in Nordelbingen, die wir bereits erwähnt haben. Die Vormundschaft über den unmündigen Grafen Adolf III. von Holstein, die zunächst dessen Mutter Mathilde von Schwarzburg geführt hatte, übertrug der Herzog jetzt ihrem Bruder, Graf Heinrich von Schwarzburg. Dieser kampferprobte Fürst schien die Gewähr dafür zu bieten, daß die Ruhe im Lande nördlich der Elbe gewahrt blieb. Noch wichtiger war es, daß er durch die Wiedereinsetzung des Obodritenfürsten Pribislaw eine endgültige Befriedung Mecklenburgs erreichte. Der Zeitpunkt dieser Restitution ist allerdings nicht ganz sicher. Vielleicht erfolgte sie erst zu Beginn des Jahres 1167.

Wenige Wochen nach dem Abzug des Kaisers nach Italien brachen gegen Ende des Jahres 1166 die Kämpfe in Sachsen mit aller Schärfe aus. Schauplatz dieser kriegerischen Auseinandersetzungen war zunächst das östliche Sachsen. Wichmann von Magdeburg, Albrecht der Bär und Landgraf Ludwig wandten sich gegen die herzogliche Burg Althaldensleben und begannen am 20. Dezember mit ihrer Belagerung. Obwohl sie Belagerungsmaschinen herbeischafften, konnten sie aber die stark befestigte Burg nicht einnehmen. Heinrich der Löwe eilte jetzt mit einem Ersatzheer herbei und verwüstete das Gebiet seiner Gegner bis vor die Tore Magdeburgs. Durch die Vermittlung einiger Bischöfe und Äbte wurde eine offene Feldschlacht vermieden. Man schloß einen Waffenstillstand, in dem sich der Herzog verpflichtete, bei dem nächsten Gerichtstag, der bald nach Ostern (6. April 1167) abgehalten werden sollte, die Burg Haldensleben dem Magdeburger Erzbischof zu übergeben.

Heinrich dem Löwen mußte deshalb sehr an einer Waffenruhe im
östlichen Sachsen liegen, weil inzwischen im Nordwesten seines Herrschaftsgebiets Graf Christian von Oldenburg den Kampf begonnen hatte.
Mit Hilfe von Truppen, die er in Friesland aufgeboten hatte, überwältigte
er die herzogliche Burg Weyhe südlich von Bassum an der Unterweser
und zerstörte sie. Dann wandte er sich gegen Bremen. Die Bürger der
Stadt nahmen ihn bereitwillig auf, sahen sie doch jetzt die Möglichkeit,
die Herrschaft des Herzogs, die sie als drückend empfanden, abzuschüt-
teln. Durch einen Eid, den die Bürger dem Grafen leisteten, wurde dieses
Bündnis bekräftigt.

Nach Abschluß des Waffenstillstands von Haldensleben wandte sich
Heinrich im Frühsommer 1167 gegen Graf Christian. Tagelang standen
sie sich an dem kleinen Fluß Gete östlich von Bremen gegenüber, ohne
daß es zum offenen Kampf kam. Als Heinrich Verstärkung heranführte,
zog sich Christian in seine Feste Oldenburg zurück.

Der Herzog ging jetzt zunächst gegen Bremen vor. Er eroberte die
Stadt und plünderte sie. Über die Bürger, die sich weitgehend in die
sumpfige Umgebung Bremens geflüchtet hatten, verhängte er die Acht,
da er ihr Verhalten als einen Bruch des Landfriedens betrachtete. Auf
Bitten des Erzbischofs Hartwig gewährte er ihnen später allerdings wieder Frieden, nachdem sie die sehr hohe Buße von mehr als 1000 Mark
Silber geleistet hatten.

Im Anschluß an die Eroberung Bremens ging er gegen Oldenburg vor.
Graf Christian starb bereits in den ersten Tagen der Belagerung; doch
leisteten seine Truppen noch einige Zeit Widerstand, bis Heinrich auch
diese Burg einnehmen konnte. Damit hatte er auch die Grafschaft Oldenburg seinem Herrschaftsbereich eingefügt.

Inzwischen hatte sich die Lage im östlichen Sachsen wieder zugespitzt,
da Heinrich die Bedingungen des hier geschlossenen Waffenstillstands
nicht eingehalten und Haldensleben nicht dem Magdeburger Erzbischof
ausgeliefert hatte. Seine Gegner schlossen sich deshalb im Sommer 1167
zu einem förmlichen Bündnis gegen ihn zusammen und trafen jetzt auch
mit dem Kölner Erzbischof Reinald von Dassel Abmachungen für ein
gemeinsames Vorgehen gegen den Herzog. Nach schriftlichen Verhandlungen mit dem in Italien weilenden Reinald kamen Anfang Juli Abgesandte der Kölner Kirche, der erzbischöflichen Vasallen und Ministerialen, zu denen auch Graf Heinrich von Arnsberg gehörte, nach Magdeburg und schlossen hier am 12. Juli mit Erzbischof Wichmann, Markgraf
Albrecht und seinem Sohn, dem Markgrafen Otto von Meißen, Landgraf

Ludwig von Thüringen und anderen sächsischen Herren ein förmliches Schutz- und Trutzbündnis, das Reinald nach seiner Rückkehr nach Deutschland bestätigen sollte. Beide Parteien versprachen, sich im Kampf gegen Herzog Heinrich gegenseitig unbedingt Hilfe zu leisten und nur gemeinsam mit ihm Frieden zu schließen. Sollte ein solcher gemeinsamer Friede zustande kommen, der Herzog sich aber dann an einer der beiden Vertragsparteien zu rächen versuchen, so wären die anderen Verbündeten verpflichtet, dem Angegriffenen zu Hilfe zu kommen. Zwei Tage später traten bei einem sehr zahlreich besuchten Fürstentag in Santersleben südlich von Haldensleben Pfalzgraf Adalbert, drei weitere Söhne Albrechts des Bären, der gleichnamige Sohn Landgraf Ludwigs II. von Thüringen und andere sächsische Große diesem Bündnis bei. Praktische Bedeutung haben diese Abmachungen mit der Kölner Kirche wegen des baldigen Todes Reinalds von Dassel nicht mehr gehabt. Der neue Kölner Erzbischof Philipp von Heinsberg hielt es für ratsamer, sich an diesen Kämpfen mit dem Herzog nicht zu beteiligen.

Dagegen gelang es jetzt den Gegnern des Welfen, Erzbischof Hartwig von Bremen auf ihre Seite zu ziehen. Nach seinen früheren Mißerfolgen gegenüber dem Herzog hatte dieser beim Beginn der Auseinandersetzungen in Sachsen im Jahre 1166 zunächst eine neutrale Haltung eingenommen und sich nach der Einnahme Bremens durch den Herzog nach Hamburg begeben, um hier die weitere Entwicklung abzuwarten. Allerdings ließ er für eventuelle Kämpfe hier die beiden wichtigen Burgen Freiburg und Harburg befestigen und verstärkte ihre Besatzungen. Bereits früher hatte ihn Reinald von Dassel in einem Brief aufgefordert, sich den Gegnern des Herzogs anzuschließen, da er nur so die Grafschaft Stade wiedergewinnen könne. Auch Bischof Konrad von Lübeck, der wegen seiner Weigerung, dem Herzog die Lehnshuld zu leisten, sein Bistum hatte verlassen müssen, machte seinen Einfluß auf den Erzbischof in diesem Sinne geltend. Wenn Hartwig sich jetzt nach Magdeburg zu Erzbischof Wichmann begab, so vollzog er damit ganz offen den Anschluß an die Opposition gegen Heinrich den Löwen.

Von allen Seiten wurde jetzt der Kampf gegen den Herzog im Spätsommer 1167 wieder aufgenommen. Von ihren Burgen Freiburg und Harburg aus verwüsteten die Mannschaften Hartwigs die umliegenden Gebiete Heinrichs. Dieser ging zum Gegenangriff vor, eroberte und zerstörte Freiburg, während sich Harburg, das durch seine sumpfreiche Umgebung einen guten Schutz besaß, halten konnte. Er besetzte den ganzen Sprengel und zog dessen sämtliche Einkünfte für sich ein.

Hauptschauplatz der Kämpfe war wieder das östliche Sachsen. Die Truppen des Magdeburger Erzbischofs eroberten Althaldensleben und die in der Nähe des Ortes gelegene Burg Niendorf an der Ohre, deren Befestigungen zerstört wurden. Dann richtete sich der Angriff der sächsischen Fürsten gegen Goslar. Sie nahmen eine Befestigungsanlage des Herzogs in der Nähe der Stadt ein. Auch die Stadt selbst fiel in ihre Hand; nach der knappen Angabe bei Helmold könnte man vermuten, daß die Bürger Goslars ihnen von sich aus die Tore geöffnet haben. Damals hat der Herzog den starken Einfluß, den er bis dahin in der Stadt selbst und in ihrer Umgebung ausgeübt hatte, weitgehend eingebüßt. Er ließ zwar die Wege nach Goslar bewachen, um der Stadt die Zufuhr abzuschneiden, konnte sie aber dadurch nicht bezwingen. Auch die Diözese des Hildesheimer Bischofs ließ er verwüsten.

Diese schweren Kämpfe, die weite Teile Sachsens erschütterten, veranlaßten den Kaiser, von Italien aus vermittelnd einzugreifen. Hier hatte er im Sommer 1167 auf seinem vierten Italienzug, der uns noch im Zusammenhang mit seiner Reichspolitik beschäftigen wird, einen schweren Rückschlag erleben müssen. Nach einem Siegeszug durch Ober- und Mittelitalien und einer erfolgreichen Schlacht vor den Toren Roms wurde das kaiserliche Heer in den ersten Augusttagen von einer schweren Malariaseuche heimgesucht, der mehr als 2000 geistliche Herren und Ritter zum Opfer fielen. Nur unter großen Schwierigkeiten hatte der Kaiser die Reste seines Heeres nach Oberitalien zurückführen können, wo die Städte in der Lombardei sich gegen ihn in Form eines Bundes zusammenschlossen.

Diese bedrohliche Lage in Italien machte eine Befriedung der Verhältnisse in Deutschland dringend erforderlich. Deshalb sandte Friedrich gegen Ende des Jahres Erzbischof Christian von Mainz und Herzog Berthold von Zähringen nach Deutschland. Ihnen gelang es auch, zwischen den streitenden Parteien in Sachsen einen Waffenstillstand zu vermitteln, der bis zur Rückkehr des Kaisers gelten sollte.

Trotz dieser Abmachungen erneuerten die Gegner des Herzogs zu Beginn des Jahres 1168 bei einer Zusammenkunft in Merseburg ihr gegen den Löwen gerichtetes Bündnis und fielen plündernd in dessen Gebiete ein. Die Angabe einer englischen Quelle, daß Heinrich eine schwere Niederlage erlitten habe, trifft allerdings nicht zu. Nach seiner Rückkehr nach Deutschland berief der Kaiser, um Frieden zu stiften, auf den 5. Mai einen Reichstag nach Würzburg ein; doch leisteten die Fürsten dieser Ladung nicht Folge, sondern setzten ihre Feindseligkeiten gegen den

Herzog fort. Auch die Ladung zu einem zweiten Reichstag, der zu Pfingsten (19. Mai) stattfinden sollte, fand keine Beachtung. Die Kämpfe gingen weiter. Erst auf dem dritten Hoftag, den der Kaiser für Ende Juni in
Würzburg ansetzte, erschienen der Herzog und viele seiner Gegner.
Wenn der Kaiser auch ganz auf der Seite Heinrichs des Löwen stand und
die Fürsten als Friedensbrecher betrachtete, sah er doch von scharfen
Maßnahmen gegen sie ab. Ihm war es um eine friedliche Lösung zu tun.
Er erreichte zunächst nur, daß man sich gegenseitig bis zum nächsten
Reichstag allgemeine Waffenruhe gelobte.

Der Tod Hartwigs von Bremen, der am 11. Oktober 1168 nach einem
wechselvollen Pontifikat von zwanzig Jahren starb, rief in Sachsen neue
Wirren hervor. In Bremen kam es jetzt zu einer Doppelwahl. Der welfenfeindliche Teil der Wähler entschied sich unter Führung des Domproppstes Otto für Siegfried, den dritten Sohn Albrechts des Bären, der damals
Kanoniker in Magdeburg war. Die Gegenpartei erhob den Bremer Domdekan Otbert zum Erzbischof.

Die Wahl eines Askaniers zum Erzbischof war eine deutliche Kampfansage an Heinrich den Löwen. Als es nach dieser Doppelwahl in Bremen
zu Unruhen kam, griff in Vertretung des Herzogs, der gerade mit den
Erzbischöfen von Mainz und Köln für den Kaiser eine Gesandtschaft zu
den Königen von England und Frankreich durchführte, Graf Gunzelin
von Schwerin mit Waffengewalt in der Stadt ein. Siegfried, der sich schon
nach Bremen begeben hatte, mußte mit dem Dompropst Otto nach Oldenburg flüchten, während seine übrigen Anhänger in Harburg Schutz
suchten. Über das Schicksal Otberts ist nichts bekannt. Neue Kämpfe
entbrannten jetzt in Sachsen. Auf einem Reichstag, den der Kaiser Anfang November an einem nicht genannten Ort abhielt, gebot er wiederum
Frieden, ohne jedoch ein Ende dieser Kämpfe erreichen zu können.

Deshalb begab sich Friedrich zu Beginn des Jahres 1169 selbst nach
Sachsen. Auf einem Reichstag, den er an Mariä Lichtmeß (2. Februar) in
seiner Pfalz Wallhausen am Südharz abhielt, erneuerte er sein Friedensgebot und führte sächsische Fürsten als Geiseln mit sich fort. Auch ein
neuer Reichstag, der Anfang April in Bamberg abgehalten wurde, brachte
noch keine Entscheidung der strittigen Fragen.

Sie fiel erst auf einem neuen großen Reichstag, der für den Juni des
Jahres, wiederum nach Bamberg, einberufen wurde. Der Kaiser, der hier
die Wahl seines dreijährigen Sohnes Heinrich zum König erreichte, traf
zugleich Maßnahmen zur Sicherung des Landfriedens in Sachsen, über
die wir im einzelnen nicht unterrichtet sind. Heinrich der Löwe hat aber

allem Anschein nach seine Machtstellung fast ungeschmälert bei-
behalten.

Auch die Regelung der Wiederbesetzung des Bremer erzbischöflichen
Stuhles bedeutete für den Herzog einen wichtigen Erfolg. Der Kaiser
erklärte die beiden Wahlen, die nach Hartwigs Tod durchgeführt waren,
für ungültig und bestimmte – zweifellos im Einvernehmen mit Heinrich
dem Löwen – den hochbetagten Dompropst von Halberstadt, Baldewin,
zum Erzbischof, ohne daß eine Wahl in Bremen vorgenommen wurde.
Baldewin stand trotz seiner Herkunft aus dem Halberstädter Domkapitel
dem Herzog nahe. Ob er, wie Angaben von Annalen aus dem 14. Jahrhundert wissen wollen, Kaplan Heinrichs war, ist fraglich. Während seines etwa neunjährigen Pontifikats war er ein gefügiges Werkzeug des
Herzogs. Ihm und seinen Getreuen hat er zahlreiche Kirchengüter überlassen. Heinrich war in dieser Zeit der eigentliche Herr im Erzstift und in
der Stadt Bremen. Bezeichnend dafür ist, daß der Herzog im Jahre 1171
einen adligen Herrn, Friedrich von Mackenstedt, damit betraute, Maßnahmen zur Besiedlung des der Bremer Kirche gehörenden Bruchlandes
südwestlich von Bremen zu treffen, wobei er die Zustimmung des Erzbischofs nur beiläufig erwähnte.

Der Askanier Siegfried hat auf seine Ansprüche auf den erzbischöflichen Stuhl in Bremen niemals verzichtet. Den Plan, seine Ziele durch
einen Anschluß an die alexandrinische Partei zu erreichen, gab er allerdings bald auf. Er suchte vielmehr in einen guten Kontakt mit Friedrich I.
zu kommen. Im Jahre 1173 wurde er Bischof von Brandenburg.

Der Bamberger Reichstag des Jahres 1169 hat trotz der Bemühungen
des Kaisers noch keinen endgültigen Frieden in Sachsen gebracht. Einmal
hat Widukind von Schwalenberg sich nicht an die Vereinbarungen gehalten, sondern den Kampf gegen den Herzog fortgesetzt. Heinrich belagerte ihn deshalb in seiner Burg Desenberg bei Warburg. Durch ihre Lage
auf einem nach allen Seiten hin steil abfallenden Berg war aber die Feste
so geschützt, daß auch die vom Herzog eingesetzten Belagerungsmaschinen wirkungslos blieben. Deshalb rief Heinrich Bergleute von dem bei
Goslar liegenden Rammelsberg herbei. Diese gruben den Berg an und
stießen dabei auf den Brunnen, der zur Versorgung der Burg diente. Der
Herzog ließ ihn zuschütten und zwang dadurch Widukind und seine
Leute, sich zu ergeben. Der Graf wurde gefangengenommen, später aber
wieder freigelassen. Zu Beginn der 70er Jahre sehen wir ihn wenigstens in
der Umgebung des Bischofs Evergisus von Paderborn. Die Tatsache, daß
der Herzog noch im Jahre 1169 Bergleute vom Rammelsberg für seine

Zwecke heranziehen konnte, zeigt, daß er damals noch einen gewissen Einfluß im Goslarer Raum besaß, auch wenn die Stadt selbst nicht mehr in seinem Besitz war.

Zu Beginn des Jahres 1170 flammten die Kämpfe in Sachsen noch einmal auf. Diesmal war Heinrich der Angreifer. Er fiel Ende Februar in das Gebiet des Magdeburger Erzbischofs ein und verwüstete es. Auch die Feste Harburg, in die sich die Bremer Anhänger des Askaniers Siegfried zurückgezogen hatten, wurde von ihm eingenommen und zerstört. An diesen Kämpfen waren auch andere sächsische Fürsten beteiligt. Der Kaiser berief deshalb die streitenden Parteien auf einen Reichstag, den er Ende Juni in Erfurt abhielt. Hier gelang es ihm, einen Frieden zwischen dem Herzog und seinen Gegnern zu vermitteln, der dem Lande endlich Ruhe brachte. Der Tod Albrechts des Bären, der im November 1170 starb, befreite Heinrich zudem von seinem schärfsten Gegner im östlichen Sachsen.

Dieser Friedensschluß von Erfurt bedeutete das Ende der schweren Kämpfe, die seit 1166 in Sachsen geführt wurden. Wenn sie in neueren Darstellungen wiederholt als Fürstenaufstände bezeichnet sind, so gibt dieses Wort eine falsche Vorstellung. Es handelt sich im allgemeinen nicht um Erhebungen von Fürsten, die dem Herzog nachgeordnet waren, gegen ihren Herrn. Eher könnte man von machtpolitischen Auseinandersetzungen zwischen dem Herzog und anderen geistlichen und weltlichen Herrschaftsträgern sprechen, die sich durch die Expansionsbestrebungen Heinrichs des Löwen in ihrer Reichsunmittelbarkeit bedroht sahen. Wenn der Herzog, in diesen Kämpfen trotz der zahlenmäßigen Überlegenheit seiner Gegner seine Machtposition in Sachsen ohne größere Einbußen behaupten konnte, so verdankte er dies vor allem auch der Haltung des Kaisers, der sich bei allen Vermittlungsaktionen sehr eindeutig auf seine Seite stellte. Das staufisch-welfische Einvernehmen trug auch hier für den Herzog reiche Früchte.

Auch nach dem Frieden des Jahres 1170 hat der Löwe seine expansive Territorialpolitik in Sachsen fortgesetzt. Nach dem Tode des Grafen Otto von Assel, des letzten männlichen Angehörigen der Winzenburger, legte er seine Hand auf dessen Erbe. Der genaue Zeitpunkt und die näheren Umstände seines Vorgehens sind nicht bekannt, da auch das Todesdatum des Grafen, der im Jahre 1170 zum letzten Male urkundlich bezeugt wird, nicht überliefert ist. Doch werden wir diesen Erwerb der Herrschaft Assel, zu der auch die Burg Lichtenberg gehörte, wohl in die Jahre von 1170 bis 1177 ansetzen dürfen. Die Lage dieses Besitzkomple-

xes östlich von Hildesheim bedeutete eine weitere Stärkung der ohnehin
festen Stellung des Herzogs im Gebiet der Hildesheimer Diözese. Wie
Heinrich seine Ansprüche begründete, wissen wir nicht. Dieser Griff auf
das Asseler Erbe führte allerdings zu Spannungen mit Erzbischof Philipp
von Köln, dessen Schwester, Salome von Heinsberg, die Witwe Ottos
war. Später hat der Erzbischof für seine Schwester Ansprüche auf diese
Erbschaft erhoben.

Der letzte Versuch Heinrichs des Löwen, seinen territorialen Besitzstand in Sachsen zu erweitern, fällt bereits in die Auseinandersetzungen
und Kämpfe in Sachsen, die im Zusammenhang mit dem Prozeß gegen
den Herzog stehen. Als im Jahre 1179 Pfalzgraf Adalbert von Sommerschenburg ohne Erben starb, sah Heinrich die Möglichkeit, seine Position
in den östlichen Vorlanden des Harzes auszubauen. Adalberts Erbin war
seine Schwester Adelheid, die Äbtissin des Stiftes Quedlinburg. Da sie
ihre Rechte gegenüber dem mächtigen Herzog kaum durchsetzen konnte,
verkaufte sie diese an das Magdeburger Erzstift. Heinrich erhob seinerseits Ansprüche, vor allem auf das Allodialgut des Sommerschenburgers.
Er konnte Teile dieser Besitzungen gegen Ende des Jahres zunächst auch
in seine Hand bringen, verlor sie aber durch seine Verurteilung im nächsten Jahr. Auch bei diesem Vorgehen wissen wir nicht, ob und welche
Rechtstitel der Herzog geltend machte. Nach seinem Sturz hat der Erzbischof Wichmann seine Rechtsansprüche durchgesetzt; doch haben im
13. Jahrhundert die Welfen einige der Sommerschenburger Besitzungen
wieder zurückgewonnen.

Wenn Heinrich der Löwe zu Beginn der 70er Jahre auf seine Territorialpolitik in den zwei Jahrzehnten seit dem Regierungsantritt Friedrichs I. zurückblickte, so konnte er trotz mancher Rückschläge mit ihrem
Ergebnis zufrieden sein. Seinem Ziel, in Sachsen einen in sich möglichst
geschlossenen Herrschaftsbereich aufzubauen, war er ein gutes Stück nä-
hergekommen. Allerdings waren damit auch die Spannungen weiter gewachsen. Es war eine Frage der Zeit, ob sie nicht eines Tages wieder mit
aller Schärfe aufbrechen würden.

## Sechstes Kapitel

# Die Verwaltung des Herzogtums Sachsen.
## Heinrichs Städte- und Kirchenpolitik

Bei der Verwaltung dieses weiträumigen und in seinem Gefüge noch uneinheitlichen Machtbereichs stand Heinrich der Löwe vor einer schwierigen Aufgabe. Gewiß sehen wir in seiner unmittelbaren Umgebung einige Hofbeamte und die Inhaber anderer Ämter. Es fehlte ihm aber wie auch dem deutschen König und den übrigen deutschen Fürsten seiner Zeit noch eine Beamtenschaft im eigentlichen Sinn des Wortes, mit deren Hilfe er seinen großen Herrschaftsbereich gleichmäßig erfassen und durchdringen konnte. So mußte er an die Formen der Verwaltung anknüpfen, die er jeweils vorfand. Er hat sie aber weiterentwickelt und damit im niederdeutschen Raum einen wichtigen Schritt zum Aufbau jener Verwaltung getan, die für den deutschen Territorialstaat des späten Mittelalters charakteristisch wurde.

Schon die Billunger haben die zahlreichen Grafschafts- und Vogtei-rechte, die sie besaßen, nicht selbst ausüben können, sondern Angehörige edelfreier Geschlechter als Vizegrafen und Vizevögte eingesetzt, die diese Rechte von ihnen als erbliches Lehen erhielten und die sich mit Hilfe dieser Rechte und ihres Allodialbesitzes allmählich ein eigenes Herr-schaftsgebiet aufzubauen vermochten. Am frühesten erscheinen diese Lehnsgrafen und Lehnsvögte in den Gegenden an der mittleren und oberen Weser, die von Lüneburg, der Residenz der Billunger, am weite-sten entfernt lagen. So haben in der zweiten Hälfte des 11. Jahrhun-derts die Schwalenberger, deren Stammburg westlich der mittleren Weser bei der heutigen Stadt Schwalenberg lag, in diesem Gebiet für die Billunger gräfliche Rechte wahrgenommen. Später haben sie von den Northeimern die wichtige Vizevogtei über das Kloster Corvey erworben. Zu Beginn des 12. Jahrhunderts begegnen uns die im Gebiet nördlich von Holzminden sitzenden Herren von Everstein und die Herren von Roden, deren Stammsitz im Weserbergland zu suchen ist, die aber später im Gebiet von Hannover ihre Herrschaft als herzogliche Lehnsgrafen hatten.

Lothar von Süpplingenburg hat als Herzog und später als König diese Politik mit der Errichtung neuer Grafschaften fortgeführt. Von den neuen gräflichen Familien, die während seiner Herzogszeit hervortreten, sind vor allem die Schauenburger zu nennen, die von ihm mit der Grafschaft Holstein-Stormarn in Nordelbingen belehnt wurden, die aber auch in ihren Stammlanden zwischen Weser, Steinhuder Meer und Deister im Laufe der Zeit ein geschlossenes Territorium aufbauen konnten. Im Loin- und im Grindergau, dem nördlichen Teil der Diözese Minden östlich der Weser, übten unter Lothar die bei Nienburg sitzenden Herren von Wölpe gräfliche Rechte aus. Ebenso wie die Schauenburger waren die Grafen von Wölpe später treue Anhänger der Welfen.

Zur Errichtung neuer Grafschaften ist es unter Lothar vor allem im Gebiet des Harzes gekommen. Nördlich des Gebirges hat er als Herzog die Herren von Blankenburg als seine Untergrafen in einem Teil des großes Harzgaus eingesetzt. Im nordwestlichen Vorland des Harzes entstand beiderseits der Oker dadurch eine Grafschaft, daß Lothar als König den Herren von Wöltingerode gräfliche Rechte übertrug. Auch die Anfänge der Grafschaft Wernigerode gehen wohl auf ihn zurück. Südlich des Harzes sind die Grafschaften von Scharzfels, Ilfeld-Honstein und vielleicht auch von Rothenburg von ihm geschaffen worden. Wenn auch diese Grafschaften mit Ausnahme der Blankenburger vom Reich zu Lehen gingen, so waren die Angehörigen dieser Grafenfamilien in der Folgezeit in der Regel Parteigänger der Welfen.

Eine ganz andere Form der Verwaltung wählte Lothar in seinem engeren Herrschaftsbereich, den er als Hausgut der Süpplingenburger besaß oder später durch seine Schwiegermutter Gertrud als Erbe der Brunonen erhielt. Hier ließ er seine verschiedenartigen Herrschaftsrechte hauptsächlich durch seine Dienstmannen wahrnehmen. Damit begann in Sachsen die Rolle der Ministerialität, die im Laufe der nächsten Jahrzehnte der wichtigste Helfer der Herzöge bei der Verwaltung ihres Herzogtums werden sollte. Bereits im Gefolge Lothars sehen wir neben anderen Dienstmannen auch Angehörige der Geschlechter, die später die wichtigsten welfischen Ministerialen wurden. Das waren die Herren von Blankenburg, die standesrechtlich deutlich von dem am gleichen Ort sitzenden Grafengeschlecht unterschieden sind, ferner die Herren von Heimburg, von Dahlum (bei Schöningen), von Peine und von Wolfenbüttel sowie schließlich die Herren von Weida, deren ältester nicht mehr erhaltener Stammsitz nordöstlich von Mühlhausen lag und die erst später im Gebiet südlich von Gera Fuß faßten.

Heinrich der Löwe hat diese Verwaltungsstruktur, wie sie von seinem Großvater ausgebildet war, übernommen und weiterentwickelt. Die Institution der erblichen Vizegrafschaft war nicht nur in dem Herrschaftsbereich verbreitet, der von Lothar an Heinrich den Stolzen und dann an ihn selbst übergegangen war. Sie fand sich auch in den umfangreichen Gebieten, die der Herzog nach dem Aussterben der Grafen von Stade, der Northeimer und der Winzenburger in seine Hand gebracht hatte. So war die Zahl der Komitate, über die er frei verfügen konnte, nur gering.

Welche Bedeutung er aber dieser überkommenen Form der Grafschaft immer noch beimaß, kam auch darin zum Ausdruck, daß er im Jahre 1143 die Grafschaft Ratzeburg errichtete und daß er im Jahre 1167 nach dem Ausgleich mit dem Obodritenfürst Pribislaw für Gunzelin von Hagen die neue Grafschaft Schwerin schuf. Im Hannoverschen Wendland am linken Elbufer entstanden um die Mitte des Jahrhunderts die beiden neuen Grafschaften Lüchow und Dannenberg. Die Inhaber der gräflichen Rechte in beiden Grafschaften erscheinen immer wieder in der Umgebung des Herzogs. Die wiederholt vertretene Annahme, daß diese Grafschaften als Kolonisationsgrafschaften von Heinrich dem Löwen errichtet seien, bleibt aber unsicher. Vieles spricht dafür, daß es sich in beiden Fällen um eigenständige adlige Herrschaftsbildungen handelt, die nach dem Wendenkreuzzug des Jahres 1147 von der Altmark aus erfolgten. Allerdings haben Heinrich der Löwe und die späteren sächsischen Herzöge diese Grafschaften als einen Bestandteil ihres Herzogtums betrachtet.

Über die Beziehungen des Herzogs zu den zahlreichen Lehnsgrafen im Inneren Sachsens wissen wir nur wenig. Sie begegnen uns meist nur neben anderen edelfreien Herren, die nicht herzogliche Vasallen waren, als Zeugen in seinen Urkunden. Heinrich der Löwe mußte die Erblichkeit, die sich bei den Grafschaften ausgebildet hatte, anerkennen und konnte diese nur bei dem Aussterben eines gräflichen Geschlechts oder bei schweren Verstößen gegen die Lehnspflichten einziehen.

Sein Ziel war es deshalb, alle Selbständigkeitsbestrebungen, die sich gerade bei den älteren dieser vizegräflichen Geschlechter immer wieder regten, zu unterdrücken und seine Oberlehnshoheit mit allen Mitteln zur Geltung zu bringen. Dieses Bestreben erklärt es, daß er die Lehnspflichten, die diese Grafen ihm schuldig waren, mit Nachdruck in Anspruch nahm. Immer wieder hat er seine Vasallen um sich versammelt, wobei sie nicht nur an seinen zahlreichen Hof- und Landtagen im Inneren Sachsens und in Nordelbingen teilnehmen, sondern auch am herzoglichen Gericht

mitwirken mußten. Auch für die militärische Hilfe, die er dem Kaiser bei
seinen ersten Italienzügen und anderen kriegerischen Unternehmungen
leistete, und für seine eigenen Feldzüge in Nordelbingen und im Inneren
Sachsens hat er seine Lehnsträger stets aufgeboten. Ebenso hat er von
ihnen die ihm zustehenden Abgaben unnachgiebig gefordert.

Das harte Regiment des Herzogs hatte zur Folge, daß sich auch bei
diesen Lehnsgrafen ebenso wie bei den nur dem König unterstehenden
sächsischen Dynasten im Laufe der Zeit eine Opposition regte. Deutlich
wird sie etwa bei dem Verhalten der Schwalenberger. Obwohl Widukind
von Schwalenberg nach seiner Verurteilung wegen der schweren Verstöße gegen den Landfrieden, die er sich gegenüber dem Kloster Corvey
hatte zuschulden kommen lassen, wie wir bereits sahen, die Gnade des
Herzogs wiedererlangt hatte, schloß er sich im Jahre 1166 der großen
gegen diesen gerichteten Fürstenkoalition an und hat den Kampf in Sachsen auch nach den ersten Vermittlungsaktionen des Kaisers fortgesetzt.
Auch Graf Christian von Oldenburg, der damals ebenfalls zu den Gegnern des Herzogs gehörte, war diesem für einige Gebiete in Friesland
lehnspflichtig. Zu voller Entfaltung kam diese Opposition der Lehnsgrafen, als am Ende der 70er Jahre die Kämpfe in Sachsen wieder mit aller
Schärfe ausbrachen. Schon vor der Verurteilung des Herzogs haben sich
viele seiner Vasallen auf die Seite seiner Gegner geschlagen. Nur verhältnismäßig wenige von ihnen, so vor allem Gunzelin von Schwerin, Bernhard von der Lippe und Konrad von Roden, haben Heinrich auch nach
seinem Sturz die Treue gehalten. Das Spannungsgefüge zwischen Stan-
desbewußtsein und Vasallentreue, das damals sehr deutlich wurde, läßt
erkennen, daß diese Institution der Lehnsgrafen nicht die Möglichkeit für
den Aufbau einer starken herzoglichen Gewalt bot.

So erklärt sich auch die wachsende Bedeutung, die die Ministerialität für
die Verwaltung des herzoglichen Machtbereichs gewann. Wie bei den
übrigen geistlichen und weltlichen Fürsten der Zeit werden auch in Sachsen die Ministerialen die ausführenden Organe bei der Verwaltung des
werdenden Territorialstaats. Schon rein zahlenmäßig ist die welfische
Ministerialität um die Mitte des Jahrhunderts sprunghaft angewachsen.
Zu den Familien, die die Dienstmannenschaft seines Großvaters Lothar
von Süpplingenburg gebildet hatten, traten unter Heinrich dem Löwen
die Ministerialen hinzu, die auf dem umfangreichen Allodialgut der Billunger saßen, soweit dieses an seinen Vater Heinrich den Stolzen übergegangen war. Mit den Eigengütern der Grafen von Stade, von Northeim

und Winzenburg, die Heinrich im ersten Jahrzehnt seiner Regierung seinem Machtbereich einfügen konnte, übernahm er auch deren Dienstmannen.

Über die Gesamtzahl dieser Ministerialen, über die er schließlich gebot, haben wir keine genauen Angaben, da nur ein kleiner Teil der welfischen Dienstmannen in den Zeugenreihen der herzoglichen Urkunden und in anderen Quellen mit Namen aufgeführt wird. Wenn man diese Ministerialität auf etwa 300 Familien beziffert hat, so ist diese Zahl zweifellos zu niedrig gegriffen. In dem Verzeichnis der Allodialgüter des letzten Northeimers, des Grafen Siegfried IV. von Boyneburg, das vermutlich bald nach seinem Tode im Jahre 1144 angelegt wurde, werden allein für diese Eigengüter etwa 100 Ministeriale aufgeführt. Als Pfalzgraf Heinrich, der älteste Sohn des Herzogs, im Jahre 1219 in einem Vertrag mit Erzbischof Gerhard II. von Bremen die Stader Besitzungen der Bremer Kirche zurückgab, leisteten auf seinen Befehl mehr als 70 Dienstmannen dem Erzbischof als ihrem neuen Herrn den Treueid. Auch die Tatsache, daß zum Heiratsgut der Herzogin Clementia in und um Badenweiler, das Heinrich bei dem großen Gütertausch des Jahres 1158 dem Kaiser überließ, allein 100 Ministeriale gehörten, zeigt, wie stark verbreitet neben der Reichsministerialität um die Mitte des 12. Jahrhunderts die Dienstmannenschaft der deutschen Fürsten war. So wird man die welfische Ministerialität in Sachsen zur Zeit Heinrichs des Löwen vielleicht sogar auf mindestens 400 Familien schätzen dürfen.

Alle diese Dienstmannen lebten nach einem einheitlichen Recht. Allerdings können wir diese Rechtsstellung nur in ihren Grundzügen erkennen, da Heinrich der Löwe im Unterschied zu manchen anderen Dynasten der Zeit dieses Recht seiner Ministerialen nicht aufzeichnen ließ. Maßgebend für die rechtliche Stellung der Dienstmannen war die Tatsache, daß für die Ministerialen ganz allgemein damals noch der Rechtssatz der Unfreiheit galt. Allerdings waren sie auch im Sinn des Landrechts rechtsfähig; insbesondere konnten sie Allodialgut besitzen und über dieses in beschränktem Umfang verfügen. Zudem läßt sich auch innerhalb dieser welfischen Ministerialität schon damals das Bestreben erkennen, diese Unfreiheit abzustreifen.

Aus dieser Unfreiheit seiner Dienstmannen ergab sich für den Herzog, wie dies bei dem großen Tausch mit Friedrich I. im Jahre 1158 besonders deutlich wird, das Recht, seine Ministerialen mit ihrem Allodial- und Lehnsbesitz zu veräußern oder zu vertauschen. Auch konnte er sie innerhalb seines Herrschaftsgebiets versetzen. Auf der anderen Seite besaß er ihnen gegenüber eine Sorgepflicht und mußte sie für die verschiedenen Dienste, die sie ihm zu leisten hatten, in angemessener Weise entlohnen. Dies erfolgte in der Regel durch ein Dienstlehen, das er aus seinem umfangreichen Allodialbesitz nahm. Dadurch bot sich ihm die Möglichkeit, mit Hilfe seiner Ministerialen größere Gebiete verwaltungsmäßig zu erfassen und seine Herrschaft auch in entfernter liegenden Gegenden seines Machtbereichs durchzusetzen. So können wir erkennen, daß er nach dem Erwerb der Stader Erbschaft eine Reihe von Ministerialen in diesem Gebiet eingesetzt hat.

Mit diesen Aufgaben waren die militärischen Pflichten der Dienstmannen eng verknüpft. Von den ihnen anvertrauten herzoglichen Burgen aus hatten sie nicht nur die Verwaltung der umliegenden Gebiete, sondern auch deren Schutz wahrzunehmen. Sie stellten auch das Hauptkontingent des herzoglichen Aufgebots, in dem sie als Reiter Dienst zu leisten hatten.

Wenn auch alle Ministerialen rechtlich gleichgestellt waren, so lassen sich zwischen ihnen starke soziale Unterschiede erkennen. Aus der breiten Masse der Dienstmannen, die oft nur mit ihrem Namen bekannt sind und die sich deshalb meist nicht einem bestimmten Geschlecht zuweisen lassen, hebt sich eine größere Gruppe von Ministerialen heraus, die bei der Verwaltung des herzoglichen Herrschaftsbereichs die verschiedensten Aufgaben zu erfüllen hatte. Die wichtigsten Ämter waren dabei einigen wenigen Familien vorbehalten, die die Führungsschicht der Ministerialität bildeten und die an Ansehen und Wohlstand gelegentlich sogar edelfreie Geschlechter übertrafen. Das waren vor allem Angehörige von Familien, die schon im Dienst Herzog Lothars gestanden hatten: die Herren von Blankenburg, Dahlum, Heimburg, Peine, Weida und Wolfenbüttel. Auch die Herren von Volkmarode bei Braunschweig, die erst unter Heinrich dem Löwen als welfische Ministeriale begegnen, gehören zu dieser Gruppe führender Geschlechter.

Der bekannteste welfische Ministeriale ist Jordan von Blankenburg. Nachdem er im Jahre 1161 zum ersten Mal in der Umgebung des Herzogs bezeugt ist, führt er bereits ein Jahr später den Titel eines Truchsesses (dapifer). Er hat dieses Amt, in dem er die oberste Leitung der herzoglichen Hofhaltung innehatte, für Heinrich, dem er auch nach dessen Sturz die Treue hielt, und später für dessen Sohn Pfalzgraf Heinrich ausgeübt, bis er in einem sehr hohen Alter, vermutlich erst im Jahre 1221, starb. Er war wohl der wichtigste Berater des Herzogs, den er auch auf seinen Reisen fast ständig begleitete; auch an Heinrichs Pilgerfahrt nach Jerusalem hat er teilgenommen. Der Chronist Arnold von Lübeck nennt ihn einen reichen Mann. Dafür ist es auch bezeichnend, daß Jordan, als er später bei Kämpfen des Jahres 1190 in Nordelbingen in die Gefangenschaft der Gegner Heinrichs des Löwen fiel, ein Lösegeld von 500 Mark Silber zu zahlen hatte, während der ebenfalls gefangengenommene Graf Helmold von Schwerin nur 300 Mark aufzubringen hatte. Einige Ministeriale, die neben Jordan als Truchsesse erscheinen, waren zweifellos seine Unterbeamten.

Neben dem Truchseß war der Kämmerer, der die Aufsicht über die Schatzkammer und das Finanzwesen führte, der wichtigste Hofbeamte. Anno von Heimburg, der uns bereits als zeitweiliger Vogt in Goslar begegnete, hatte dieses Amt schon unter Lothar III. mit dem auch sonst üblichen Titel eines „cubicularius" inne. Unter Heinrich ist er als Kämmerer bis etwa 1170 nachweisbar. Bald darauf dürfte er gestorben sein. Das Amt des Schenken scheint am Hofe des Herzogs keine größere Rolle gespielt zu haben. Die beiden Ministerialen, die gelegentlich in dieser Stellung bezeugt werden, lassen sich keiner Familie zuweisen. Dagegen gewann mit der Feudalisierung des Heerwesens das Amt des Marschalls, dem das Stallwesen unterstellt war, an Bedeutung. Neben anderen Ministerialen sind es die Herren von Volkmarode gewesen, die dieses Amt unter Heinrich dem Löwen und seinen Nachfolgern bekleidet haben.

Aus der herzoglichen Dienstmannenschaft kamen aber auch die Vögte in den Burgen, Städten und Zollstätten, die dem Welfen unterstanden. Wir erwähnten bereits den Ministerialen Reinold, der in Lübeck als Stadtgraf tätig war. Die Herren von Dahlum stellten seit den Tagen Lothars III. den Vogt für Braunschweig. Auch die Vögte in Lüneburg, Stade, Einbeck, Hitzacker und auf der Ertheneburg waren welfische Ministerialen. Ebenso gehörte der Schultheiß Gerhard von Bardowick, der dort die Funktionen eines Vogtes ausübte, zu den Dienstmannen des Herzogs. Dagegen sind Ministeriale nur in Ausnahmefällen mit der Verwaltung von Grafschaften betraut worden. Schon Lothar III. hat seinen Ministerialen Berthold von Peine als Grafen in diesem Gebiet eingesetzt. Berthold und sein Sohn Liudolf haben unter Heinrich dem Löwen dieses Amt bekleidet. Auch unter Liudolfs gleichnamigem Sohn, mit dem das Geschlecht um 1200 ausstarb, blieb es in dessen Lehnsbesitz. Sonst begegnet uns nur der Ministeriale Berthold von Wolbrechtshausen (nördlich von Göttingen) um 1170 als Graf im Leinegau.

Als der Herzog nach dem siegreichen Feldzug gegen die Obodriten und nach dem Tod des Fürsten Niklot im Jahre 1160, wie wir bereits sahen, den Versuch machte, das eroberte Gebiet in seine unmittelbare

Verwaltung zu nehmen, gehörten zu den Persönlichkeiten, denen er die militärischen und politischen Aufgaben in den Burgwardbezirken übertrug, auch zwei seiner führenden Ministerialen. Liudolf von Dahlum, damals schon Vogt in Braunschweig, wurde auf der Burg Quetzin am Plauer See, Liudolf von Peine auf der Burg Malchow im Müritzgau eingesetzt. Beide behielten aber daneben ihre bisherigen Ämter bei. Über ihre Tätigkeit in diesen Gebieten, die wenige Jahre später bei dem Ausgleich Heinrichs des Löwen mit dem Obodritenfürsten Pribislaw zu Ende ging, wissen wir nichts Näheres.

Innerhalb des großen Machtbereichs, den sich der Herzog durch seine expansive Territorialpolitik in Sachsen geschaffen hat, kommt den Städten in mehrfacher Hinsicht eine große Bedeutung zu. Heinrich der Löwe gilt als einer jener deutschen Fürsten, die im 12. Jahrhundert die Selbständigkeitsbestrebungen des Bürgertums besonders stark gefördert haben. Man hat in ihm sogar – allerdings zu Unrecht – den Schöpfer der städtischen Ratsverfassung in Deutschland sehen wollen.

Eine Reihe niedersächsischer Städte führt – gelegentlich allerdings nur aufgrund späterer mündlicher Tradition – ihren Ursprung als Stadt auf den Herzog zurück. Die Frage, bei welchen Orten dies wirklich der Fall ist, läßt sich oft deshalb schwer entscheiden, weil die Quellenlage für die Stadtgeschichte im niederdeutschen Raum für das 12. Jahrhundert recht ungünstig ist. Wir besitzen keine Urkunde Heinrichs des Löwen für eine Stadt in seinem Herrschaftsbereich. Nur jüngere Stadtrechtsaufzeichnungen aus dem 13. Jahrhundert nehmen auf Rechtsverleihungen des Herzogs Bezug und geben sich als Bestätigungen dieser älteren Rechtssätze aus. Aber auch die erzählenden Quellen dieser Zeit sagen im allgemeinen nur wenig über Heinrichs Stellung zur städtischen Bewegung des 12. Jahrhunderts aus. Einen so ausführlichen Bericht, wie ihn uns Helmold von Bosau über die Anfänge Lübecks unter Graf Adolf II. und Herzog Heinrich gibt, besitzen wir für keine andere Stadt in Sachsen. So können wir das Vorgehen Heinrichs aus den spärlichen Angaben der Quellen teilweise nur in Form von Hypothesen erschließen. Wichtige neue Aufschlüsse für die Frühzeit mancher Orte hat uns allerdings die seit einigen Jahrzehnten sehr rührige stadttopographische Forschung gebracht, die sich dabei auch auf die vielerorts in jüngster Zeit durchgeführten archäologischen Untersuchungen stützen kann.

Die Anfänge der Städte Lübeck und Schwerin, der beiden Orte im Gebiet der ostdeutschen Siedlung, bei deren Stadtwerdung Heinrich der

Löwe eine bestimmende Rolle spielte, haben wir bereits in anderem Zusammenhang behandelt. Auch wenn bei ihnen Vorstufen für eine Stadt zu erkennen sind, so handelt es sich in beiden Fällen, wie schon der Grundriß zeigt, um planmäßige Gründungen. Demgegenüber verkörpern die Orte im Inneren Sachsens, deren Entwicklung zu einer Stadt im Rechtssinn sich um die Mitte des 12. Jahrhunderts unter entscheidender Mitwirkung des Herzogs vollzieht, in der Regel den Typ der allmählich gewachsenen Stadt.

Das gilt vor allem für Braunschweig, das im Laufe der Regierung Heinrichs des Löwen der politische und kulturelle Mittelpunkt des sächsischen Herzogtums wurde. Als Heinrich im Jahre 1142 die Herrschaft in Sachsen antrat, bestanden im Raum von Braunschweig fünf räumlich und rechtlich noch voneinander getrennte Siedlungsbezirke: die alte Burg der Brunonen auf einer von der Oker gebildeten Insel, die Altstadt links des Flusses als eine schon seit längerer Zeit blühende Kaufmannssiedlung und auf dem rechten Okerufer mit der Magnikirche als Mittelpunkt das ebenfalls auf ursprünglich brunonischem Boden liegende Dorf Brunswik, dessen Höfe für die Versorgung der Burg aufzukommen hatten. Dazu kamen noch das Ägidienkloster und das Cyriacusstift als Bezirke eigenen Rechts. Da die Oker hier schiffbar wurde und sich in diesem Raum die alte Handelsstraße von Köln nach Magdeburg mit den Verkehrswegen kreuzte, die einmal vom Südwesten des Reiches und dann aus dem nördlichen Vorland des Harzes zur Unterelbe führten, wurde Braunschweig schon seit dem ausgehenden 9. Jahrhundert ein wichtiger Mittelpunkt für den Handel im östlichen Sachsen. Als Umschlagplatz für die im Bergbau bei Goslar geförderten Erze spielte der Ort später eine wichtige Rolle. Vermutlich hat bereits Kaiser Lothar III. der Altstadt städtische Gerechtsame verliehen.

Überblickt man das Vorgehen Heinrichs in Braunschweig, so sind vor allem drei Maßnahmen hervorzuheben. Er hat mit der Hagensiedlung ein neues Weichbild geschaffen; er hat diese verschiedenen Siedlungsgebiete mit Ausnahme des abseits liegenden Herrendorfes Brunswik durch eine Befestigung räumlich, allerdings noch nicht rechtlich zu einer Einheit zusammengefaßt, und er hat schließlich die alte Brunonenburg, für die sich jetzt immer mehr der Name Dankwarderode einbürgerte, zu einem für die damalige Zeit in Deutschland einzigartigen Fürstensitz ausgebaut.

Über die Anfänge des Hagens sagen die zeitgenössischen Quellen nichts aus; doch wird der Herzog in der etwas jüngeren Überlieferung ausdrücklich als der Gründer dieses Weichbildes bezeugt. Dabei handelte es sich nicht um einen einmaligen Gründungsvorgang, sondern um eine länger dauernde Entwicklung, die vielleicht schon zu Beginn der 50er Jahre einsetzte. Bei der Anlage des Hagens galt es zunächst, das sumpfige Ufergelände rechts der Oker, das wohl welfischer Allodialbesitz war, zu entwässern und durch Rodung bewohnbar zu machen. Zu diesem Zweck hat der Herzog Siedler aus Flandern herbeigerufen, die für diese Aufgabe besonders geeignet waren. Ursprünglich umfaßte die Hagensiedlung nur ein schmales Gebiet mit dem späteren Bohlweg als einziger von Norden nach Süden führenden Straße. Die Flandrer brachten aus ihrer Heimat auch das Gewerbe der Wollweberei mit, das sie in Braunschweig heimisch machten. So bildete der Hagen geradezu eine Art Industrieviertel, an dessen Ausbau vielleicht auch die Kaufleute aus der Altstadt beteiligt waren.

Durch eine Rechtsverleihung sicherte der Herzog die Entwicklung des neuen Weichbildes. Diese „Iura Indaginis", eine Aufzeichnung des Hagenrechts aus dem Anfang des 13. Jahrhunderts, geben sich ausdrücklich als eine Niederschrift der vom Herzog verliehenen Rechte; doch bleibt es auch bei ihnen unsicher, welche Rechtssätze bereits in die Mitte des 12. Jahrhunderts zurückgehen. Zweifellos hat Heinrich der Löwe den flandrischen Siedlern ihr heimisches Recht bestätigt. Er gestand ihnen auch freien Handelsverkehr auf der Oker und der Aller bis nach Celle und darüber hinaus bis nach Bremen zu. Auch die Bestimmungen über den Erwerb der persönlichen Freiheit des Bürgers binnen Jahr und Tag und über die Regelung des erbenlosen Nachlasses gehören zu dem ältesten Kern dieses Hagenrechts. Ebenso dürften die Bewohner des Hagens schon damals das Recht erhalten haben, einen Bürgervogt zu wählen, dessen Aufgaben auf dem Gebiet der niederen Gerichtsbarkeit und der Marktpolizei lagen. Die hohe Gerichtsbarkeit über schwere Verbrechen, insbesondere über Vergehen gegen Leib und Leben, behielt sich der Herzog wie auch bei seinen anderen Städten selbst vor und ließ sie im Hagen und in den anderen Weichbildern durch seinen Stadtvogt ausüben. Ob Heinrich auch ein Privileg für die Altstadt ausgestellt hat, wie man dies vermutet hat, bleibt sehr fraglich, wenn er sicher auch der Altstadt seine Förderung zuteil werden ließ.

Am eindrucksvollsten wird das Wirken des Herzogs noch heute im Burgbezirk deutlich. Er ließ die alte von den Brunonen erbaute Stiftskirche abreißen und an ihrer Stelle seit dem Jahre 1173 den neuen großen Kirchenbau zu Ehren des heiligen Blasius und Johannes des Täufers errichten. Beim Tode des Herzogs im Jahre 1195 war der Bau im wesentlichen vollendet. Die auf einem kreuzförmigen Grundriß errichtete Basilika bedeutet in der Kunstgeschichte Niedersachsens als erster einheitlich durchgeführter Gewölbebau eine wichtige Epoche. Die alte Brunonenburg wurde durch eine Pfalz ersetzt, für die die von den Saliern in Goslar errichtete Pfalz das Vorbild abgab. Dieses zeigt sich nicht nur in der räumlichen Nachbarschaft von Kollegiatkirche und Pfalz, sondern auch in der doppelgeschossigen Kapelle, mit der die Pfalz ausgestattet wurde. Vor allem wird dieser Fürstensitz in steigendem Maß für den Herzog eine feste Residenz, wie sie das deutsche Königtum damals noch nicht besaß. Durch die gemeinsame Befestigung, die der Herzog wohl während der Kämpfe der 60er Jahre anlegen ließ, wurde der Sitz der fürstlichen Dynastie mit den bürgerlichen Siedlungen zu einer räumlichen Einheit zusammengefaßt, auch das war damals ein ganz seltener Vorgang.

Im Gebiet an der unteren Elbe hatte sich seit dem 8. Jahrhundert Stade zum wichtigsten Verkehrs- und Handelsplatz entwickelt; erst seit der Mitte des 13. Jahrhunderts hat ihm Hamburg diesen Rang abgelaufen. Als Heinrich der Löwe in den Jahren 1144/45 zusammen mit der übrigen Stader Erbschaft auch den Ort in seine Gewalt brachte, bestanden am Unterlauf der Schwinge insgesamt fünf Siedlungszellen, die teils den Grafen, teils den Bremer Erzbischöfen unterstanden. Da der Herzog auch die Hochvogtei über das Erzstift Bremen besaß, konnte er nicht nur im gräflichen, sondern auch im erzbischöflichen Gebiet von Stade Herrschaftsrechte geltend machen, wenn auch Erzbischof Hartwig seine Stellung in Stade, wo er sich öfters aufhielt, zunächst noch behaupten konnte.

Für die Entwicklung Stades wurde es wichtig, daß Heinrich die verschiedenen Siedlungskerne mit Ausnahme der abseits liegenden Fischersiedlung mit einer starken Befestigung umgeben ließ und diesem jetzt topographisch eine Einheit bildenden Ort das Stadtrecht verlieh. Der Zeitpunkt dieser beiden Maßnahmen ist nicht bekannt. Sie werden wohl in den 60er Jahren erfolgt sein, in denen der Herzog in Sachsen eine besonders starke Aktivität entfaltete.

Auf eine Rechtsverleihung Heinrichs des Löwen nimmt sein Sohn, König Otto IV., ausdrücklich Bezug, als er im Jahre 1209 in einem großen Privileg den Bürgern von Stade die ihnen von seinem Vater zugestandenen Rechte bestätigte und diese noch erweiterte. Von den in dieser königlichen Urkunde genannten Rechtssätzen gehören die Verfügungen über die Gerichtsordnung und über die Höhe einzelner Bußen zu diesem ältesten Kern des Stadtrechts. Auch die Bestimmungen über den Erwerb der persönlichen Freiheit durch den einzelnen Bürger binnen Jahr und Tag und über die Regelung seines Nachlasses finden in den Rechtsaufzeichnungen für Lübeck und die Braunschweiger Hagenstadt ihre Entsprechung. Sie dürften deshalb aus der Zeit Heinrichs des Löwen stammen.

Die Vogteirechte, die der Herzog im Erzstift Bremen besaß, gaben ihm die Möglichkeit, auch in die Gerichtsverhältnisse der Stadt Bremen einzugreifen. Allerdings hat Heinrich diese Vogteigerichtsbarkeit seit dem Gerichtstag, den er im November 1155 nach seiner Rückkehr aus Italien in der Stadt abhielt, allem Anschein nach nicht mehr selbst ausgeübt. Im Jahre 1159 wird in der Person des Adolf von Nienkerken (wohl Neuenkirchen an der Weser unterhalb Bremens) zum ersten Mal ein Stadtvogt für Bremen genannt. Er gehörte zum Lehnsadel Heinrichs des Löwen, in dessen Umgebung er uns in den 50er und 60er Jahren immer wieder begegnet. So wird man annehmen dürfen, daß er mit dieser Funktion vom Herzog betraut war. Neben ihm wird auch ein Untervogt Bernhard erwähnt; doch wissen wir nicht, ob er auch für die Stadtvogtei zuständig war. Auch über die Tätigkeit Adolfs von Nienkerken als Stadtvogt ist nichts Näheres bekannt.

Um die Mitte des 12. Jahrhunderts entwickelte sich in Bremen die Bürgergemeinde immer mehr zu einer selbständigen Körperschaft, die neben dem Erzbischof als dem Stadtherrn schon wiederholt selbständig handelnd hervortrat. Man hat gelegentlich die Meinung vertreten, der Herzog habe diese Ausbildung einer Stadtgemeinde dadurch wesentlich gefördert, daß er den Bremer Bürgern in einem verlorenen Privileg teilweise die gleichen Rechte zugestand, die er damals der Stadt Stade verliehen habe. Diese Annahme trifft jedoch nicht zu; von einer Urkunde Heinrichs des Löwen für Bremen ist nichts bekannt. Manches spricht eher dafür, daß das Verhältnis zwischen dem Herzog und den Bremer Bürgern in den 60er Jahren ziemlich gespannt war. So erklärt es sich, daß sich diese, wie wir sahen, bei den Kämpfen in Sachsen im Jahre 1167 auf die Seite seiner Gegner schlugen.

Im Nordosten Sachsens bildeten die beiden in nächster Nachbarschaft an der Ilmenau liegenden Orte Bardowick und Lüneburg einen wichtigen Stützpunkt der Herrschaft Heinrichs des Löwen. Sie standen lange Zeit in einer engen wirtschaftlichen Interessengemeinschaft. Lüneburg war der Ort der wichtigen Salzproduktion, die über Bardowick den Weg vor allem in den Norden und Osten nahm. Schon im 8. Jahrhundert ein wichtiger Handelsplatz im sächsisch-slawischen Grenzgebiet, hatte sich

Bardowick in der Folgezeit zu einem bedeutenden Marktort entwickelt. Die Frage, ob Karl der Große hier im Nordosten Sachsens ein Missionsbistum gegründet hat, das dann bald nach Verden verlegt wurde, läßt sich nicht mit Sicherheit beantworten. Ursprünglich befand sich der Ort mit Markt, Münze und Zoll im Besitz des Königtums; vermutlich wurde er von Kaiser Lothar III. den Welfen zu Lehen gegeben. Auch wenn wir von der Verleihung des Stadtrechts nichts hören, war Bardowick um die Mitte des 12. Jahrhunderts in topographischer, vielleicht sogar auch in rechtlicher Hinsicht eine Stadt. Zu Beginn der 6oer Jahre ist ein Ministeriale Heinrichs des Löwen Schultheiß von Bardowick, und zu Beginn des 13. Jahrhunderts verleiht Heinrichs Sohn Wilhelm von Lüneburg der von ihm gegründeten Stadt Bleckede die früher in Bardowick üblichen Rechte.

Die Gründung Lübecks durch Graf Adolf II. brachte für den Handel in Bardowick bald einen schweren Rückschlag. Durch das Marktverbot, das der Herzog damals über Lübeck verhängte, versuchte er, diese Konkurrenz für Bardowick auszuschalten. Nachdem er aber selbst im Jahre 1159 Stadtherr von Lübeck geworden war, hatte er kein Interesse mehr, Bardowick zu fördern. So setzt in der zweiten Hälfte des 12. Jahrhunderts der Niedergang der Stadt ein. Die Spannungen, die sich daraus zwischen ihren Bürgern und dem Herzog ergaben, führten nach dem Sturz Heinrichs des Löwen, als Bardowick wieder an das Reich zurückfiel, zum offenen Bruch. Schon im Jahre 1182 sollen die Bürger nach dem Bericht einer allerdings jüngeren Quelle dem Herzog, als er auf dem Weg in die Verbannung an Bardowick vorbeizog, mit Spott und Hohn den Zutritt zu ihrer Stadt verwehrt haben. Als Heinrich im Herbst 1189 nach der vorzeitigen Rückkehr aus seiner zweiten Verbannung im östlichen Sachsen seine Herrschaft wieder errichten wollte, leistete ihm Bardowick erneut Widerstand. Der Herzog übte jetzt grausame Rache. Er eroberte und zerstörte die Stadt so gründlich, daß sie fortan zu einem bedeutungslosen Dorf herabsank. Auch die Kirchen gingen in Flammen auf. Nur der später wiederaufgebaute „Dom" zeugt von der einstigen Größe der Stadt. Daß der Herzog an dem zerstörten Gotteshaus die Worte „Vestigia Leonis" angebracht haben soll, ist allerdings eine spätere Sage.

Auch bei Lüneburg gehen die Anfänge der späteren Stadt wohl in spätkarolingische Zeit zurück. Die Siedlung an der Saline, die zu deren Betrieb erforderlich war, ist vermutlich im 9. Jahrhundert entstanden. Etwas jünger ist die Siedlung am Fuße der auf dem Kalkberg ursprünglich wohl als Fluchtburg errichteten Burg. Seit dem 10. Jahrhundert war diese

Burg der Hauptsitz der Billunger, zu deren Allodialgut dieses Gebiet gehörte. Im Schutz der Burg haben sie zu Ehren des heiligen Michael ein Kloster gegründet, dessen Kirche die Grablege ihres Hauses wurde. Am Fuße des Berges entstand allmählich eine Siedlung. Heinrich der Löwe und Clementia haben in den Anfängen der Regierung des Herzogs immer wieder auf der Burg residiert. Hier ist wohl auch ihr Sohn Heinrich geboren, der als kleines Kind bei einem Unfall starb und in der Kloster-kirche beigesetzt wurde. Auch später hat der Welfe wiederholt in Lüne-burg Hof gehalten.

Neben der Salinensiedlung und dem Burgbezirk ist im 10. Jahrhundert auch ein Markt bezeugt, der in Form eines Straßenmarktes im Gebiet der späteren Straße „Auf der Altstadt" bestand. Um die Mitte des 12. Jahr-hunderts trug Lüneburg schon stadtähnlichen Charakter. Die Zerstörung Bardowicks wirkte sich für die Entwicklung des Ortes günstig aus. Die gelegentlich geäußerte Vermutung, daß Heinrich der Löwe im letzten Jahrzehnt seiner Regierung durch die Errichtung der sogenannten Neu-stadt eine Erweiterung dieser Siedlungszellen vorgenommen und Lüne-burg mit Stadtrecht bewidmet habe, läßt sich aber nicht beweisen. Der Prozeß der Stadtwerdung ist in Lüneburg nicht schon im 12. Jahrhun-dert, sondern wohl erst in den ersten Jahrzehnten des 13. Jahrhunderts zum Abschluß gekommen. Auch hier darf man die Rolle Heinrichs des Löwen nicht überschätzen.

Auch die Anfänge der Stadt Hannover im 12. Jahrhundert müssen nach Lage der Quellen unsicher bleiben. Nach dem Aussterben der Billunger im Jahre 1106 waren die Grafenrechte, die sie in diesem Gebiet, dem Marstemgau, ausübten, an die Grafen von Roden übergegangen. Sie gründeten in Hannover um das Jahr 1125 die Georgskirche und legten an ihr einen Markt an. Daneben bestand an der Ägidienkirche eine selbstän-dige Siedlung. Heinrich der Löwe hat als Herzog die Lehnsoberhoheit gegenüber den Grafen von Roden wieder zur Geltung gebracht. Im Jahre 1163 hat er in Hannover, wo er einen Hof besaß, einen stark besuchten Hoftag abgehalten. Bei dieser Gelegenheit wurde vermutlich der von ihm errichtete Neubau der Ägidienkirche von dem zuständigen Bischof von Minden geweiht. Auch die Erweiterung des bebauten Gebiets um die Kirche und die Befestigung des Ortes geht auf den Herzog zurück, der hier eine Münzstätte errichtete und Hannover vielleicht ein erstes Stadt-recht verliehen hat. Als König Heinrich VI. in den Kämpfen mit Heinrich dem Löwen im Jahre 1189 Hannover zerstörte, wird es als „civitas" bezeichnet. Doch besagt dieser Begriff allein noch nicht, daß Hannover

damals eine Stadt im Rechtssinn gewesen ist. Mit Sicherheit gilt dies erst
für das frühe 13. Jahrhundert.

Im Süden Sachsens bilden seit dem 13. Jahrhundert (Hann.-)Münden und
Göttingen wichtige Stützpunkte der welfischen Macht. Man hat deshalb
ihre Anfänge als Städte ebenfalls auf Heinrich den Löwen zurückgeführt.
Das gilt vor allem für Münden. Die Tatsache, daß im Gebiet der Oberweser welfischer Besitz lag, hat man bis in die jüngste Zeit hinein als Beweis
dafür angesehen, daß Münden, das in den 8oer Jahren des 12. Jahrhunderts zum erstenmal als Stadt erscheint, von Heinrich gegründet sei.
Auch der Grundriß Mündens spreche für diese These. Demgegenüber hat
eine genaue Untersuchung der Besitzverhältnisse in dem Mündungsdrei-
eck, das die Werra und die Fulda bei ihrem Zusammenfluß bilden und in
dem die Stadt liegt, eindeutig gezeigt, daß es sich hierbei um altes Reichsgut handelt, das die Landgrafen von Thüringen aus dem Haus der Ludowinger zu Lehen besaßen. Münden ist also eine Gründung der thüringischen Landgrafen. Landgraf Ludwig II. oder seine Söhne dürften die
Stadt in der Zeit zwischen etwa 1155 und 1180 ins Leben gerufen haben.
Erst nach dem Aussterben der Ludowinger im Jahre 1247 ging sie in den
Besitz der Welfen über.

Auch über den Prozeß der Stadtwerdung Göttingens lassen sich nur
Vermutungen äußern, da für die Geschichte Göttingens im 12. Jahrhundert alle schriftlichen Quellen fehlen. Neben dem alten Dorf Gutingi gab
es im Gebiet der heutigen Stadt um die Mitte des Jahrhunderts vielleicht
schon eine Marktsiedlung bei der Johanniskirche und wohl einen welfischen Wirtschaftshof, der auf dem Platz der späteren herzoglichen Burg
lag. Heinrich der Löwe ist im Gebiet von Göttingen niemals nachweisbar. Der Ort wird nach langer Zeit zum erstenmal wieder in der Erbteilung erwähnt, die die drei damals noch lebenden Söhne Heinrichs des
Löwen im Jahre 1202 durchführten. Göttingen gehörte zum Erbteil des
Pfalzgrafen Heinrich, des ältesten der drei Söhne, und ging nach dessen
Tod zusammen mit seinen übrigen Besitzungen an seinen Neffen, Herzog Otto das Kind, über. Vermutlich hat der Pfalzgraf Heinrich bald
nach der welfischen Erbteilung Göttingen zur Stadt erhoben. Im Jahre
1232 hat Herzog Otto den Bürgern der Stadt die Rechte bestätigt, die sie
zur Zeit des Pfalzgrafen und Kaiser Ottos IV. innehatten. Daß bereits
Heinrich der Löwe, wie gelegentlich vermutet wird, den Ort mit Stadtrecht bewidmet hat, ist ganz unwahrscheinlich.

Auch bei Haldensleben, dem wichtigsten Stützpunkt der herzoglichen

Macht in Ostsachsen, hat man wiederholt vermutet, daß der Ort von Heinrich dem Löwen gegründet und mit einem großzügigen Stadtrecht bewidmet ist. Die Siedlung in diesem Raum nahm von der gräflichen Burg Althaldensleben ihren Ausgangspunkt, die nach dem Aussterben des hier sitzenden Geschlechts an Lothar III. und dann an die Welfen übergegangen ist. Trotz ihrer starken Befestigung wurde sie, wie wir bereits sahen, bei den Kämpfen in Sachsen im Jahre 1167 von Erzbischof Wichmann von Magdeburg und seinen Verbündeten erobert und zerstört. Etwas weiter nördlich von ihr entstand an der Ohre im Schnittpunkt wichtiger Handelsstraßen um die Mitte des 12. Jahrhunderts die Kaufmannssiedlung Neuhaldensleben, die für Magdeburg eine gewisse Konkurrenz bildete. An der Gründung des Ortes dürfte Heinrich der Löwe, auf dessen Grund und Boden er lag, beteiligt gewesen sein. Neuhaldensleben wird schon frühzeitig in den Quellen als „civitas" bezeichnet. Einmal werden auch Bürger des Ortes erwähnt, der ebenfalls stark befestigt war. Zu Beginn des 13. Jahrhunderts werden den Bewohnern der Stadt vom Erzbischof von Magdeburg Rechte bestätigt, die ihnen von Heinrich dem Löwen verliehen worden waren. Diese verschiedenen Indizien sprechen dafür, daß der Herzog Neuhaldensleben das Stadtrecht verliehen hat. Ein sicherer Beweis läßt sich dafür allerdings nicht erbringen. Bei den schweren Kämpfen, die gegen Ende des Jahres 1177 in Sachsen erneut ausbrachen und die wir später noch näher zu behandeln haben, konnte Erzbischof Wichmann Neuhaldensleben nach mehrmaliger vergeblicher Belagerung im Sommer 1181 erobern. Er überließ die Stadt den Bürgern von Magdeburg zur Zerstörung. Nachdem sich die Erzbischöfe von Magdeburg zu Beginn des 13. Jahrhunderts den Besitz des Ortes endgültig gesichert hatten, haben sie mit dem Wiederaufbau der Stadt begonnen.

Überblickt man die Haltung des Herzogs gegenüber den Zielen der bürgerlichen Bewegung seiner Zeit im niederdeutschen Raum, so hat er zweifellos bei einer Reihe von wichtigen Orten deren Entwicklung zur Stadt wesentlich gefördert und teilweise durch die Verleihung eines Stadtrechts zum Abschluß gebracht. Der Zeitraum vom Ausgang der 50er Jahre bis etwa 1170, in dem er auch auf dem Gebiet seiner Territorialpolitik seine stärkste Aktivität entfaltet hat, bildet zeitlich gesehen den Höhepunkt dieses Vorgehens. Nur kann man nicht, wie dies gelegentlich geschehen ist, von einer großzügigen Städtepolitik Heinrichs des Löwen sprechen. Bezeichnend ist es auch, daß sich diese Maßnahmen auf seinen

engeren Herrschaftsbereich in Ostsachsen und auf Nordelbingen be-
schränkten. Im Gebiet westlich der Weser hat er keinen Ort zur Stadt
erhoben. In Westfalen hat er diese städtische Entwicklung eher gehemmt
als begünstigt. Hier beginnt eine Periode neuer Stadtgründungen erst
nach seinem Sturz.

Das führt uns auf die Frage nach den Zielen dieser Politik. Zweifellos
sind sie zunächst im Wirtschaftlichen zu suchen. Seine Gunst galt in
erster Linie solchen Orten, die ihren Wert als Handelsplätze bereits erwiesen hatten oder die dank ihrer günstigen Lage die Aussicht boten, ein
Mittelpunkt des Handels zu werden. Nur kann man nicht, wie man
gemeint hat, von einer bewußten Wirtschaftspolitik Heinrichs des Löwen
sprechen, deren Ziel der Aufbau eines geschlossenen Wirtschaftsgebiets
gewesen sei. Dafür fehlte noch die wichtigste Voraussetzung, ein in sich
abgerundetes Territorium.

Heinrichs Haltung war aber vor allem durch fiskalische Interessen
bestimmt. Das Wachstum des Handels und die Zunahme der Einwohner
in diesen Städten führte zu einer Steigerung der Einkünfte, die ihm aus
den Marktabgaben, den Einnahmen aus Münze und Zoll und aus der
Gerichtsbarkeit in diesen Städten zuflossen. So erhielt er die Mittel, die er
bei dem damals immer stärker werdenden Übergang von der Natural- zur
Geldwirtschaft auch bei seiner Politik einsetzen konnte.

Dieses Anwachsen des Geldverkehrs wird auch in der fast sprunghaf-
ten Zunahme der Münzprägung unter dem Herzog deutlich. Seit den
Anfängen seiner Regierung war er im Besitz der schon seit langem beste-
henden Münzstätten in Braunschweig, Bardowick, Lüneburg und Stade.
Auch die Bremer Münze konnte er zeitweilig in seine Hand bringen. Mit
den Grafschaftsrechten im Lisgau erhielt er im Jahre 1158 auch die
Münzstätte in Gittelde südlich von Gandersheim. Bald darauf hat er in
Lübeck eine Münzstätte errichtet, die für den ganzen Ostseeraum bald
eine immer größere Bedeutung gewann. Auch in Hannover hat er eine
Münze eingerichtet.

Gleichzeitig vollzog sich in der Form der Münzen ein entscheidender
Wandel. An die Stelle der auf der Vorder- und Rückseite geprägten Pfen-
nige (Denare) traten jetzt die Brakteaten, Münzen aus dünnem Silber-
blech, die nur mit einem Stempel geprägt wurden und deren Münzbild
deshalb ein höheres Relief aufweist. Diese Brakteatenprägung hat in der
zweiten Hälfte des 12. Jahrhunderts ihre Blüte erlebt. Das Hauptverbrei-
tungsgebiet ist das südliche und das östliche Sachsen. Dementsprechend
sind fast alle Münzen Heinrichs des Löwen Brakteaten. Sie tragen nur

selten das Bild des Herzogs. Die Mehrzahl dieser zahlreichen Brakteaten zeigt als Münzbild die Gestalt eines Löwen in verschiedener Ausführung. Die Vielzahl der Gepräge erklärt sich aus dem Brauch mittelalterlicher Münzherren, in jedem Jahr neue Münzen zu prägen, um damit einen hohen Münzgewinn zu erzielen. Bei besonderen Anlässen, so bei der Hochzeit Heinrichs mit Clementia und bei seiner zweiten Hochzeit mit Mathilde von England, wurden besonders schöne Denkmünzen geprägt und unter dem Volk verteilt. Auch bei der Errichtung des Löwendenkmals im Jahre 1166 wurde eine solche Denkmünze geschaffen. In künstlerischer Hinsicht stellen die Brakteaten Heinrichs des Löwen zweifellos den Höhepunkt dieser Brakteatenprägung in Sachsen dar.

Das gemeinsame Interesse am wirtschaftlichen Erstarken der Städte führte den Herzog und die Bürger zusammen. Es ist deshalb eine müßige Frage, wem von beiden das größere Verdienst für das Aufblühen dieser Städte zukommt. Die hoheitlichen Befugnisse, vor allem die hohe Gerichtsbarkeit, behielt der Herzog in seiner Hand und ließ sie durch seine Burg- oder Stadtgrafen oder seine Vögte ausüben.

Wie jeder andere Stadtherr der Zeit mußte er aber auch bestrebt sein, durch Vergünstigungen möglichst viele Neubürger in seine Städte zu ziehen. Die Möglichkeit dazu boten jene städtischen Rechtsgewohnheiten, die sich seit dem Ende des 11. Jahrhunderts in den Landschaften am Niederrhein ausgebildet hatten und die die Fernkaufleute aus diesem Gebiet nach Sachsen mitbrachten. Dazu gehörten neben wirtschaftlichen Vorteilen wie der Befreiung vom Grundzins vor allem der Erwerb der persönlichen Freiheit und das Recht, unter Beibehaltung heimischer Gewohnheiten Friedensordnungen für die bürgerliche Gemeinschaft zu erlassen. Gerade der Grundsatz „Stadtluft macht frei", d. h. die Möglichkeit, als Bürger einer Stadt aus der grundherrlichen Abhängigkeit zur persönlichen Freiheit emporzusteigen, mußte den Städten aus ihrem Umland wertvolle Kräfte zuführen. Die Regelung der innerstädtischen Aufgaben, wie die Aufsicht und die Gerichtsbarkeit über den Markt, wurde den in Form einer Schwurgemeinde zusammengeschlossenen Bürgern überlassen. Sie schufen sich in dem Vorstand dieser städtischen Eidgenossenschaft ein erstes Verwaltungsorgan, aus dem am Ende des Jahrhunderts der Rat als Träger der städtischen Selbstverwaltung erwuchs.

Das Ziel der Städtepolitik des Welfen lag aber nicht nur im Wirtschaftlichen und im Fiskalischen. Mit dieser Förderung der Städte verfolgte er auch militärische und politische Absichten. Die Städte, mit denen in der Regel eine herzogliche Burg verbunden war, besaßen einmal eine Schutzfunktion für das sie jeweils umgebende Gebiet. Das gilt nicht nur für die beiden Gründungen östlich der unteren Elbe, sondern auch für die Städte im Inneren Sachsens. Gerade bei den schweren Kämpfen während der 60er Jahre bildeten die Städte im östlichen Sachsen wichtige Stützpunkte der herzoglichen Macht. Über die militärische Funktion hinaus war ihnen aber auch in administrativer Hinsicht eine besondere Aufgabe zugedacht. Bei dem Versuch Heinrichs des Löwen, in den welfischen Kernlanden eine möglichst geschlossene Gebietsherrschaft durchzuführen, sollten die Städte Mittel- und Ausstrahlungspunkte für die Verwaltung der umliegenden Gebiete werden. Die Energien des aufstrebenden Bürgertums sollten dem werdenden Territorialstaat zunutze gemacht werden.

Im Gefüge jedes staatlichen Gebildes im Mittelalter nahm die Kirche einen besonders wichtigen Platz ein. Bei der starken Verflechtung allen weltlichen und geistlichen Lebens konnte sie für jeden Herrscher ein wertvoller Helfer beim Aufbau einer starken Machtstellung werden. Diese Möglichkeit hat Heinrich der Löwe weitgehend genutzt. In einer Zeit, in der das deutsche Königtum nach dem Wormser Konkordat seinen bis dahin beherrschenden Einfluß auf die Kirche zu einem guten Teil eingebüßt hatte, hat es der Herzog verstanden, sich in seinem Herrschaftsgebiet die Kirche mit ihren Einrichtungen in einem Ausmaß dienstbar zu machen, wie dies bei keinem anderen deutschen Territorialfürsten des 12. Jahrhunderts der Fall war.

Am deutlichsten wird dies, wie wir bereits sahen, in Nordelbingen. Die Rechte, die er hier gegenüber den drei Bistümern Oldenburg-Lübeck, Ratzeburg und Schwerin geltend machte, gingen erheblich über die Zugeständnisse hinaus, die das Investiturprivileg Friedrichs I. aus dem Jahre 1154 enthielt. Der Herzog vollzog nicht nur die Investitur der Bischöfe, er entschied auch in der Regel über die personelle Besetzung eines bischöflichen Stuhles und hat die Bischöfe zu staatlichen Aufgaben herangezogen. Auf die alten Rechte eines Markgrafen hat er auch im Bereich dieser bischöflichen Immunitätsbezirke nicht verzichtet und die oberste Gerichtsgewalt über die kirchlichen Hintersassen in seiner Hand behalten.

Bei den übrigen Bistümern und Reichsabteien in Sachsen übte der König das Investiturrecht aus. Wenn der Herzog bei einigen von ihnen einen starken Einfluß geltend machen konnte, so bildeten dafür die Vogteigerechtsame die rechtliche Grundlage. Diese Kirchenvogtei gab ihm auch sonst die Möglichkeit, seine Herrschaft gegenüber der Kirche in weitem Umfang durchzusetzen. Da bei einer Reihe von Stiften und Klöstern in Sachsen die Vogteiverhältnisse um die Mitte des 12. Jahrhunderts nicht sicher zu erkennen sind, läßt sich die genaue Zahl der Vogteien, die im Besitz des Herzogs waren, nicht bestimmen. Sie dürfte aber etwa 50 betragen haben. Wenn sein Gegenspieler Albrecht der Bär nur über etwa 20 Vogteien verfügte, so zeigt dieser Vergleich, wie stark die Machtstellung Heinrichs des Löwen auch im kirchlichen Bereich war.

An den Ereignissen im Erzstift und in der Stadt Bremen haben wir bereits gesehen, welche Möglichkeiten diese Vogteigerichtsbarkeit bot. Gewiß ging die starke Stellung, die sich Heinrich der Löwe im Erzstift und in der Stadt schuf, weit über die Rechte eines Vogtes hinaus. Diese Vogtei bildete aber gerade in den Anfängen von Heinrichs Regierung den Ansatzpunkt für sein Eingreifen in die Bremer Verhältnisse. Verden und Osnabrück waren die beiden anderen sächsischen Bistümer, bei denen sich die Vogtei über die Domstifte im Besitz des Welfen befand. Wenn uns auch von Maßnahmen des Herzogs gegenüber beiden Bistümern nichts bekannt ist, so wird er doch auch bei ihnen in wichtigen Entscheidungen, so bei der Wahl des aus einer welfischen Ministerialenfamilie stammenden Bischofs Hermann von Verden im Jahre 1148, seinen Einfluß geltend gemacht haben.

Bei den Vogteien über Klöster und Stifte ergeben sich starke rechtliche Unterschiede. Bei den Hausklöstern, die er von seinen Vorfahren ererbt oder mit seinen neuen Erwerbungen erhalten hatte, übte er diese Rechte als Eigenkirchenherr aus. Daneben stand die nicht geringe Zahl der Klöster, bei denen diese Vogtei vom Reich oder von einzelnen Bischöfen zu Lehen ging. Da sich bei der Kirchenvogtei des hohen Mittelalters weitgehend der Grundsatz der Erblichkeit durchgesetzt hatte, waren auch die zahlreichen Lehnsvogteien der Grafen von Stade, Northeim und Winzenburg fast ausnahmslos in den Besitz Heinrichs gelangt. Dazu gehörten etwa die Vogteien über die beiden großen an der Weser gelegenen Reichsklöster Corvey und Helmarshausen, über das Mainzer Eigenkloster Heiligenstadt im Eichsfeld oder das im Waldeckischen liegende Kloster Flechtdorf, das der Kölner Kirche gehörte. Diese vier Vogteien befanden sich ursprünglich im Besitz der Northeimer Grafen und waren mit deren Rechten an die Winzenburger und dann an Heinrich den Löwen übergegangen.

Die Erblichkeit der Vogtei hatte sich auf die Kirchen und Klöster oft sehr nachteilig ausgewirkt. Die Vögte hatten ihre Pflichten, Schutz und Schirm für die ihnen anvertrauten kirchlichen Anstalten auszuüben, vielfach gröblich vernachlässigt und hatten ihr Amt ganz eigenmächtig zu ihrem Vorteil und zum Ausbau ihrer Herrschaft benutzt. Sie waren, wie es in einer Urkunde Heinrichs für das ursprünglich northeimische Eigenkloster Bursfelde an der Weser aus dem Jahre 1144, der ältesten erhaltenen Originalurkunde des Herzogs, heißt, nicht die Schützer der Kirchen, sondern ihre Zerstörer geworden. Bei den großen Dynasten hatte sich die Einrichtung der Vizevogtei herausgebildet. Diese von den Stiftsvögten eingesetzten Untervögte hatten es verstanden, die Vogtei innerhalb ihrer Familie zu einem erblichen Lehen zu machen.

Diese großen Mißstände im Vogteiwesen hatten dazu geführt, daß die kirchliche Reformbewegung seit dem 11. Jahrhundert immer stärker die Forderung der freien Vogtwahl erhob. Das erbliche Amt sollte durch einen auf Lebenszeit gewählten Beauftragten des Abts und seines Konvents ersetzt werden. Die Zisterzienser strebten für ihre Gründungen sogar die Vogtfreiheit an; an die Stelle der bisherigen Vogtei sollte die allgemeine Schutzpflicht des Königs treten. Alle diese Bestrebungen sind zugleich der Ausdruck des Kampfes gegen das alte Eigenkirchenrecht, der das Hauptziel der kirchlichen Reformbewegung war.

Von dieser Situation um die Mitte des 12. Jahrhunderts aus erklärte sich auch die Klosterpolitik Heinrichs des Löwen. Er hat seine Stellung als Eigenkirchenherr und als Inhaber von Vogteirechten in den ihm unterstellten Immunitätsgebieten wahren und in einigen Fällen noch ausbauen können. So kaufte er dem Grafen Poppo von Blankenburg und seinen Brüdern ihre Anrechte auf die Vogtei am Kloster Northeim ab. Bei den Klöstern Reinhausen und Homburg hat er sich ausdrücklich das Patronatsrecht vorbehalten. Ebenso wie bei den Grafschaften war er aber auch bei den Klostervogteien nicht in der Lage, die Fülle dieser Vogteirechte selbst zu verwalten. So blieb die Vizevogtei bestehen. Sie befand sich zudem oft im erblichen Lehnsbesitz edelfreier Geschlechter; so hatten die Schwalenberger schon unter Siegfried von Boyneburg die Vizevogtei in Corvey und Flechtdorf inne. Lothar III. hatte dieses Amt eines Vizevogtes gelegentlich durch Ministeriale wahrnehmen lassen, so bei den Familienklöstern St. Michael in Lüneburg, Königslutter und Süpplingenburg. Diese Einrichtung der Ministerialenvögte hat sein Enkel nicht weiter ausgebaut.

Allerdings trug der Herzog den Reformbestrebungen dadurch Rechnung, daß er gelegentlich das Recht der freien Vogtwahl verlieh. Dieses Recht, wie es das Kloster Bursfelde im Jahre 1144 erhielt, bezog sich nur auf die Vizevogtei, nicht aber auf die Herrenvogtei. Für Northeim wurde die Bestimmung getroffen, daß die Vogtei nicht als Lehen ausgegeben werden dürfe. Ein vom Herzog oder seinen Nachfolgern eingesetzter Vogt sollte hier, wenn er ungeeignet war, wieder abgesetzt werden.

Auch sonst ist Heinrich in den verhältnismäßig wenigen Fällen, in denen er über die Vizevogtei frei verfügen konnte, davon abgegangen, sie erneut als Lehen zu vergeben, um so ihre Erblichkeit zu verhindern. Allem Anschein nach hat er einzelne seiner Vasallen damit betraut, jeweils die Rechte eines Vogtes wahrzunehmen, wenn dies erforderlich war. Das gilt etwa für die Vogtei in Osnabrück; auch im Kloster Helmarshausen begegnen uns unter ihm mehrere Untervögte aus verschiedenen Familien. Sieht man von diesen Ausnahmen ab, so hielt sich die Verwaltung der kirchlichen Immunitätsgebiete unter dem Herzog ganz in dem damals üblichen Rahmen; neue Wege ist er dabei nicht gegangen.

Für die Kirchen- und Klosterpolitik des Welfen ist noch etwas anderes sehr bezeichnend. In seinem riesigen Herrschaftsbereich hat er kein einziges neues Kloster oder Stift ins Leben gerufen. Gewiß geht auch in Sachsen während der ersten Hälfte des 12. Jahrhunderts die große Zahl der Klostergründungen, wie sie die kirchliche Reformbewegung des 11. Jahrhunderts überall im Reiche gebracht hatte, zurück. Doch kommt es auch hier noch zu Neugründungen, deren Träger weltliche Dynasten oder Bischöfe waren. Daß der Herzog an keiner dieser neuen Stiftungen beteiligt war, zeigt, daß er den monastischen Bestrebungen fremd gegenüberstand. Auch das Zisterzienserkloster Riddagshausen vor den Toren Braunschweigs ist nicht von ihm, sondern von seinem Ministerialen Liudolf von Dahlum gegründet. Heinrich hat es dann nur reichlich dotiert.

Überhaupt hat Heinrich die Kirchen und Klöster nicht in so großzügiger Weise gefördert und bedacht, wie dies die allerdings stark formelhaften Einleitungssätze seiner Urkunden bemerken. Überblickt man diese Urkunden des Herzogs, die mit wenigen Ausnahmen für geistliche Empfänger bestimmt sind, so hat er größere Schenkungen nur seinen Hausklöstern in und um Braunschweig und in Lüneburg zukommen lassen. Andere Kirchen und Klöster erhielten von ihm nur kleinere Zuwendungen. In einer Reihe von Fällen beschränkte er sich darauf, Schenkungen und Rechtsverleihungen seiner Vorfahren zu bestätigen. Daneben steht eine nicht geringe Zahl von Urkunden, mit denen er Rechtsgeschäfte, wie den Verkauf, Kauf oder Tausch von Besitzungen, die einzelne Kirchen und Klöster untereinander oder mit weltlichen Herren vollzogen hatten, genehmigte oder bestätigte.

Wenn der Herzog seinen Einfluß im kirchlichen Bereich nicht nur in Nordelbingen, sondern weitgehend auch im altsächsischen Gebiet durchsetzen konnte, so stützte er sich dabei auf eine größere Gruppe von Geistlichen, die man mit Recht als seinen Verwaltungsklerus bezeichnet hat. Die Mehrzahl dieser Kleriker kam aus dem Braunschweiger Raum. Es waren Angehörige des Blasius- und des Cyriacusstifts, des Ägidienklosters in Braunschweig oder des Klosters Riddagshausen. Aber auch aus anderen Orten hat der Herzog Geistliche an seinen Hof gezogen. Diese Kleriker bekleideten in der Regel für einige Zeit das Amt eines Hofkaplans; später wurden ihnen sehr häufig wichtige kirchliche Stellen übertragen.

Diese Kapläne bilden die Hofgeistlichkeit des Herzogs; einige von ihnen haben ihren Herrn auch auf dessen Feldzügen und Reisen ständig begleitet. Sie nahmen nicht nur ihre geistlichen Pflichten beim Gottesdienst wahr. Wie jeder andere Herrscher der Zeit hat auch Heinrich seine Kapläne zu politischen Aufgaben wie etwa Gesandtschaften herangezogen.

Aus den Reihen dieser Kapläne kamen meist auch die Notare des Herzogs. Heinrich der Löwe ist der erste sächsische Herzog gewesen, der über Rechtshandlungen Urkunden ausgestellt hat. Weder aus der herzoglichen Regierung seines Großvaters Lothar noch aus der kurzen Herrschaft seines Vaters sind irgendwelche Urkunden überliefert. Dabei können wir an den Urkunden Heinrichs erkennen, wie sich aus den noch unsicheren Anfängen eine Beurkundungsstelle entwickelte, die man mit allem Vorbehalt als eine Kanzlei bezeichnen kann. Nur dürfen wir in ihr noch keine organisierte Behörde erblicken.

Von den insgesamt sieben Notaren, die sich für die Regierungszeit des Herzogs nachweisen lassen, hat meistens jeweils nur einer dieses Amt bekleidet. Die Reihe wird durch Gerold eröffnet, dessen Weg für die Laufbahn der Kapläne in mancher Hinsicht charakteristisch ist. Aus einem vornehmen schwäbischen Geschlecht stammend, kam Gerold, wohl schon in jungen Jahren, nach Braunschweig, wurde hier Kanoniker des Blasiusstifts, in dem er wegen seiner Gelehrsamkeit das Amt des Schulmeisters erhielt, und Kaplan des Herzogs. Nur einmal begegnet er uns in der Funktion des Notars; im Jahre 1155 wurde er nach dem Tod Vizelins Bischof von Oldenburg. Die glänzendste Laufbahn hat zweifellos der Notar Hartwig gehabt. Er gehörte einer bremischen Ministerialenfamilie an, die ihren Sitz in Uthlede an der Niederweser hatte. Er wurde Kaplan des Herzogs, der ihm eine Domherrenpfründe in Bremen verschaffte. Seit etwa 1158 hat er als Notar auf das Urkundenwesen Heinrichs des Löwen bis zum Beginn der 70er Jahre den entscheidenden Einfluß gehabt und wird einmal geradezu als „magister cartularii" bezeichnet. Im Jahre 1185 wurde er zum Erzbischof von Bremen gewählt. Nach einer sehr wechselvollen Regierung ist er im Jahre 1207 gestorben.

Die Herstellung der Urkunden, für die eine nicht geringe Gebühr erhoben wurde, wurde aber in den Fällen, in denen die geistlichen Empfänger eine eigene Schreibschule besaßen, auch diesen überlassen. Die letzte Kontrolle blieb aber den herzoglichen Notaren vorbehalten. Sie führten auch das Siegel des Herzogs, das den Urkunden erst die Rechtskraft gab. Wie bei den deutschen Kaisern und Königen und anderen Herrschern wurde ein Siegelstempel nach einer Reihe von Jahren, wohl um Fälschungen zu erschweren, durch einen neuen ersetzt. Bis zu seinem Sturz hat der Herzog sieben in ihrer Ausführung etwas verschiedene Reitersiegel geführt, die nach dem Verlust seiner Herzogtümer durch ein kleineres, die Gestalt eines Löwen zeigendes Siegel ersetzt wurden.

Fragen wir nach diesem Überblick über die Herrschaft Heinrichs des Löwen in Sachsen nach seinen Zielen, so ging es ihm nicht, wie die Forschung lange Zeit meinte, um die Wiederherstellung eines Stammesherzogtums in Sachsen. Das war schon deshalb nicht möglich, weil es ein solches das ganze Stammesgebiet umfassendes Herzogtum hier niemals gegeben hat. Ebensowenig kann man aber auch davon sprechen, daß er nach dem Vorbild der normannischen Monarchien in Sizilien und in England mit dem Aufbau eines festgefügten Staatsgebildes begonnen hätte, in dem die feudale Ordnung schon weitgehend durch eine mehr beamtenmäßige Verwaltung ersetzt wurde. Das Lehnrecht, das im 12. Jahrhundert im Abendland seine volle Blüte erlebte, hat auch dem Herzogtum des Welfen in Sachsen im wesentlichen sein Gepräge gegeben. Darin unterschied sich Heinrichs Politik in keiner Weise von dem Vorgehen anderer Dynasten seiner Zeit.

Seine herzogliche Gewalt beruhte in großen Teilen seines Herrschaftsbereichs in erster Linie auf seinem riesigen Allodialbesitz, seinen Grafschafts- und Vogteirechten und anderen mit ihnen in Zusammenhang stehenden Gerechtsamen. Sie war aber nicht nur ein Konglomerat dieser verschiedenen Rechte. Gewiß hat sich Heinrich bei seinen Maßnahmen kaum auf sein Amt als Herzog berufen. Er nimmt aber doch eine Rechtsstellung ein, die über die eines Grafen und Vogtes hinausging. Besonders deutlich wird dies auf dem wichtigen Feld der Landfriedenswahrung.

Gerade das Recht, Maßnahmen für die Sicherung des Landfriedens unternehmen zu können, ist eine wesentliche Voraussetzung für die Ausbildung einer herzoglichen Obergewalt geworden. Diese Aufgabe gab Heinrich auch die Möglichkeit, in den Gebieten seine Herrschaft durchzusetzen, in denen andere Rechtsgrundlagen fehlten. Ausdruck einer solchen herzoglichen Oberhoheit im gesamtsächsischen Raum sind auch die Landtage, auf denen nicht nur die Lehnsträger und Ministerialen des Herzogs erschienen. Solche Landtage hat Heinrich vor allem für den Bereich der alten Mark in Nordelbingen abgehalten. Auch im Inneren Sachsens berief er solche Landtage ein. So fand im Jahre 1163 in Hannover ein Hoftag statt, bei dem auch westfälische Dynasten anwesend waren, und im Jahre 1173 hören wir von einer großen Versammlung in Paderborn. Nicht mit Unrecht hat man seine Herrschaft in Sachsen als ein „stammesbezogenes Herzogtum" bezeichnet.

In verfassungsrechtlicher Hinsicht vollzieht sich überall in Deutschland im Laufe des 12. Jahrhunderts eine entscheidende Wende: der Übergang von nur locker gefügten Herrschaftsgebilden, die sich über Personen und Verbände erstrecken, zu in sich geschlossenen Flächenstaaten. Dadurch wurden damals die Grundlagen des modernen Verwaltungsstaats geschaffen. In dieser Zeit des Übergangs war es das Ziel Heinrichs des Löwen, im sächsischen Stammesgebiet die verschiedenartigen ihm überkommenen Herrschaftsrechte auf der höheren Basis eines territorialen Herzogtums zu einer Einheit zusammenzufassen und eine Gebietsherrschaft großen Ausmaßes zu schaffen.

Dabei schöpfte er alle Möglichkeiten aus, die ihm die verschiedenen Rechtsordnungen der Zeit, vor allem das Land- und das Lehnrecht, boten. Er war aber auch gewillt, sich über diese Rechtsordnungen hinwegzusetzen, wenn sie seinen Interessen widersprachen. Diese oft rücksichtslose Machtpolitik des Löwen rief immer mehr den Widerstand derer hervor, deren Rechte er mißachtete. So zeichnete sich in steigendem Maße der Konflikt zwischen Recht und Macht ab, der das entscheidende Problem seiner weiteren Regierung wurde.

## Siebentes Kapitel

# Herzog von Bayern

Als Heinrich der Löwe nach langem zähen Ringen im September 1156 auf dem Reichstag bei Regensburg die Herrschaft der Welfen in Bayern – wenn auch nach der Errichtung des Herzogtums Österreich auf einer schmaleren territorialen Grundlage – erneuern konnte, fand er hier für seine Stellung als Herzog rechtliche Voraussetzungen vor, die sich von den entsprechenden Verhältnissen in Sachsen in mancher Hinsicht wesentlich unterschieden.

Trotz des häufigen Wechsels der herzoglichen Dynastien war Bayern im 12. Jahrhundert noch das in sich geschlossenste Herzogtum des deutschen Reiches. Das lag vor allem darin begründet, daß die deutschen Könige seit der Mitte des 10. Jahrhunderts immer wieder Angehörige ihnen verwandter Familien als Herzöge eingesetzt und im 11. Jahrhundert das Herzogtum zeitweilig selbst verwaltet hatten. So nahm Bayern fast die Stellung eines Kronlandes ein. Die weitgehende Delegation königlicher Rechte an die Herzöge hat deren Ansehen innerhalb des Stammesverbandes wesentlich gestärkt.

Der Herzog ist der Führer des Stammesaufgebots. Auch die Kontingente, die die Bischöfe in Bayern als Reichsfürsten dem König zu stellen hatten, erscheinen oft im Gefolge des Herzogs. Besonders deutlich wird diese starke Stellung der Herzöge im Bereich der Gerichtsbarkeit. Kraft königlicher Bannleihe übten sie allem Anschein nach schon frühzeitig eine oberste Gerichtsgewalt im Stammesgebiet aus. Als „iudex provinciae" wird noch Heinrich der Löwe ausdrücklich bezeichnet. Dabei war die Sorge für den Landfrieden eine der wichtigsten Aufgaben des Herzogs. Neben die Landfriedensgesetzgebung des Königs traten eigene Landfriedensordnungen der Herzöge. Im Unterschied zu Sachsen unterstanden in Bayern die Markgrafschaften dem Herzog. Nachdem die Mark Österreich im Jahre 1156 zu einem eigenen Herzogtum erhoben war, waren noch die Mark auf dem bayerischen Nordgau unter den Herren von Vohburg und die Steiermark unter den Ottokaren vom Herzog lehnsabhängig. Die entfernter liegende Mark Istrien war zur Zeit Heinrichs

des Löwen schon fast ganz selbständig. Vor allem aber ist es den Herzögen gelungen, im Laufe der Zeit die Verfügung über die Grafschaften
weitgehend in ihre Hand zu bekommen. Diese gingen dann nicht vom
König, sondern vom Herzog zu Lehen. Aus dem 12. Jahrhundert ist kein
Fall bekannt, in dem ein Graf vom König eingesetzt worden ist.

Seit dem 12. Jahrhundert haben die Herzöge beim Aussterben eines
Geschlechts auch ein Heimfallrecht auf dessen Erbe geltend gemacht
und dieses wiederholt durchgesetzt. Ein solches Recht wurde ihnen aber
vom König nicht generell zugestanden. Derartige Bestrebungen entspran-
gen mehr den machtpolitischen Zielen der Herzöge.

Die starke Stellung der Herzöge wurde auch auf den Landtagen deutlich, die sie in Regensburg und an anderen Orten immer wieder abhielten.
Auf ihnen erschienen neben den Lehnsträgern der Herzöge auch zahlreiche geistliche und weltliche Herren, die in keinem Abhängigkeitsverhält-
nis zu ihnen standen.

Bayern war auch das einzige deutsche Herzogtum, in dem es eine
eigene Amtsausstattung des Herzogs gab. Diese herzoglichen Kammer-
güter waren wohl aus Konfiskationen von Kirchengut im 10. Jahrhundert
entstanden. Durch Schenkungen an geistliche und weltliche Empfänger
hatten sie in der Folgezeit zwar eine gewisse Minderung erfahren. Aber
noch um die Mitte des 12. Jahrhunderts lassen sich derartige Kammergü-
ter im Gebiet um Regensburg, zu beiden Ufern der Salzach und des Inn
und im Raum von München nachweisen.

Die Welfen haben aber ihre Stellung als Herzöge auch dadurch ausbauen können, daß sie seit dem Anfang des 12. Jahrhunderts von den
Königen Reichsgut als Lehen erhielten. Schon Herzog Welf V., sein Bruder Heinrich der Schwarze und dessen Sohn Heinrich der Stolze waren
im Besitz von Reichsgut. Konrad III. hat dieses Reichsgut nach der Absetzung Heinrichs des Stolzen bei der Krone behalten. Friedrich I. hat
aber bei der Übergabe Bayerns an Heinrich den Löwen diesem auch in
größerem Umfang Reichsgut als Lehen übertragen. Wiederholt beruft sich
Heinrich bei seinen Verfügungen auf dieses erbliche Recht am Reichsgut.
Auch die Tatsache, daß einzelne welfische Ministerialen – so im Gebiet
um Ranshofen am Inn – gleichzeitig als königliche Dienstmannen bezeichnet werden, läßt sich nur damit erklären, daß Heinrich Reichsgut als
Lehen innehatte.

Auf der anderen Seite war das welfische Hausgut in Bayern nicht sehr
umfangreich. Im späten 11. und 12. Jahrhundert hat es keine wesentliche
Erweiterung mehr erfahren. Es lag hauptsächlich im bayerisch-schwäbi-

schen Grenzraum am rechten Ufer des Lechs und bildete mit den Besitzungen am linken Ufer des Flusses einen relativ geschlossenen Komplex, der sich vom Gunzenlee bis nach Füssen erstreckte. Dazu kamen noch die welfischen Eigengüter in Tirol, insbesondere im Oberinntal und im Vintschgau. Mit dem Stift Wilten bei Innsbruck besaß Heinrich einen wichtigen Stützpunkt an der Straße zum Brenner. Im Norden und Osten des Herzogtums befand sich nur geringer Streubesitz in welfischer Hand. Auffällig ist die Tatsache, daß die Welfen im Umland von Regensburg nicht begütert waren.

Die Frage, wie das umfangreiche welfische Hausgut in Schwaben und Bayern zwischen Welf VI. und Heinrich dem Löwen aufgeteilt war, läßt sich nicht sicher entscheiden. In den Kernlanden nördlich des Bodensees hat Welf den Hauptteil dieser Besitzungen innegehabt; doch hatte sein Neffe hier einen nicht geringen Anteil an den Eigengütern. Die zahlreichen welfischen Ministerialen in Schwaben standen weitgehend im Dienst beider Herren. Heinrich war gewillt, seine Herrschafts- und Besitzrechte in Schwaben zu wahren. In die innerschwäbischen Auseinandersetzungen, die sich in den 60er Jahren zwischen Herzog Friedrich IV. und Welf VI. und dessen Sohn ergaben, hat er aber nicht eingegriffen. Im schwäbisch-bayerischen Grenzgebiet scheint man eine Teilung bis ins einzelne vorgenommen zu haben, während sich die übrigen Besitzungen in Bayern meist in der Verfügungsgewalt Heinrichs des Löwen befanden.

Im Vergleich zu diesem welfischen Hausgut war der Besitz anderer bayerischer Adelsgeschlechter teilweise erheblich größer. Das gilt vor allem für die Wittelsbacher, die sich schon frühzeitig von ihrer Stammburg Scheyern am Ilm und später von ihrer weiter westlich erbauten Burg Wittelsbach aus einen relativ geschlossenen Herrschaftsbereich zwischen Lech und Isar schufen. Seit dem Anfang des 12. Jahrhunderts waren sie im erblichen Besitz der Pfalzgrafenwürde für Bayern. Neben ihnen waren die Grafen von Andechs das reichste bayerische Adelsgeschlecht. Zu ihren ursprünglichen Besitz- und Herrschaftsrechten zwischen dem oberen Lech und der oberen Isar kamen später Neuerwerbungen in Franken, Tirol, Kärnten und Istrien hinzu, die ihren Aufstieg zu einem Titelherzogtum ermöglicht haben.

Wie in Sachsen läßt sich deshalb auch in Bayern die Herrschaft Heinrichs des Löwen nicht fest begrenzen. Strittig ist dabei vor allem die Frage, wieweit sich sein Machtbereich nach Osten erstreckt hat. Zwei Quellen, die um 1180 entstandene Chronik des Klosters Melk und die Chronik des Abtes Hermann von Niederaltaich, wollen wissen, daß Her-

zog Heinrich Jasomirgott von Österreich im Jahre 1156 zur Mark Österreich auch den Attergau und die Gerichtsbarkeit westlich der unteren
Enns bis nach Passau, also im Traungau, erhalten habe. Dem widerspricht
aber die Tatsache, daß Heinrich der Löwe noch im Jahre 1176 an der
Enns einen Gerichtstag abgehalten hat und hier zu einer Zusammenkunft
mit Herzog Heinrich Jasomirgott mit einem großen Gefolge erschienen
ist. Der Traungau, der damals schon weitgehend dem Machtbereich der
Markgrafen von Steyr eingegliedert war, gehörte bis 1180 landrechtlich
zu Bayern. Erst nach dem Sturz Heinrichs des Löwen kam er an das
neugeschaffene Herzogtum Steiermark und mit diesem 1192 an Österreich.

Die Fülle der Aufgaben, vor die sich Heinrich in der zweiten Hälfte der
50er und in den 60er Jahren in Nordelbingen und im übrigen Sachsen
gestellt sah, und seine häufige Mitwirkung an der Reichs- und Italienpolitik des Kaisers in diesen Jahren brachten es mit sich, daß die Verhältnisse
in Bayern in diesem Zeitraum für ihn stärker in den Hintergrund traten.
Erst in den 70er Jahren bahnt sich darin ein gewisser Wandel an. Schon
am Itinerar des Herzogs läßt sich diese Entwicklung ablesen; die Zahl
und die Dauer seiner Aufenthalte in Bayern sind bis zum Ende der 60er
Jahre gering. Im Jahre 1157 hat er in Regensburg seinen ersten Landtag in
Bayern abgehalten. Die zweimalige militärische Hilfe, die er dem Kaiser
während dessen zweiten Italienzuges leistete, führte Heinrich in den Jahren 1159–1161 auf dem Marsch nach Oberitalien und bei der Rückkehr
nach Sachsen mehrmals durch Bayern. Im Jahre 1162 sehen wir ihn vor
und nach dem Reichstag von St. Jean-de-Losne in Bayern. In Karpfham
an der Rott hat er im Herbst des Jahres einen großen Landtag durchgeführt.

Der nächste sicher bezeugte Aufenthalt des Welfen in Bayern fällt in
das Jahr 1166; zusammen mit Friedrich I. hat er die während des Schismas besonders schwierige Frage der Neubesetzung des Erzbistums Salzburg geregelt. Die schweren Kämpfe, die noch im gleichen Jahr in Sachsen ausbrachen, haben Heinrich für mehr als vier Jahre bis zum Beginn
des Jahres 1171 von seinem süddeutschen Herzogtum ferngehalten. Bei
seiner Pilgerfahrt des Jahres 1172 hat er Bayern auf der Hinfahrt und bei
der Rückkehr kurz berührt. Erst das Jahr 1174 bringt seinen längsten
Aufenthalt in diesem Herzogtum. Fast ein halbes Jahr blieb er diesmal in
Bayern, um – wiederum zusammen mit dem Kaiser – die kirchlichen
Verhältnisse im Erzbistum Salzburg zu ordnen. Zu Beginn des Jahres

1176 ist er noch einmal für mehrere Wochen nach Bayern gekommen. Seitdem hat er den Boden des Landes nicht mehr betreten.

Zeigen schon die verhältnismäßig wenigen Aufenthalte des Löwen in Bayern, daß er das Herzogtum, obwohl es lange Zeit unter welfischer Herrschaft gestanden hatte, mehr als ein Nebenland neben Sachsen ansah, so wird diese Tatsache auch in seiner Regierungstätigkeit deutlich. Nur etwa ein Sechstel seiner Rechtshandlungen, über die wir Urkunden von ihm oder urkundenähnliche Rechtsaufzeichnungen besitzen, entfällt auf Bayern.

Vor seinem Gericht wurden wiederholt Streitigkeiten über Besitzverhältnisse verhandelt und entschieden. Er bestätigte aber auch Schenkungen, die Klöster oder Stifte des Landes von anderen Personen, so insbesondere von seinen Ministerialen, erhalten hatten, oder beurkundete Tauschverträge, die sie unter sich oder mit weltlichen Herren geschlossen hatten. Wenn Heinrich von sich aus nur ganz selten Klöster oder Stifte in Bayern mit Schenkungen bedachte, so war dies auch dadurch bedingt, daß das welfische Hausgut hier nicht sehr umfangreich war.

Wichtiger als diese Entscheidungen, die in der Regel Ausdruck der gräflichen Gerichtsbarkeit waren und die mehr lokale Bedeutung besaßen, waren mehrere Maßnahmen, die die Ziele des Herzogs auf wirtschaftlichem und fiskalischem Gebiet erkennen lassen. Leider sind die Angaben der Quellen gerade über diese Vorgänge oft unzureichend, so daß hier manche Fragen offen bleiben müssen.

An erster Stelle ist hier die Gründung Münchens in den Jahren 1157 und 1158 zu nennen. Die für den Salzhandel wichtige Straße aus dem Raum von Salzburg nach Schwaben führte damals bei dem zum Bistum Freising gehörenden Ort Föhring über die Isar. Vermutlich während seines Aufenthalts in Bayern im Herbst 1157 ließ der Herzog diese Isarbrücke bei Föhring zerstören und hob den Markt und die Münz- und Zollstätte, die die Freisinger Bischöfe hier eingerichtet hatten, auf. Markt, Münze und Zoll wurden von ihm etwa eine Meile stromaufwärts bei einer Örtlichkeit Munichen, einer älteren vielleicht vom Kloster Tegernsee gegründeten Mönchssiedlung, bei der sich eine dem heiligen Petrus geweihte Kirche oder Kapelle befand, neu angelegt. Die Salzstraße wurde jetzt hier auf einer neuerbauten Brücke über die Isar geführt. Die Eigentumsverhältnisse am Grund und Boden in diesem Raum lassen sich für die Mitte des 12. Jahrhunderts nicht mit Sicherheit bestimmen. Welfischer Besitz ist hier nicht nachweisbar. Eher könnte man daran denken,

daß hier altes herzogliches Kammergut lag. Man hat auch vermutet, daß
der Ort auf zunächst herrenlosem Schottergebiet an der Isar entstanden
ist oder daß es sich um Reichsgut handelt, das sich im Lehnsbesitz der
Grafen von Wolfratshausen befunden hatte und nach deren Aussterben
im Jahre 1157 von Heinrich dem Löwen eingezogen wurde. Doch bleiben alle diese Annahmen hypothetisch.

Als Bischof Otto von Freising gegen dieses Vorgehen des Herzogs
beim Kaiser Klage erhob, fällte Friedrich I., wie wir bereits kurz erwähnten, auf dem Reichstag von Augsburg zu Pfingsten 1158 vor Antritt
seines zweiten Italienzugs einen Schiedsspruch. Mit einer Urkunde vom
14. Juni bestätigte er die vom Herzog erzwungene Verlegung der Handelsstraße und des Marktes von Föhring nach München. Er fand allerdings dadurch einen gewissen Kompromiß, daß der Freisinger Bischof
ein Drittel der Einnahmen aus dem Zoll, der hier erhoben wurde, und aus
der Münzstätte erhalten sollte. Auch an der Verwaltung dieser Regalien
wurde er beteiligt. Für die Zollstätte sollten Herzog und Bischof einen
gemeinsamen oder je einen herzoglichen und bischöflichen Beamten einsetzen. Auf der anderen Seite sollte Heinrich ein Drittel der Einnahmen
der Freisinger Münze als Lehen vom Bischof erhalten.

Sieht man von diesen Vorgängen der Jahre 1157 und 1158 ab, so hören
wir in der Folgezeit nichts von irgendwelchen Maßnahmen des Herzogs
zugunsten seiner neuen Gründung. Soweit wir es erkennen können, hat
er sich später nicht in München aufgehalten. Auch für die gelegentlich
geäußerte Vermutung, daß er in München eine Burg erbaut hat, fehlt
jeder Beweis. München ist nicht als fürstliche Residenz, sondern als
Markt- und Handelsplatz errichtet worden.

Dieser Marktort wurde noch unter Heinrich befestigt. Der Welfe hat
aber diese neue Siedlung allem Anschein nach noch nicht mit einem
Stadtrecht bewidmet. Die Rechtsprechung lag während seiner Regierung
hier in der Hand eines herzoglichen Richters. Auch sonst sind für diese
Zeit in München nur herzogliche Beamte bezeugt. Spuren einer bürgerlichen Selbstverwaltung sind zunächst in München nicht zu erkennen.

Nach dem Sturz des Herzogs im Jahre 1180 schien das Todesurteil
über seine Gründung gesprochen zu sein, da Friedrich I. noch im gleichen Jahr auf Bitten des Bischofs Albert von Freising die Verlegung des
Marktes und der Brücke von Föhring nach München widerrief und diese
Rechte dem Bischof wieder zusprach. Zur Ausführung dieses kaiserlichen
Spruches ist es jedoch nicht gekommen. Nur die Befestigungen Münchens sind wohl zeitweilig niedergelegt worden. Der Markt in Föhring

wurde nicht wieder errichtet. Unter den neuen Herzögen aus dem Hause Wittelsbach, die in zähem Ringen mit den Freisinger Bischöfen ihre Herrschaft über München durchsetzen konnten, nahm der Ort seinen Aufstieg und erhielt wohl noch am Ende des 12. Jahrhunderts Stadtrecht.

Dem Ziel, die wichtige von Salzburg und Reichenhall über Wasserburg und München nach Memmingen in Schwaben führende Salzhandelsstraße weitgehend unter seine Herrschaft zu bringen und daraus auch finanziellen Gewinn zu ziehen, diente eine andere Maßnahme des Herzogs. Zu Beginn der 6oer Jahre legte er am östlichen Ufer des mittleren Lechs bei dem Dorf Pfetten, das der Sitz eines welfischen Ministerialengeschlechts war, auf der Höhe eine Burg an, die bald den Namen Landsberg erhielt. Diese größere Burganlage auf dem Schloßberg, die auch die kleinere Burg der Herren von Pfetten umfaßte, sollte dem Schutz der Straße dienen, die hier auf einer Brücke über den Lech führte. Sie war auch zum Verwaltungsmittelpunkt des hier dicht liegenden welfischen Besitzes bestimmt. Im Schutze der Burg entstand am Stapelplatz vor der Brücke noch im 12. Jahrhundert eine Siedlung von Händlern. Aus ihr und dem Dorf Pfetten erwuchs dann im 13. Jahrhundert die Stadt Landsberg.

Reichenhall, der Ort mit der damals bedeutendsten Stätte für die Salzgewinnung in Süddeutschland, unterstand der Herrschaft der Erzbischöfe von Salzburg. Ebenso wie die übrigen Dynasten der benachbarten Gebiete und wie eine Reihe von Klöstern waren aber auch die Welfen hier begütert. Im Jahre 1172 schenkte Heinrich dem Stift St. Zeno in Reichenhall einen Anteil an der Saline.

Vor allem gelang es ihm, die sogenannte Hallgrafschaft in seine Hand zu bringen. Der Zeitpunkt und die näheren Umstände dieses Erwerbs sind allerdings nicht bekannt. Daß Heinrich zeitweilig im Besitz dieser Grafschaft war, wird noch im 13. Jahrhundert ausdrücklich betont. Im Jahre 1169 trat der damalige Hallgraf in das Augustinerchorherrenstift Reichersberg ein, nachdem er vorher an einem Reichstag Friedrichs I. in Bamberg teilgenommen hatte. Da Heinrich der Löwe, der auch in Bamberg anwesend war, in der Folgezeit wiederholt als Hallgraf bezeugt wird, spricht vieles dafür, daß er im Jahre 1169 – vielleicht mit Genehmigung des Kaisers – die Hallgrafschaft übernommen hat. Die Rechte eines jüngeren Bruders des bisherigen Grafen wurden dabei übergangen. Die Hallgrafschaft umfaßte kein großes Gebiet, sondern nur den Ort Reichenhall und dessen nähere Umgebung. Dazu kamen noch eine Zollstätte und ein Anteil an den Abgaben, die an die Salzburger Münze zu zahlen waren.

Wenige Jahre vorher, wahrscheinlich im Jahre 1165, hat er nach dem Tode des mit ihm verwandten Grafen Gebhard von Burghausen, der nur unmündige Kinder hinterließ, auch dessen Grafschaft übernommen. Auch in diesem Falle sind uns die näheren Einzelheiten dieses Erwerbs nicht bekannt. So wissen wir nicht, ob er hier ein herzogliches Heimfallrecht geltend gemacht hat. Zur Grafschaft gehörten nicht nur die Burg an der Salzach und die dort bestehende Zollstätte, sondern auch größere Besitzungen zu beiden Seiten des Flusses. Damit gewann der Herzog einen wichtigen Stützpunkt an dem Handelsweg, der auf der Salzach und dem Inn von Reichenhall nach Norden zur Donau führte.

Regensburg war mit seinem Herzogshof seit jeher die Residenz der bayerischen Herzöge; doch stand das Gebiet der Stadt weitgehend unter königlicher Herrschaft, bis sie im 13. Jahrhundert die Reichsfreiheit erlangte. Daneben hatten auch die Bischöfe in Regensburg ein größeres Immunitätsgebiet. Als Ausgangspunkt für den Handel nach dem Südosten besaß Regensburg schon frühzeitig eine große wirtschaftliche Bedeutung. Im Jahre 1161 kam es zwischen Heinrich und Bischof Hartwig II. zu einem kriegerischen Konflikt. Dank seiner militärischen Überlegenheit konnte der Herzog eine bischöfliche Burg erobern. Ihr Name wird zwar nicht genannt; doch handelte es sich dabei zweifellos um die östlich der Stadt gelegene Feste Donaustauf, die schon Heinrichs Vater Heinrich der Stolze zeitweilig in seinen Besitz gebracht hatte. Damit konnte der Herzog den von Regensburg nach Osten gehenden Donauhandel kontrollieren. Der Bischof mußte sich dem Herzog beugen. Erzbischof Eberhard von Salzburg erreichte es wenigstens, daß der Herzog die Gefangenen, die er gemacht hatte, freiließ.

Das Vorgehen des Herzogs in allen diesen Fällen war aber nicht nur von dem Bestreben bestimmt, wichtige Handelsstraßen zu beherrschen und sich damit größere finanzielle Einkünfte zu verschaffen. Er wollte gleichzeitig auch seinen politischen Machtbereich in Bayern erweitern. Dabei vermied er es jedoch, mit den großen Dynastengeschlechtern des Landes in Konflikt zu geraten. Nach dem Ausbruch des Schismas in Rom hat er den harten Kurs, den Pfalzgraf Otto von Wittelsbach als einer der engsten Berater und Helfer des Kaisers bei dessen Kirchenpolitik verfocht, nicht mitgemacht. In Bayern ist es aber, soweit wir dies erkennen können, zu keinem Gegensatz zwischen dem Herzog und den Wittelsbachern gekommen.

Auch die Tatsache, daß er sich nicht sehr häufig in Bayern aufhielt, trug dazu bei, daß man hier seine Herrschaft als nicht so drückend wie in

Sachsen empfand. So erklärt es sich auch, daß sich hier kaum eine Opposition gegen ihn regte. Die Erhebung der sächsischen Fürsten gegen Heinrich im Jahre 1166 und die schweren Kämpfe, die die nächsten Jahre in Sachsen brachten, haben in Bayern keine Resonanz gefunden. Kein bayerischer Chronist der Zeit erwähnt diese Ereignisse. Daß das Land von dieser Opposition nicht erfaßt wurde, war für den Herzog ein großer Gewinn.

Im Bereich der Kirche war sein Einfluß in Bayern ebenfalls wesentlich geringer als in Sachsen. Die Zahl der Kirchenvogteien, die er hier besaß, war nur klein. Bereits vor seinem Regierungsantritt übte er die Vogteigerichtsbarkeit in dem welfischen Stift Wilten bei Innsbruck und in dem südlich des Ammersees gelegenen Kloster Wessobrunn, bei dem sie sich schon länger in der Hand der Welfen befand, aus. Bei seiner Rückkehr von seinem ersten Italienzug sicherte Friedrich I. im Herbst 1155 dem Kloster zu, daß neben Heinrich keine Untervögte eingesetzt werden dürften, und verlieh den Mönchen das Recht, beim Tode des Welfen von sich aus einen neuen Vogt zu wählen.

Nach der Belehnung mit Bayern übernahm Heinrich in seiner Eigenschaft als Herzog auch die Vogtei über Ranshofen am Inn, das von seinem Großvater Heinrich dem Schwarzen aus einem Kloster in ein Augustinerchorherrenstift umgewandelt worden war. Ranshofen gehörte zu dem Reichsgut, das den Herzögen als Lehen überlassen war. Bereits im Jahre 1157 stellte der Herzog dem Stift eine wichtige Urkunde aus, in der er ihm die Schenkungen seiner Vorfahren bestätigte und erweiterte. Dabei legte er auch die Befugnisse seines Untervogts fest, dem er ausdrücklich den Schutz des Stiftes und seiner Besitzungen zur Pflicht machte und die Erhebung ungerechtfertigter Abgaben untersagte.

Im Jahre 1160 erwarb er von dem Bischof von Brixen die Vogtei über das dem Bistum von Kaiser Heinrich IV. geschenkte Stift Polling im Gebiet des Ammersees als Lehen. Damit gewann Heinrich in einem Gebiet, in dem er auch sonst begütert war, einen neuen wichtigen Stützpunkt. Dabei verpflichtete er sich, die Vogtei nicht an Untervögte weiterzuverleihen und nur die üblichen Abgaben zu erheben. Dementsprechend hat er die Befugnisse des Vogtes in der Folgezeit stets selbst ausgeübt.

In den letzten Jahren seiner Regierung, vielleicht im Jahre 1174, ließ sich Heinrich auch die Vogtei über das Kloster Innichen im Pustertal im südlichen Tirol von Bischof Albert von Freising als erbliches Lehen übertragen. Innichen, eines der ältesten Klöster in den östlichen Alpen, war bald nach seiner Gründung dem Bistum Freising übereignet worden. Mit der Vogtei, die sich auch auf den übrigen Freisinger Bezirk in diesem Raum erstreckte, gewann der Herzog einen nicht geringen Einfluß auf die verschiedenen durch das Pustertal führenden Verkehrswege. Dabei gestand er dem Bischof zu, einen Untervogt nur im Einvernehmen mit ihm einzusetzen und eine Burg im Bereich der Vogtei nur mit seiner Zustimmung zu bauen.

Schließlich übte Heinrich auch für das angesehene Stift Reichersberg am Inn Vogteirechte aus. Sie betrafen aber nicht das Stift als Ganzes, sondern nur das dicht bei Reichersberg liegende Dorf Münsteuer, um dessen Besitz das Stift einen mehr als zwei Jahrzehnte dauernden Prozeß zu führen hatte, den wir dank der in diesem Fall günstigen Quellenlage in seinen verschiedenen Phasen gut verfolgen können. So nimmt diese Vogteigerichtsbarkeit für ein kleines Dorf in der Regierungstätigkeit Heinrichs des Löwen in Bayern einen verhältnismäßig breiten Raum ein.

Das Stift hatte zu Beginn der 50er Jahre Münsteuer von dem Adligen Werner von Stein, dessen Burg in der Feldmark von Reichersberg lag, gegen eine eigene entfernter liegende Besitzung eingetauscht. Das Übereignungsverfahren war deshalb recht kompliziert und langwierig, weil die Herren von Stein Münsteuer nicht als Eigen, sondern als Lehen der Markgrafen von Steyr besaßen, die ihrerseits damit von der Bamberger Kirche belehnt waren. Auf dem Landtag, den Heinrich der Löwe im Jahre 1162 zu Karpfham abhielt, konnte schließlich die Übergabe des Dorfes an das Stift und seinen Propst, den bekannten Theologen Gerhoch, in feierlicher Weise vollzogen werden. Auf Bitten des Erzbischofs Eberhard I. von Salzburg, dessen Eigenkirche das Stift war, übernahm der Herzog die Vogtei über Münsteuer und regelte im Einvernehmen mit Gerhoh die Vogteiverhältnisse.

Wenige Jahre später, im Sommer 1165, focht Heinrich von Stein, ein Sohn Werners, der sich nach dem Verlust seiner Stammburg auch nach der Burg Baumgarten nannte, die Rechtmäßigkeit dieses von seinem Vater vollzogenen Rechtsgeschäfts an, weil er dadurch als Erbe benachteiligt sei. Damit begann ein neues Verfahren um Münsteuer, das mehr als zehn Jahre dauerte. Als Friedrich I. im Jahre 1166 über das Erzstift und alle seine Besitzungen die Acht verhängte, weil sich die Salzburger Kirche nach wie vor zu Papst Alexander III. bekannte, benutzte Heinrich von Baumgarten die Gelegenheit, sich gewaltsam in den Besitz von Münsteuer zu bringen.

Das Stift wandte sich hilfesuchend auch an Herzog Heinrich als den obersten Landfriedensrichter und den Vogt der strittigen Besitzung. Dieser antwortete von Sachsen aus, wo er vor dem Beginn der schweren Kämpfe mit seinen Gegnern stand, hinhaltend. Er könne zur Zeit nichts für die Aussöhnung des Stifts mit dem Kaiser tun, da er nicht in dessen Nähe sei. Er habe den Pfalzgrafen Otto von Wittelsbach beauftragt, den Streit zu schlichten, und werde Hilfe leisten, falls dieser nichts erreiche. Da Otto ein scharfer Gegner des Erzstifts Salzburg war, konnten die Chorherren von ihm keine Unterstützung erwarten. Als Heinrich von Baumgarten seine Übergriffe fortsetzte, mußten sie sogar zeitweilig aus Reichersberg flüchten und konnten erst im Sommer 1167 mit der Hilfe einiger ihnen befreundeter Adliger dorthin zurückkehren.

Nach dem Tode Gerhochs (1169) nahm das Rechtsverfahren unter seinem Bruder und Nachfolger Arno seinen Fortgang; doch hören wir in den nächsten Jahren nichts von einem Eingreifen des Herzogs. Als sich der Herzog im Jahre 1174 in Bayern aufhielt, wandten sich die Chorherren erneut an ihn als den Vogt des Tauschguts. Da dieser gerade im Begriff war, nach Sachsen zurückzukehren, übertrug er die Entscheidung einem Schiedsgericht von drei adligen Herren des Inntals. Aber auch dieses Schiedsverfahren brachte keinen Erfolg.

Erst als Heinrich der Löwe zu Beginn des Jahres 1176 nach Bayern kam, konnte er diesen langen Streit beilegen. Nachdem Heinrich von Baumgarten einer ersten Ladung zu einem Gerichtstermin nicht Folge geleistet hatte, fällte der Herzog auf dem großen Landtag, den er am 14. März in Enns abhielt, einen Spruch, mit dem er das Verfahren beendete. Über diese Verhandlung vor dem Herzog besitzen wir einen ausführlichen und aufschlußreichen Bericht. Die Reichersberger wiesen eine Urkunde des Bischofs von Bamberg vor, mit der er den Tausch bestätigte; Heinrich von Baumgarten berief sich auf eine Zusage des ein Jahr vorher verstorbenen Propstes Arno, dem Tauschgut noch zwei Hufen hinzuzufügen. Als sich die Chorherren schließlich dazu bereitfanden, verzichtete Heinrich von Baumgarten auf Münsteuer. Nachdem der Herzog mit seinem Gefolge die Ennsbrücke überschritten hatte und auf dem Ostufer mit Heinrich Jasomirgott von Österreich zusammengetroffen war, mußte Heinrich von Baumgarten seinen Verzicht erneuern, nachdem der neue Reichersberger Propst Philipp die beiden Hufen in aller Form abgetreten hatte. Dieses Gerichtsverfahren an der Enns, das die in diesem Fall besonders schwierige Besitzübertragung von Lehnsgut verdeutlicht, war die letzte uns bekannte Amtshandlung des Welfen in Bayern.

Schon diese langwierigen Auseinandersetzungen um das kleine Dorf
Münsteuer machen deutlich, welche Auswirkung die große Spaltung in
der abendländischen Kirche für ein einzelnes Stift haben konnte. Das gilt
aber auch ganz allgemein für die kirchlichen Verhältnisse Bayerns in den
fast zwei Jahrzehnten vom Ausbruch des Schismas im Jahre 1159 bis zu
seiner Beendigung im Jahre 1177. Die Tatsache, daß das Erzbistum Salzburg, dem die bayerische Kirche unterstand, der wichtigste Stützpunkt
Papst Alexanders III. in Deutschland war, stellte Heinrich den Löwen,
der stets auf seiten der kaiserlichen Gegenpäpste stand, wiederholt vor
eine schwierige Situation. Wenn auch der Kaiser selbst die entscheidenden Schritte tat, um die bayerischen Bischöfe als Reichsfürsten zur Anerkennung seiner Päpste zu veranlassen, so bestimmten diese Maßnahmen
auch die Haltung des Herzogs gegenüber dem bayerischen Klerus.

Erzbischof Eberhard I. von Salzburg, ein über die Grenzen seiner Kir-
chenprovinz hinaus angesehener Kirchenfürst, entschied sich schon bald
nach der Doppelwahl des Jahres 1159 für Alexander III. Der Einladung
zu dem vom Kaiser für den Beginn des Jahres 1160 nach Pavia einberufe-
nen Konzil leistete er, eine Krankheit vorschützend, nicht Folge und ließ
sich durch den Propst Heinrich von Berchtesgaden vertreten, der aber
eine Stellungnahme vermied. Zwei der Salzburger Suffragane, Hartmann
von Brixen und Albert von Freising, waren ebenfalls nicht erschienen.
Die Haltung des Brixener Bischofs, der einige Jahre später starb, ist nicht
ganz klar. Albert von Freising hat sich während seines langen Pontifikats
bemüht, zwischen beiden Parteien neutral zu bleiben. Die beiden anderen
dem Erzbischof unterstehenden Bischöfe, Konrad von Passau, ein
Bruder des österreichischen Herzogs Heinrich Jasomirgott, und Hartwig von Regensburg, nahmen zwar an dem Konzil teil und erkannten
Viktor IV. als Papst an, machten aber wie auch andere Bischöfe diese
Zustimmung von einer nochmaligen Überprüfung der strittigen Papstwahl abhängig.

Es entsprach der Politik des Kaisers, der zunächst auf eine friedliche
Verständigung hoffte, daß er von einem Vorgehen gegen den hochbetagten Salzburger Metropoliten und dessen Klerus absah. Dementsprechend
unternahm auch der Herzog keine Schritte gegen die Anhänger Alexanders in Bayern. Als Eberhard I. im Sommer 1164 starb, erhoben die Salzburger Geistlichen und die Ministerialen des Erzstifts den bisherigen
Passauer Bischof Konrad zum neuen Metropoliten. Sie stellten aber die
Bedingung, daß der neue Erzbischof, der als Anhänger Alexanders III.
galt, sich mit aller Entschiedenheit für ihn als Papst einsetzen würde.

Als Konrad von Salzburg bald darauf im kaiserlichen Feldlager in Pavia erschien und von Friedrich I. die Belehnung mit den Regalien erbat, lehnte der Kaiser diese Bitte ab, da sich der Erzbischof weigerte, zuerst den neuen kaiserlichen Gegenpapst Paschalis III. anzuerkennen. Auch Konrads spätere Versuche, von Friedrich I. die Belehnung mit den Regalien zu erhalten, blieben vergeblich.

Das Jahr 1165 brachte auch in Bayern eine Zuspitzung der Lage. Auf einem großen Reichstag zu Würzburg, dessen Bedeutung für die Reichspolitik Friedrichs I. uns noch in anderem Zusammenhang beschäftigen wird, setzte der Kaiser trotz einer starken Opposition den Beschluß durch, daß sich alle geistlichen und weltlichen Fürsten im Reich eidlich verpflichten mußten, niemals Alexander III. oder einen von seinen Anhängern gewählten Papst anzuerkennen. Jeder, der diesen Eid verweigerte, sollte seiner Ämter, Lehen und Eigengüter verlustig gehen.

Im Anschluß an diesen Reichstag begab sich der Kaiser zunächst nach Bayern und Österreich und konnte hier die Salzburger Suffraganbischöfe zur Anerkennung der Würzburger Beschlüsse zwingen. Auch Albert von Freising legte den geforderten Eid mit gewissen Vorbehalten ab.

Gegen Erzbischof Konrad, der eine solche Eidesleistung ablehnte, strengte der Kaiser in aller Form auf einem Hoftag zu Worms im September des Jahres einen Prozeß nach Lehnrecht an. Nachdem Konrad die beiden ersten Ladungen hatte verstreichen lassen, leistete er einer dritten vor einen Reichstag zu Nürnberg im Februar 1166 schließlich Folge. Auch Heinrich der Löwe nahm an diesem Reichstag teil. Auf die Klage, daß er von seinem Erzbistum in unrechtmäßiger Weise Besitz ergriffen habe, da er weder die Regalien erhalten noch Papst Paschalis anerkannt habe, ließ der Erzbischof durch Heinrich den Löwen, den er sich als Fürsprecher (prolocutor) wählte, erklären, er habe seine Würde durch die rechtmäßige Wahl durch den Klerus, die Ministerialen und das Volk des Erzstifts erhalten. Die Belehnung mit den ihm zustehenden Regalien habe er dreimal innerhalb eines Jahres vergeblich vom Kaiser erbeten.

Wenn Heinrich der Löwe als Fürsprecher des Erzbischofs auftrat, so bedeutete das nicht, daß er sich mit dessen Haltung identifizierte. Dieser Aufgabe eines Fürsprechers, der keineswegs der Anwalt einer Partei war, sondern nur ihren Standpunkt darlegen sollte, konnte sich im mittelalterlichen Prozeßverfahren niemand entziehen, der dazu aufgefordert war. Konrad von Salzburg hatte sich sicher viel davon erhofft, wenn er den beim Kaiser sehr einflußreichen Bayernherzog bat, diese Funktion zu übernehmen.

Ob bereits damals ein Urteilsspruch ergangen ist, läßt sich nicht erkennen. Dem Erzbischof wurde eine letzte Frist gesetzt. Der Kaiser berief für den 29. März 1166 in das Gebiet des Erzstifts nach Laufen an der Salzach einen neuen Reichstag ein, an dem auch die beiden Herzöge von Bayern und Österreich teilnahmen. Erzbischof Konrad blieb ihm aber fern und ließ seine Sache durch seinen Bruder, Herzog Heinrich Jasomirgott, vertreten. Trotz dessen Fürsprache verfiel Konrad der Reichsacht, die auch über den Salzburger Klerus verhängt wurde. Die Eigengüter und Lehen der Salzburger Kirche wurden eingezogen und an Adlige, die dem Kaiser ergeben waren, neu vergeben. Der Kaiser richtete an diese auch die Aufforderung, gegen das Erzstift kriegerisch vorzugehen. Auch Heinrich der Löwe hat diesem harten Urteil zugestimmt.

Jetzt begann für das Erzbistum eine Zeit schwerer Kämpfe und Wirren, in die, wie wir bereits sahen, auch das Stift Reichersberg hineingezogen wurde. Erzbischof Konrad, der von einem großen Teil seiner Geistlichkeit und seiner Ministerialität unterstützt wurde, nahm den Kampf auf und sprach den Bann über seine Gegner aus. Salzburg wurde der Zufluchtsort für alle Kleriker in Bayern, die Paschalis nicht als Papst anerkennen wollten. Noch im September 1166 soll Konrad in Salzburg etwa 500 Geistliche geweiht haben. Zu Beginn des nächsten Jahres mußte er allerdings die Stadt verlassen und sich in die Burg Friesach bei Klagenfurt zurückziehen. Von hier versuchte er, seine Amtsgeschäfte weiterzuführen. Als Salzburg im April des Jahres durch eine Feuersbrunst stark zerstört wurde, gab man wohl zu Unrecht seinen Gegnern die Schuld daran.

Nach dem Tode Konrads wählte man im Jahre 1168 in Salzburg Adalbert, einen Sohn des Böhmenkönigs Wladislaw II., zum neuen Erzbischof. Auch dieser bekannte sich zu Papst Alexander, der ihm das Pallium übersandte. Anders aber als sein Vorgänger nahm Adalbert den Kampf um sein Erzbistum nicht auf, als der Kaiser ihm wegen seiner Haltung im Schisma auf einem Reichstag zu Bamberg im Juni 1169 die erbetene Anerkennung versagte. In der Hoffnung, wenigstens sein geistliches Amt retten zu können, verzichtete Adalbert auf den weltlichen Besitz des Erzstifts; der Kaiser übernahm selbst dessen Verwaltung. Über die Haltung Heinrichs des Löwen, der beim Bamberger Reichstag anwesend war, ist nichts bekannt. Er wird zweifellos die Maßnahmen des Kaisers gebilligt haben, war er doch damals auf dessen Unterstützung während seiner Auseinandersetzungen mit seinen sächsischen Gegnern angewiesen.

Das Ziel des Kaisers war es in den nächsten Jahren, eine Neubesetzung des erzbischöflichen Stuhls in Salzburg zu erreichen und damit den Wirren im Erzbistum ein Ende zu bereiten. Nach einem ersten vergeblichen Versuch im Jahre 1172 konnte er auf einem Reichstag, den er in den letzten Junitagen des Jahres 1174 in Regensburg abhielt und der sehr stark besucht war, seine Absicht durchsetzen. Mit Zustimmung fast aller anwesenden geistlichen und weltlichen Fürsten, zu denen auch Heinrich der Löwe gehörte, wurde Adalbert abgesetzt. Nur Herzog Heinrich von Österreich, sein Onkel, erhob dagegen Widerspruch. Dann wurde von Salzburger Geistlichen der Propst Heinrich von Berchtesgaden, der im Jahre 1160 als Vertreter Eberhards von Salzburg am Konzil zu Pavia teilgenommen hatte, zum neuen Metropoliten gewählt. Obwohl er der Partei Alexanders III. nahestand, erteilte ihm der Kaiser die Investitur mit den Regalien und gab ihm die Salzburger Besitzungen, die er 1169 eingezogen hatte, zurück. Auch die anwesenden weltlichen Fürsten ließen sich mit den Lehen, die sie von der Salzburger Kirche besaßen, erneut belehnen und leisteten dem Erzbischof dafür den Lehnseid. Als einer der ersten tat Heinrich der Löwe diesen Schritt.

Da Adalbert auf seine Würde als Erzbischof nicht verzichten wollte, gingen die Auseinandersetzungen im Erzbistum Salzburg weiter. Heinrich der Löwe hat dabei den neuen Erzbischof tatkräftig unterstützt. So lud er, ehe er im Herbst des Jahres nach Sachsen zurückkehrte, den Konvent des Klosters St. Peter in Salzburg, der sich gegen den neuen Erzbischof stellte, vor sein Gericht. Näheres über dieses Verfahren ist allerdings nicht bekannt. Wenn sich Erzbischof Heinrich gegenüber Adalbert schließlich durchsetzen konnte, so verdankte er dies vor allem der großen Hilfe der Wittelsbacher.

Im Mittelpunkt des letzten Aufenthalts Heinrichs des Löwen im Herzogtum Bayern während der ersten Monate des Jahres 1176 stand die Begegnung mit seinem Stiefvater, Herzog Heinrich Jasomirgott von Österreich, mit dem er sich längst ausgesöhnt hatte. Über diese Begegnung an der Enns im März des Jahres wissen wir nichts Näheres, da sie nur durch den Bericht über den Schiedsspruch des Welfen im Streit um das Reichersberger Dorf Münsteuer bekannt ist. Vielleicht hat Heinrich der Löwe dem Babenberger seine Hilfe bei dessen Grenzstreitigkeiten mit dem neuen Böhmenkönig Sobeslaw zugesagt. Da Heinrich Jasomirgott im nächsten Jahre starb, wurden eventuelle Abreden nicht mehr wirksam.

Gerade die Ereignisse in Bayern seit dem Ausbruch des Schismas im

Jahre 1159 lassen erkennen, in wie hohem Maße Heinrichs Wirken als
Herzog mit den großen politischen Auseinandersetzungen im Abendland
verknüpft war. Diesem Geschehen müssen wir uns deshalb wieder zu-
wenden.

## Achtes Kapitel

# Auf der Höhe der Macht

Die 60er Jahre und die erste Hälfte des nächsten Jahrzehnts bilden den Zeitraum, in dem Heinrich der Löwe in Sachsen und in Nordelbingen seine überragende Machtstellung ausbaute. Damit stellt sich aber auch die Frage, welchen Anteil er in dieser Zeit an der Reichs- und Kirchenpolitik des Kaisers genommen hat, die er bis zum Ende des zweiten Italienzugs immer wieder tatkräftig unterstützt hatte. Hat er wirklich, wie man gelegentlich gemeint hat, damals einen grundsätzlichen Wandel seiner Einstellung zur politischen Konzeption Friedrichs I. vollzogen, der in diesen Jahren immer wieder neue Wege beschritt, um das Schisma in der abendländischen Kirche zu überwinden und in Deutschland selbst dem staufischen Königtum eine sichere Machtbasis zu geben?

Nachdem der Kaiser im Herbst 1162 nach Deutschland zurückgekehrt war, blieb er hier etwa ein Jahr, um nach einer mehr als vierjährigen Abwesenheit wichtige Regierungsgeschäfte zu erledigen. In dieser Zeit blieb die Diplomatie Papst Alexanders III., der sich weiter in Frankreich aufhielt, nicht müßig. Im Sommer 1163 kamen päpstliche Gesandte zu einem Reichstag nach Nürnberg, um hier durch die Vermittlung Erzbischof Eberhards von Salzburg mit dem Kaiser Verhandlungen aufzunehmen; doch mußten sie unverrichteter Dinge wieder abreisen. Die mangelnde Verständigungsbereitschaft des Kaisers führte zu einer Annäherung zwischen der Kurie und Byzanz. Kaiser Manuel I. entfaltete in diesen Jahren eine starke diplomatische Aktivität. Sein Ziel war eine große Liga gegen Friedrich I., für die er außer Papst Alexander auch Ludwig VII. von Frankreich und das Normannenreich gewinnen wollte. Er war auch bereit, Alexander als Papst anzuerkennen, wenn dieser ihn als alleinigen Kaiser anerkennen würde. Dieser Plan scheiterte aber am Widerstand des französischen Königs.

Im Herbst 1163 zog Friedrich I. erneut nach Italien. Nur wenige deutsche Fürsten begleiteten ihn. Auch Heinrich der Löwe nahm an diesem dritten Italienzug des Kaisers nicht teil. Mit der Hilfe seiner Parteigänger in Oberitalien und der Seestädte Genua und Pisa wollte Friedrich einen

Feldzug gegen das Normannenreich unternehmen. Ehe es dazu kam, starb Viktor IV. am 20. April 1164 in Lucca. Der Tod des kaiserlichen Papstes hätte die Möglichkeit geboten, das Schisma zu beenden. Reinald von Dassel ließ aber ohne Wissen des Kaisers bereits zwei Tage nach Viktors Tod in Lucca durch dessen Anhänger den Kardinal Guido von Crema als Paschalis III. zum neuen Gegenpapst wählen. Friedrich hat Reinalds Vorgehen nachträglich gebilligt. Der neue Papst wurde aber nur von einem Teil der Parteigänger Viktors anerkannt.

Die Partei Alexanders III. gewann jetzt auch in Deutschland immer mehr an Boden. Konrad von Wittelsbach, der 1163 zum neuen Erzbischof von Mainz gewählt worden war, trat ganz offen auf die Seite des Papstes. Herzog Welf VI. hatte schon bald nach dem Konzil von Pavia im Laufe des Jahres 1160 Fühlung mit Alexander aufgenommen. Jetzt wechselte er endgültig in dessen Lager über und knüpfte auch mit Ludwig VII. Verhandlungen über die Unterstützung des Papstes an.

Im Spätsommer 1164 kam eine Gesandtschaft des byzantinischen Kaisers nach Braunschweig. Heinrich der Löwe, der sich nach den Kämpfen mit den Obodriten noch im mecklenburgisch-vorpommerschen Grenzgebiet aufhielt, kehrte auf diese Nachricht hin unverzüglich nach Braunschweig zurück. Über den Zweck dieser Gesandtschaft und ihre Gespräche mit dem Herzog ist uns nichts bekannt. Es liegt aber die Vermutung nahe, daß Manuel versucht hat, auch den Sachsenherzog für seine weitgespannten Bündnispläne zu gewinnen. Erfolg haben aber solche Bemühungen offensichtlich nicht gehabt. Das gute Einvernehmen zwischen dem Herzog und dem Staufer wird gerade in den nächsten Monaten immer wieder deutlich.

In Italien wurde die Lage für Friedrich dadurch schwieriger, daß Venedig, das seine Unabhängigkeit durch die kaiserliche Machtstellung in Oberitalien bedroht sah, hier den Widerstand gegen ihn organisierte und mit den Städten Verona, Vicenza und Padua ein Bündnis abschloß. Durch große Zugeständnisse an andere Städte konnte Friedrich zwar eine Erweiterung dieses Bundes verhindern; es gelang ihm aber nicht, ihn mit Waffengewalt zu sprengen. Ohne größere Erfolge erreicht zu haben, kehrte er im Herbst 1164 nach Deutschland zurück.

Der Kaiser unternahm deshalb erneut den Versuch, auf diplomatischem Weg die Front der Anhänger Alexanders III. im Abendland aufzubrechen. Nachdem es ihm im Jahre 1162 nicht gelungen war, mit Ludwig VII. von Frankreich in der Frage der Beilegung des Schismas zu einer Verständigung zu kommen, schien ihm jetzt der Kirchenstreit, der im

Jahre 1164 in England ausgebrochen war, dafür eine neue Möglichkeit zu bieten. Zu Beginn dieses Jahres hatte König Heinrich II. von England durch die Konstitutionen von Clarendon die früheren Hoheitsrechte des englischen Königtums gegenüber der Geistlichkeit, vor allem auf dem Gebiet der Gerichtsbarkeit, wiederherstellen wollen. Thomas Becket, der als Kanzler die Politik des Königs gegenüber der Kirche unterstützt hatte, wurde seit seiner Erhebung zum Erzbischof von Canterbury im Jahre 1162 der schroffste Verfechter der Selbständigkeit der Kirche gegenüber der Krone. Wegen seiner Weigerung, die Konstitutionen von Clarendon anzuerkennen, mußte er England verlassen und fand in Frankreich Zuflucht. Alexander III., dessen Hilfe er anrief, geriet in eine schwierige Situation, da er einen offenen Bruch mit dem englischen König vermeiden wollte, andererseits aber den Erzbischof nicht fallenlassen konnte. Er nahm deshalb zunächst eine abwartende Haltung ein; doch führte dieser englische Kirchenstreit ganz zwangsläufig zu einer Entfremdung zwischen ihm und dem englischen König.

Hier setzte die kaiserliche Diplomatie ein. Nach Beratungen, die wohl schon auf einem Reichstag zu Bamberg im November 1164 abgehalten wurden und an denen zweifellos auch Heinrich der Löwe in maßgeblicher Weise beteiligt war, begannen im Winter 1164/65 Verhandlungen mit König Heinrich II. Bei einer Gesandtschaftsreise, die Reinald von Dassel im April 1165 an den englischen Königshof während dessen Aufenthalt in Rouen unternahm, kamen sie zum Abschluß. Das deutschenglische Bündnis, das hier vereinbart wurde, sollte durch eine doppelte Eheverbindung zwischen beiden Reichen gefestigt werden. Die älteste Tochter des englischen Königs, die 8 oder 9 Jahre alte Mathilde, wurde mit dem damals etwa 35jährigen Heinrich dem Löwen verlobt. Ihre jüngere Schwester, die etwa vierjährige Eleonore, wurde zur Braut für den damals noch einzigen Sohn des Kaisers, den allerdings noch nicht einjährigen Friedrich, bestimmt. Wenn dieser Plan der beiden Ehen auch von Friedrich I. und Erzbischof Reinald ausgegangen sein dürfte, so fand er zweifellos auch die volle Zustimmung Heinrichs des Löwen. Gunzelin von Schwerin ging als sein Gesandter an den englischen Königshof, um das Verlöbnis zu bestätigen. Durch eine Ehe mit der Tochter des englischen Königs konnte der Herzog in Deutschland und im übrigen Abendland an Ansehen und Macht erheblich gewinnen. Heinrich II. seinerseits versprach, Alexander III. fallenzulassen und Paschalis III. als Papst anzuerkennen. Eine englische Gesandtschaft, die Reinald bei seiner Rückkehr nach Deutschland begleitete, sollte diese Zusage auf dem Reichstag, den

Friedrich I. für Ende Mai zu Pfingsten nach Würzburg einberufen hatte, durch einen Eid bekräftigen.

Dieser Würzburger Reichstag, den wir bereits bei der Behandlung der kirchlichen Verhältnisse in Bayern kurz erwähnt haben, stellt zweifellos den Höhepunkt des Kampfes Friedrichs I. gegen Alexander III. dar. Trotz starker Widerstände innerhalb der Geistlichkeit setzte der Kaiser den Beschluß durch, daß sich alle Anwesenden eidlich verpflichten mußten, niemals Alexander III. oder einen von seiner Partei gewählten Papst anzuerkennen. Der Kaiser selbst legte als erster diesen Eid ab, nach ihm die weltlichen Fürsten, an ihrer Spitze Heinrich der Löwe, während sich manche geistliche Fürsten der Eidesleistung entzogen oder den Eid nur mit Vorbehalt ablegten. Im ganzen Reich sollte eine solche Vereidigung innerhalb von sechs Wochen durchgeführt werden. Jeder, der den Eid verweigerte, sollte seiner Ämter, Lehen und seines Eigentums verlustig gehen. Auch die englischen Gesandten gaben im Namen ihres Königs eine Erklärung gegen Alexander ab.

Mit den Beschlüssen hatte man allerdings den Bogen überspannt, zumal der Kaiser daranging, sie unnachsichtig durchzuführen. Erzbischof Konrad von Mainz aus dem Hause der Wittelsbacher wurde wegen seiner Weigerung, diesen Eid zu leisten, abgesetzt. An seiner Stelle wurde Christian von Buch, der bisherige Kanzler des Kaisers, zum neuen Erzbischof von Mainz erhoben. Heinrich der Löwe war in der Folgezeit der unbedingte Anhänger des Kaisers. Er billigte, wie wir sahen, auch Friedrichs scharfes Vorgehen gegen die Alexandriner in Bayern und die Absetzung des Erzbischofs Konrad von Salzburg.

Außenpolitisch brachte der Würzburger Reichstag aber für Friedrich nicht den gewünschten Erfolg. Heinrich II. von England benutzte die dort gefaßten Beschlüsse nur als Druckmittel gegenüber der Kurie im Kirchenstreit, dachte aber nicht an einen Bruch mit Alexander III. Der Papst, der im Sommer 1165 von Frankreich nach Rom zurückgekehrt war, fand in dem Normannenreich, dessen Herrscher seit 1166 König Wilhelm II. war, seine wichtigste Stütze. Seit 1165 betrieb auch Kaiser Manuel seine Verhandlungen, die die Bildung einer großen Koalition gegen Barbarossa zum Ziel hatten, wieder besonders intensiv. Er bot Alexander III. eine Union der Kirche des Ostens mit der des Westens an, die das zwischen beiden Kirchen seit der Mitte des 11. Jahrhunderts bestehende Schisma beseitigt hätte. Er stellte allerdings die Gegenforderung, daß ihn der Papst als alleinigen Kaiser anerkennen solle. Alexander konnte sich aber zu einem solchen Zugeständnis nicht verstehen, da er damit eine jahrhundertealte abendländische Tradition und auch jeden Einfluß des Papsttums auf das Kaisertum preisgegeben hätte. Deshalb stimmte er den Verhandlungen, die seine Legaten in Byzanz in dieser Hinsicht geführt hatten, schließlich doch nicht zu.

Angesichts dieser starken diplomatischen Aktivität seiner Gegner wollte Friedrich I. möglichst bald eine militärische Entscheidung in Italien erzwingen. Er trat deshalb im Herbst 1166 mit einem großen Heer einen neuen Feldzug nach Italien an. Wenn sich Heinrich der Löwe auch an diesem vierten Italienzug des Kaisers nicht beteiligte, so hatte dies verschiedene Gründe. Einmal war er im Sommer des Jahres durch die Verhältnisse in Nordelbingen, die Verhandlungen mit Waldemar von Dänemark und ihren gemeinsamen Vorstoß gegen die Obodriten in Anspruch genommen. Vor allem bildete sich damals in Sachsen die große gegen ihn gerichtete Fürstenkoalition. Nachdem es dem Kaiser nicht gelungen war, auf dem Reichstag, den er im August auf der Boyneburg bei Eschwege abhielt, die Gegner des Herzogs von einem kriegerischen Vorgehen gegen die Welfen abzubringen, mußte dieser mit dem Beginn der Kämpfe rechnen, die dann auch wenige Wochen nach dem Abzug des Kaisers nach dem Süden ausbrachen.

Der Feldzug in Italien verlief zunächst sehr erfolgreich. Nachdem Friedrich die Verhältnisse in Oberitalien geordnet hatte, stieß er mit seinen Truppen im Frühjahr 1167 nach Süden vor und hatte bis Ende Mai den größten Teil des Kirchenstaats erobert. Nach einem glänzenden Sieg über ein Heer der Römer bei Tusculum konnte er Ende Juli nach hartem Kampf die auf dem rechten Tiberufer liegende Leostadt von Rom erobern und damit auch die Peterskirche in seine Hand bringen. Paschalis III., der in ihr inthronisiert wurde, krönte am 1. August Friedrichs Gemahlin Beatrix zur Kaiserin. Alexander hatte Rom fluchtartig verlassen müssen. Der Kaiser schien einen großen Triumph errungen zu haben.

Wenige Tage später brach aber über das vor den Toren Roms lagernde deutsche Heer eine furchtbare Katastrophe herein. Eine Malariaseuche, die im Heer ausbrach und die sich bei der Augusthitze rasch ausbreitete, hatte sehr hohe Verluste zur Folge. Mehr als 2000 Fürsten, Ritter und Knappen sollen ihr zum Opfer gefallen sein. Zu ihnen gehörten Reinald von Dassel und einige deutsche Bischöfe. Auch Herzog Friedrich IV. von Schwaben, der jüngere Vetter des Kaisers, der sich kurz vor Beginn des Feldzuges mit Gertrud, der Tochter Heinrichs des Löwen aus seiner Ehe mit Clementia, vermählt hatte, und Welf VII., der Sohn Welfs VI., erlagen der Krankheit. Da der junge Welf der einzige Sohn und damit der alleinige Erbe der umfangreichen Rechte und Besitzungen seines Vaters war, traf diesen sein Tod besonders schwer.

Auch der Kaiser selbst erkrankte schwer und konnte nur mit größter Mühe die Reste seines Heeres nach Oberitalien zurückführen. Jetzt flackerte auch hier der Widerstand, den Friedrich bis dahin niedergehalten hatte, mächtig auf. Bereits im Frühjahr 1167 hatten sich mehrere Städte in Oberitalien gegen den Kaiser zusammengeschlossen. Aus ihrem Bündnis erwuchs jetzt ein großer lombardischer Städtebund, der gegen Ende des Jahres bereits 16 Städte umfaßte und in der Folgezeit noch weiter anwuchs. Sein Ziel war die Beseitigung der deutschen Herrschaft in Oberitalien und die Wiederherstellung der früheren Städtefreiheit. Ein Jahr später gründeten die Städte westlich von Tortona eine Bundesfestung, der man zu Ehren des Papstes den Namen Alessandria gab. Der Kaiser sprach die Acht über den Bund aus, war aber nicht stark genug, um sie zu vollstrecken. Als er zu Beginn des Jahres 1168 über Burgund nach Deutschland zurückkehrte, war Italien für ihn einstweilen verloren.

Das Jahr 1167 und der Tod Reinalds von Dassel bilden einen tiefen Einschnitt in der Regierung Barbarossas. Sein Versuch, gestützt auf ältere Rechtstitel und die militärische Kraft seiner Heere, in Italien die Reichsgewalt in ihrem früheren Umfang wiederherzustellen, war gescheitert. Ebensowenig war es ihm aber auch gelungen, die frühere Autorität des Kaisertums in den Auseinandersetzungen mit dem Papsttum und den abendländischen Staaten zur Geltung zu bringen. Der Kaiser mußte fortan diesseits und jenseits der Alpen neue Wege gehen, um sein Ziel der Erneuerung des Reiches zu verwirklichen.

Wenn der schwere Rückschlag in Italien keine Auswirkungen auf die Stellung des Kaisers in Deutschland hatte, so war dies auch dadurch begründet, daß das enge Einvernehmen zwischen ihm und Heinrich dem Löwen, wie es sich seit Friedrichs Regierungsantritt entwickelt hatte, auch in den nächsten Jahren weiter bestehen blieb. Der Kaiser war bestrebt, in den Kämpfen in Sachsen Frieden zu stiften und einen Ausgleich zwischen den beiderseitigen Gegnern zu finden, bei dem die starke Machtposition des Herzogs in Sachsen im wesentlichen ungeschmälert erhalten blieb. Diese Bemühungen, die schon im Herbst 1167 von Italien aus mit der Gesandtschaft des Erzbischofs Christian von Mainz und des Herzogs Berthold von Zähringen nach Sachsen begonnen hatten, zogen sich, wie wir sahen, auch nach der Rückkehr des Kaisers nach Deutschland noch längere Zeit hin. Friedrich wollte gegen die Gegner des Herzogs, obwohl er sie als Friedensbrecher ansah, keine harten Maßnahmen durchführen, da er für seinen Plan, seinen zweiten Sohn Heinrich schon damals zum deutschen König wählen zu lassen, auch auf die Zustimmung der sächsischen Fürsten angewiesen war. Auf dem Reichstag zu Bamberg im Juni 1169, an dem auch Heinrich der Löwe teilnahm, wurde der damals dreijährige Heinrich zum deutschen König gewählt. Die Bemühungen des Kaisers, schon hier die Ruhe in Sachsen herzustellen, hatten allerdings noch keinen Erfolg. Erst der Reichstag zu Erfurt im nächsten Jahr brachte für das Herzogtum den endgültigen Frieden.

Heinrich der Löwe seinerseits hatte die Waffenruhe während des Winters 1167/68 dazu benutzt, um seine Hochzeit mit der ihm im Jahre 1165 verlobten Mathilde von England zu begehen. Gegen Endes des Jahres 1167 schickte er unter der Führung des aus dem holländischen Grafenhaus stammenden Propstes Baldewin von Utrecht eine Gesandtschaft an den englischen Königshof, die die noch im Kindesalter stehende Prinzessin nach Sachsen einholen sollte. Zwei Grafen und andere englische Große gaben der Königstochter das Geleit; sie brachte einen großen Schatz von Gold und Silber und eine reiche Aussteuer mit. Im Dom zu Minden wurde die Ehe am 1. Februar 1168 von Bischof Werner eingesegnet. Heinrich schenkte der Kirche von Minden aus diesem Anlaß einen großen Hof und stiftete dem Dom später eine kostbare Reliquie. Die kirchliche Trauung wurde nicht in Braunschweig vollzogen, wo bald darauf die übrigen Hochzeitsfeierlichkeiten begangen wurden, weil die damals noch kleine Stiftskirche im Braunschweiger Burgbezirk für eine solche Feier nicht den gleichen festlichen Rahmen wie eine große Kathedralkirche bot.

Mathilde ist die Stammutter aller späteren Welfen geworden. Ihre Heirat mit Heinrich dem Löwen begründete das Bündnis zwischen den Welfen und dem angevinischen Königshaus, das für längere Zeit ein wichtiger Machtfaktor im politischen Geschehen des Abendlandes wurde. Die neue Heimat der englischen Prinzessin konnte sich in keiner Weise mit dem kulturellen Leben im anglonormannischen Reich messen. Durch die Vermittlung der neuen Herzogin und ihrer Umgebung öffnete sich jetzt Sachsen in steigendem Maße den geistigen und künstlerischen Anregungen, die von England und vor allem von Südfrankreich ausgingen, wo der Hof der Königin Eleonore in Poitiers ein Mittelpunkt des literarischen Schaffens der Zeit geworden war.

Am 30. September 1168 starb in Rom nach einem Pontifikat von nur vier
Jahren Papst Paschalis III. Zu seinem Nachfolger wählte die kleine
Gruppe der auf seiner Seite stehenden Kardinäle den Abt Johannes des
bei Arezzo liegenden Klosters Strumi als Calixt III. zum neuen Papst.
Nach einigem Zögern hat Friedrich I. ihn als Papst anerkannt. Das Ge-
genpapsttum verlor aber jetzt noch mehr an Bedeutung. Auf der anderen
Seite setzte der Kaiser seine Bemühungen fort, durch Vermittlung der
Zisterzienser zu einer Verständigung mit Alexander III. zu kommen.
Dieser Versuch scheiterte aber an der Forderung des Papstes, auch den
Lombardenbund in einen solchen Frieden einzubeziehen. Auf einem
Reichstag zu Fulda im Juni 1170 erneuerte deshalb der Kaiser seine
Kampfansage an den Papst. Ob Heinrich der Löwe an diesem Reichstag
teilgenommen hat, wissen wir nicht.

Schon vorher setzten die Bemühungen des Staufers ein, die starren
politischen Fronten aufzulösen. In den ersten Oktobertagen des Jahres
1168, als die Wahl des neuen Gegenpapstes in Deutschland noch nicht
bekannt sein konnte, sandte er eine Gesandtschaft an König Heinrich II.
von England und Ludwig VII. von Frankreich. Ihr gehörten Erzbischof
Christian von Mainz, damals der wichtigste Berater des Kaisers, der neue
Erzbischof Philipp von Köln und Heinrich der Löwe an. Über diese
Gesandtschaft, die ihre Aufgaben möglichst geheim durchführen sollte,
ist wenig bekannt. Wenn aber Friedrich I. drei der angesehensten Fürsten
mit dieser Mission betraute, muß er ihr eine große Bedeutung beigemes-
sen haben. Ihr Ziel sollte es einmal sein, nach dem Ausbruch neuer Feindseligkeiten zwischen beiden Königen vermittelnd in diese einzugreifen.
Die Gesandten sollten aber auch mit beiden Herrschern über die Beilegung des Schismas verhandeln. Über Cambrai, wo ihnen Graf Philipp
von Flandern das weitere Geleit zur Verfügung stellte, kamen die Gesandten zunächst nach Rouen, wo Heinrich II. damals Hof hielt. Dieser
empfing sie in sehr entgegenkommender Weise. Weniger Verhandlungs-
bereitschaft fanden sie aber bei Ludwig VII. Eine allerdings etwas jüngere
englische Quelle will sogar wissen, daß sich der König geweigert habe,
die Gesandten, da sie Schismatiker seien, zu empfangen; doch ist diese
Nachricht wenig glaubwürdig. In der Frage der Beilegung des abendländischen Schismas brachte diese Mission zu den beiden Westmächten keinen Erfolg. Zu Beginn des nächsten Jahres kam es allerdings zwischen
Heinrich II. und Ludwig VII. zum Friedensschluß; welche Rolle dabei
die kaiserliche Gesandtschaft gespielt hat, wissen wir aber nicht.

Auch gegenüber Byzanz entfaltete die kaiserliche Diplomatie nach längerer Zeit wieder eine neue politische Aktivität. Erzbischof Christian von Mainz ging im Jahre 1170 als Gesandter an den Hof Manuels I., um mit dem Kaiser Verhandlungen aufzunehmen und ihn von der Partei Alexanders zu trennen. Wieder tauchte der Plan eines Ehebündnisses zwischen den Staufern und den Komnenen auf; ein Sohn Friedrichs I. sollte eine byzantinische Prinzessin heiraten. Eine griechische Gegengesandtschaft kam 1171 ins Reich; doch führten die Verhandlungen noch nicht zum Abschluß.

Noch während dieser Verhandlungen mit dem byzantinischen Kaiserhof vollzog Friedrich I. gegenüber den westeuropäischen Mächten eine entscheidende Schwenkung. Da es sich am Ende der 60er Jahre immer mehr zeigte, daß das mit dem englischen König vereinbarte Bündnis nicht den erhofften Erfolg gebracht hatte, näherte sich der Kaiser wieder dem französischen König. Dieser Frontenwechsel des Staufers hat die politische Konstellation im Abendland für lange Zeit bestimmt. Durch die Vermittlung des Abtes von Clairvaux trafen sich im Februar 1171 Friedrich I. und Ludwig VII. an der Grenze ihrer Reiche bei Vaucouleurs an der Maas unweit von Toul. Bei dieser Zusammenkunft haben die beiden Herrscher, die sich hier das einzige Mal während ihrer Regierungszeit begegneten, zwar nur ein Abkommen geschlossen, durch das sie das Unwesen von schon länger im deutsch-französischen Grenzgebiet operierenden Söldnerscharen eindämmen wollten. Diese Vereinbarung bildete aber den Grundstock für ein späteres Bündnis zwischen den Staufern und den Kapetingern, wie es dann am Ende der Regierungszeit des Kaisers in Form eines Freundschaftsvertrags zwischen ihm und König Philipp II., dem Sohn und Nachfolger Ludwigs VII., zustande kam. In den Jahren nach der Begegnung von Vaucouleurs wurde auch über eine Ehe zwischen dem jungen Philipp und einer Tochter Friedrichs verhandelt, doch brachten diese Verhandlungen kein Ergebnis.

Auf der anderen Seite begannen sich die Beziehungen zwischen den Staufern und dem englischen Königshaus zusehends zu lockern. Das war einmal dadurch bedingt, daß König Heinrich II., da man ihn für die Ermordung des Thomas Becket im Jahre 1170 verantwortlich machte, die Forderungen Alexanders III. weitgehend erfüllen mußte. Er mußte Kirchenbuße leisten und auch die Bestimmungen über die Rechtsstellung der englischen Kirche wenigstens teilweise ändern. Bereits vorher, wohl 1169 wurde das Verlöbnis zwischen dem jungen Friedrich, dem ältesten Sohn Barbarossas, und der englischen Königstochter Eleonore gelöst, nachdem nicht dieser Erstgeborene des Kaisers, ein schwächliches Kind, das bald darauf auch starb, sondern sein jüngerer Bruder, der spätere Heinrich VI., zum Nachfolger seines Vaters bestimmt worden war. Eleonore wurde noch im Jahre 1170 mit Alfons von Kastilien vermählt. Aus diesem Ehebündnis und anderen Eheplänen für die Kinder des englischen Königs darf man aber nicht, wie dies gelegentlich geschehen ist, den Schluß ziehen, daß Heinrich II. seit dem Beginn der 70er Jahre eine „imperiale" Politik im Abendland betrieben hat, die sich gegen Friedrich Barbarossa richtete und in die er auch seinen Schwiegersohn Heinrich den Löwen einbeziehen wollte.

Wegen seiner engen Verwandtschaft mit dem englischen König hat Heinrich der Löwe diese Schwenkung in der Außenpolitik des Reiches allerdings nicht mitgemacht. Das bedeutet aber vorerst nicht, daß das Einvernehmen zwischen ihm und dem Kaiser in den Fragen der Reichs- und Kirchenpolitik gestört wurde. Über Heinrichs Beziehungen zu seinem Schwiegervater in diesen Jahren läßt sich kaum etwas sagen, da die politische Korrespondenz – um einen modernen Ausdruck zu gebrauchen – zwischen den beiden Herrschern nicht erhalten ist. Wir hören zwar gelegentlich etwas von Gesandtschaften des Herzogspaares an den englischen Königshof. Näheres über den Zweck dieser Gesandtschaften ist aber nicht bekannt.

Nachdem die Kämpfe in Sachsen im Jahre 1170 zu Ende gegangen waren, stand der Herzog auf dem Höhepunkt seiner Macht. Wie groß sein Herrschaftsbereich damals war, zeigt etwa sein Reiseweg im Jahre 1171. Ebenso wie der deutsche König und andere Herrscher der Zeit mußte Heinrich mit einem Teil seines Hofstaats lange und oft sehr beschwerliche Reisen durchführen, um in allen Gebieten seines Machtbereichs seine Herrschaft durch seine persönliche Anwesenheit zur Geltung zu bringen. Zu Beginn des Jahres begab er sich von Sachsen für mehrere Wochen nach Bayern. Im März führte ihn sein Weg nach Schwaben in die welfischen Stammlande nördlich des Bodensees, wo sich bei einem Hoftag in dem kleinen Ort Oberteuringen südlich von Ravensburg zahlreiche schwäbische Grafen, Herren und welfische Ministeriale um ihn versammelten. Ob er damals in Schwaben auch mit seinem Onkel Welf VI. zusammengetroffen ist und mit ihm die Frage, wer dessen Erbe sein sollte, erörtert hat, wissen wir nicht.

Auf der Rückreise nach Sachsen hatte er in den ersten Maitagen in Donauwörth eine Begegnung mit dem Kaiser. Ende Juni sehen wir ihn bereits in Nordelbingen; am Johannistag traf er an der Eider mit Waldemar I. von Dänemark zusammen. Hier wurden die Zwistigkeiten, die sich

nach der Eroberung Rügens durch den Dänenkönig wegen der Aufteilung der Beute ergeben hatten, beigelegt. Gleichzeitig wurde hier die
Verlobung von Heinrichs Tochter Gertrud, der Witwe des 1167 in Italien
verstorbenen Herzogs Friedrich von Schwaben, mit dem dänischen
Thronfolger Knut verabredet. In den ersten Augusttagen sehen wir den
Herzog in Verden an der Aller, wo er eine Zusammenkunft mit dem
Erzbischof Baldewin von Bremen hatte. Anfang September nahm er mit
einem großen Gefolge an der Weihe des ersten in Schwerin erbauten
Domes teil und regelte hier die Ausstattung des Bistums mit Grundbesitz
und die Aufteilung der Zehntrechte zwischen dem Bischof und dem
Domkapitel. Dann kehrte er nach Sachsen zurück.

Die Befriedung Sachsens und die reichen Geldmittel, die dem Herzog aus
der Mitgift der Mathilde, seinem Anteil an der von König Waldemar auf
Rügen gemachten Beute und seinen anderen Einkünften zur Verfügung
standen, gaben ihm die Möglichkeit, im Jahre 1172 den Plan einer Pilgerfahrt ins Heilige Land, der ihn wohl schon länger beschäftigte, zu verwirklichen. Eine solche Pilgerreise entsprach ganz der Sitte der Zeit. Viele
geistliche und weltliche Fürsten, so auch Welf VI., haben eine Fahrt zu
den heiligen Stätten der Christenheit in Palästina unternommen. Die Art
und Weise, in der Heinrich der Löwe sie durchführte, gab ihm auch die
Möglichkeit, das Ansehen und die Macht, die er damals besaß, im Abendland und im Orient zu zeigen.

Für die Zeit seiner Abwesenheit traf er in Sachsen die erforderlichen
Maßnahmen und bereitete den Zug sorgfältig vor. Zum Statthalter für
Sachsen bestellte er seinen früheren Gegner, Erzbischof Wichmann von
Magdeburg. Zwei Ministeriale, Ekbert von Wolfenbüttel und Heinrich
von Lüneburg, sollten für die damals wohl 16jährige Herzogin Mathilde
sorgen, die ihr erstes Kind erwartete und deshalb in Braunschweig zurückblieb.

Als Heinrich in der Mitte des Januar von Braunschweig aufbrach,
begleitete ihn ein stattliches Gefolge. Zu ihm gehörten Erzbischof Baldewin von Bremen, Bischof Konrad von Lübeck, der Abt Heinrich des
Ägidienklosters in Braunschweig und andere geistliche Herren. Von den
weltlichen Fürsten und Herren sind vor allem der Obodritenfürst Pribislaw und Graf Gunzelin von Schwerin zu nennen. Dazu kamen andere
Grafen und Edelfreie und ein großer Teil der herzoglichen Ministerialität,
an ihrer Spitze der Truchseß Jordan von Blankenburg, sein Bruder Iusarius und der Marschall Heinrich. In Regensburg, wo Heinrich am 2.

Februar das Fest Mariä Lichtmeß beging, schloß sich eine Reihe von bayerischen Großen, so auch die beiden jüngeren Brüder des Pfalzgrafen Otto von Wittelsbach, der Pilgerfahrt an.

Die zeitgenössische Kölner Königschronik beziffert die Zahl der Ritter im Gefolge des Herzogs auf etwa 500. Der spätere Abt Arnold von Lübeck, der damals noch als Mönch des Ägidienklosters in Braunschweig seinen Abt Heinrich begleitete, gibt im ersten Buch seiner Chronik, mit der er zu Beginn des 13. Jahrhunderts das Werk Helmolds von Bosau fortführte, eine sehr anschauliche Schilderung der Pilgerfahrt mit allen ihren Schwierigkeiten und Gefahren. Er weiß zu berichten, daß bei einem Überfall auf das Lager des Herzogs im Gebiet der Serben etwa 1200 Mann auf seiner Seite zu den Waffen gegriffen hätten. Auch wenn diese Zahl zu hoch gegriffen ist, so begleitete auf jeden Fall ein großes Ritterkontingent mit dem dazugehörenden Troß den Herzog.

Auf der Weiterreise, die von Regensburg zu Schiff donauabwärts ging, traf er im Kloster Heiligenkreuz, wo er das Grab seiner Mutter Gertrud besuchte, mit Herzog Heinrich Jasomirgott zusammen. In Wien vereinigte sich Heinrichs Zug mit dem des Bischofs Konrad II. von Worms, der sich als Gesandter des Kaisers auf dem Wege nach Byzanz befand, um die von Erzbischof Christian von Mainz begonnenen Verhandlungen mit Kaiser Manuel fortzuführen. Gemeinsam setzten der Herzog und der Bischof ihre Reise fort. Heinrich Jasomirgott gab ihnen bis nach Ungarn das Geleit und stellte auch Schiffe für die Fahrt auf der Donau zur Verfügung, während der Troß mit den Pferden am Ufer folgte.

Als man in Gran am Hofe des ungarischen Königs eintraf, erfuhr man, daß der junge König Stephan III., der mit Agnes, einer Tochter des österreichischen Herzogs, vermählt war, in der Nacht vorher plötzlich gestorben war. Einem Gerücht zufolge sollte er einem Giftmord zum Opfer gefallen sein. Während Heinrich Jasomirgott mit seiner Tochter nach Wien zurückkehrte, setzten Heinrich der Löwe und Bischof Konrad ihre Reise fort, nachdem ihnen von ungarischer Seite sicheres Geleit zugesichert war. Kurz bevor sie bei Braničevo unterhalb der Einmündung der Morava in die Donau die Grenze des byzantinischen Reiches erreicht hatten, gerieten die Schiffe durch Stromschnellen in der Donau in eine gefährliche Strömung. Während die übrigen Schiffe diese Stelle gut passierten, wurde das Schiff des Herzogs gegen einen Felsen geschleudert und erlitt Schiffbruch. Die Bewohner einer am Fluß liegenden Burg konnten es aber retten. Graf Gunzelin und Jordan von Blankenburg erreichten allerdings nur schwimmend das Ufer.

An der Grenze des griechischen Reiches begrüßte ein Gesandter des Kaisers Manuel den Herzog und gab ihm das weitere Geleit. Hier verließ man die Schiffe, um die Reise auf dem Landweg durch den sogenannten Bulgarenwald, ein unwegsames Gebiet südöstlich von Belgrad, fortzusetzen. Da die Pferde die schwer bepackten Wagen nicht durch das sumpfige Gelände ziehen konnten, wurden ein Teil der Vorräte und die Geschenke auf Pferde und Maultiere umgeladen; den Rest mußte man zurücklassen. Eines Nachts wurde das Lager des Herzogs und des Wormser Bischofs von Serben überfallen; doch konnte man diesen Angriff ohne größere Verluste abwehren. Über Nisch, Adrianopel und Philippopel ging der Marsch nach Byzanz weiter; am Karfreitag, dem 14. April, traf der Zug vor der Stadt ein.

Manuel bereitete Heinrich hier am Ostersonntag einen Empfang, wie er nach dem byzantinischen Hofzeremoniell sonst nur bei einem König üblich war. Der Herzog, der ihm vorher Pferde, Waffen und kostbare Geschenke übersandt hatte, begab sich mit seinem Gefolge zum Kaiser, der in dem Hippodrom eine Reihe prunkvoller Zelte für sich und andere byzantinische Große hatte errichten lassen. Der Kaiser empfing ihn inmitten seines Hofstaats und lud den Herzog ein, an der Prozession über eine purpurbelegte und mit goldenen Decken überdachte Feststraße zum Gottesdienst in der Hagia Sophia teilzunehmen. Während der Feier in der Kirche nahm der Herzog neben dem Thron des Kaisers auf einem Sessel Platz. Diese Tatsache, daß ihn Manuel nach dem Zeremoniell als seinen „Bruder" oder „Sohn" empfing, mußte für das Selbstgefühl des Herzogs besonders schmeichelhaft sein.

Nach dem Festmahl, das sich an den Gottesdienst anschloß, begannen die Bischöfe Konrad von Lübeck und Konrad von Worms in Anwesenheit des Kaisers und des Herzogs mit griechischen Theologen ein Religionsgespräch über die zwischen der Kirche des Ostens und der des Westens strittige Frage, von wem der Heilige Geist ausgehe. Gegenüber der Lehre der griechischen Kirche, daß er nur von Gott dem Vater seinen Ausgang nehme, vertrat vor allem Abt Heinrich von Braunschweig, ein bedeutender Theologe, den Standpunkt der abendländischen Kirche, daß der Heilige Geist vom Vater und vom Sohne ausgehe, und konnte diese Lehre mit zahlreichen Stellen aus der Bibel belegen. Mit dieser These fand er auch den Beifall des Kaisers, dem an der Beilegung dieses alten Streites sehr gelegen war. Die Kaiserin schenkte anschließend dem Herzog so viel Stoff und Pelzwerk, daß er nach den Worten Arnolds alle seine Ritter darin einkleiden konnte.

Konrad von Worms blieb in Byzanz. Über seine Verhandlungen mit
Kaiser Manuel ist nichts bekannt. Greifbare Ergebnisse haben sie allem
Anschein nach nicht gehabt. Heinrich der Löwe ließ einen großen Teil
des Gefolges mit dem ganzen Troß in Byzanz zurück und setzte mit
seiner übrigen Begleitung auf einem Schiff des Kaisers seine Reise nach
Palästina fort. Nach einem schweren Sturm, bei dem das Schiff in große
Gefahr geriet, landete er in Akkon und zog nach Jerusalem weiter. Hier
wurde er vor der Stadt von Angehörigen des Templer- und des Johanni-
terordens und dann in Jerusalem selbst von der Geistlichkeit der Stadt in
feierlicher Weise empfangen.

König Amalrich I. von Jerusalem bewirtete den Herzog und sein Gefolge für drei Tage in seinem Palast. In diesen Tagen erwies sich Heinrich
als ein sehr freigebiger Fürst. Der Kirche des Heiligen Grabes schenkte er
eine große Geldsumme und stiftete ihr drei ewige Lampen, die an verschiedenen Stellen der großen Kirchenanlage aufgestellt werden sollten.
Der Herzog kaufte auch zwei Häuser, deren Erträge er zum Unterhalt
dieser Lampen bestimmte. Die Kapelle des Heiligen Kreuzes in der Grabeskirche ließ er mit kostbaren Mosaiken ausschmücken und ihre Türen
mit Silber belegen. Den Templern und Johannitern machte er wertvolle
Geschenke, vor allem Waffen, und spendete ihnen die große Summe von
1000 Mark Silber zum Ankauf von Grundstücken, aus deren Einkünften
in Kriegszeiten Söldner bezahlt werden sollten. Er selbst erwarb kostbare
Reliquien.

Von Jerusalem aus besuchte der Herzog die übrigen Stätten der Christenheit im Land: das Tal Josaphat, den Ölberg und die Orte Bethlehem
und Nazareth. Unter dem Geleit von Templerrittern begab er sich auch
an den Jordan und bestieg in der Wüste den Berg Quarantana, auf dem
nach einer alten Tradition Christus 40 Tage lang gefastet haben soll. Von
weitergehenden Plänen, die Heinrich nach den Worten eines in der Normandie schreibenden Chronisten verfolgt haben soll, die aber auf den
Widerstand des Königs Amalrich und der Templer gestoßen seien, ist
sonst nichts bekannt.

Nach seiner Rückkehr nach Jerusalem war er noch einige Tage Gast
des Patriarchen Amalrich und trat in den ersten Julitagen die Rückreise
an. In Akkon teilte sich der Zug. Heinrich selbst zog mit dem größeren
Teil seines Gefolges in Begleitung von Templern auf dem Landweg nach
Antiochia. Bischof Konrad von Lübeck, der in Akkon erkrankte, und
andere Begleiter des Herzogs wählten den Seeweg, mußten aber bereits in
Tyrus an Land gehen, wo der Bischof starb und beigesetzt wurde.

Von Antiochia aus, wo der Fürst Bohemund III. den Welfen sehr
freundlich aufnahm, führte Heinrich Verhandlungen mit dem Sarazenen-
fürsten Mleh, dem Herrscher über das kilikische Armenien. Obwohl ihm
dieser freies Geleit durch sein Land zusagte, entschloß sich der Herzog,
den Seeweg nach dem zum oströmischen Reich gehörenden Tarsus zu
wählen, da er vor dem Fürsten gewarnt worden war. In Tarsus empfing
ihn ein stattliches Geleit des Sultans Kilidj Arslan von Ikonium. Auf
einem mehrtägigen Marsch durch wüstes und wasserloses Land kam man
zu einem Schloß des Sultans in der Nähe von Ikonium. Dieser begrüßte
ihn als einen Blutsverwandten, da er von einer vornehmen deutschen
Frau abstamme. Er bedachte den Herzog und sein Gefolge mit prächtigen
Geschenken. Heinrich selbst erhielt kostbare seidene Gewänder, Pferde
mit Prunksätteln, Zelte aus Filz und Kamele zum Transport dieser Geschenke. Der Sultan schenkte ihm auch zwei Jagdleoparden, die darauf
abgerichtet waren, auf Pferden zu sitzen, und Sklaven als deren Wärter.
In dieser Schenkung von Leoparden haben wir den historischen Kern für
die spätere Sage zu sehen, daß der Herzog aus dem Heiligen Land einen
Löwen nach Braunschweig mitgebracht habe. Als der Herzog dem Sultan
nahelegte, zum christlichen Glauben überzutreten, gab dieser eine aus-
weichende Antwort, ließ aber gefangene Christen frei.

Die weitere Reise führte durch Bithynien und über Nicäa nach Byzanz,
wo Heinrich den hier zurückgelassenen Troß wieder an sich zog. Dann
suchte er Kaiser Manuel auf, der sich in der Nähe seiner Hauptstadt in
seiner Sommerresidenz aufhielt. Über die Gespräche, die die beiden Fürsten führten, ist nichts bekannt. Als der Kaiser dem Herzog prächtige
Geschenke anbot, lehnte dieser die Gaben ab, da er durch Manuels Gnade
schon sehr reich bedacht sei. Er erbat aber und erhielt auch zahlreiche
Reliquien, die noch weiter ausgeschmückt wurden. Dann kehrte er auf
dem gleichen Weg, den er für seine Reise nach dem Osten benutzt hatte,
nach Deutschland zurück. Im Dezember 1172 traf er wieder in Bayern
ein und suchte um Weihnachten den Kaiser in Augsburg auf. Zu Beginn
des nächsten Jahres zog er nach Sachsen und begab sich nach Braunschweig, wo während seiner Abwesenheit seine Tochter Richenza geboren worden war. Mit den Reliquien, die er mitgebracht hatte, beschenkte
er nicht nur das Blasiusstift in Braunschweig, sondern auch andere sächsische Kirchen.

Die Motive für diese Pilgerfahrt waren in erster Linie religiöser Natur.
Arnold von Lübeck und andere Quellen der Zeit betonen dies ausdrück-

lich. Es erhebt sich aber doch die Frage, ob Heinrich der Löwe mit ihr nicht auch politische Ziele verfolgt hat. Einige Quellen, die allerdings erst nach dem Sturz des Herzogs entstanden sind, äußern den Verdacht, daß er damals mit Kaiser Manuel ein Bündnis verabredet habe, das sich gegen Friedrich I. und das deutsche Reich richtete. Auch in der neueren Forschung hat man deshalb wiederholt die Ansicht vertreten, daß die Reise des Herzogs in den Orient vornehmlich politischen Charakter gehabt habe. Der Abschluß eines solchen Bündnisses mit dem byzantinischen Kaiser sei mit ein Grund dafür gewesen, daß dem Herzog später der Vorwurf des Landesverrats gemacht wurde.

Diese Annahme eines gegen den Staufer gerichteten Komplotts ist aber mit der politischen Lage in Deutschland zu Beginn der 70er Jahre nicht zu vereinen. Zwischen dem Kaiser und dem Herzog herrschte damals noch volles Einvernehmen. Zweifellos sind bei den beiden Begegnungen, die Heinrich während seines Aufenthalts im Orient mit Manuel I. hatte, auch die deutsch-byzantinischen Beziehungen zur Sprache gekommen. Man hat deshalb in neuerer Zeit vermutet, Heinrich habe auf seiner Reise neben dem Bischof Konrad von Worms als dem offiziellen Beauftragten Friedrichs I. die Funktion eines inoffiziellen Gesandten gehabt. Als solcher habe er bei aller Loyalität gegenüber dem Staufer dem byzantinischen Kaiser größere Zugeständnisse als der Bischof machen können. Er habe deshalb Manuel als Gegenleistung für eine Annäherung an das abendländische Kaisertum Stützpunkte in Italien in Aussicht gestellt. Friedrich I., dem Heinrich nach seiner Rückkehr über diese Verhandlungen berichtete, sei zu einem solchen Zugeständnis aber nicht bereit gewesen. Von einem derartigen Angebot des Herzogs ist aber nichts bekannt. Daß er es ohne Wissen des Kaisers gemacht hat, ist wenig wahrscheinlich. Irgendwelche Fortschritte haben weder die Mission des Bischofs von Worms noch die Unterredungen des Herzogs mit Kaiser Manuel für den Fortgang der deutsch-byzantinischen Verhandlungen gebracht. Im Jahre 1174 wurden sie ergebnislos abgebrochen.

Läßt sich somit der Verdacht eines landesverräterischen Verhaltens des Herzogs während seiner Pilgerfahrt nicht aufrechterhalten, so ist auf der anderen Seite eine Behauptung, die sich zudem erst in einer Quelle des 15. Jahrhunderts findet, die aber vielleicht auf ältere Nachrichten zurückgeht, wenig glaubwürdig. Danach soll Friedrich I., als er sich im Jahre 1172 während Heinrichs Abwesenheit in Sachsen aufhielt, die Befehlshaber der herzoglichen Burgen durch Drohungen und Versprechungen zu einer eidlichen Erklärung veranlaßt haben, ihm diese Plätze auszuliefern, falls der Herzog auf seiner Pilgerfahrt den Tod finde. Dieser Schritt des Kaisers habe den Zwist zwischen ihm und Heinrich dem Löwen nach dessen Rückkehr herbeigeführt. Bei dieser Nachricht handelt es sich zweifellos um ein Gerücht, das nach dem Sturz des Löwen von welfischer Seite verbreitet wurde, um Heinrichs Verhalten in diesen Jahren zu rechtfertigen.

Auch nach der Rückkehr des Herzogs blieb das gute Verhältnis zwischen ihm und dem Kaiser zunächst noch bestehen. Gerade in den Jahren 1173 und 1174 hat sich Heinrich bis zum Beginn des fünften Italienzugs des Kaisers im Herbst 1174 oft an dessen Hof aufgehalten. In Sachsen blieb der Friede zwischen ihm und seinen Gegnern im allgemeinen gewahrt. Nur im östlichen Sachsen kam es außerhalb des herzoglichen Machtbereichs nach dem Tode Albrechts des Bären zwischen den Askaniern und Landgraf Ludwig III. von Thüringen zu kriegerischen Auseinandersetzungen, da der Landgraf Ansprüche auf die Grafschaft Weimar erhob, die einige Zeit vorher an die Askanier übergegangen war. In diese Kämpfe griff Heinrich der Löwe zu Beginn des Jahres 1175 auf der Seite des Landgrafen mit einem Vorstoß in das Gebiet des Grafen Bernhard von Anhalt, eines der Söhne Albrechts des Bären, ein. Mit einem starken Aufgebot überschritt er die Bode, zerstörte den an ihr liegenden Ort Gröningen bei Halberstadt und eroberte das stark befestigte Aschersleben, das er in Brand stecken ließ. Trotz dieses Erfolges konnten die Askanier aber die Grafschaft Weimar weiterhin in ihrem Besitz halten.

Barbarossa seinerseits benutzte die Jahre nach seiner Rückkehr vom vierten Italienzug, um die Machtgrundlagen des staufischen Königtums in Deutschland planmäßig auszubauen. Damit wollte er die Voraussetzungen dafür schaffen, um später wieder die Reichspolitik in Italien mit Aussicht auf Erfolg aufnehmen zu können.

Möglichkeiten für eine solche Erweiterung seines Herrschaftsbereichs boten sich ihm vor allem in Schwaben und am Oberrhein, den Gebieten, die schon früher Schwerpunkte der staufischen Hausmachtpolitik gewesen waren. Da Herzog Friedrich IV. von Schwaben, der jüngere Vetter des Kaisers, bei seinem frühen Tod in Italien im Jahre 1167 aus seiner kurzen Ehe mit Gertrud, der Tochter Heinrichs des Löwen, keine Kinder hinterließ, wurde damals die schwäbische Herzogswürde ledig. Friedrich I. übertrug sie seinem ältesten damals dreijährigen Sohn Friedrich und nahm das Herzogtum zunächst in eigene Verwaltung. Als der junge Friedrich zwei Jahre später starb, wurde Konrad, der dritte Sohn des Kaisers, der jetzt den Namen Friedrich erhielt, Herzog von Schwaben, das weiterhin in der Hand seines Vaters blieb. Auch die umfangreichen Besitzungen Herzog Friedrichs IV., vor allem in Franken, gingen bei seinem Tod an den Kaiser über.

Bei der schweren Katastrophe vor Rom hatte im Jahr 1167 gerade eine Reihe schwäbischer Adelsfamilien ihre Erben verloren. Friedrich I. verstand es, diese Todesfälle für seine Territorialpolitik auszunutzen. Er erwarb Besitzungen dieser Geschlechter durch Kauf oder sicherte sich durch Erbverträge ihren späteren Anfall. Dabei stieß er aus dem Inneren Schwabens nach Süden in den Bodenseeraum vor, in dem bisher die Welfen eine beherrschende Stellung innehatten. So konnte er vor allem in den Jahren von 1167 bis 1180 durch Abmachungen mit Graf Rudolf von Pfullendorf, dessen einziger Sohn ebenfalls der Pestseuche in Italien zum Opfer gefallen war, den großen Herrschaftsbereich, den sich die Pfullendorfer zwischen Bodensee und oberer Donau geschaffen hatten, schrittweise in seine Hand bringen.

Von entscheidender Bedeutung für das politische Kräfteverhältnis in Schwaben war aber die Frage, an wen später die umfangreichen Besitzungen und Herrschaftsrechte Welfs VI. übergehen würden. Nachdem sein einziger Sohn Welf VII. ebenfalls im Sommer 1167 in Italien den Tod gefunden hatte, begann der damals etwa 60jährige Welf, auf seinen Burgen und Besitzungen mit üppigen Festen ein verschwenderisches Leben zu führen. Durch zahlreiche Schenkungen an seine Hausklöster und andere Kirchen wollte er sich zugleich den Ruf eines freigebigen Fürsten verschaffen. Um die Kosten für diesen aufwendigen Lebensstil bestreiten zu können, hatte er zunächst, wohl 1173 oder 1174, seine Reichslehen in Italien, das Fürstentum Sardinien, das Herzogtum Spoleto, die Markgrafschaft Tuszien und das sogenannte Mathildische Gut, dem Kaiser zurückgegeben. Friedrich, der diese Gebiete schon vorher weitgehend in die Reichsverwaltung Ober- und Mittelitaliens einbezogen hatte, zahlte seinem Onkel dafür eine beträchtliche Geldsumme.

Um ein zu starkes Anwachsen der staufischen Macht in Südwestdeutschland zu verhindern, traf Heinrich der Löwe seinerseits mit Welf VI. – vermutlich nach längeren Verhandlungen – eine Vereinbarung, in der ihm Welf die Erbfolge in seinen Eigengütern und anderen Rechten zusicherte. Eine solche Regelung lag schon deshalb nahe, weil sich die Besitzungen Heinrichs des Löwen in Schwaben und im schwäbisch-bayerischen Grenzgebiet vielfach eng mit denen seines Onkels berührten. Dafür verpflichtete sich Heinrich, Welf schon zu dessen Lebzeiten einen hohen Geldbetrag zu zahlen. Der Zeitpunkt dieses Abkommens ist nicht bekannt; wahrscheinlich ist es erst 1175 geschlossen worden. Da Heinrich annahm, daß ihm als dem nächsten männlichen Erben Welfs VI. diese Besitzungen ohnehin zufallen würden, kam er seinen finanziellen Zusagen nicht nach. Deshalb hob Welf VI. später dieses Abkommen mit Heinrich wieder auf und schloß mit Friedrich Barbarossa, seinem anderen Neffen, vermutlich allerdings erst im Jahre 1178, eine Übereinkunft. Da sich Friedrich bereit erklärte, Welf die gewünschte Summe zu zahlen, übertrug dieser schon damals seine Besitzungen dem Kaiser. Dieser behielt einen Teil ein; die Hauptmasse gab er Welf als Lehen zurück.

Nach der Rückkehr aus dem Heiligen Land hat Heinrich im Burgbezirk von Braunschweig eine rege Bautätigkeit entfaltet. Für die Erweiterung der alten Brunonenburg fehlen leider alle Zeitangaben. Vermutlich sind diese Umbauarbeiten schon wesentlich früher begonnen worden. Auch die Errichtung des Löwenstandbildes vor der neuen Burg im Jahre 1166 spricht dafür, daß der Neubau damals schon im wesentlichen vollendet war. Deutlich ist aber das Vorbild für diese neue Burg Dankwarderode. Es sind dies die Königspfalzen, insbesondere die Pfalz Goslar, wie sie unter den Saliern entstanden war. Dabei übertraf die Braunschweiger Burg in ihrer neuen Gestalt an Größe die Pfalzen, die Friedrich I. gleichzeitig errichten ließ. Selbst der Palas der Pfalz Gelnhausen, der größten dieser neuen staufischen Pfalzen, war kleiner als die Halle der Burg Dankwarderode, für die sich unter den Söhnen des Herzogs die Bezeichnung Pfalz findet. Daran, daß sie ein Gegenstück zu den Königspfalzen bilden sollte, kann kein Zweifel bestehen.

Der Zeitpunkt für den Beginn des Baus der neuen Stiftskirche im Burgbezirk ist quellenmäßig gesichert. Im Jahre 1173 hat der Herzog die in der ersten Hälfte des 11. Jahrhunderts errichtete Kirche abreißen lassen und mit dem Bau einer neuen, wesentlich größeren Kirche begonnen. In der Form einer dreischiffigen Basilika mit einem Querhaus, einer Krypta und einem Hochchor entsprach sie mehr einer Bischofs- als einer Stiftskirche. So erklärt es sich wohl auch, daß sich später für sie die Bezeichnung Dom eingebürgert hat. Dieser Vorgang findet in Goslar seine Entsprechung. Auch hier besaß die im 11. Jahrhundert erbaute Kirche des von Kaiser Heinrich III. im Pfalzbezirk gegründeten Stifts St. Simon und Juda die Form einer Bischofskirche und wurde deshalb später vielfach als Dom bezeichnet. Mit dem Neubau der Kirche vollzog sich ein Wechsel der Patrozinien. Waren für die Kirche der Brunonen neben dem heiligen Blasius und Johannes dem Täufer die beiden Apostel Petrus und Paulus die Hauptpatrone gewesen, so werden sie für die neue Kirche nicht mehr als Patrone übernommen. Zu Blasius und Johannes trat – allerdings erst im frühen 13. Jahrhundert – Thomas von Canterbury als dritter Schutzheiliger hinzu. Der Neubau wurde für die damalige Zeit verhältnismäßig schnell durchgeführt. Beim Tode des Herzogs im Jahre 1195 war die Kirche im wesentlichen vollendet.

In den gleichen Jahren, in denen mit dem Bau der Stiftskirche begonnen wurde, sind vom Hof des Herzogs auch sonst starke Impulse für das künstlerische Schaffen in Sachsen ausgegangen. Die Rolle, die Heinrich der Löwe als Förderer der bildenden Kunst, der Literatur und der Wissenschaft seiner Zeit gespielt hat, werden wir noch als Ganzes zu würdigen haben. In diesem Zusammenhang müssen wir nur ein Werk nennen, das uns einen guten Einblick in die politische Ideenwelt des Herzogs und seiner Umgebung während der 70er Jahre bietet.

Es handelt sich um das nach seinem langjährigen Aufbewahrungsort, dem Schloß Gmunden in Oberösterreich, benannten Gmundener Evangeliar, das in der Zeit von etwa 1173 bis 1180 im Auftrag des Herzogs im Kloster Helmarshausen in einer der damals in Deutschland führenden Schreib- und Malschulen entstanden und das dem Blasiusstift in Braunschweig von dem Herzogspaar geschenkt worden ist. Es ist das Werk des Mönches Hermann von Helmarshausen, des bedeutendsten Künstlers dieser Schule in der zweiten Hälfte des 12. Jahrhunderts, und stellt zweifellos den Höhepunkt der Helmarshäuser Buchmalerei in dieser Zeit dar.

Schon das Widmungsgedicht, das den Herzog ausdrücklich als Auftraggeber nennt, hebt die vornehme Abstammung des Herzogspaares hervor. Heinrich wird als Abkömmling Karl des Großen gefeiert. Dieses Karolingerblut gibt nach der Auffassung der Zeit jeder Herrschaft eine besondere Legitimation. Deshalb – so heißt es weiter – hat England ihn allein für würdig befunden, der Gemahl der Königstochter Mathilde zu werden, deren Nachkommenschaft dem Land den Frieden Christi und das Heil bringen wird.

Noch stärker kommt diese Vorstellung von dem besonderen Rang des Herzogspaares in dem sogenannten Krönungsbild, der bekanntesten Miniatur des Evangeliars, zum Ausdruck. In der oberen Bildhälfte, die die himmlische Sphäre symbolisch wiedergibt, thront Christus als Weltenherrscher, umgeben von Engeln, Aposteln und Heiligen, wobei gerade solche Heilige dargestellt werden, die Heinrich dem Löwen nahestanden oder in England besondere Verehrung genossen. Das waren auf der einen Seite der Evangelist Johannes, Johannes der Täufer und der heilige Blasius, auf der anderen Seite Petrus, Papst Gregor der Große und der bald nach seinem Tod kanonisierte Thomas Becket. Die untere Bildhälfte zeigt die irdische Welt. In der Mitte knien der Herzog und die Herzogin, die aus den sich kreuzenden Händen Christi zwei Kronen empfangen. Neben ihnen stehen auf beiden Seiten gleichsam als Zeugen dieses Geschehens einige ihrer Vorfahren, die mit einer Ausnahme mit ihren Namen bezeichnet sind. Auf der Seite Heinrichs des Löwen sind dies seine Eltern Heinrich der Stolze und Gertrud. Neben ihnen stehen aber nicht die Eltern Heinrichs des Stolzen, Heinrich der Schwarze und Wulfhild, sondern Gertruds Eltern, Kaiser Lothar III. und die Kaiserin Richenza. Auf der anderen Bildhälfte stehen neben Mathilde zunächst ihr Vater Heinrich II. von England und dann dessen Mutter Mathilde, die als Gemahlin Kaiser Heinrichs V. zunächst Kaiserin und nach ihrer Rückkehr in ihre englische Heimat zeitweilig englische Königin war. Am rechten Bildrand ist noch eine Frauengestalt abgebildet, die keine Namensbezeichnung trägt. Ihre Identität läßt sich nicht bestimmen. Alle Vermutungen, wen diese Frau, die auch nicht das Kopftuch der verheirateten Frau trägt, darstellen soll, bleiben unsicher.

Von den Vorfahren des Herzogspaares sind also vor allem diejenigen abgebildet, die die kaiserliche oder eine königliche Würde innehatten und die deshalb auch Kronen tragen. Diese vier Kronen gleichen ganz den beiden, mit denen Heinrich der Löwe und Mathilde gekrönt werden. Diese Darstellung macht aber zugleich deutlich, wie sehr der Herzog über seine Eltern hinausgewachsen ist, die ebenso wie die unbekannte Frauengestalt am rechten Bildrand keine Kronen tragen. Die Spruchbänder an den vier Ecken der ganzen Miniatur deuten zwar ausdrücklich auf die Krone des ewigen Lebens hin. Wenn aber Heinrich und Mathilde weltliche Kronen erhalten, so kommt in diesem Vorgang die Anschauung zum Ausdruck, daß ihnen ein königlicher Rang zukommt.

Dieses Krönungsbild ist eines der wichtigsten Argumente für die in der neuesten Forschung gelegentlich geäußerte Ansicht, daß Heinrich der Löwe in den 70er Jahren den Plan verfolgt habe, in seinem norddeutschen Herrschaftsbereich König zu werden. Die fast königliche Macht, die er damals in weiten Teilen Sachsens besaß, und die Tatsache, daß er in Nordelbingen und im Ostseeraum als Vertreter der Reichsgewalt königliche Rechte ausübte, hätten in einem Königtum der Welfen eine staatsrechtliche Legitimierung gefunden.

Eine solche Königserhebung innerhalb des deutschen Reiches wäre im 12. Jahrhundert kein singulärer Vorgang gewesen. Zu Beginn des Jahres

1158 hatte Friedrich I. auf einem Reichstag zu Regensburg dem Herzog Wladislaw II. von Böhmen eine Königskrone aufgesetzt und ihm und seinen Nachfolgern das Recht verliehen, an bestimmten Festtagen einen Kronreif zu tragen und sich vom Bischof von Prag oder in dessen Vertretung vom Bischof von Olmütz krönen zu lassen. Damit erneuerte Barbarossa die Königswürde des Herzogs von Böhmen, die bereits Kaiser Heinrich IV. im Jahre 1085 dem Herzog Wratislaw, dem Großvater Wladislaws, allerdings nur für seine Person, zuerkannt hatte. Mit diesem Schritt trug er auch der besonderen Stellung Böhmens innerhalb des Reichsverbandes, in den das Land erst allmählich hineingewachsen war, Rechnung.

Auffällig ist allerdings die Tatsache, daß sich diese Idee vom königlichen Rang Heinrichs des Löwen nur in dieser sinnbildlichen Darstellung findet. Keine andere zeitgenössische oder spätere Quelle weiß etwas von einem solchen Königsplan des Herzogs oder etwa von Verhandlungen, die er über eine solche Königserhebung irgendwann mit Friedrich I. geführt hat.

Vielleicht handelt es sich dabei um eine zunächst noch unklare Vorstellung, wie sie damals am Hof des Herzogs entstanden ist, die aber noch keine konkreten Formen annahm. Auch in der Umgebung Friedrichs I. wurde um die Mitte des 12. Jahrhunderts die Idee von einer Weltherrschaft des Kaisers vertreten, ohne daß Barbarossa wirklich einen solchen Anspruch erhoben hätte. So werden wir die Frage, ob eine Erhebung zum König in seinem norddeutschen Herrschaftsgebiet wirklich das letzte Ziel der Politik des Löwen war, offenlassen müssen.

Daß aber ein solcher Gedanke von einem Königtum Heinrichs des Löwen das aus langer welfischer Tradition erwachsene Selbstbewußtsein des Herzogs von dem königsgleichen Rang seines Geschlechts noch mehr steigern mußte, liegt auf der Hand. So zeichnete sich seit dem Beginn der 70er Jahre eine Entwicklung ab, die eines Tages zum Konflikt und zum Bruch des langen Einvernehmens zwischen Kaiser und Herzog führen sollte.

## Neuntes Kapitel

# Der Sturz des Löwen

_ ハ74

Nach seiner Rückkehr aus Italien im Frühjahr 1168 blieb Friedrich I.
sechseinhalb Jahre in Deutschland, länger als jemals vorher oder nachher
während seiner fast vierzigjährigen Regierung. Diese Zeit diente dem
planmäßigen Ausbau der Königsmacht im Reich. Die Schwerpunkte lagen dabei nicht nur in Schwaben und im Elsaß, sondern auch am Mittelrhein und in Ostfranken. Darüber hinaus war der Kaiser bemüht, im
mitteldeutschen Osten, im Gebiet an der Mulde, Pleiße und Eger, ein
großes Reichsterritorium aufzubauen. Nördlich des Harzes war das
Reichsgut um Goslar seit dem Ende der 60er Jahre wieder fest in seiner
Hand; doch vermied es Barbarossa, hier auf Kosten Heinrichs des Löwen
eine expansive Territorialpolitik zu treiben.

Da es der regen kaiserlichen Diplomatie in jenen Jahren aber nicht
gelungen war, gegenüber Alexander III. wirkliche Erfolge zu erringen,
mußte Friedrich wieder versuchen, in Italien mit militärischen Mitteln
eine Entscheidung herbeizuführen. In Oberitalien war während seiner
Abwesenheit der Lombardenbund ein entscheidender Machtfaktor geworden; auch in Mittelitalien hatte die Reichsgewalt inzwischen erhebliche Einbußen erlitten.

Als der Kaiser im Herbst 1174 seinen fünften Italienzug antrat, begleitete ihn nur ein verhältnismäßig kleines Lehnsaufgebot, das durch Söldner verstärkt wurde. Heinrich der Löwe und andere Reichsfürsten waren
an diesem Zug nicht beteiligt. Friedrich fand hauptsächlich bei den geistlichen Fürsten Unterstützung. Erzbischof Christian von Mainz, der seit
1171 als kaiserlicher Legat in Reichsitalien tätig war, hatte den Feldzug
diplomatisch vorbereitet. Trotz seiner nicht sehr großen Streitmacht
konnte der Kaiser seine Herrschaft in der westlichen Lombardei schnell
wiederherstellen. Hauptziel seines Angriffs war die Bundesfestung Alessandria. Wider Erwarten gelang es dem Kaiser aber nicht, die Stadt rasch
in seine Hand zu bringen. Die Belagerung zog sich den ganzen Winter
1174/75 hin. Als ein Ersatzheer herannahte, zog ihm Friedrich entgegen,
konnte aber eine offene Schlacht nicht wagen.

Da auch die Städte zu einem Ausgleich bereit waren, kam es Mitte April 1175 zum Vorfrieden von Montebello bei Piacenza. Die Lombarden unterwarfen sich erneut; zur Festlegung eines endgültigen Friedens sollte ein Schiedsgericht von je drei Vertretern des Kaisers und der Städte eingesetzt werden. Wenn dieses keine Einigung erreichte, sollten die Konsuln von Cremona einen Schiedsspruch fällen. Friedrich war zu weitgehenden Zugeständnissen bereit. Die Verhandlungen scheiterten aber daran, daß die Städte die Ausdehnung des Friedens auf den Papst und die Anerkennung Alessandrias als Mitglied ihres Bundes durch den Kaiser verlangten, während dieser die Zerstörung der Festung forderte.

So brachen die Kämpfe im Herbst des Jahres von neuem aus. Die Lage des Kaisers war deshalb sehr mißlich, weil er nach dem Vorfrieden von Montebello einen Teil seines Heeres entlassen hatte. Truppen, die Erzbischof Philipp von Köln in Deutschland angeworben hatte, mußten noch abgewartet werden. In dieser Situation entschloß sich der Kaiser, Heinrich den Löwen bei einer persönlichen Begegnung um militärische Hilfe zu bitten; doch lehnte dieser diese Bitte ab.

Die Quellen über diese Zusammenkunft zwischen Kaiser und Herzog sind recht widerspruchsvoll. Da sich in den allerdings sehr knappen Aussagen der zeitgenössischen Chronistik keine Hinweise auf eine solche Begegnung finden und erst die Geschichtsschreiber des ausgehenden 12. und beginnenden 13. Jahrhunderts etwas von ihr wissen, hat man sie wiederholt in das Reich der Legende verwiesen. Erst nach dem Tod beider Herrscher sei diese Erzählung entstanden. Gewiß hat dieses für die Geschicke des Reiches so bedeutsame Ereignis die Phantasie späterer Generationen immer wieder beschäftigt, wobei es in zunehmendem Maße mit anekdotenhaften Zügen ausgeschmückt wurde. An der Zusammenkunft als solcher wird man aber deshalb nicht zu zweifeln brauchen, zumal diesen Berichten wohl ältere verlorene Quellen zugrunde liegen.

Kap. 23 ⟶ Wenn Otto von St. Blasien im Schwarzwald in seiner zu Beginn des 13. Jahrhunderts entstandenen Chronik die Reichsburg Chiavenna nördlich des Comer Sees, die damals noch zum Gebiet des Herzogtums Schwaben gehörte, als Ort dieser Zusammenkunft nennt, so hat diese Angabe die größte Wahrscheinlichkeit für sich. Nach den uns sonst bekannten Aufenthaltsorten der beiden Fürsten ordnet sich eine Begegnung am Comer See in den Zeitraum von Ende Januar bis Anfang Februar 1176 ohne Schwierigkeiten ein. Die Angabe einer etwas jüngeren sächsischen Quelle, der Kaiser habe die sächsischen Fürsten nach Partenkirchen entboten, wo Heinrich als einziger die erbetene Waffenhilfe verweigert habe, klingt wenig glaubwürdig. Ganz unhaltbar ist die Bemerkung bei Arnold von Lübeck, Barbarossa sei über die Alpen gezogen und habe seine Bitte an den Herzog auf einem Reichstag ausgesprochen. Von einem solchen Reichstag des Kaisers in Deutschland ist in diesem Jahr nichts bekannt.

Die Begegnung in Chiavenna, an der die Kaiserin Beatrix und das Gefolge beider Fürsten teilnahmen, verlief sehr dramatisch. Der Kaiser hat seinen Vetter zweifellos in sehr eindringlicher Weise um seine Hilfe gebeten. Dabei tat er wohl schließlich, um dessen Widerstand zu überwinden, in großer Erregung vor ihm einen Fußfall. Einige Quellen sprechen ausdrücklich von einem solchen Fußfall; andere bemerken, die Haltung des Kaisers sei demütiger gewesen, als es der Majestät des Herrschers zukomme. Ein solcher Fußfall war für damalige Zeit nicht eine so starke persönliche Demütigung wie für den späteren Betrachter dieser Szene.

Nach den Worten Arnolds von Lübeck war der Herzog über diesen Vorgang so bestürzt, daß er den Kaiser sofort wieder aufhob. Dem steht aber die Aussage anderer Quellen gegenüber, daß es Heinrich nicht für nötig befunden habe, Friedrich wieder aufzurichten. Zwei Chronisten des frühen 13. Jahrhunderts, der Propst Burchard aus dem schwäbischen Stift Ursberg und der Verfasser der sächsischen Weltchronik, berichten, daß Jordan von Blankenburg, Heinrichs Truchseß, seinen Herrn mit überheblichen Worten davon abgehalten habe, den Kaiser aufzuheben. „Laßt Herr" – so soll er gesagt haben – „die Krone des Reiches zu euren Füßen liegen, eines Tages wird sie auf euer Haupt kommen". In dieser Form ist die Erzählung zweifellos anekdotisch zugespitzt. Ganz frei erfunden ist sie sicher nicht. Sie ist vor allem bezeichnend für das übersteigerte Selbstbewußtsein des Welfen und seiner Umgebung. Und wenn es in den Stader Annalen heißt, die Kaiserin Beatrix habe Friedrich mit den Worten aufgerichtet: „Erhebe dich Herr und gedenke dieses Falles, auch Gott möge dessen eingedenk bleiben", so wird daraus deutlich, wie stark der Nachklang dieses Geschehens in Chiavenna noch um die Mitte des 13. Jahrhunderts war.

Fragt man nach den Gründen für die ablehnende Haltung des Herzogs, so ist die Erklärung des den Welfen nahestehenden Arnold von Lübeck wenig überzeugend. Heinrich soll sich danach bereit erklärt haben, Friedrich mit Gold, Silber und mit anderen Mitteln bei der Aufstellung eines Heeres zu unterstützen. Er sei aber nicht in der Lage, persönlich Heerfolge zu leisten, da er durch die Strapazen der zahlreichen Feldzüge, die er in Italien und anderen Gebieten geführt habe, erschöpft und ein alter Mann geworden sei. Heinrich war damals etwa 45 Jahre alt.

Auch hier dürfte Otto von St. Blasien die Vorgänge richtig wiedergeben, wenn er – ebenso wie bald darauf auch die im Elsaß entstandenen
sogenannten Marbacher Annalen – berichtet, Heinrich habe eine Hilfeleistung davon abhängig gemacht, daß der Kaiser ihm dafür Goslar, „die
reichste Stadt Sachsens", als Lehen übertrage. Als Friedrich diese Forderung, die er als eine schmähliche Erpressung empfand, ablehnte, sei es
zum Abbruch der Begegnung gekommen. Heinrich habe voller Enttäu-
schung Chiavenna verlassen.

Diese Forderung des Welfen, ihm die Reichsvogtei Goslar – denn um
diese und nicht nur um die Stadt handelte es sich dabei – abzutreten,
ordnet sich ganz in die Ziele seiner Territorialpolitik in Sachsen ein.
Wenn es ihm gelang, die Vogtei mit ihren reichen Einkünften aus dem
Bergbau im Rammelsberg endgültig in seine Hand zu bringen, nachdem
sie schon einmal seit dem Beginn der 50er Jahre für mehr als ein Jahrzehnt zum welfischen Einflußbereich gehört hatte, so wäre dies der krö-
nende Abschluß des Vorgehens des Herzogs im Harzgebiet gewesen.

Auf der anderen Seite ist es aber durchaus verständlich, daß der Kaiser
diese Forderung als eine Erpressung betrachtete und sie ablehnte, so
wertvoll für ihn in diesem Augenblick die Hilfe Heinrichs auch gewesen
wäre. Gerade in einer Zeit, in der Friedrich in steigendem Maße den
Ausbau von Königslandschaften in verschiedenen Gebieten des Reiches
betrieb, gewann das Reichsgut am Harz für ihn wieder größere Bedeutung als in den Anfängen seiner Regierung, in denen sich dem Staufer
noch andere Möglichkeiten für den Aufbau einer starken Reichsgewalt zu
bieten schienen. Die Preisgabe der Reichsvogtei hätte den Verzicht auf
den wirtschaftlich wichtigsten Stützpunkt des Königtums im Norden des
Reiches bedeutet und eine erfolgreiche Reichslandpolitik in den nördlichen Vorlanden des Harzes unmöglich gemacht.

Man darf aber den Konflikt, der hier in Chiavenna aufbrach, nicht nur
unter dem Gesichtspunkt der sich in verschiedenen Landschaften des
Reiches allmählich immer stärker überschneidenden Ziele der staufischen
und welfischen Territorialpolitik betrachten. Zudem ist unsicher, ob
Welf VI. schon damals das Abkommen über seine Erbfolge mit Heinrich
dem Löwen aufgehoben und mit Friedrich I. erste Kontakte wegen seiner
Erbschaft aufgenommen hat.

Entscheidend über die Ablehnung des Kaisers, auf die Forderung des
Herzogs einzugehen, sind zweifellos grundsätzliche politische Erwägungen gewesen. Der Verlauf der Unterredung und die unnachgiebige Haltung des Löwen machten deutlich, daß dieser dem Kaiser nicht wie ein

Lehnsfürst dem König als dem obersten Lehnsherrn, sondern wie ein gleichberechtigter Partner gegenübertrat, der für eine freiwillige Hilfeleistung einen entsprechenden Preis forderte. Barbarossa erkannte, daß die übergroße Macht, die Heinrich im Laufe der Zeit errungen hatte, und das fast königliche Ansehen, das er nicht nur im Abendland, sondern auch im Orient besaß, das Gefüge des deutschen Staates mit seiner lehnrechtlichen Ordnung zu zersprengen drohte.

Die Tatsache, daß der Löwe bei einer entsprechenden Gegenleistung bereit war, der Bitte des Kaisers zu entsprechen, widerlegt am besten die in der Geschichtsschreibung des 19. und auch des frühen 20. Jahrhunderts immer wieder aufgestellte These, die Hilfsverweigerung von Chiavenna sei eine grundsätzliche Absage des Herzogs an die Italienpolitik des Kaisers gewesen, der er in ihren Anfängen nur widerwillig gefolgt sei. Heinrich der Löwe war kein Gegner dieser Politik. Er unterstützte sie, solange er sich davon für sein Vorgehen in Deutschland Vorteile versprach. Ebensowenig kann die Rede davon sein, daß er sich damals der Partei Alexanders III. genähert oder sogar, wie später im Zusammenhang mit dem gegen ihn geführten Prozeß gelegentlich behauptet wurde, landesverräterische Beziehungen zu den lombardischen Städten aufgenommen hätte.

Lehnrechtlich war der Herzog nicht zu einer Heerfolge verpflichtet, da Friedrich kein allgemeines Aufgebot für diesen Italienzug erlassen hatte. Wohl aber bestand für ihn eine moralische Verpflichtung, sich dem Kaiser in dieser schwierigen Situation nicht zu versagen. Wenn seine Herrschaft in Sachsen damals ganz gefestigt war, so verdankte er dies vor allem auch der Tatsache, daß sich Friedrich in den schweren Auseinandersetzungen Heinrichs mit seinen sächsischen Gegnern immer wieder schützend vor ihn gestellt hatte. Das verkannt zu haben, ist die tragische Schuld des Löwen gewesen. So beendete Chiavenna das gute politische Einvernehmen zwischen Kaiser und Herzog, das etwa ein Vierteljahrhundert das Geschehen im Reich weitgehend bestimmt hatte. Damit wurden aber auch die engen menschlichen Bande zerrissen, die zwischen beiden Vettern über Jahrzehnte bestanden hatten. Deshalb stellt dieses Ereignis eine entscheidende Wende in der Geschichte Friedrichs I. und Heinrichs des Löwen dar.

Obwohl die Truppen, die Philipp von Köln und andere deutsche Fürsten heranführten, nur gering waren, entschloß sich der Kaiser nach seiner Rückkehr nach Oberitalien zum Angriff auf seine Gegner. In der

Schlacht von Legnano – nordwestlich von Mailand – wurde aber sein kleines Ritterheer am 29. Mai 1176 von der zahlenmäßig überlegenen Streitmacht der lombardischen Ritter und des Mailänder Fußvolkes geschlagen. Friedrich selbst galt einige Tage für tot. Die militärische Bedeutung dieser Niederlage war nicht sehr groß, da nur ein Teil der kaiserlichen Truppen von ihr betroffen war. Der Sieg von Legnano war für Friedrichs Gegner mehr ein Prestigeerfolg.

Trotzdem entschloß sich der Kaiser, wieder den Weg der Verhandlungen zu beschreiten. Eine Möglichkeit zu einer Verständigung mit den lombardischen Städten schien sich dadurch zu eröffnen, daß die Konsuln von Cremona einen neuen Friedensvorschlag machten. Friedrich war auch bereit, auf ihn einzugehen; doch widersetzten sich jetzt die Städte diesem Vorschlag.

Daraufhin vollzog der Kaiser eine entscheidende Wende in seiner Kirchenpolitik. Er nahm jetzt Verhandlungen mit der Kurie auf, in denen er sich als Meister des diplomatischen Spiels erwies. Bereits im November 1176 schloß er mit der Kurie in Anagni einen Vorvertrag ab, der die Grundlage für einen endgültigen Friedensschluß bilden sollte. Friedrich erklärte sich bereit, Alexander als rechtmäßigen Papst anzuerkennen und die ihm zustehenden Regalien und Besitzungen zurückzugeben. Er verzichtete auf das Mathildische Gut und verpflichtete sich, die lombardischen Städte und Sizilien in den Friedensvertrag einzubeziehen. Dafür versprach der Papst, Friedrich vom Bann zu lösen und ihn als Kaiser und seinen Sohn Heinrich als römischen König anzuerkennen. Die von Friedrich während des Schismas in Deutschland getroffenen krichlichen Maßnahmen sollten Gültigkeit behalten.

Stellte dieser Präliminarfriede noch weitgehend einen Sieg des päpstlichen Standpunktes dar, so gelang es den Unterhändlern des Kaisers, diesen Vertragsentwurf in den zähen Verhandlungen der nächsten Monate wesentlich zu seinen Gunsten zu ändern. Der Kaiser verstand es zudem, einen Keil zwischen die Kurie und die Lombarden zu treiben, wobei er seine Forderungen gegenüber den Städten erhöhte. Um wenigstens für die Kirche zu einem Friedensschluß zu kommen, machte jetzt der Papst den Vorschlag, daß der Kaiser mit den Lombarden einstweilen einen Waffenstillstand von sechs Jahren und mit Sizilien einen solchen von fünfzehn Jahren schließen sollte. Die strittige Frage der Mathildischen Güter sollte ebenfalls aus dem Friedensvertrag ausgeklammert werden; doch blieben sie damit zunächst in der Hand des Kaisers. Aufgrund dieses Kompromisses konnte in den letzten Julitagen des Jahres 1177 in

Venedig der endgültige Friede zwischen Kaiser und Papst geschlossen werden, der das kirchliche Schisma nach einer Dauer von achtzehn Jahren beendete. Bei einem feierlichen Empfang vor der Kirche von San Marco nahm Alexander den Kaiser wieder in den Schoß der Kirche auf, nachdem er ihn schon vorher vom Bann gelöst hatte. Friedrich huldigte dem Papst, indem er ihm der Sitte der Zeit gemäß den Fuß küßte. Dieser hob ihn auf, gab ihm den Friedenskuß und erteilte ihm den päpstlichen Segen.

Wenn auch in dieser Form des Friedensschlusses nach außen hin der Triumph der Kirche zum Ausdruck kam, so war der Friede von Venedig tatsächlich alles andere als ein Sieg des Papsttums. Vor allem konnte der Kaiser seinen Einfluß auf die kirchlichen Verhältnisse in Deutschland weitgehend wahren. Die von ihm eingesetzten Erzbischöfe und Bischöfe wurden in ihren Ämtern bestätigt, nachdem sie Alexander als Papst anerkannt hatten. Das traf insbesondere auch für Christian von Mainz und Philipp von Köln zu. Der im Jahre 1165 abgesetzte Mainzer Erzbischof Konrad von Wittelsbach wurde mit dem Erzbistum Salzburg entschädigt, auf das der hier im Jahre 1174 eingesetzte Erzbischof Heinrich verzichten mußte.

Für Sachsen wurden allerdings zwei Bestimmungen getroffen, die sich sehr eindeutig gegen die Kirchenpolitik Heinrichs des Löwen richteten. In Bremen sollten die Vorgänge bei der Neubesetzung des erzbischöflichen Stuhles im Jahre 1168 noch einmal überprüft werden. Wenn die Wahl des Askaniers Siegfried, der auch nach seiner Einsetzung als Bischof von Brandenburg seine Ansprüche auf Bremen nicht aufgegeben hatte, in kanonischer Weise erfolgt war, sollte er dort eingesetzt werden. Das bedeutete das Ende des Pontifikats des Erzbischofs Baldewin. In Halberstadt sollte Bischof Gero, da er sich das Bistum angemaßt habe, abgesetzt und der vom Herzog vertriebene Bischof Ulrich wieder seine Würde erhalten.

Noch schwerwiegender für Heinrich den Löwen war eine andere Bestimmung. Alle Verleihungen, die Baldewin und Gero vorgenommen hatten, wurden für ungültig erklärt; das von ihnen entfremdete Kirchengut sollte in beiden Diözesen zurückgegeben werden. Da Baldewin und Gero als gefügige Werkzeuge des Herzogs diesem kirchliche Besitzungen in größerem Maße als Lehen überlassen hatten, büßte er durch diese Bestimmungen nicht nur seinen starken Einfluß in Bremen und Halberstadt ein, sondern mußte auch mit dem Verlust von größeren Besitzungen rechnen. Gerade diese beiden Vereinbarungen, die sich schon im Vertrag von Anagni finden, lassen deutlich erkennen, wie sich die Haltung des Kaisers gegenüber dem Welfen schon bald nach Chiavenna entscheidend änderte.

Nach dem Abschluß des Friedens von Venedig blieb Barbarossa noch etwa ein Jahr in Oberitalien. Dann zog er nach Burgund; in Arles ließ er sich vom Erzbischof der Stadt zum König krönen, um damit seine Herrschaft über ganz Burgund symbolisch zum Ausdruck zu bringen. Im Oktober 1178 kehrte er nach Deutschland zurück, wo neue schwere Aufgaben seiner harrten.

Heinrich der Löwe war von Chiavenna zunächst nach Bayern gezogen, wo er mit Heinrich Jasomirgott an der Enns zusammentraf. Dann kehrte er nach Sachsen zurück. Als König Heinrich II. von England im November des Jahres 1176 in Westminster einen großen Hoftag abhielt, waren außer den Gesandtschaften Friedrichs I., Manuels I. und anderer Fürsten auch Abgesandte des Herzogs anwesend. Zu irgendwelchen Abreden zwischen dem Welfen und seinem Schwiegervater, die sich gegen den Staufer gerichtet hätten, ist es aber damals nicht gekommen.

Daß Heinrich der Löwe seine Lage auch nach dem Vorfrieden von Anagni noch nicht als bedroht ansah, zeigt am besten die Tatsache, daß er noch im Sommer 1177 einen Feldzug in das mecklenburgisch-pommersche Grenzgebiet unternahm. Die Initiative zu diesem letzten Zug des Herzogs gegen die Slawen ging diesmal von Waldemar I. von Dänemark aus, der inzwischen die dänische Oberhoheit im rügisch-vorpommerschen Gebiet wieder durchgesetzt hatte. Als die pommerschen Fürsten von neuen an der Swine angelegten Burgen aus den dänischen Seehandel durch Überfälle und Plünderungszüge empfindlich störten, forderte der Dänenkönig zu gemeinsamem Vorgehen gegen die Fürsten auf.

Im Frühsommer 1177 stieß der Herzog mit einem Heer, bei dem sich auch Markgraf Otto I. von Brandenburg, der älteste Sohn Albrechts des Bären, befand, gegen die Grenzfeste Demmin an der Peene vor, während Waldemar gleichzeitig mit einer Flotte in das Gebiet der Odermündungen eindrang. Zehn Wochen, von Ende Juni bis Anfang September, belagerte das sächsische Heer das stark befestigte Demmin. Trotz des Einsatzes schwerer Belagerungsmaschinen konnte man aber die Stadt nicht erobern; auch der Versuch, sie durch die Ableitung der Peene einzunehmen, schlug fehl.

Als Heinrich die Nachricht erhielt, daß Bischof Ulrich von Halberstadt, sein alter Gegner, nach dem Abschluß des Friedens von Venedig von seinem Bistum wieder Besitz ergriffen hatte, erkannte er, daß dieser Schritt des Bischofs der Auftakt zu neuen Kämpfen in Sachsen sein würde, bei denen er nicht mehr wie früher mit der Unterstützung des Kaisers rechnen konnte. Er entschloß sich deshalb, die Belagerung von Demmin aufzugeben und nach Sachsen zurückzukehren. Den Vorschlag des Erbauers seiner Belagerungsmaschinen, vorher Demmin niederzubrennen, lehnte er ab, da dies nur der Anlaß zu weiteren Kämpfen im Grenzgebiet sein würde. Nachdem sich die pommerschen Fürsten verpflichtet hatten, Geiseln zu stellen, einen Tribut zu zahlen und nicht in das Gebiet des Herzogs einzufallen, brach Heinrich die Belagerung von Demmin ab und zog nach Braunschweig zurück. Das Ziel dieses Zuges, durch die Unterwerfung des vorpommerschen Grenzgebiets hier eine Sicherung seines Herrschaftsbereichs zu erreichen, war nicht erreicht.

Als zu Beginn des nächsten Jahres im Februar 1178 Bischof Evermod von Ratzeburg starb, scheint es bei der Wahl seines Nachfolgers zu einer Spaltung im Domkapitel gekommen zu sein. Schließlich gelang es aber dem Herzog, den Bischofsstuhl mit dem ihm ergebenen Propst Isfried aus dem Prämonstratenserstift Jerichow zu besetzen. Es war sein letzter Erfolg in Nordelbingen. Im gleichen Jahr fand am 30. Dezember Fürst Pribislaw von Werle bei einem Turnier am herzoglichen Hof in Lüneburg den Tod. In die Erbauseinandersetzungen, die sich jetzt zwischen seinem Sohn Heinrich Borwin, dem Schwiegersohn des Herzogs, und Niklot, dem Sohn des 1164 hingerichteten Wratislaw, ergaben, konnte Heinrich nicht mehr eingreifen.

Im Herbst 1177 hatte Bischof Ulrich von Halberstadt begonnen, das unter Gero entfremdete Kirchengut wieder einzuziehen. Als er vom Herzog die Rückgabe der ihm überlassenen Kirchenlehen forderte, stieß er auf dessen entschiedenen Widerstand. Ulrich verhängte deshalb über Heinrich den Bann, den dieser mit der Zerstörung der bischöflichen Burg Hornburg an der wichtigen Straße von Halberstadt nach Braunschweig beantwortete. Um seine Bischofsstadt besser schützen zu können, begann Ulrich im Winter 1177/78 auf dem Hopelberg südlich von Halberstadt eine Burg zu errichten.

Etwa gleichzeitig flammten in Westfalen die Kämpfe zwischen dem Erzstift Köln und den Anhängern des Herzogs wieder auf. Führer der welfischen Partei war hier Bernhard von Lippe, der erfolgreich gegen die Anhänger der Kölner Kirche kämpfte.

Nachdem Philipp von Köln im Frühjahr 1178 nach Deutschland zurückgekehrt war, traten die Auseinandersetzungen in Sachsen in eine

neue Phase. Der Erzbischof griff jetzt aktiv in diese Kämpfe ein. Ansprüche, die er auf die vom Herzog eingezogene Erbschaft seines Neffen, des
Grafen Otto von Assel, und auf die Besitzungen eines anderen Verwandten, des Grafen Christian von Oldenburg, die nach dessen Tod im Jahr
1167 ebenfalls an Heinrich übergegangen waren, erhob, dienten ihm als
Vorwand für sein Vorgehen. Mit Bischof Ulrich von Halberstadt schloß
er, wohl zu Beginn des Sommers, in Kassel ein Schutz- und Trutzbündnis
gegen Heinrich ab. Jeder der beiden Vertragspartner verpflichtete sich
dabei, dem anderen auch dann Hilfe zu leisten, wenn er selbst Genugtuung erhalten hatte.

Dann brach der Erzbischof mit einem Heer in das westfälische Gebiet
des Herzogs ein, zerstörte dessen Burgen und Orte, so die Stadt Höxter,
und drang bis Hameln vor. Es entsprach der Neutralitätspolitik, die Erzbischof Wichmann seit dem Friedensschluß des Jahres 1170 betrieb, daß
er zusammen mit Bischof Eberhard von Merseburg einen Waffenstillstand zwischen dem Erzbischof und dem Herzog vermittelte und Philipp
zum Rückzug veranlaßte.

Heinrich hielt jedoch nur kurze Zeit Frieden. Er wollte vor allem den
weiteren Ausbau der bischöflichen Burg auf dem Hopelberg verhindern.
Abermals griff Wichmann vermittelnd ein und stellte die Ruhe in Ostsachsen her. Als bald darauf die Burg durch einen Brand zerstört wurde,
gab man ganz allgemein dem Herzog die Schuld daran. Jetzt veranlaßte
Wichmann die benachbarten Fürsten, dem Halberstädter Bischof beim
Wiederaufbau der zerstörten Burg Hilfe zu leisten. Heinrich seinerseits
schickte unter der Führung des Pfalzgrafen Adalbert von Sommerschenburg ein starkes Aufgebot gegen Halberstadt. Beim großen Bruch nördlich der Stadt erlitt dieser aber im Kampf mit Graf Bernhard von Anhalt
eine schwere Niederlage. Mehr als 400 seiner Ritter sollen in die Gefangenschaft seines Gegners gefallen sein. Mit Einbruch des Winters gingen
diese Kämpfe im östlichen Sachsen zunächst zu Ende. Ob Bischof Ulrich
schon damals den Herzog vom Bann gelöst hat, ist unsicher.

Barbarossa war damals an einer Befriedung Sachsens viel gelegen. Auf
dem Reichstag, den er wenige Wochen nach seiner Rückkehr nach
Deutschland zu Martini (11. November) 1178 in Speyer abhielt, erhob
Heinrich der Löwe gegen seine Gegner schwere Anschuldigungen. Aber
auch diese, an ihrer Spitze Erzbischof Philipp von Köln, waren erschienen und traten mit gewichtigen Klagen gegen den Herzog auf. Es ist für
die veränderte Haltung des Kaisers gegenüber Heinrich bezeichnend, daß
er jetzt ein förmliches Rechtsverfahren eröffnete. Er lud beide Parteien

auf einen neuen Reichstag, den er für Mitte Januar nach Worms einberief. Wenn sich auf ihm in erster Linie Heinrich der Löwe wegen der gegen ihn erhobenen Vorwürfe rechtfertigen sollte, so zeigt dies deutlich, daß Friedrich in ihm mehr den Beklagten als den Kläger sah.

Damit begann der Prozeß gegen Heinrich den Löwen, der sich mehr als ein Jahr bis zum endgültigen Urteilsspruch auf einem Reichstag zu Würzburg Mitte Januar 1180 hinzog. Es ist erstaunlich, daß wir über dieses Rechtsverfahren, das nicht nur für die politischen Geschicke des Reiches in den nächsten Jahrzehnten, sondern auch für seine weitere verfassungsrechtliche Entwicklung von ganz entscheidender Bedeutung wurde, aus den Quellen der Zeit nur unzureichend unterrichtet sind. Wir besitzen für diesen Prozeß nur eine einzige urkundliche Quelle, ein Diplom, mit dem Friedrich I. etwa drei Monate nach Abschluß des Verfahrens gegen den Herzog am 13. April 1180 auf einem Reichstag zu Gelnhausen nach Beratung mit den Fürsten den Erzbischof Philipp von Köln mit einem Teil Sachsens als einem neuen Herzogtum Westfalen belehnte. Das Original dieser wertvollen Gelnhäuser Urkunde, das im Jahre 1945 an seinem Auslagerungsort leider vernichtet wurde, ist schon im Mittelalter durch Feuchtigkeit so stark beschädigt worden, daß man für die Textherstellung schon frühzeitig mehrere Abschriften des 14. Jahrhunderts mit heranziehen mußte. Das gilt vor allem für die ersten Zeilen des Diploms, die einen Bericht über das Verfahren gegen den Herzog bringen. Der ursprüngliche Text dieses umfangreichen Satzes und seine Erklärung sind bis auf unsere Tage immer wieder Gegenstand lebhafter wissenschaftlicher Auseinandersetzungen gewesen. Aber auch die Angaben der erzählenden Quellen über den Gang des Verfahrens, insbesondere über die verschiedenen Gerichtstermine, sind recht widerspruchsvoll. So lassen sich gerade wichtige Fragen bei diesem Prozeß nicht mit Sicherheit beantworten.

Das Verfahren gegen den Herzog ist zweifellos ein politischer Prozeß gewesen; er ist aber ganz nach den Normen des damaligen Rechts geführt worden. Dabei lassen sich deutlich zwei Phasen erkennen: ein Prozeß nach Landrecht und ein solcher nach Lehnrecht, wobei dieses zweite Verfahren erst dann eingeleitet wurde, nachdem das erste abgeschlossen war. Im landrechtlichen Verfahren waren die Fürsten die Kläger. Sie erhoben Klage gegen den Herzog wegen seiner Verstöße gegen den Landfrieden, die er durch Übergriffe auf die Besitzungen der Fürsten und durch die Bedrückung von Kirchen begangen habe. Der Ladung auf den

Reichstag zu Worms, der am 13. Januar 1179 begann, leistete Heinrich
nicht Folge. Deshalb erging vermutlich schon auf diesem Reichstag, an
dem außer zahlreichen anderen Fürsten auch Welf VI. und eine Reihe
schwäbischer Grafen und Herren, rechtlich gesehen also Stammes- und
Standesgenossen des Löwen, teilnahmen, ein Feststellungsurteil, daß
Heinrich im Falle weiterer Rechtsverweigerung der Acht verfallen sei.

Dieser Wormser Reichstag brachte aber auch andere Entscheidungen,
die das weitere Verhalten des Herzogs bestimmten. Mit Zustimmung der
anwesenden Fürsten stattete der Kaiser seine Söhne teils mit Eigengütern
des staufischen Hauses, teils aber auch mit Lehen anderer Herren, mit
Burgen und Ministerialen aus. Dabei handelte es sich vor allem um Besitzungen in Schwaben. Auch das Abkommen mit Welf VI. über dessen
Erbfolge ist spätestens hier in Worms geschlossen worden. Im gleichen
Jahr hat wenigstens Barbarossa über Güter verfügt, die ihm Welf abgetreten hatte.

Heinrich der Löwe seinerseits nahm jetzt die Verbindung mit anderen
schwäbischen Geschlechtern auf, die sich durch diese expansive Territorialpolitik des Kaisers ebenfalls bedroht sahen. Dazu gehörten die Grafen
von Zollern und die bei Sigmaringen sitzenden Grafen von Veringen.
Aber auch andere Familien waren an diesem Komplott gegen den Kaiser
– wie es später einmal ausdrücklich genannt wird – beteiligt. Näheres
über diese Vorgänge wissen wir nicht; der Kaiser scheint aber dieser
oppositionellen Bewegung in Schwaben schnell Herr geworden zu sein.

Ob von Worms aus eine zweite Ladung zu einem sonst nicht bekannten Gerichtstag ergangen ist, läßt sich nicht sagen. Der nächste mit Sicherheit bezeugte Termin im landrechtlichen Verfahren wurde auf einem
wieder sehr stark besuchten Reichstag abgehalten, den der Kaiser für
Johannis (24. Juni 1179) nach Magdeburg einberief. Da Heinrich auch
diesmal der Ladung nicht Folge leistete, wurde jetzt, vielleicht am
29. Juni, wohl dem bereits in Worms gefällten Feststellungsurteil entsprechend über ihn die Acht verhängt. Ein solcher Achtspruch bedeutete
jedoch nur eine vorläufige Friedloserklärung.

Hier in Magdeburg hat ein alter Gegner des Herzogs, der Markgraf der
Lausitz, Dietrich von Landsberg aus dem Hause der Wettiner, gegen ihn
den Vorwurf des Landesverrats erhoben und ihn zum Zweikampf heraus-
gefordert. Worauf sich dieser schwere Vorwurf stützte, ist nicht bekannt.
Daß Dietrich die Beziehungen des Löwen zu außerdeutschen Mächten,
insbesondere seine schon mehrere Jahre zurückliegenden Verhandlungen
mit Manuel von Byzanz, als Landesverrat hingestellt hat, ist wenig wahr-

scheinlich. Nach Arnold von Lübeck soll ein Einfall von Slawen in die
Mark Lausitz, an dem man dem Herzog die Schuld gab, Anlaß zu dieser
Klage gewesen sein; doch erfolgte dieser Einfall vermutlich erst im
Herbst des Jahres.

Heinrich, der sich damals in Haldensleben aufhielt, lehnte diese Aufforderung zum gerichtlichen Zweikampf ab. Er bat aber den Kaiser um
eine Unterredung, die bald darauf in oder bei Haldensleben stattfand.
Der Herzog bemühte sich bei ihr um eine Verständigung mit Friedrich.
Dieser erklärte sich aber nur dann dazu bereit, zwischen Heinrich und
seinen Gegnern zu vermitteln, wenn der Herzog ihm dafür eine Buße von
5000 Mark Silber leisten würde. Dieser sah aber diese Forderung als zu
hart an und lehnte es ab, diese zweifellos sehr hohe Summe, mit der er
sich aus der Acht hätte lösen können, zu zahlen. Damit war der letzte
Ausgleichsversuch gescheitert; das Rechtsverfahren mußte seinen Fortgang nehmen.

Nachdem das landrechtliche Verfahren mit dem Achtspruch einen vorläufigen Abschluß gefunden hatte, strengte jetzt der Kaiser von sich aus
ein zweites lehnrechtliches Verfahren an. Seine Klage gründete sich darauf, daß der Herzog durch das mehrmalige Nichterscheinen vor dem
königlichen Gericht eine der wichtigsten Pflichten eines Lehnsmannes
verletzt hatte. Urteilsfinder in einem solchen lehnrechtlichen Prozeß waren die Reichsfürsten als die Lehnsgenossen des Herzogs.

Auch bei diesem zweiten Verfahren läßt sich der zeitliche Ablauf nicht
mit Sicherheit erkennen. Das gilt schon für die Frage nach dem Beginn
des Verfahrens. Der Kaiser könnte seine Klage schon auf dem Magdeburger Reichstag nach Verkündigung des Achtspruchs erhoben haben.
Wahrscheinlicher ist es jedoch, daß er dies erst nach dem Scheitern seiner
Verhandlungen mit dem Herzog auf einem neuen Reichstag tat, den er
Mitte August in Kayna in der Nähe von Gera abhielt. Im lehnrechtlichen
Verfahren war eine dreimalige Ladung mit einer Frist von je sechs Wochen erforderlich. Dabei bleibt es nach Lage der Quellen wiederum unsicher, ob eine dreimalige Ladung zu einzelnen Gerichtsterminen erfolgte
oder ob diese drei Ladungen zu einer einzigen, der sogenannten peremp-
torischen Ladung zusammengezogen wurden. Der nächste Reichstag, auf
dem nach unserer Kenntnis gegen den Welfen verhandelt wurde, fand am
13. Januar 1180, also etwa achtzehn Wochen nach dem Reichstag zu
Kayna, in Würzburg statt. Da der Herzog auch in diesem lehnrechtlichen
Verfahren den Ladungen vor das königliche Gericht nicht Folge leistete
und auch keinen Beauftragten, der für ihn Rede und Antwort stehen

konnte, entsandte, wurde er hier in Würzburg wegen ständigen gerichtlichen Ungehorsams verurteilt. Nach dem einhelligen Spruch der anwesenden Fürsten wurden ihm seine beiden Herzogtümer und alle Reichslehen aberkannt und wieder der königlichen Gewalt zugesprochen. Wenn die Gelnhäuser Urkunde im Zusammenhang mit diesem lehnrechtlichen Verfahren von einer offenkundigen Majestätsverletzung durch den Herzog spricht, so handelt es sich dabei um das Nichterscheinen vor dem königlichen Gericht, nicht aber, wie man gelegentlich vermutet hat, um ein hochverräterisches Verhalten des Welfen. Wichtig ist auch die Tatsache, daß weder im land- noch im lehnrechtlichen Verfahren in irgendeiner Weise auf die Hilfsverweigerung des Herzogs in Chiavenna Bezug genommen wurde.

Inzwischen waren nach dem Magdeburger Reichstag die Kämpfe in Westfalen und im östlichen Sachsen wieder mit aller Schärfe entbrannt. Während Philipp von Köln sich noch beim Kaiser in Ostsachsen befand, sandte Heinrich ein Heer, das vornehmlich aus den Aufgeboten der drei nordelbingischen Grafen von Schwerin, Holstein und Ratzeburg, aber auch aus Mannschaften anderer Grafen bestand, gegen die Anhänger des Kölner Erzbischofs, die unter der Führung des Grafen Simon von Tecklenburg welfisches Gebiet bei Osnabrück besetzt hatten. Am 1. August kam es auf dem Halerfeld nordwestlich von Osnabrück zum Kampf, aus dem das Heer des Herzogs als Sieger hervorging. Die Verluste der Kölner Partei an Gefangenen und Toten waren nicht gering. Graf Simon von Tecklenburg wurde in strenge Haft genommen und erst wieder freigelassen, nachdem er dem Herzog Treue geschworen hatte. Etwa gleichzeitig griffen Bernhard von der Lippe und Graf Konrad von Rheda (bei Gütersloh) die Stützpunkte des Kölner Erzbischofs im mittleren Westfalen an. Die Stadt Soest konnte sich halten, die Stadt Medebach (südwestlich von Korbach) wurde aber erobert und verwüstet. Der Herzog brachte sich aber teilweise selbst um diese Erfolge seiner Anhänger, da er von ihnen die Auslieferung der Gefangenen verlangte. Nur einige kamen dieser Forderung nach; andere, so Graf Adolf III. von Holstein, erklärten, daß sie diesen Krieg auf eigene Kosten geführt hätten und deshalb das Lösegeld für die Gefangenen beanspruchen könnten. So kam es damals zum ersten Male zu einer Entfremdung zwischen dem Herzog und dem Schauenburger.

Die Kämpfe im östlichen Sachsen spielten sich vor allem im Gebiet von Halberstadt und um Haldensleben ab. Da Bischof Ulrich von der wiederaufgebauten Feste Hornburg und von Halberstadt aus Einfälle in das Gebiet des Herzogs ausführen ließ und wohl damals über ihn erneut den Bann verhängte, entschloß sich dieser zu einem Rachefeldzug. Von Braunschweig, wo er sich damals aufhielt, aus entsandte er ein Truppenaufgebot gegen das Bistum. Dieses zerstörte die Hornburg und eroberte in einem Überraschungsangriff an einem Sonntag (23. September) Halberstadt selbst, ohne hier ernsthaften Widerstand zu finden. Trotz aller Vorsichtsmaßnahmen der Bürger, die sich weitgehend in die Kirchen flüchteten, brach ein Feuer aus, das in den aus Holz erbauten Häusern rasch um sich griff. Auch der Dom und mehrere andere Kirchen gingen in Flammen auf. Zahlreiche Geistliche und ein großer Teil der Bürger – eine Quelle spricht sogar von 1000 – fanden bei dem Brand oder unter den Waffen ihrer Gegner den Tod. Nur mit Mühe konnte man die bereits angekohlten Reliquien des heiligen Stephanus, des Schutzpatrons des Domes, retten. Bischof Ulrich hielt sich zunächst noch in der Domburg, geriet aber schließlich mit seiner nächsten Umgebung in die Gefangenschaft des Welfen und wurde nach Braunschweig gebracht.

Auch wenn der Herzog über die Zerstörung der Kirchen, den Tod von Geistlichen und die Verstümmelung der Reliquien betroffen war, so war er doch gewillt, den Sieg auszunutzen. Der hochbetagte Bischof blieb in Haft auf der Ertheneburg. Erst als er sich beim Weihnachtsfest, das der Herzog in Lüneburg beging, dazu bereit erklärte, Heinrich vom Bann zu lösen und ihm seine früheren Halberstädter Lehen wieder zu überlassen, wurde er freigelassen. Einige Monate später ist der Bischof, einer der ältesten und unerbittlichsten Gegner des Welfen, gestorben.

Wenige Tage nach der Zerstörung Halberstadts hatten die Kämpfe um Haldensleben begonnen. Erzbischof Wichmann stand jetzt wieder im Lager der Gegner des Herzogs und hat an den drei Reichstagen in Worms, Magdeburg und Kayna teilgenommen. Zwischen ihm und dem Löwen kam es gleichzeitig zu einem Streit um das Erbe des Pfalzgrafen Adalbert von Sommerschenburg, der in der ersten Hälfte des Jahres 1179 ohne Erben gestorben war. Adalberts Erbin war seine Schwester Adelheid, die Äbtissin des Stiftes Quedlinburg. Da sie diese Besitzungen nicht halten konnte, verkaufte sie sie an das Erzstift Magdeburg. Demgegenüber erhob Heinrich der Löwe – wohl ohne jeden Rechtsgrund – Ansprüche auf das Sommerschenburger Erbe und brachte es teilweise in seine Hand.

Bei seinem Kampf gegen den Herzog fand der Erzbischof bei den übrigen Fürsten Ostsachsens, vor allem bei dem Markgrafen Otto von

Meißen und seinen Brüdern und bei Landgraf Ludwig III. von Thüringen, militärische Unterstützung. Noch wichtiger war für ihn die Hilfe des Kölner Erzbischofs, der ein starkes Heer von etwa 4000 Mann heranführte, das hauptsächlich aus der wegen ihrer Kriegführung berüchtigten Söldnertruppe der Brabanzonen bestand.

Der Kampf ging diesmal um die stark befestigte Stadt Neuhaldensleben an der Ohre. Trotz ihrer militärischen Überlegenheit konnten die Belagerer die Stadt nicht einnehmen. Die Bewohner von Haldensleben setzten den Moorboden vor ihrer Stadt in Brand. Er breitete sich schnell aus, ergriff auch die Belagerungsmaschinen und vernichtete sie. Zudem kam es innerhalb des Belagerungsheeres zu heftigen Auseinandersetzungen um dessen Führung, die der Kölner Erzbischof wegen der Größe seines Truppenkontingents beanspruchte. Otto von Meißen und seine Brüder verließen deshalb das Heer. Als Philipp von Köln und die thüringischen Fürsten ebenfalls abzogen, mußte Wichmann die Belagerung von Haldensleben aufgeben.

Der Herzog unternahm nun seinerseits einen Plünderungszug durch das Gebiet des Erzbischofs, zerstörte dessen Besitzung Calbe an der Saale und drang bis dicht in die Nähe von Magdeburg vor. Etwa gleichzeitig fielen auf seine Veranlassung hin Pommern und Liutizen in die Lausitz und den Ostteil der Magdeburger Diözese ein. Sie verwüsteten den Ort Jüterbog und steckten das in der Nähe liegende Kloster Zinna in Brand.

So durfte sich Heinrich am Ende des Jahres 1179 bei den kriegerischen Auseinandersetzungen in Sachsen als Sieger betrachten. Zu Beginn des nächsten Jahres trat bei diesen Kämpfen zunächst eine längere Pause ein. Nach ihrer Rückkehr vom Würzburger Reichstag, auf dem dem Löwen seine Lehen abgesprochen worden waren, schlossen die sächsischen Fürsten mit Heinrich einen Waffenstillstand ab, der bis zum 27. April, dem Sonntag nach Ostern, gelten sollte. Die Gründe für diesen erstaunlichen Schritt sind nicht bekannt. Sie können in den Schwierigkeiten einer Kriegführung in den Wintermonaten gelegen haben. Vielleicht aber wollten die Fürsten dadurch auch den Kaiser zu einer raschen Neuregelung der Nachfolge in Sachsen veranlassen, bei der er auch ihren Wünschen Rechnung tragen sollte.

Auffällig ist wenigstens, daß Friedrich von dem damals üblichen Grundsatz, die Wiederverleihung eingezogener Lehen erst nach Jahr und Tag vorzunehmen, abging und bereits vierzehn Tage vor Ablauf dieses Waffenstillstands auf dem großen Reichstag zu Gelnhausen eine Neuverleihung Sachsens vornahm. Dabei werden in der für Erzbischof Philipp von Köln bestimmten Urkunde vom 13. April nicht mehr die bis dahin allein üblichen Begriffe Herzog von Sachsen und Herzogtum von Sachsen gebraucht. Heinrich der Löwe wird als ehemaliger Herzog von Westfalen bezeichnet; sein Herrschaftsbereich wird als Dukat von Westfalen und Engern umschrieben.

Nach eingehender Beratung mit den Fürsten und mit deren Zustimmung teilte der Kaiser das bisherige Herzogtum in zwei Dukate. Den einen Teil, der sich bis in die Kölner Diözese hineinerstreckte und der das ganze Bistum Paderborn umfaßte, schenkte er mit allen Rechten und Gerechtsamen, die im einzelnen aufgeführt werden, wegen der Verdienste, die sich Erzbischof Philipp um das Reich erworben hatte, der Kölner Kirche. Dieser neue Dukat, für den sich in der Gelnhäuser Urkunde noch keine eigene Bezeichnung findet, wurde dem Erzbischof als Fahnenlehen übertragen. Da die Kölner Erzbischöfe seit den Tagen Konrads III. bereits herzogliche Rechte im linksrheinischen Gebiet ausübten, waren sie jetzt im Besitz eines doppelten Dukats.

Mit dem übrigen Teil des bisherigen Herzogtums Sachsen wurde der Askanier Bernhard von Anhalt belehnt. Er wird zwar nur als Herzog von Westfalen und Engern bezeichnet; doch besteht kein Zweifel, daß sich seine Herrschaft auch auf Ostfalen, soweit es der Herzogsgewalt unterstand, erstrecken sollte. Damit waren die Askanier endlich am Ziel. Die Herzogswürde in Sachsen, um die schon Albrecht der Bär gerungen hatte, die er aber nur wenige Jahre besessen hatte, war jetzt seinem Hause zugefallen und blieb für Jahrhunderte in dessen Besitz. Wenn Bernhard von Anhalt und nicht sein ältester Bruder, Markgraf Otto von Brandenburg, zum Herzog erhoben wurde, so sollte dadurch das erneute Entstehen einer starken Herzogsgewalt in Sachsen verhindert werden. Zudem hatte Bernhard bei den Kämpfen gegen Heinrich den Löwen in Sachsen eine wichtige Rolle gespielt.

Der Reichstag von Gelnhausen brachte aber noch zwei andere wichtige Entscheidungen. Die durch den Tod Adalberts von Sommerschenburg erledigte sächsische Pfalzgrafschaft wurde hier dem Landgrafen Ludwig III. von Thüringen übertragen, der damit die Herrschaft seines Hauses nach Norden ausdehnen konnte. Auch der Streit um die erzbischöfliche Würde in Bremen wurde jetzt beendet. Nachdem Erzbischof Baldewin, der treue Parteigänger Heinrichs des Löwen, im Jahre 1178 gestorben war, hatte das Domkapitel in einer überstürzten Wahl den Kölner Kanoniker Berthold zum Erzbischof gewählt, ohne die im Frieden von Venedig anerkannten Rechte des Askaniers Siegfried zu berücksichtigen.

Heinrich der Löwe, der dieser Wahl zunächst zugestimmt hatte, erhob
bei der Kurie gegen sie Einspruch, als Berthold von Friedrich I. die Investitur mit den Regalien erbat und auch erhielt. Wegen der offenkundigen
Mängel wurde Bertholds Wahl im März 1179 auf dem dritten Lateran-
konzil für ungültig erklärt. Jetzt endlich entschied sich das Bremer Domkapitel für Siegfried, dem Barbarossa in Gelnhausen die Investitur erteilte. Damit hatten die Askanier einen neuen wichtigen Erfolg errungen.

Die Verurteilung Heinrichs des Löwen fand im Abendland große Beachtung. Heinrich II. von England nahm am Schicksal seines Schwiegersoh-
nes besonderen Anteil. Wegen der Zwistigkeiten mit seinen ältesten Söhnen Heinrich und Richard konnte er aber nicht daran denken, ihm even-
tuell militärische Hilfe zu leisten. Ob er den neuen französischen König
Philipp II. und den Grafen Philipp von Flandern zu einem Angriff auf
den Kaiser veranlassen wollte, bleibt unklar. Beide versicherten wenigstens diesem durch Gesandtschaften, sie hätten niemals daran gedacht,
gegen ihn zugunsten des Löwen die Waffen zu erheben.

In Gelnhausen war eine Reichsheerfahrt gegen den Herzog für den
25. Juli 1180 angesetzt worden. An diesem Termin waren seit der Verhängung der Acht mehr als Jahr und Tag vergangen, so daß dann Heinrich der Oberacht und damit der völligen Friedlosigkeit verfallen war.

Heinrich der Löwe selbst bemühte sich, von Waldemar von Dänemark
Hilfe zu erhalten. Im Jahre 1180, vermutlich im Frühjahr vor Ablauf des
Waffenstillstands in Sachsen, traf er mit dem Dänenkönig an der Eider
zusammen. Nach dem Bericht des dänischen Historikers Saxo kam er bei
dieser Begegnung – und das ist bei derartigen Treffen von Herrschern an
der Grenze ihrer Reiche damals von großer protokollarischer Bedeutung
– Waldemar so weit entgegen, daß er die Eiderbrücke ganz überschritt,
während er bei früheren Begegnungen mit dem Dänenkönig diesem
höchstens bis zur Mitte der Brücke entgegengegangen war. Nach Saxo
soll Waldemar eine Hilfe davon abhängig gemacht haben, daß Heinrich
die von ihm besetzten Kirchengüter vorher zurückgab. Ob der König
aber wirklich zu einer Unterstützung des gestürzten Herzogs bereit war,
bleibt fraglich, hätte er mit ihr doch seine Lehnspflichten gegenüber dem
Kaiser verletzt. Auch konnte ihm eine Schwächung der sächsischen Herzogsgewalt nur willkommen sein.

In Gelnhausen war eine Reichsheerfahrt gegen den Herzog für den
25. Juli 1180 angesetzt worden. An diesem Termin waren seit der Verhängung der Acht mehr als Jahr und Tag vergangen, so daß dann Heinrich der Oberacht und damit der völligen Friedlosigkeit verfallen war.

Aber bereits Ende April brachen nach Ablauf des Waffenstillstands die
Kämpfe in Sachsen mit aller Schärfe aus. Heinrich begann sie mit einem
Angriff auf Goslar, mit dessen Schutz der Kaiser den Landgrafen Ludwig

betraut hatte. Da er die Stadt nicht einnehmen konnte, zerstörte er die Hüttenwerke und Schmelzöfen bei Goslar und zog dann in das Gebiet des Landgrafen. Ludwig eilte zum Schutz seines Landes herbei, erlitt aber bei Weißensee nördlich von Erfurt eine schwere Niederlage. Er selbst fiel mit seinem Bruder und zahlreichen Rittern in die Gefangenschaft des Welfen, der mit seinen Gefangenen nach Braunschweig zurückkehrte.

In den letzten Junitagen verhängte der Kaiser auf einem Reichstag zu Regensburg über Heinrich die Oberacht, da er es versäumt hatte, sich binnen Jahr und Tag aus der Acht zu lösen. Gleichzeitig führte er mit den bayerischen Großen Verhandlungen über die Neuvergabe Bayerns, die aber noch zu keinem Ergebnis führten.

Dann begab sich Friedrich nach Sachsen, um die Heerfahrt gegen den gestürzten Herzog zu beginnen. Auf einem großen Reichstag zu Werla an der Oker nördlich von Goslar, auf dem sich zahlreiche geistliche und weltliche Herren eingefunden hatten, setzte er den Anhängern des Welfen drei Termine bis zum 11. November, bis zu denen sie bei der Strafe des Verlustes ihrer Lehen Heinrich verlassen sollten. Zum Schutz Goslars ließ er die nahe Harzburg, die seit den Tagen Heinrichs IV. in Trümmern lag, wieder aufbauen.

Bereits vor der Ankunft des Kaisers in Sachsen war es wegen des Streits um die Gefangenen der Schlacht auf dem Halerfeld zum endgültigen Bruch zwischen Herzog Heinrich und Graf Adolf III. von Holstein gekommen, der sich dem Heer des Kaisers anschloß. Jetzt setzte in Sachsen ein Massenabfall von dem gestürzten Herzog ein, dessen hartem Regiment sich Vasallen und Ministerialen oft nur unwillig gebeugt hatten. Diese Bewegung erfaßte einmal den Lehnsadel. So traten die Grafen von Wöltingerode, Scharzfels, Ilfeld und Dannenberg, aber auch andere edelfreie Herren auf die Seite des Kaisers, dem dadurch wichtige Burgen, vor allem am Harz, kampflos zufielen. Auch in den Reihen der welfischen Dienstmannenschaft nahm diese Abfallsbewegung in den nächsten Wochen und Monaten ein großes Ausmaß an. Selbst Ministeriale, deren Väter zu den wichtigsten Helfern des Herzogs gehört hatten, so die Herren von Heimburg, Herzberg, Peine und Weida, gingen zum Kaiser über. Jordan von Blankenburg blieb aber auch jetzt der treue Gefolgsmann seines Herrn. Auch das Bürgertum in seinen Städten hielt weiter zu ihm. Braunschweig, Lüneburg und Haldensleben waren die wichtigsten Stützpunkte für den Löwen.

Die raschen Erfolge des Kaisers gaben diesem die Möglichkeit, bereits Anfang September sein Heer weitgehend zu entlassen und nach Thüringen zu ziehen. Auf einem Reichstag, den er Mitte des Monats in Altenburg abhielt, wurde nach Beratung mit den Fürsten das Herzogtum Bayern neu vergeben. Ebenso wie Sachsen wurde auch Bayern geteilt. Das Herzogtum selbst umfaßte fortan nur noch die bayerischen Kernlande. Mit ihm belehnte Friedrich am 16. September Pfalzgraf Otto von Wittelsbach. Die pfalzgräfliche Würde erhielt dessen jüngster Bruder Otto. Mit dieser Übergabe Bayerns an die Wittelsbacher trug der Kaiser dem Ansehen und der starken Stellung des Geschlechts in Bayern Rechnung. Diese rangmäßige Erhöhung des damals etwa 60jährigen Wittelsbachers war aber auch der Lohn für die unermüdlichen Dienste, die dieser seit langen Jahrzehnten den Staufern in Deutschland und in Italien geleistet hatte. Damit beginnt die mehr als 700jährige Regierung der Wittelsbacher in Bayern.

Die Steiermark, die innerhalb des Herzogtums damals eine weitgehende Selbständigkeit besaß, wurde jetzt von einer Mark in ein Herzogtum umgewandelt und dem bisherigen Markgrafen Ottokar von Steyr als Herzog zu Lehen gegeben. Ebenso löste Friedrich das Lehnsverhältnis, in dem die Grafen von Andechs als Markgrafen von Istrien und Krain zum bayerischen Herzog gestanden hatten. Sie führten fortan den Titel eines Herzogs von Meranien, Kroatien und Dalmatien, wobei die Bezeichnung Meranien sich auf die Küstengebiete von Istrien bezog.

Während sich der Kaiser noch in Altenburg aufhielt, war Heinrich der Löwe nach Holstein gezogen, um die Grafschaft des abgefallenen Adolfs III. in seine Hand zu bringen. Nachdem er Ostsachsen weitgehend verloren hatte, wollte er den Kampf von Nordelbingen aus fortsetzen. Erleichtert wurde sein Vorgehen durch das Verhalten des holsteinischen Volksadels, der unter der Führung des Overboden Marcrad die Partei des Welfen ergriff. Die Burgen des Grafen, Plön und die gut befestigte Burg auf dem Segeberg, die nach längerer Belagerung durch Wassermangel zur Übergabe gezwungen wurde, fielen in seine Hand. Auch zwischen ihm und Graf Bernhard von Ratzeburg kam es bald zum Bruch. Er beschuldigte den Grafen, als dieser sich beim Weihnachtsfest 1180 an seinem Hof in Lüneburg aufhielt, des Verrats, setzte ihn zeitweilig gefangen und bemächtigte sich der Ratzeburg. Als Bernhard später wieder freigelassen wurde, schlug er sich auf die Seite des Kaisers. So blieb von den drei Grafen im Kolonisationsgebiet östlich der unteren Elbe nur Gunzelin von Schwerin fortan ein unbedingter Gefolgsmann des Welfen.

Die ersten Monate des Jahres 1181 benutzte Heinrich, um die Befestigungen bei den Burgen in Nordelbingen und bei der Stadt Lübeck zu verstärken. Während der Kaiser sich noch im Süden des Reiches aufhielt, begannen bereits im Februar unter der Führung Wichmanns von Magdeburg vor Neuhaldensleben erneut die Kämpfe in Sachsen. Die Bewohner der Stadt, die durch die Ohre und die Beber einen guten natürlichen Schutz besaß, leisteten unter Bernhard von der Lippe, der hier von Heinrich als Kommandant eingesetzt war, energischen Widerstand. Um ihn zu brechen, entschloß sich Wichmann zu einer ungewöhnlichen Maßnahme. Er ließ östlich der Stadt einen Damm durch die Ohre bauen. Durch den Stau des Flusses, der zu dieser Jahreszeit viel Wasser führte, wurde der Ort immer mehr überschwemmt, so daß die Bewohner schließlich auf den Dächern ihrer Häuser Zuflucht suchen mußten. Mit Zustimmung des Herzogs, der keine Hilfe leisten konnte, mußten sie deshalb Anfang Mai kapitulieren und ihre Stadt verlassen. Wichmann und die Bewohner von Magdeburg, die Neuhaldensleben als eine lästige Konkurrenz für ihren Handel ansahen, zerstörten die Stadt.

Ende Juni 1181 kam der Kaiser wieder selbst nach Sachsen, um den Kampf gegen den gestürzten Herzog fortzuführen. Mit der Hauptmacht des Heeres stieß er nach Norden vor. Um eine Bedrohung Friedrichs im Rücken zu verhindern, schlug Philipp von Köln in der Nähe von Braunschweig ein festes Lager auf, während der neue Herzog Bernhard bei Bardowick Stellung bezog. Heinrich der Löwe mußte erkennen, daß er einen Einmarsch des Kaisers nach Nordelbingen nicht mehr verhindern konnte. Er flüchtete deshalb mit wenigen Begleitern elbabwärts nach Stade, nachdem er vorher noch die Ertheneburg zerstört hatte.

In den ersten Julitagen überschritt Friedrich hier die Elbe und wandte sich zunächst gegen Lübeck, in dem Heinrich eine starke Besatzung unter der Führung des Grafen Simon von Tecklenburg zurückgelassen hatte. Das kaiserliche Heer erhielt dadurch eine erhebliche Verstärkung, daß Waldemar von Dänemark in Erfüllung seiner Lehnspflichten gegenüber dem Kaiser mit einer starken Flotte heransegelte und Lübeck von der Seeseite her abriegelte. Auch der Obodritenfürst Niklot von Werle und Herzog Bogislaw von Pommern fanden sich mit ihren Mannschaften im Feldlager Friedrichs I. ein.

Da die Bürger Lübecks erkannten, daß angesichts dieser Übermacht ein Widerstand zwecklos war, wandten sie sich durch die Vermittlung des Bischofs Heinrich an den Kaiser, der ihnen gestattete, eine Gesandtschaft zu Heinrich dem Löwen als ihrem Stadtherrn zu schicken. Als diese Gesandten mit der Genehmigung zurückkehrten, daß die Lübecker ihre Stadt dem Kaiser übergeben dürften, öffneten die Bürger diesem ihre

Tore. Vorher baten sie jedoch Friedrich, die ihnen vom Herzog verliehenen Freiheiten und Rechte zu bestätigen. Der Kaiser bewilligte ihr Ge-
such in vollem Umfang. Er erklärte weiter, daß die Domkanoniker in
Lübeck und Ratzeburg ihren bisherigen Anteil am Lübecker Zoll behalten sollten. Graf Adolf wurde zur Belohnung für die Dienste, die er in
den Kämpfen gegen den Welfen dem Kaiser geleistet hatte, mit der Hälfte
der Einnahmen aus dem Zoll, den Mühlen und den Wechselbanken in
Lübeck belehnt. Im August 1181 hielt der Kaiser seinen Einzug in die
Stadt. Damit endete die Herrschaft Heinrichs des Löwen in Lübeck. Aus
der herzoglichen Stadt wurde eine königliche, die fortan unter dem
Schutz des Reiches stand.

Während dieses Aufenthalts des Kaisers vor Lübeck fielen aber auch
einige andere für die Geschichte des Ostseeraums wichtige Entscheidungen. Friedrich I. und Waldemar I. schlossen ein Bündnis, das durch die
Verlobung Herzog Friedrichs von Schwaben mit einer Tochter Waldemars bekräftigt wurde. Waldemars Ansprüche auf slawische Gebiete hat
der Kaiser aber nicht anerkannt. Im Lager vor Lübeck hat er vielmehr
Herzog Bogislaw von Stettin unter Überreichung einer Adlerfahne mit
seinem pommerschen Herzogtum belehnt und damit zum Reichsfürsten
gemacht. Auch Niklot von Werle hat vermutlich damals dem deutschen
König als seinem Lehnsherrn gehuldigt.

Nach der Einnahme Lübecks unterwarf sich auch das übrige Nordelbingen rasch dem Kaiser, der jetzt in das Gebiet südlich der Elbe zurückkehren konnte. Angesichts seiner ausweglosen Lage gab Heinrich der Löwe,
der außer Stade nur noch wenige Stützpunkte besaß, den Widerstand auf.
Er erbat und erhielt von Friedrich freies Geleit nach Lüneburg, das der
Kaiser der Herzogin Mathilde belassen hatte, da der Ort ihr als Heiratsgut übertragen war. „Ich war sonst" – so soll er auf dem Ritt nach
Lüneburg gesagt haben – „nicht gewohnt, hier von irgend jemand Geleit
zu erhalten, sondern es anderen zu gewähren". Alle Versuche Heinrichs,
eine persönliche Zusammenkunft mit dem Kaiser zu erreichen oder mil-
dere Bedingungen für sich zu erhalten, waren vergeblich. Friedrich forderte vielmehr seine bedingungslose Unterwerfung unter einen Spruch,
den die Fürsten auf einem Reichstag fällen sollten. Diese Entscheidung
brachte allerdings noch nicht der nächste Hoftag, den der Kaiser im
September oder Oktober zu Quedlinburg abhielt, sondern erst ein großer
Reichstag, der im November zu Martini in Erfurt zusammentrat.

Hier in Erfurt, wo die meisten seiner sächsischen Gegner erschienen
waren, unterwarf sich der Löwe, der unter dem Geleit Wichmanns von

Magdeburg zum Reichstag gekommen war, mit einem Fußfall der Gnade des Kaisers. Die lehnrechtliche Aberkennung der beiden Herzogtümer und aller Grafschaften wurde durch einen Spruch der Fürsten bestätigt. Gleichzeitig schenkte der Kaiser dem Erzbischof Siegfried von Bremen die Burg und die Stadt Stade mit allen Gerechtsamen. Die Bremer Kirche erhielt alle Lehen zurück, die sie Heinrich gezwungenermaßen hatte überlassen müssen.

Die landrechtliche Acht und Oberacht wurde aber auf Fürsprache des Kaisers wieder aufgehoben. Dadurch kam Heinrich wieder in den Besitz seiner umfangreichen sächsischen Allodialgüter, soweit er sie rechtmäßig erworben hatte. Damit war den Welfen zwar noch nicht im Augenblick, aber doch für später die Möglichkeit gegeben, sich wieder einen territorialen Herrschaftsbereich aufzubauen. Da Heinrich in seinen letzten Lebensjahren auch über welfische Besitzungen in Schwaben Verfügungen getroffen hat, müssen ihm damals seine allodialen Besitzungen auch in Schwaben wenigstens teilweise zurückgegeben worden sein.

Auf der anderen Seite mußte er sich verpflichten, Deutschland für drei Jahre zu verlassen, sich zu König Heinrich II. von England zu begeben und nur mit ausdrücklicher Genehmigung des Kaisers zurückzukehren. Die Nachricht einiger englischer Geschichtsquellen, Heinrich sei zunächst für sieben Jahre verbannt worden und nur die Fürsprache Heinrichs II. von England habe es erreicht, daß diese Zeit verkürzt worden sei, ist wenig glaubwürdig. Mit dieser Version wollte man in England nur hervorheben, wie tatkräftig sich der englische König für seinen Schwiegersohn eingesetzt hätte.

Der Sturz Heinrichs des Löwen bildet in mehrfacher Hinsicht einen besonders wichtigen Markstein in der deutschen Geschichte des 12. Jahrhunderts. Dabei wurden im Laufe des Prozesses gegen ihn Entwicklungen im Aufbau des Reiches deutlich, die sich schon vorher angebahnt hatten, die aber jetzt zu einem gewissen Abschluß kamen.

Die Zerschlagung der großen welfischen Machtstellung, die das innere Gefüge des deutschen Staates zu sprengen drohte, war für das Königtum eine Notwendigkeit geworden, nachdem der Herzog die Unterordnung seiner Herrschaft unter die Krone in Frage zu stellen begann. Die gelegentlich geäußerte Ansicht, daß Friedrich aus dem Gefühl der ihm in Chiavenna erwiesenen schweren Kränkung heraus von Anfang an das Ziel verfolgt habe, seinen welfischen Vetter zu vernichten, ist aber falsch. Erst dadurch, daß sich der Löwe in einem übersteigerten Selbstbewußt-

sein und in der falschen Einschätzung der politischen Gegebenheiten
hartnäckig weigerte, die auch ihn bindende Rechtsordnung anzuerkennen, und es stattdessen auf eine militärische Machtprobe ankommen ließ,
hat er das Ausmaß der Katastrophe, die über ihn hereinbrach, selbst
verschuldet.          ⁓ *er erschien nicht bei den Hessen*

Dabei hat sich Friedrich streng an die Normen des Prozeßverfahrens
gehalten, wie sie sich gewohnheitsrechtlich entwickelt hatten. Wenn
Heinrich der Löwe und die welfische Partei damals und später die Rechtmäßigkeit seiner Verurteilung mit der Behauptung bestritten haben, daß
er nur in Schwaben hätte gerichtet werden dürfen, so trifft dieser Vorwurf nicht zu. Durch die Teilnahme schwäbischer Urteiler am Wormser
Reichstag im Januar 1179, auf dem im landrechtlichen Verfahren das erste
Urteil ergangen war, war dem Recht Genüge geschehen.

So notwendig die Beseitigung der überherzoglichen Stellung des Welfen vom Standpunkt der Reichsgewalt auch war, so sind auf der anderen
Seite die negativen Folgen seines Sturzes für die Geschichte des norddeutschen Raumes nicht zu verkennen. Der groß angelegte Versuch, das sächsische Stammesgebiet in seiner weiten Ausdehnung von der Ostsee bis
tief nach Westfalen hinein, von der Grenze zu Friesland und von der
Nordsee bis zur Werra und der Saale zu einer in sich gefestigten politischen Einheit zusammenzufassen, war gescheitert. Jetzt begann auch in
Sachsen in zunehmendem Maße der Prozeß der Territorialisierung, wie er
in anderen deutschen Landschaften schon früher eingesetzt hatte. Nach
dem Sturz des Löwen versuchten zahlreiche geistliche und weltliche Herren mit Erfolg, sich aus der bisherigen Abhängigkeit vom sächsischen
Herzog zu lösen und sich eine eigene Landesherrschaft aufzubauen. So
blieb das Herzogtum der Kölner Erzbischöfe auf den äußersten Westen
des sächsischen Stammesgebiets beschränkt. Die Herzöge aus dem Hause
der Askanier besaßen in weiten Teilen Sachsens nicht die genügenden
Machtgrundlagen, um eine wirkliche Herzogsgewalt aufbauen zu können. Wenn sie wiederholt den Titel eines Herzogs von Sachsen, Engern
und Westfalen führten, so brachten sie damit einen Herrschaftsanspruch
zum Ausdruck, den sie niemals durchsetzen konnten.

Die Auflösung dieses großen Herrschaftsbereichs Heinrichs des Löwen zeigt sich in ihren negativen Auswirkungen vor allem in Nordelbingen und dem angrenzenden Mecklenburg, also gerade in jenem Gebiet, in
dem der Herzog ein in sich schon weitgehend geschlossenes Herrschaftsgebilde aufgebaut hatte und das bis zu seinem Sturz einen wichtigen
Rückhalt seiner herzoglichen Gewalt gebildet hatte. Die Bischöfe der drei

hier von ihm neu begründeten Bistümer erlangten bald die Reichsunmittelbarkeit und konnten sie gegenüber allen Versuchen der sächsischen Herzöge, sie ihrer Lehnshoheit wieder zu unterwerfen, behaupten. Die Grafen von Holstein, Ratzeburg und Schwerin gingen daran, die Grundlagen für eine eigene Landesherrschaft zu schaffen. Herzog Bernhard hat sich vergeblich bemüht, in Nordelbingen eine herzogliche Gewalt geltend zu machen.

Das Fehlen eines starken herzoglichen Regiments im Nordosten hat bald zu einer völligen Umgestaltung der politischen Machtverhältnisse im Gebiet der westlichen Ostsee geführt. Das starke dynastische Bewußtsein des dänischen Königshauses, das in der erfolgreichen Regierung Waldemars I. erwachsen war, kam schon darin zum Ausdruck, daß sein Sohn Knut VI., der seinem Vater im Jahre 1182 auf dem Thron folgte, es trotz mehrmaliger Aufforderung ablehnte, Friedrich I. die Lehnshuldigung zu leisten. Seit Beginn seiner Regierung nahm er auch die Politik seines Vaters in Vorpommern und Mecklenburg auf und zwang im Jahre 1185 Bogislaw I. von Pommern, seine Lehnshoheit anzuerkennen. Auch in Mecklenburg und Holstein konnte er schon damals seinen Einfluß geltend machen und die Eingliederung dieser Gebiete in den dänischen Machtbereich, die er am Ende seiner Regierung erreichte, vorbereiten. Doch bedeutete diese dänische Vorherrschaft im Ostseeraum nicht, wie oft behauptet ist, eine wesentliche Beeinträchtigung der deutschen Besiedlung dieser Gebiete. Die Grafen und die Kirche mit ihren verschiedenen Institutionen, die die hauptsächlichen Träger dieser Arbeit waren, haben sie auch in den Zeiten politischer Unruhe weitergeführt.

Noch tiefgreifender waren die Auswirkungen des Sturzes Heinrichs des Löwen für die innere Struktur des deutschen Staates. Die Umgestaltung des Reiches von den alten großen, aber nur locker aufgebauten Stammesherzogtümern zu kleineren, dafür in sich aber sehr viel mehr geschlossenen Fürstentümern hatte schon in der ersten Hälfte des 12. Jahrhunderts langsam eingesetzt. Die Erhebung der Mark Österreich zu einem Herzogtum im Jahre 1156 war eine wichtige Etappe auf diesem Weg gewesen. Mit der weiteren Auflösung Bayerns und der Zerschlagung Sachsens, der beiden letzten auf der Grundlage des Stammes beruhenden Herzogtümer, kam dieser Umwandlungsprozeß zum Abschluß. An die Stelle des Stammesherzogtums ist jetzt endgültig das Territorialherzogtum getreten.

Damit steht die Ausbildung des sogenannten jüngeren Reichsfürstenstandes in engem Zusammenhang. Der Kreis der Reichsfürsten war bis dahin nicht fest umrissen gewesen. Zu ihnen gehörten alle Träger eines vom König verliehenen Amtes, also auch die vielen reichsunmittelbaren Grafen. Jetzt gliedert sich aus dieser großen Gruppe der Reichsfürsten ein kleinerer, aber in sich geschlossener Stand heraus. Er umfaßt nur noch diejenigen Fürsten, die ihr Amt direkt als Lehen vom König empfangen. Das sind die zahlreichen geistlichen Fürsten, die seit dem Wormser Konkordat vom König mit dem Zepter investiert wurden, die Inhaber der Zepterlehen, wie sie in Zukunft genannt werden. Zahlenmäßig wesentlich kleiner war zunächst die Gruppe der weltlichen Fürsten, die vom König mit einer Fahne, dem Symbol des Heerbanns, belehnt wurden. So bürgert sich für ihre Fürstentümer der Begriff Fahnenlehen ein.

Die große Masse der Grafen verlor ihre Reichsunmittelbarkeit; sie wurden ihrerseits von den Reichsfürsten lehnsabhängig. Die bestimmende Rolle, die die Reichsfürsten neuer Art bei der Aufteilung Sachsens und der Neuvergabe der beiden damals geschaffenen Herzogtümer gespielt haben, wird in der Gelnhäuser Urkunde ausdrücklich hervorgehoben. Wie das Lehnrecht im Prozeß gegen den Herzog dessen Niederwerfung überhaupt erst möglich gemacht hatte, so wurde es jetzt für den Aufbau des Reiches das bestimmende Recht. Die Staffelung der Herrschaftsverhältnisse in Form einer Lehnspyramide, deren Spitze der König war, fand in der Heerschildordnung, die in den Rechtsbüchern des 13. Jahrhunderts fixiert wurde, die aber zweifellos schon ins 12. Jahrhundert zurückgeht, ihren Ausdruck.

Wie erklärt es sich aber, daß Barbarossa, der eine sehr bewußte Hausmacht- und Territorialpolitik trieb, keines der damals heimgefallenen Reichslehen für die Krone einbehielt? Um diese recht auffällige Tatsache zu erklären, hat man immer wieder auf den sogenannten Leihezwang hingewiesen, der sich in den Rechtsbüchern des 13. Jahrhunders – allerdings nur als Gewohnheitsrecht – findet. Nach ihm soll der König ein heimgefallenes Reichslehen binnen Jahr und Tag wieder ausgeben. Die Entstehung dieses Grundsatzes hat man wiederholt mit dem Prozeß gegen Heinrich den Löwen in Verbindung gebracht. Auf Verlangen der Reichsfürsten sei dieser Leihezwang damals zum Gesetz erhoben und in das Reichslehnrecht eingeführt worden.

Von einem solchen Reichsgesetz aus dem Jahre 1180 ist aber nichts bekannt. Auch ist es fraglich, ob es später einen solchen generellen Leihezwang in Deutschland wirklich gegeben hat. An Versuchen des Königtums, heimgefallene Reichslehen für die Krone einzubehalten, hat es nicht gefehlt, wenn sie auch keinen Erfolg hatten.

Wenn Friedrich I. bereits wenige Monate nach der lehnrechtlichen Verurteilung des Herzogs mit der Neuvergabe der heimgefallenen Reichslehen begann, so handelte er dabei nicht unter dem Zwang rechtlicher Normen. Sein Vorgehen erklärt sich vielmehr aus den damaligen politischen Verhältnissen. Schon im Verfahren gegen den Herzog war er auf die Mitwirkung der Fürsten angewiesen gewesen. Das galt fast noch mehr, als er an die Vollstreckung des Urteils ging. Ohne die starke militärische Hilfe der Fürsten wäre dies nicht möglich gewesen. Gerade die beiden neuen Herzöge, Philipp von Köln und Bernhard von Anhalt, hatten schon bei den Kämpfen des Jahres 1179 die wichtigsten Erfolge gehabt. Mit der Entscheidung von Gelnhausen sicherte sich Friedrich ihre tatkräftige Hilfe bei den neuen bevorstehenden kriegerischen Auseinandersetzungen mit dem Löwen. Auch die übrigen sächsischen Fürsten, die zu der neuen Reichsheerfahrt gegen den Welfen aufgeboten wurden, erhofften sich zweifellos von einer weiteren Aufteilung der Rechte und Besitzungen des gestürzten Herzogs erheblichen Gewinn. Auch wenn es nicht ausdrücklich bezeugt ist, so liegt doch die Vermutung nahe, daß diese rasche Aufteilung und Neuvergabe Sachsens auf Verlangen der Fürsten erfolgt ist, die sich damit ihren Anteil an der Beute sichern wollten.

So durften sich die Fürsten und die übrigen Dynasten in Sachsen und Bayern mit Recht als Sieger im Kampf mit dem Herzog betrachten. Mit dem Löwen war ihr schärfster Widersacher gefallen, der sich immer wieder rücksichtslos über ihre Rechte hinweggesetzt hatte und gegen den sie wiederholt vergeblich zu den Waffen gegriffen hatten. Für das staufische Königtum brachte der Sturz des Löwen zwar keinen wesentlichen territorialen Gewinn. Aber trotzdem konnte ihn der Kaiser auch für sich als einen Erfolg verbuchen. Das politische Kräfteverhältnis im Reich hatte sich entscheidend zu seinen Gunsten verschoben. Er war jetzt der mächtigste Mann im Reich, mit dem sich kein anderer Reichsfürst in irgendeiner Weise messen konnte.

Zudem schien die Neuordnung, die damals im Aufbau des deutschen Staates eingeführt wurde, mit der lehnrechtlichen Bindung der Fürsten an den Herrscher die Gewähr für eine sichere Stellung der Reichsgewalt zu bieten. Es war eine entscheidende Frage, ob sich diese Ordnung durchsetzen würde oder ob die im Lehnrecht ebenfalls liegenden zentrifugalen Kräfte die Oberhand gewinnen würden. So lassen die Vorgänge beim Sturz Heinrichs des Löwen jenes spannungsreiche Verhältnis zwischen einer starken Zentralgewalt und den föderativen Kräften erkennen, das immer wieder ein Problem der deutschen Geschichte gewesen ist.

## Zehntes Kapitel

# Die Zeit der Verbannung
# und der Ausklang des Lebens

Gegen Ende Juli des Jahres 1182 trat Heinrich von Braunschweig aus die Fahrt in die Verbannung zu seinem Schwiegervater Heinrich II. von England an. In seiner Begleitung befanden sich seine Gemahlin Mathilde, ihre einzige Tochter Richenza, die an Stelle dieses im anglonormannischen Bereich ganz ungewöhnlichen Namens fortan den Namen ihrer Mutter Mathilde annahm, ferner Heinrich und Otto, der erste und der dritte Sohn des Herzogspaares. Der zweite Sohn Lothar blieb aus uns nicht bekannten Gründen in Sachsen zurück, obwohl er noch ein Knabe von sieben oder acht Jahren war. Auch eine Anzahl von ihm treu gebliebenen Grafen, Adligen und Ministerialen gab dem Löwen zunächst das Geleit; doch kehrten die meisten von ihnen bald nach Deutschland zurück und machten ihren Frieden mit dem Kaiser. Nur sehr wenige seiner Anhänger blieben bei Heinrich, so sein langjähriger Truchseß Jordan von Blankenburg, der mit ihm die ganze Zeit der Verbannung geteilt zu haben scheint.

Der Welfe begab sich mit seinem Gefolge zunächst in die Normandie, da sich der englische König damals in dem festländischen Teil seines Reiches aufhielt, um die von seinen Söhnen, insbesondere von seinem ältesten Sohn Heinrich, entfesselten Unruhen zu bekämpfen. In Chinon im Gebiet der Touraine trafen der König und die herzogliche Familie im August oder September zusammen.

Obwohl Heinrich der Löwe über einen Teil der Einkünfte aus seinen sächsischen Besitzungen verfügen konnte, scheint der englische Königshof weitgehend die Kosten für den Unterhalt des Herzogs und seiner Umgebung getragen zu haben. Die Aufzeichnungen über die Beträge, die die königliche Kasse, der sogenannte Exchequer, ihm und seinen Angehörigen zukommen ließ und die in den Pipe-Rolls verzeichnet sind, bilden neben den meist knappen Angaben englischer Chroniken die wichtigste Quelle für den Aufenthalt der herzoglichen Familie im anglonormannischen Reich. Die Höhe dieser Summe zeigt, daß Heinrich II. seinen Verwandten einen fürstlichen Lebensstil ermöglichte.

Noch im Herbst des Jahres unternahm Heinrich der Löwe eine Wall-
fahrt zum Grab des heiligen Jakobus in Compostela in Nordspanien,
einer der berühmtesten Wallfahrtsstätten der abendländischen Christenheit. Das Weihnachtsfest verbrachte er mit seiner Familie bei König
Heinrich in Caen. Während der Abwesenheit ihres Gatten hielt sich
Mathilde am königlichen Hof in Argentan in der Normandie auf. Durch
ihren Bruder Richard Löwenherz lernte sie hier den Troubadour
Bertran de Born, einen der bekanntesten Vertreter der provenzalischen
Lyrik der Zeit, kennen. Er hat ihr zwei seiner schönsten Minnelieder
gewidmet. In ihnen preist er den Liebreiz der damals etwa 26jährigen jun-
gen Fürstin, die ihn vor der Langeweile des höfischen Lebens bewahre.
Er nannte sie Helena, weil sie an Schönheit andere dafür berühmte
Frauen weit übertreffe.

Nach der Nachricht eines englischen Chronisten soll Mathilde dort
einen Sohn geboren haben. Wenn diese Angabe zutrifft, muß dieses Kind
bei der Geburt oder bald danach gestorben sein, da wir sonst nichts von
ihm hören. Während des Jahres 1183 und in den ersten Monaten des
nächsten Jahres hat sich Heinrich mit seiner Familie wohl in der Normandie aufgehalten. Im Frühjahr 1184 hatte Heinrich II. die Verhältnisse
auf dem Festland so weit geordnet, daß er im Juni nach England zurückkehren konnte. Dabei hat ihn seine Tochter Mathilde begleitet. In Winchester schenkte sie bald darauf, wohl im Juli oder August, ihrem jüngsten Sohn Wilhelm das Leben. Er ist der Stammvater aller späteren Welfen geworden.

Heinrich der Löwe selbst hat sich inzwischen aller Wahrscheinlichkeit
nach zu dem glänzenden Hoffest begeben, mit dem Friedrich I. Ende Mai
beim Pfingstfest des Jahres 1184 in Mainz die Schwertleite seiner beiden
damals ältesten Söhne König Heinrich und Herzog Friedrich von Schwaben beging und bei dem die ritterliche Kultur der Zeit ihre volle Blüte
entfaltete. Die Anwesenheit des gestürzten Herzogs wird zwar in den
wichtigsten Quellen über diesen Hoftag nicht erwähnt; doch sprechen
andere Quellen von ihr. Ebenso verzeichnet der normannische Exchequer zu diesem Jahre ein Wegzehrgeld für eine Reise des Welfen nach
Sachsen, womit vermutlich allgemein Deutschland gemeint ist. Vermutlich kam Heinrich mit dem Geleit des Mainzer Erzbischofs Konrad zum
Hoffest, um hier die Gnade des Kaisers zu erlangen. Ob er sich vielleicht
sogar Hoffnungen gemacht hat, nach dem Tod des 1183 gestorbenen
Herzogs Otto von Wittelsbach wieder das Herzogtum Bayern zu erhalten, bleibt fraglich. Erfolg haben seine Bemühungen nicht gehabt. Ende

Juli landete er in Dover und begab sich zu seiner Familie, die sich am englischen Königshof in Winchester aufhielt.

In diesen Jahren scheint auch Heinrich II. wiederholt den Versuch gemacht zu haben, eine Aussöhnung zwischen dem Kaiser und seinem Schwiegersohn zu erreichen. Eine neue Gelegenheit dafür ergab sich, als Erzbischof Philipp von Köln zusammen mit Graf Philipp von Flandern im Spätsommer 1184 nach England kam. Der Besuch des Grabes des Thomas Becket in Canterbury war nur der äußere Anlaß für diese Reise. Ihr Hauptziel war eine diplomatische Mission. Philipp von Köln sollte eine Eheverbindung zwischen den Staufern und den Plantagenets anbahnen. Richard Löwenherz, nach dem Tode seines älteren Bruders Heinrich der Thronfolger im anglonormannischen Reich, sollte mit Agnes, einer Tochter des Kaisers, vermählt werden. Der Tod der jungen Prinzessin, die noch im gleichen Jahr kurz vor ihrer Mutter Beatrix starb, machte diesen Plan unmöglich.

Heinrich II. hatte die Gesandten schon in Dover mit großen Ehren empfangen und bewirtete sie in London in großzügiger Weise. Es scheint ihm auch gelungen zu sein, wenigstens eine persönliche Annäherung zwischen Heinrich dem Löwen und dem Erzbischof, einem seiner bis dahin erbittertsten Gegner, herbeizuführen. Wenn bald nach Philipps Abreise der englische König eine Gesandtschaft an Papst Lucius III., den Nachfolger Alexanders III., schickte, um den Papst um eine Vermittlung zwischen dem Staufer und dem Welfen zu bitten, so ist die Anregung zu dieser Legation vielleicht auf den Erzbischof zurückzuführen.

Diese Gesandtschaft traf am päpstlichen Hof, der sich damals in Verona aufhielt, in der zweiten Oktoberhälfte zu einem günstigen Zeitpunkt ein, da sich auch der Kaiser damals in Verona befand, um mit dem Papst wichtige politische und kirchliche Fragen in Deutschland und Italien zu regeln. Lucius hatte mit seiner Vermittlung Erfolg. Der Kaiser stimmte der Rückkehr des Löwen nach Deutschland zu; der Papst löste den Herzog von dem Eid, den er 1181 in Erfurt geschworen hatte.

Obwohl er jetzt die Möglichkeit hatte, sofort nach Sachsen zurückzukehren, blieb der Herzog noch den ganzen Winter über mit seiner Familie in England. Erst im Frühjahr 1185 setzten er und Mathilde mit ihrem Gefolge nach der Normandie über und kehrten im Herbst nach Braunschweig zurück. Welche ihrer Kinder sie dabei begleiteten, ist nicht ganz sicher. Auf jeden Fall kam ihr ältester Sohn Heinrich mit nach Deutschland, wo wir ihn in der Folgezeit wiederholt in der Umgebung seines Vaters sehen. Vielleicht kehrte auch Otto für kurze Zeit nach Sachsen zurück. Auffälligerweise blieb aber der noch nicht einjährige Wilhelm in England zurück und wurde hier auf Kosten seines Großvaters erzogen.

Auch Mathilde, die Tochter des Herzogspaares, blieb in der Umgebung des Königs. Während ihres Aufenthaltes am englischen Königshof wurden mehrere Versuche gemacht, sie in standesgemäßer Weise zu verheiraten. Bereits im Jahre 1184 bat König Wilhelm von Schottland den englischen König, seinen Lehnsherrn, um die Hand seiner Enkelin. Dieser Heirat stand allerdings eine zu enge Verwandtschaft zwischen beiden entgegen. Die Gesandten des englischen Königs, die damals zu Papst Lucius gingen, sollten diesen um Ehedispens bitten. Da der Papst dies ablehnte, kam diese Ehe nicht zustande.

Zwei Jahre später warb König Bela III. von Ungarn durch Gesandte beim englischen König um die Hand der Prinzessin. Heinrich II. zögerte aber seine Antwort, wie es nach den Worten eines englischen Chronisten seine Gewohnheit war, von Tag zu Tag hinaus. Daraufhin bat Bela III. den französischen König Philipp II., seine Schwester Margarete, die Witwe des englischen Thronfolgers Heinrich, die seit dessen Tod wieder in Frankreich lebte, heiraten zu dürfen. Philipp stimmte diesem Plan sofort zu. Wenige Jahre später wurde Mathilde dann 1189 mit Gottfried, dem Erben der wichtigen im Süden der Normandie gelegenen Grafschaft Perche, vermählt.

Während der dreijährigen Abwesenheit des Löwen hatten sich im nördlichen Deutschland die politischen Verhältnisse wesentlich geändert. Besonders deutlich wurde dies in Nordelbingen. An die Stelle der Ordnung, die hier Heinrich der Löwe geschaffen hatte und die den Frieden im Lande garantierte, trat der Konkurrenzkampf des neuen Herzogs mit den Grafen und anderen Herren.

Arnold von Lübeck beschreibt die Lage in diesem Raum nach dem Sturz Heinrichs des Löwen mit den Worten der Bibel: „Zu der Zeit war kein König in Israel; ein Jeglicher tat, was ihm recht dünkte". Herzog Bernhard betrachtete sich zwar auch hier als Rechtsnachfolger des Welfen, war aber nicht in der Lage, diesen Anspruch durchzusetzen. Graf Adolf III. von Holstein war jetzt der mächtigste Mann im Gebiet an der unteren Elbe. Er vertrieb die Anhänger Heinrichs des Löwen aus seiner Grafschaft und konnte seine Herrschaft auch zeitweilig auf Dithmarschen und die Grafschaft Stade ausdehnen. Als Herzog Bernhard im Jahre 1182 zur Ertheneburg kam, um sich hier als neuem Herrn huldigen zu lassen, waren nur die Grafen von Ratzeburg, Schwerin, Dannenberg und Lüchow erschienen und leisteten ihm den Lehnseid. Adolf III. leistete der Aufforderung des Herzogs nicht Folge. Auch Bischof Isfried von Ratzeburg lehnte es ab, dem Herzog zu huldigen, da er bereits Heinrich dem Löwen einen Eid abgelegt habe.

Der Askanier ließ die Mauern der Ertheneburg abtragen und aus ihrem Material auf dem gegenüberliegenden Nordufer der Elbe wenige Kilometer flußaufwärts die Lauenburg erbauen. Er ordnete auch die Verlegung des Elbübergangs nach der Lauenburg an, um die aus dem Reich nach Lübeck führende Handelsstraße damit besser kontrollieren zu können. Auf die Beschwerde der Lübecker Bürger hin machte der Kaiser diese Maßnahme aber wieder rückgängig.

Als Bernhard damit begann, Abgaben zu erheben und Besitzungen zu beanspruchen, die früher Heinrich dem Löwen gehört hatten, schlossen sich die Grafen von Holstein, Ratzeburg und Schwerin zusammen und zerstörten noch im Jahre 1182 die Lauenburg. Auf Befehl des Kaisers mußten sie aber Buße leisten und die Burg wiederaufbauen; doch konnte Herzog Bernhard in den nächsten Jahren keinen Einfluß auf die Entwicklung in Nordelbingen ausüben.

Dieser Wandel der Machtverhältnisse im Nordosten des Reiches gab, wie bereits kurz erwähnt, dem dänischen König Knut VI. die Möglichkeit, den dänischen Herrschaftsanspruch im Ostseeraum wieder stärker zur Geltung zu bringen. Seit 1184 griff er in die Auseinandersetzungen zwischen den Slawenfürsten ein. Die miteinander verfeindeten mecklenburgischen Fürsten Heinrich Borwin, der Schwiegersohn Heinrichs des Löwen, und sein Vetter Niklot unterwarfen sich ihm; 1185 mußte Bogislaw von Pommern die Lehnshoheit des Dänenkönigs anerkennen, der sich bald darauf „König der Dänen und Slawen" nannte.

Hatte schon die hartnäckige Weigerung Knuts, Friedrich I. die Lehnshuldigung zu leisten, zu einer starken Spannung zwischen ihm und dem Staufer geführt, so wurde diese noch dadurch verschärft, daß er seiner im Jahre 1181 mit Herzog Friedrich von Schwaben verlobten Schwester bei ihrer Reise nur einen Teil der vereinbarten Mitgift mitgab. Als er ablehnte, den Rest zu zahlen, löste Barbarossa die Verlobung auf und schickte die Prinzessin nach Dänemark zurück.

In Bremen wählte nach dem Tode des Askaniers Siegfried das Domkapitel im Jahre 1184 den Domherrn Hartwig von Uthlede, den früheren langjährigen Notar Heinrichs des Löwen, als Hartwig II. zum neuen Metropoliten. Friedrich I. belehnte ihn mit den Regalien; Papst Lucius III. erteilte ihm selbst die Weihe. Obwohl er seine Domherrenwürde

Heinrich dem Löwen verdankte und bis dahin als Anhänger der welfischen Partei galt, lehnte er es nach der Rückkehr des gestürzten Herzogs nach Sachsen ab, mit diesem zusammenzutreffen.

Das Geschehen im Nordwesten des Reiches und am Niederrhein wurde in der Mitte der 8oer Jahre dadurch bestimmt, daß es zwischen Friedrich I. und Erzbischof Philipp von Köln, der bis dahin ein treuer Anhänger des Kaisers gewesen war, wegen Meinungsverschiedenheiten in kirchlichen Fragen zu starken Spannungen kam. Ob die spätere Behauptung des Kaisers, Heinrich der Löwe habe den Dänenkönig Knut und den Kölner Erzbischof gegen ihn aufgehetzt, richtig ist, bleibt fraglich. Über Heinrichs Wirken in den Jahren nach seiner Rückkehr aus seiner Verbannung wissen wir sehr wenig. Er hat sich wohl vorwiegend in Braunschweig aufgehalten und von hier aus den ihm verbliebenen Allodialbesitz verwaltet. Seine Versuche, ihn zu erweitern, blieben jedoch vergeblich, zumal der Kaiser dabei die Hilfe, um die ihn Heinrich wohl gebeten hat, ablehnte.

In den verhältnismäßig wenigen Urkunden, die Heinrich nach seinem Sturz ausgestellt hat, trägt er den Titel eines Herzogs ohne jeden Zusatz. Auch in einer Urkunde des Erzbischofs Konrad von Mainz, die wohl in das Jahr 1186 gehört, wird er unter den Zeugen nur als Herzog aufgeführt. Auch das herzogliche Siegel wird seiner neuen Rechtsstellung angepaßt. Bis zu seinem Sturz hatten die verschiedenen von den Notaren des Herzogs benutzten Siegel ganz dem damals bei Territorialfürsten üblichen Typ des Reitersiegels, das auf dem springenden Pferd einen Ritter in voller Kriegsausrüstung mit einem Schild und einer Fahne zeigt, entsprochen. Seit dem Wiedererwerb Bayerns lautete die Siegelumschrift: „Heinrich von Gottes Gnaden Herzog von Bayern und Sachsen". Da man damals das Reitersiegel in erster Linie als Ausdruck einer fürstlichen Stellung ansah und da Heinrich nach dem Verlust seiner Reichslehen keine Lehnsfahne im Siegel führen konnte, mußte er dieses Siegel ablegen. Er benutzte fortan ein im Durchmesser sehr viel kleineres Siegel mit dem Bild eines stehenden Löwen und der Umschrift: „Siegel des Herzogs Heinrich".

Die Schreckensnachricht, daß die türkischen Seldschuken bei einem erneuten Angriff auf die Kreuzfahrerstaaten unter Führung des Sultans Saladin im Juli 1187 ein christliches Ritterheer in der blutigen Schlacht bei Hattin am See Genezareth vernichtend geschlagen und in den nächsten Monaten Jerusalem und die übrigen heiligen Stätten der Christenheit in

Palästina erobert hatten, ließ seit dem Ende des Jahres alle Auseinandersetzungen im Abendland ganz in den Hintergrund treten. Die Kreuzzugsbewegung flammte erneut überall mit großer Stärke auf. Der Kaiser selbst stellte sich an ihre Spitze. Obwohl er auf dem zweiten Kreuzzug die Strapazen und Schwierigkeiten eines solchen Kreuzzugs erlebt hatte, nahm der damals wohl 65 jährige Kaiser auf einem großen Mainzer Reichstag im März des Jahres 1188, der geradezu als „Hoftag Jesu Christi" bezeichnet wurde, zusammen mit seinem Sohn Herzog Friedrich von Schwaben und vielen anderen Großen das Kreuz. Der Beginn der Kreuzfahrt wurde auf das Frühjahr 1189 festgelegt. Wenn sich Friedrich zu diesem Schritt entschloß, so tat er dies nicht nur aus religiösem Eifer, sondern auch in dem Bewußtsein, daß dem Kaiser als dem Haupt der Christenheit die Pflicht obliege, das Schwert gegen die Ungläubigen zu führen und das Heilige Grab aus ihren Händen zu befreien. Auch Richard Löwenherz von England und König Philipp II. von Frankreich nahmen im Jahre 1188 das Kreuz.

Voraussetzung für den Kreuzzug war aber die endgültige Befriedung Deutschlands. Bereits auf dem Mainzer Hoftag hatte sich Philipp von Köln unterworfen und wieder die Gnade des Kaisers gefunden. Im Sommer des Jahres begab sich der Kaiser nach Sachsen und hielt von Ende Juli bis Anfang August in Goslar einen Reichstag ab, zu dem auch Heinrich der Löwe geladen wurde. Nach dem Bericht Arnolds von Lübeck soll Friedrich dem Löwen hier die Wahl zwischen drei Vorschlägen freigestellt haben. Heinrich solle entweder sofort teilweise in seine früheren Rechte eingesetzt werden, müsse dafür aber auf die übrigen verzichten. Er könne aber auch auf Kosten des Kaisers an der Kreuzfahrt teilnehmen und solle dann wieder in seine alte Stellung eingesetzt werden. Wenn er keine dieser beiden Möglichkeiten annehme, müsse er sich verpflichten, zusammen mit seinem ältesten Sohn, dem damals etwa vierzehnjährigen Heinrich, erneut Deutschland für drei Jahre zu verlassen. Ob die Vorschläge, insbesondere der zweite, wirklich in dieser Form gemacht sind, ist sehr fraglich. An eine völlige Wiedereinsetzung des Löwen in seine frühere Stellung hat Friedrich auf keinen Fall gedacht. Sicher ist nur, daß Heinrich auf andere Vorschläge nicht einging, sondern das eidliche Versprechen ablegte, zusammen mit dem jungen Heinrich abermals zu seinem Schwiegervater Heinrich II. für drei Jahre in die Verbannung zu gehen. Dafür sicherte der Kaiser dem Löwen zu, daß seine Besitzungen während seiner Abwesenheit unangetastet bleiben sollten.

Auch sonst hatte Barbarossa den Kreuzzug politisch und militärisch

gut vorbereitet. Während seiner Abwesenheit sollte König Heinrich die
Regentschaft im Reich führen. Durch Verhandlungen mit den Herrschern der Länder, durch die das Kreuzfahrerheer ziehen mußte, schien
der friedliche Marsch und die Verpflegung der Kreuzfahrer gesichert zu
sein. Anfang Mai 1189 setzte sich das Heer von Regensburg aus in Bewegung. Es hatte eine für die damalige Zeit sehr große Stärke, wenn auch die
in zeitgenössischen Quellen angegebene Zahl von 20000 Rittern, zu denen noch die Knappen und der Troß kamen, weit übertrieben ist. Unter
den weltlichen Fürsten, die aus Niedersachsen an dem Zuge teilnahmen,
war Graf Adolf III. von Holstein der angesehenste.

Schon vorher hatte Heinrich der Löwe in den ersten Apriltagen zur
Zeit des Osterfestes zusammen mit seinem Sohn Heinrich Sachsen verlassen und die Reise nach England angetreten. Die Herzogin Mathilde blieb
zur Wahrung seiner Interessen in Braunschweig zurück. Von den übrigen
Söhnen hielten sich Otto und Wilhelm bereits in England auf. Als der
Löwe in Dover landete, erfuhr er, daß König Heinrich II. sich noch in
dem festländischen Teil seines Reiches befand, wo er durch die Kämpfe
mit Philipp II. von Frankreich und die Auseinandersetzungen mit seinem
Sohn Richard Löwenherz, der sich gegen ihn erhoben hatte, festgehalten
wurde. Heinrich begab sich deshalb mit seinem Sohn in die Normandie
und traf hier mit seinem Schwiegervater zusammen. Wenige Wochen
später ist Heinrich II. am 6. Juli 1189 gestorben. Sein Sohn Richard Löwenherz trat, ohne auf Widerstände zu stoßen, die Nachfolge seines
Vaters an. Als er Anfang August vom Festland nach England übersetzte,
begleiteten ihn auch seine beiden welfischen Verwandten.

Wenige Tage vor ihrem Vater war auch die Herzogin Mathilde am
28. Juni im Alter von nur 32 oder 33 Jahren in Braunschweig gestorben
und hier in dem bereits fertiggestellten Ostteil der neuen Stiftskirche
beigesetzt worden. Ihr Tod war für Heinrich der Anlaß, trotz des eidlichen Versprechens, das er dem Kaiser abgelegt hatte, nach Sachsen zurückzukehren, um hier seine Rechte wahrzunehmen. Er schickte seinen
Sohn Heinrich voraus und folgte ihm selbst einige Zeit später, wobei ihm
sein Schwager Richard Löwenherz eine königliche Yacht für die Über-
fahrt zur Verfügung stellte.

Der Löwe sah jetzt während der Abwesenheit des Kaisers und vieler
seiner sächsischen Gegner, die wie Adolf III. am Kreuzzug teilnahmen,
die Möglichkeit gekommen, seine alte Machtstellung in Sachsen wieder
zu erringen. Die Anfänge dieses Unternehmens waren durchaus verhei-
ßungsvoll. Erzbischof Hartwig II. von Bremen, der noch im Jahre 1185

bei Heinrichs erster Rückkehr aus der Verbannung eine Unterredung mit ihm abgelehnt hatte, war inzwischen in der Stadt Bremen und seiner Diözese auf große Schwierigkeiten gestoßen und in eine finanzielle Notlage geraten. Er stellte sich deshalb sofort auf die Seite seines früheren Herrn und belehnte ihn bei einer Zusammenkunft, die sie Ende September in Stade hatten, mit der Grafschaft Stade. Dadurch hoffte er, die zur Grafschaft gehörende Landschaft Dithmarschen, die ihm verlorengegangen war, wiederzugewinnen.

Auch in den welfischen Kernlanden im östlichen Sachsen und in Nordelbingen fand Heinrich bald eine wachsende Anhängerschaft. In Nordelbingen schlossen sich ihm außer den Grafen Bernhard von Ratzeburg und Helmold von Schwerin vor allem die Angehörigen des holsteinischen Volksadels an, die Adolf III. zeitweilig aus dem Land vertrieben hatte. Sie besetzten bald die gräflichen Burgen in Hamburg, Plön und Itzehoe. Graf Adolf von Dassel, der während der Abwesenheit Adolfs III., seines Neffen, das Land verwaltete, konnte nur die Stadt Lübeck und die Burg Segeberg halten.

Heinrich selbst wandte sich inzwischen mit einem starken Heer gegen die Stadt Bardowick. Nach einer jüngeren, allerdings nicht gut verbürgten Nachricht sollen die Bürger der Stadt dem Herzog, als er 1182 die Reise in die Verbannung antreten mußte, die Tore der Stadt verschlossen und ihn von den Mauern herunter mit Spott und Hohn bedacht haben. Als sie jetzt erneut Widerstand leisteten, traf sie die furchtbare Rache des Welfen. Er eroberte die Stadt nach einer kurzen Belagerung in den letzten Oktobertagen und zerstörte sie so gründlich, daß der früher so blühende Handelsplatz fortan zu einem bedeutungslosen Ort herabsank. Auch die Kirchen und die Friedhöfe wurden zerstört. Die männliche Bevölkerung wurde in die Gefangenschaft abgeführt; nur Frauen und Kinder blieben von ihr verschont. Daß Heinrich an dem zerstörten Dom, der später wieder aufgebaut wurde, die Worte „Vestigia Leonis" (die Spuren des Löwen) angebracht haben soll, ist eine jüngere Sage.

Anschließend überschritt der Herzog Anfang November die Elbe nach Norden, um in Holstein den letzten Widerstand zu brechen. Als er sich Lübeck näherte, öffneten ihm die Bürger der Stadt, die durch das Schicksal Bardowicks gewarnt waren, kampflos die Tore, nachdem er dem Grafen Adolf von Dassel mit seinen Mannen, der Mutter und der Frau Graf Adolfs III., die sich in der Stadt aufhielten, freien Abzug zugesichert hatte. Dagegen konnte sich die Burg Segeberg trotz einer längeren Belagerung, zu der auch die bäuerliche Bevölkerung des Landes aufgeboten wurde, halten und wurde schließlich von den Anhängern des Schauenburgers entsetzt. Inzwischen hatte sich Heinrich gegen die im Besitz Herzog Bernhards befindliche Lauenburg gewandt, eroberte sie und gewann damit einen wichtigen Stützpunkt an der Elbe.

Gleichzeitig errang er noch einen anderen wichtigen Erfolg. Im Jahre 1187 oder 1188 hatte Graf Adolf III. in Hamburg neben dem dort links der Alster bestehenden älteren Wikort auf dem rechten Ufer des Flusses im Gebiet der zerstörten Burg im Zusammenwirken mit einer Gruppe von Kaufleuten eine neue Siedlung, die spätere Hamburger Neustadt, gegründet, bei der ein Hafen entstehen sollte. Als Wortführer dieser Gruppe wird ein Wirad von Boizenburg genannt, der früher wahrscheinlich Zolleinnehmer Heinrichs des Löwen auf der Boizenburg an der Elbe gewesen war und zu dessen Ministerialen gehörte. Ihm und seinen Mitbewohnern überließ der Graf das Eigentum an ihren Grundstücken in der neuen Stadt und verlieh ihnen neben anderen Vorrechten auch das lübische Recht.

Noch kurz vor Beginn des Kreuzzugs stellte Friedrich I. auf Bitten des Grafen, der sich in seiner Begleitung befand, in Neuburg an der Donau am 7. Mai 1189 eine Urkunde aus, mit der er den Hamburgern neben anderen Rechten vor allem Zollfreiheit im Gebiet an der Unterelbe bis zum Meer gewährte. Wenn auch dieses kaiserliche Diplom im 13. Jahrhundert durch Zusätze verfälscht ist, so gilt es auch heute noch als Geburtsurkunde des Hamburger Hafens.

Jetzt gelang es Heinrich dem Löwen, die Bürger der Hamburger Neustadt zum Abfall von Graf Adolf zu bewegen. Dabei dürfte Wirad, sein früherer Dienstmann, eine wichtige Rolle gespielt haben. Dafür erteilte der Herzog den Hamburgern in einer leider verloren gegangenen Urkunde Zollfreiheit an mehreren Zollstätten an der Elbe oberhalb von Hamburg.

In der Zwischenzeit hatte König Heinrich VI., den Herzog Bernhard nach der Rückkehr des Welfen um Hilfe gebeten hatte, auf einem Reichstag zu Merseburg im Oktober 1189 die deutschen Fürsten zu einem Feldzug gegen Heinrich den Löwen aufgeboten. Wenige Wochen später vereinigte sich unter seiner Führung bei Hornburg ein größeres Heer, zu dem auch die Truppen der Erzbischöfe von Mainz und Köln und des Herzogs Bernhard gehörten. Trotz der ungünstigen Jahreszeit stieß der König gegen das stark befestigte Braunschweig vor, dessen Verteidigung der Löwe seinem Sohn Heinrich übertragen hatte. Da die Stadt gut verproviantiert war, konnte man sie aber nicht einnehmen. Der Einbruch eines harten Winters erzwang bald hier wie in Nordelbingen den Abbruch der Kämpfe. Auf dem Rückzug aus Sachsen zerstörte der König das welfische Hannover.

Während der Pause, die jetzt in den Kämpfen eintrat, schickte Heinrich der Löwe seinen Sohn Heinrich zu seinem Schwager Richard Löwenherz, der sich im Süden Frankreichs in seinen festländischen Besitzungen aufhielt, um seine Teilnahme am Kreuzzug vorzubereiten. Anfang Februar 1190 sehen wir den jungen Fürsten am Hof seines Onkels in La Réole an der Garonne. Über den Zweck seiner Reise ist nichts bekannt. Irgendwelche Hilfe konnten die Welfen vom englischen König damals nicht erwarten. Eher läßt sich vermuten, daß dieser seinen Verwandten zur Verständigung mit dem deutschen König geraten hat.

Während dieser Ereignisse in Deutschland hatte sich im Abendland eine unerwartete völlig neue Situation ergeben. Am 18. November 1189 war König Wilhelm II. von Sizilien gestorben. Da er aus seiner Ehe mit Johanna von England keine Kinder hinterließ, war seine Tante Konstanze, die Gemahlin Heinrichs VI., seine legitime Erbin. Während die Großen auf dem Festland ihre Ansprüche anerkannten, erhob in Sizilien eine normannische Nationalpartei den Grafen Tankred von Lecce, einen Verwandten des verstorbenen Herrschers von umstrittener Ebenbürtigkeit, zum neuen König.

Der römischen Kurie mußte dieses eigene sizilianische Königtum sehr erwünscht sein. Nur so ließ sich die Gefahr einer Vereinigung des Kaiserreiches mit dem süditalienisch-sizilianischen Königreich und damit eine Einkreisung des Kirchenstaats verhindern. Clemens III., seit 1187 Papst, nahm zunächst eine abwartende Haltung ein. Als Oberlehnsherr über das Normannenreich vollzog er zwar noch nicht die Belehnung Tankreds mit dem Königreich; doch wurde dieser mit seiner Zustimmung im Januar 1190 vom Erzbischof von Palermo zum König gekrönt.

Heinrich VI. war aber nicht gewillt, auf die Erbansprüche seiner Gemahlin zu verzichten. Der Kampf um Sizilien war damit unvermeidlich geworden. Der König mußte deshalb zu einer vorläufigen Verständigung mit den Welfen kommen. Aber auch Heinrich der Löwe war jetzt zu einem Ausgleich bereit. Die Kämpfe, die im Frühjahr 1190 in Holstein wieder ausbrachen, verliefen für die Welfen keineswegs günstig. Ein Heer, das unter der Führung der Grafen Bernhard von Ratzeburg und Helmold von Schwerin und des Truchsesses Jordan von Blankenburg stand, wurde von Adolf von Dassel, dem Statthalter Adolfs III., geschlagen. Helmold und Jordan wurden gefangengenommen und nur gegen ein hohes Lösegeld freigelassen.

Durch die Vermittlung der Erzbischöfe von Mainz und Köln, mit denen der Löwe im März zusammengetroffen war, kam es zwischen ihm und König Heinrich zu Verhandlungen, die im Juli bei einer persönlichen Zusammenkunft der beiden Fürsten auf dem Reichstag zu Fulda zum Frieden führten. Der Löwe mußte sich verpflichten, die Befestigungen der Stadt Braunschweig teilweise niederzulegen und die Feste Lauenburg zu schleifen. Dafür überließ ihm der König die Hälfte der Einnahmen aus der Stadt Lübeck. Die andere Hälfte sollte Adolf III. behalten, der auch im ungeschmälerten Besitz seiner Grafschaft bleiben sollte. Erzbischof Hartwig II. von Bremen wurde hier in Fulda abgesetzt und begab sich nach England. Für die Einhaltung der ihm auferlegten Bedingungen mußte der Löwe seinen zweiten Sohn Lothar als Geisel stellen. Der älteste Sohn Heinrich sollte den König auf dem bevorstehenden Feldzug nach Italien mit 50 Rittern Hilfe leisten.

Die Nachricht vom Tode Friedrichs I., der auf dem Kreuzzug am 10. Juni 1190 in Kleinasien beim Bade im Fluß Saleph plötzlich gestorben war, verzögerte den Beginn des Italienzugs. Erst um die Wende des Jahres 1190 konnte Heinrich VI. mit seinem Heer aufbrechen. Heinrich von Braunschweig, wie der älteste Sohn des Löwen schon damals in Urkunden genannt wird, leistete ihm die vereinbarte Gefolgschaft. Sein jüngerer Bruder Lothar war schon im Oktober 1190 in Augsburg gestorben. Sein früher Tod ließ im Lager der Welfen den wohl unbegründeten Verdacht aufkommen, daß er durch Gift aus dem Weg geräumt sei.

Das erste Ziel des Königs war die Kaiserkrönung in Rom, die ihm Clemens III. zugesagt hatte. Ehe das deutsche Heer die Stadt erreicht hatte, starb der Papst in den letzten Märztagen des Jahres 1191. Zu seinem Nachfolger wählten die Kardinäle das älteste Mitglied ihres Kollegiums, den etwa 85jährigen Kardinal Hyazinth, der den Namen Cölestin III. annahm. Trotz seines hohen Alters hat er eine zielbewußte Politik verfolgt; ebenso wie sein Vorgänger war er dabei ein Gegner der Pläne Heinrichs VI. in Sizilien. In Verhandlungen mit dem neuen Papst und der Stadt Rom erreichte es Heinrich VI., daß Cölestin, der selbst erst am Ostersonntag (14. April) gekrönt worden war, bereits am nächsten Tag an ihm und Konstanze die kaiserliche Salbung und Krönung vollzog.

Die Angabe einer jüngeren Quelle, der Papst hätte die Kaiserkrönung von verschiedenen Bedingungen, so auch davon abhängig gemacht, daß Heinrich der Löwe in seine früheren Rechte eingesetzt würde, ist ganz

unglaubwürdig. Ebenso falsch ist die Behauptung der Steterburger Annalen, der junge Welfe Heinrich hätte als Verwandter Cölestins und in der
Hoffnung auf eine künftige Belohnung beim Papst seinen ganzen Einfluß
zugunsten Heinrichs VI. geltend gemacht. Von einer solchen Verwandtschaft des aus einem römischen Adelsgeschlecht stammenden Papstes mit
dem Welfenhaus ist nichts bekannt.

Nach der Kaiserkrönung setzte der Staufer sofort seinen Zug nach
Süden zur Eroberung des Normannenreiches fort. Cölestin versuchte
vergeblich, ihn von diesem Schritt abzubringen. Inzwischen hatte König
Tankred seine Stellung durch ein Schutz- und Trutzbündnis mit dem
englischen König Richard Löwenherz, der ebenso wie Philipp II. mit
seinen Kreuzfahrern im Winter 1190/91 in Sizilien Station gemacht hatte,
festigen können. Nachdem Heinrich VI. in den nördlichen Grenzgebie-
ten des Normannenreiches keinen größeren Widerstand gefunden hatte,
kam sein weiterer Vormarsch Ende Mai vor dem stark befestigten Neapel
zum Stehen. Die Stadt leistete den Belagerern erfolgreich Widerstand. Als
die sommerliche Hitze anstieg, ergriffen Seuchen das kaiserliche Heer;
auch Heinrich VI. selbst erkrankte schwer.

Während dieses Feldzugs tat Heinrich von Braunschweig einen spekta-
kulären Schritt. Er fiel vom Kaiser ab und verließ heimlich dessen Heer.
Die Einzelheiten dieses Vorgangs sind bei den widersprüchlichen Angaben der Quellen nicht mit Sicherheit zu erkennen. Während der Welfe
nach Arnold von Lübeck den Kaiser bereits zu Beginn des Feldzugs in
Süditalien im Stich gelassen hat, bringen die übrigen Quellen die Flucht –
und das ist wahrscheinlicher – mit der Belagerung von Neapel in Verbindung. Nach den Steterburger Annalen hat sich Heinrich zu diesem Schritt
entschlossen, um nach dem frühen Tod seines Bruders Lothar nicht der
Seuche im deutschen Heer zum Opfer zu fallen. Vermutlich begab er sich
mit seiner Begleitung im Juni oder Anfang Juli zunächst nach Neapel und
von hier aus auf dem Seeweg nach Rom.

Hier hat Papst Cölestin am 5. August für die Welfen ein wichtiges
Privileg ausgestellt. Mit ihm gestand er Heinrich dem Löwen das Recht
zu, daß niemand mit Ausnahme des Papstes und seiner Nachfolger oder
eines dazu beauftragten Legaten ihn oder seine Söhne exkommunizieren
dürfe; es sei denn, daß ein besonderes Vergehen diese Strafe ohne weiteres zur Folge habe. Wenn auch in der päpstlichen Urkunde nur ganz
allgemein von einer entsprechenden Bitte des Herzogs gesprochen wird,
so kann wohl kein Zweifel daran bestehen, daß sein Sohn Heinrich dieses
auch für ihn sehr wichtige Privileg beim Papst in Rom persönlich erwirkt

und nach Deutschland, wo er Ende August oder Anfang September in
Sachsen eintraf, mitgebracht hat. Nachdem er sich der Felonie gegenüber
dem Kaiser schuldig gemacht hatte, mußte ihm sehr daran liegen, in
irgendeiner Weise vom Papst eine moralische Unterstützung zu erhalten.
Mit diesem Privileg war den geistlichen Gegnern der Welfen ein wichtiges
Kampfmittel, wie es Bischof Ulrich von Halberstadt in den Jahren
1177–1179 mit Erfolg angewandt hatte, aus der Hand genommen. Trotz
dieses Gunstbeweises für die Welfen vermied aber der Papst zunächst den
Bruch mit dem Kaiser. Erst als Heinrich VI. im August 1191 die Belagerung von Neapel und den weiteren Feldzug gegen das Normannenreich
abbrechen mußte, trat Cölestin aus seiner Reserve heraus, belehnte Tankred mit dem Königreich Sizilien und schloß mit ihm im nächsten Jahr
ein für die Kurie günstiges Konkordat ab.

Während des Italienzugs des Kaisers hatte Heinrich der Löwe die Bedingungen des Friedens von Fulda nicht erfüllt. Er legte weder die Lauenburg nieder noch trat er die Hälfte der Lübecker Einnahmen an Adolf
von Dassel, den Vertreter des Schauenburgers, ab. Von den in seiner
Hand befindlichen festen Plätzen in Nordelbingen aus versuchte er, seine
Herrschaft im Lande auszudehnen.

Als Graf Adolf III. im Frühjahr 1191 aus dem Heiligen Land zurückkehrte, mußte er deshalb den Kampf um seine Grafschaft wieder aufnehmen. Heinrich der Löwe, der sich in den nächsten Jahren wohl meist in
Braunschweig aufhielt, war an diesen kriegerischen Auseinandersetzungen in Nordelbingen selbst nicht mehr beteiligt. Mit Hilfe der Askanier,
des Herzogs Bernhard und des Markgrafen Otto von Brandenburg,
konnte Adolf seine Grafschaft wieder in seinen Besitz bringen. Nachdem
er Hamburg und Stade erobert hatte, mußte im Sommer 1192 auch Lübeck ihm seine Tore öffnen.

Auch im östlichen Sachsen spitzte sich die Lage seit dem Ende des
Jahres 1191 wieder zu. Noch von Oberitalien aus rief Heinrich VI. die
sächsischen Fürsten zum Kampf gegen Heinrich den Löwen, ihren alten
Gegner, auf. Bei einer Zusammenkunft, die Erzbischof Wichmann von
Magdeburg nach Goslar einberief, beschlossen die auf seiten des Kaisers
stehenden Fürsten für den Sommer des Jahres 1192 eine Heerfahrt gegen
den Welfen.

Heinrich VI. selbst kehrte im Dezember 1191 nach Deutschland zurück. Da nach dem Tod Welfs VI., der am 15. Dezember des Jahres im
Alter von etwa 76 Jahren starb, dessen letzte Besitzungen an ihn übergingen, konnte er die staufische Hausmacht in Schwaben weiter ausbauen.

Im Lager der Welfen übernahm jetzt der junge Heinrich von Braunschweig immer mehr die Führung. Heinrich der Löwe war mit zunehmendem Alter eher zum Ausgleich bereit. Die Steterburger Annalen berichten sogar, daß er dem Kaiser durch eine Gesandtschaft seine Unschuld am Abfall seines Sohnes beteuert und als Sühne militärische Hilfe für einen neuen Feldzug nach Italien angeboten habe. Auf Veranlassung der sächsischen Gegner des Herzogs habe aber der Kaiser dieses Angebot abgelehnt. Ob es wirklich in dieser Form gemacht ist, können wir nicht sagen. Auf einem Reichstag zu Worms zu Pfingsten im Mai 1192 sprach der Kaiser über den jungen Welfen wegen seines Verrats die Acht und Oberacht aus.

Bald darauf versammelten sich die sächsischen Fürsten verabredungsgemäß mit ihren Truppen bei Leiferde in der Nähe von Braunschweig. Da eine Verstärkung ihres Heeres durch den Kaiser ausblieb, wagten sie aber nicht den Angriff auf die Stadt, sondern begnügten sich mit Plünderungszügen in deren Umgebung. Zudem verloren sie mit Erzbischof Wichmann, der im August in seiner Bischofsstadt starb, ihren führenden Kopf. Schon vorher war es dem Propst Gerhard von Steterburg gelungen, zwischen den Welfen und ihren Gegnern einen Waffenstillstand zu vermitteln, der über seine ursprüngliche Frist verlängert wurde.

Auch Heinrich dem Löwen kam eine solche Waffenruhe sehr gelegen. Zwischen ihm und Liudolf von Dahlum, einem seiner führenden Ministerialen, den er als Stadtvogt in Braunschweig eingesetzt hatte, kam es damals wegen der Gefangenen, die man bei den Plänkeleien vor der Stadt gemacht hatte, zum Bruch. Liudolf floh mit seinem Anhang aus Braunschweig, um von seinen Burgen Wenden und Dahlum aus den Widerstand gegen seinen Herrn fortzusetzen, wobei er bei Ekbert von Wolfenbüttel, einem anderen Ministerialen des Herzogs, Unterstützung fand. Der junge Heinrich hatte jetzt nach Abschluß des Waffenstillstandes mit den sächsischen Fürsten freie Hand und konnte die Rebellen niederwerfen. Dagegen blieb sein Versuch, durch einen Vorstoß gegen die Stadt Stade im Norden des alten welfischen Machtbereichs die Herrschaft seines Hauses durchzusetzen, vergeblich.

Für Kaiser Heinrich treten diese Ereignisse in Sachsen damals hinter anderen Fragen in den Hintergrund. Die immer herrischer werdende Art, mit der er im Westen des Reiches bei der Besetzung von Bistümern vorging, stieß auf wachsenden Widerstand. Nach einer Doppelwahl in Lüttich verwarf er zu Beginn des Jahres 1192 beide Kandidaten und setzte von sich aus einen Bischof ein. Als der Lütticher Erzdiakon Albert, ein Bruder des Herzogs von Brabant, der von der Mehrheit des Domkapitels gewählt und vom Papst bestätigt war, während seines Aufenthalts in Reims von deutschen Rittern ermordet wurde, gab man ganz allgemein – zweifellos zu Unrecht – dem Kaiser die Schuld an diesem Verbrechen.

Die Folgen waren verhängnisvoll. Fast alle Fürsten am Nieder- und Mittelrhein schlossen sich gegen den Kaiser zusammen. Dieses Fürstenbündnis erfaßte auch andere Teile des Reiches und trat mit der welfischen Opposition in Verbindung. Auf seiten Heinrichs VI. standen am Ende des Jahres 1192 nur noch das Herzogtum Schwaben, Leopold V. von Österreich und die Reichsministerialität. Seine Gegner fanden nicht nur an England, Sizilien und Dänemark, sondern auch an der Kurie Rückhalt.

In dieser fast verzweifelten Lage befreite ein unerwarteter Glücksfall den Kaiser aus allen Nöten. König Richard Löwenherz war wegen seines Auftretens auf dem dritten Kreuzzug bei der Belagerung Akkons nicht nur mit seinem Lehnsherrn, Philipp II. von Frankreich, sondern auch mit dem Herzog Leopold von Österreich in einen scharfen Gegensatz geraten, da er das Banner des Babenbergers niederreißen ließ, das dieser nach der Kapitulation Akkons im Lager vor der Stadt aufgepflanzt hatte, um sich dadurch symbolisch seinen Anteil an der Beute zu sichern. Da ihm die französischen Häfen versperrt waren, wollte Richard bei der Rückreise nach England trotz mancher Bedenken den Weg durch Deutschland nehmen. Er strandete aber bei Aquileja und fiel auf seiner Irrfahrt im Dezember 1192 in der Nähe von Wien in die Hände seines Feindes Herzog Leopold, der ihn auf seiner Burg Dürnstein in der Wachau in Haft setzte und mit dem Kaiser über die Auslieferung des Königs verhandelte. Nachdem ihm die Hälfte des zunächst auf 100000 Mark Silber festgesetzten Lösegeldes zugesichert war, übergab Leopold dem Kaiser seinen Gefangenen, der jetzt auf der Burg Trifels festgehalten wurde.

Mit Richards Gefangennahme verlor die innerdeutsche Opposition im Westen des Reiches ihre wichtigste außenpolitische Stütze und begann sich aufzulösen. Zudem verstand es der Kaiser, in sehr geschickten Verhandlungen die Situation zu seinen Gunsten auszunutzen. Durch das Druckmittel, ihn sonst an Philipp II. von Frankreich auszuliefern, zwang er Richard, dieses enorm hohe Lösegeld anzuerkennen und militärische Hilfe für den Kampf des Kaisers gegen Sizilien zu versprechen. In zähen Verhandlungen, die Ende Juni 1193 in Worms zum Abschluß kamen, wurde dem König diese Hilfeleistung zwar erlassen, doch mußte er sich jetzt verpflichten, außer den bereits vereinbarten 100000 Mark noch weitere 50000 Mark zu zahlen. Nur dann, wenn er ein Versprechen, das er dem Kaiser in bezug auf Heinrich den Löwen gegeben hatte, erfüllen könnte, sollte er von der Zahlung dieser zusätzlichen 50000 Mark befreit werden.

Worin dieses Versprechen bestanden hat, können wir bei der sehr allgemein gehaltenen Formulierung dieser Abmachung nicht sagen, zumal der englische König dieses Versprechen nicht einhalten konnte und deshalb die volle Summe des Lösegeldes zahlen mußte. Man hat vermutet, daß König Richard seinen Schwager dazu bringen sollte, das schon seit einer Reihe von Jahren bestehende Verlöbnis zwischen seinem Sohn Heinrich und Agnes, dem einzigen Kind und damit der Erbin des Pfalzgrafen Konrad von Staufen, aufzulösen zu lassen. Heinrich VI. verfolgte damals den Plan, seine Cousine Agnes mit dem französischen König Philipp zu vermählen, um dadurch das staufisch-kapetingische Bündnis zu festigen. Ob dies aber wirklich der Gegenstand der nicht eingelösten Zusage des englischen Königs war, bleibt fraglich.

Als jetzt Philipp von Frankreich und Richards eigener jüngerer Bruder Johann dessen Freilassung verhindern wollten, erklärte sich Richard bereit, sein Reich von Heinrich VI. gegen einen Jahreszins von 5000 Pfund zu Lehen zu nehmen und dem Kaiser den Lehnseid abzulegen. Damit sicherte er sich auch den Schutz seines neuen Lehnsherrn gegen seine Gegner zu. Jetzt erst wurde Richard im Februar 1194 freigelassen und kehrte nach England zurück. Dafür, daß er seine Verpflichtungen einhalten würde, stellte er dem Kaiser die beiden jüngeren Söhne Heinrichs des Löwen, Otto und Wilhelm, die sich damals in England aufhielten, als Geiseln.

Heinrich der Löwe, der durch die Gefangennahme seines Schwagers seinen wichtigsten Bundesgenossen verloren hatte, setzte jetzt seine letzten Hoffnungen auf seinen Schwiegersohn Knut VI. von Dänemark. Im Sommer oder Herbst 1193 sandte er seinen Sohn Heinrich zum Dänenkönig, um dessen Hilfe für die Wiedergewinnung Nordelbingens zu erbitten. Knut war aber zu einem solchen Schritt, der mit den Zielen der dänischen Politik in diesem Raum unvereinbar war, nicht bereit. Unverrichteterdinge kehrte der junge Welfe nach Braunschweig zurück.

Eine Wende im Verhältnis zwischen Staufern und Welfen bahnte sich schließlich dadurch an, daß die Ehe zwischen dem jungen Heinrich von Braunschweig und der staufischen Prinzessin Agnes trotz aller Widerstände gegen Ende des Jahres 1193 doch zustandekam. Die Pfalzgräfin Irmingard, die mit dem Plan einer Ehe zwischen ihrer Tochter und Philipp von Frankreich nicht einverstanden war, berief während einer Abwesenheit ihres Mannes in aller Heimlichkeit den Welfen auf ihre Burg Stahleck am Rhein und ließ hier sofort die Ehe zwischen ihm und ihrer Tochter einsegnen. Pfalzgraf Konrad gab nach seiner Rückkehr nach anfänglichem Unwillen über diese Eigenmächtigkeit der Ehe seine Zustimmung. Heinrich VI. war aber über diesen Vorgang sehr ungehalten, da damit sein Plan einer ehelichen Verbindung zwischen den Staufern und Kapetingern gescheitert war. Durch diese Ehe gewann der Welfe auch die Anwartschaft auf die pfalzgräfliche Würde seines Schwiegervaters und dessen umfangreichen Allodialbesitz. Nachdem der Pfalzgraf die Forderung des Kaisers, die Ehe aufzulösen, abgelehnt hatte, nahm dieser auf einem Reichstag zu Würzburg im Januar 1194 Heinrich von Braunschweig wieder in Gnaden an.

Pfalzgraf Konrad übernahm es auch, eine Verständigung mit Heinrich dem Löwen herbeizuführen, der von dem Schritt seines Sohnes ebenfalls überrascht war und ihn zunächst auch nicht billigte. Konrad vermittelte eine Begegnung zwischen dem Kaiser und dem Löwen, die Ende Februar in Saalfeld stattfinden und dem Ausgleich beider Geschlechter dienen sollte.

Auf dem Ritt von Braunschweig dorthin stürzte Heinrich im Harz in der Nähe von Bodfeld auf einem steilen Weg vom Pferd und zog sich dabei an seinem Schienbein eine erhebliche Verletzung, vielleicht eine Quetschung oder einen Bruch, zu. Er wurde in das nahe Kloster Walkenried gebracht und sandte Boten an den Kaiser, um sein Ausbleiben zu entschuldigen. Dieser mißtraute zunächst dieser Mitteilung, die er als eine Ausflucht ansah, ließ sich aber von Propst Gerhard von Steterburg von der Richtigkeit dieser Angaben überzeugen. Deshalb entschloß er sich, dem Verletzten entgegenzuziehen; die Begegnung zwischen beiden fand jetzt im März 1194 in der Pfalz Tilleda am Kyffhäuser statt.

Hier kam es endlich zu der Aussöhnung zwischen dem Kaiser und Heinrich dem Löwen. Heinrich VI. bestätigte den Welfen noch einmal ihren Allodialbesitz. Der junge Heinrich von Braunschweig nahm dafür bis zum Herbst des Jahres 1194 an dem Feldzug Heinrichs VI. in Süditalien teil und kehrte dann mit dessen Genehmigung nach Deutschland zurück. Nach einem kurzen Aufenthalt in Braunschweig begab er sich in die Pfalzgrafschaft am Rhein. Für den damals etwa 17jährigen Otto hatte sein Onkel König Richard die Erlaubnis bewirken wollen, daß er unter Aufhebung seiner Geiselhaft den Kaiser ebenfalls nach Italien begleiten dürfe. Heinrich VI. lehnte dies aus Mißtrauen gegenüber den Welfen ab, gewährte aber Otto während dieser Geiselhaft gewisse Erleichterungen. Gegen Ende des Jahres wurde Otto freigelassen und begab sich sofort zum englischen König, der ihn bald darauf mit der Grafschaft Poitou belehnte. Bei Antritt seines Italienzugs hatte Heinrich VI. den jüngsten Sohn des Löwen, den damals zehnjährigen Wilhelm, der ihm ebenfalls als Geisel gestellt war, der Obhut des Herzogs Leopold V. von Österreich anvertraut. Als dieser nach einem Sturz vom Pferd sein Ende herannahen fühlte, übergab er den jungen Welfen dem König Bela III. von Ungarn, der Wilhelm wieder zu seinem Vater nach Braunschweig bringen sollte. Das hat der Kaiser zunächst verhindert; wie lange diese Geiselhaft Wilhelms noch dauerte, wissen wir nicht.

Im Frühjahr 1195 trat in der Nacht vor Ostern (2. April) im Befinden Heinrichs des Löwen eine plötzliche Verschlechterung ein. Nach den Worten Gerhards von Steterburg, der in seinen Annalen die letzten Monate des Welfen fast im Stil einer Heiligenlegende darstellt, trug dieser die Krankheit trotz großer Schmerzen mit besonderer Stärke. Mit dem Beginn der heißen Jahreszeit nahm das Leiden einen ruhrartigen Charakter an; doch lehnte Heinrich jede Arznei ab. Als in den letzten Julitagen bei einem heftigen Gewitter über Braunschweig ein Blitz in die Stiftskirche einschlug und den Dachstuhl in Brand setzte, soll Heinrich im Unterschied zu seiner Umgebung Ruhe und Geistesgegenwart bewahrt haben, bis ein gewaltiger Regen das Feuer löschte. Da er seine letzte Stunde herannahen fühlte, rief er seinen Sohn Heinrich aus der Pfalz zu sich und bat Bischof Isfried von Ratzeburg, der in den letzten Jahren sein Beichtvater gewesen war, nach Braunschweig zu kommen. Ihm legte er die letzte Beichte ab und empfing von ihm die Absolution und die Sterbesakramente. Einige Tage später, am 6. August, ist er gestorben. In der Stiftskirche wurde er zur Rechten seiner Gemahlin Mathilde beigesetzt.

Um das Grab Heinrichs des Löwen und über die Frage, ob man bei den Ausgrabungen im Braunschweiger Dom im Jahre 1935 seine Gebeine gefunden hat, ist es in der Forschung der letzten Jahrzehnte zu einer lebhaften Kontroverse gekommen. Als die damaligen Machthaber in Deutschland dem Braunschweiger Dom seine Bestimmung als Gotteshaus nehmen und ihn zu einer „nationalen Weihestätte" umgestalten wollten, deren Mittelpunkt eine neu erstellte Grabstätte Heinrichs des Löwen und seiner Gemahlin Mathilde bilden sollte, fand man bei den teilweise sehr unsachgemäß durchgeführten Ausgrabungen in der großen Gruft unter dem Grabmal des Herzogspaares einen Steinsarkophag, daneben einen fast ganz vermoderten Holzsarg mit einer großen Lederhülle und in der Nähe einen kleinen steinernen Kindersarg. In dem großen Steinsarkophag lag ein Skelett, das bis auf die Schädelpartie gut erhalten war und das ursprünglich eine Länge von etwa 1,62 m gehabt haben muß. Dagegen war der Leichnam, der in eine Lederhülle eingenäht und dann in dem Holzsarg bestattet war, in sich zusammengefallen; im Bereich des ursprünglichen Schädelknochens fand sich langes blondes Haar. In dem Kindersarg waren einige Knochen eines im Säuglingsalter verstorbenen Kindes erhalten.

Auf Grund dieses Befundes und einer von ihm durchgeführten Untersuchung vertrat der Anthropologe Eugen Fischer die Ansicht, daß man in dem Steinsarg die sterblichen Überreste Heinrichs des Löwen gefunden habe. In dem Holzsarg sei seine Gemahlin Mathilde, in dem Kindersarg eines ihrer frühverstorbenen Kinder bestattet worden. Auffallend war allerdings bei dem erhaltenen Skelett eine starke Verkürzung des linken Beines, die von einer Mißbildung an der Hüfte herrührte. Diese Hüftverrenkung (Luxation) brachte man mit der Verletzung in Verbindung, die sich Heinrich ein Jahr vor seinem Tod beim Sturz vom Pferd zugezogen hatte. Von dieser war aber, wie es in den Steterburger Annalen ausdrücklich heißt, nur das Schienbein betroffen.

Demgegenüber ist ein späteres orthopädisches Gutachten auf Grund des veröffentlichten Bildmaterials zu dem Ergebnis gekommen, daß diese Mißbildung an der Hüfte nicht die Folge eines Unfalls sein könne, den der Herzog kurz vor seinem Tod erlitten hat. Es liege vielmehr ein angeborenes Leiden vor. Wenn es sich wirklich um das Skelett des Herzogs handele, müsse dieser von klein auf gehinkt haben. Davon ist aber nichts bekannt. Die starken Strapazen, die der Löwe bei seinen Feldzügen und ständigen Reisen auf sich nehmen mußte, machen dies sogar ganz unwahrscheinlich.

Diese Zweifel an der Annahme, daß in dem Sarkophag die sterblichen Reste Heinrichs des Löwen erhalten sind, sind noch dadurch verstärkt worden, daß die erst in jüngster Zeit bekannt gewordenen einzelnen anthropologischen Meßdaten dafür sprechen, daß es sich nicht um ein männliches, sondern um ein weibliches Skelett handelt. Man hat deshalb die Vermutung geäußert, daß in dem Steinsarg nicht Heinrich, sondern seine Gemahlin Mathilde beigesetzt sei. Der Leichnam des Herzogs sei nach seinem Tod zunächst in eine Lederhülle eingenäht und dann in dem Holzsarg bestattet worden. Eine spätere Umbettung in einen Steinsarkophag sei aus unbekannten Gründen unterblieben. Aber auch diese These bleibt eine reine Hypothese. Von einem körperlichen Gebrechen der

Herzogin, die wohl auch größer als das gefundene Skelett war, ist nichts bekannt.

Die Entscheidung dieser Kontroverse ist heute nicht mehr möglich, da man es versäumt hat, bei den Ausgrabungen alle Fragen gründlich zu untersuchen. Zudem sind in der Gruft unter dem Mittelschiff des Braunschweiger Doms auch später Angehörige des Welfenhauses beigesetzt worden. Das Hochwasser des nahen Okerflusses hat im Laufe der Jahrhunderte wiederholt schwere Schäden in der Gruft und an den in ihr befindlichen Särgen angerichtet, die bei späteren Öffnungen der Gruft Aufräumungsarbeiten in ihr erforderlich machten. Auch bei den Ausgrabungen des Jahres 1935 fand man die Gruft in einem sehr desolaten Zustand vor. So ist es durchaus möglich, daß die ursprüngliche Anordnung der Särge später geändert worden ist. Daß die in dem Steinsarg erhaltenen Gebeine die Heinrichs des Löwen sind, ist auf Grund aller dieser Beobachtungen ganz unwahrscheinlich.

## Elftes Kapitel

# Kunst und Wissenschaft im Umkreis
# Heinrichs des Löwen

Überblickt man die Reihe der deutschen Fürstenhöfe in der zweiten Hälfte des 12. Jahrhunderts, so hat keiner von ihnen für das kulturelle Leben der Zeit die gleiche Bedeutung gehabt wie der Heinrichs des Löwen. Der ungewöhnliche Reichtum, den der Herzog im Laufe der Zeit in seiner Hand vereinigte, ermöglichte es ihm, die Rolle eines großzügigen Mäzens zu spielen, von dem wertvolle Anregungen auf den verschiedensten Gebieten der bildenden Kunst, der Literatur und der Wissenschaft ausgingen. Der Einfluß der Staufer ist in dieser Hinsicht damals noch wesentlich geringer als der der Welfen; denn auch der Hof Welfs VI. war ein wichtiger Mittelpunkt für die Kunst und die Literatur dieser Jahrzehnte. Erst am Ende des 12. Jahrhunderts bahnt sich hierin ein Wandel an.

Zu den ersten Eindrücken, die Heinrich in seiner Jugend in Bayern und Schwaben erhalten hatte, kamen neue Anregungen, die ihm seine Züge und Fahrten nach Italien, Frankreich, England und in den Orient brachten. Vor allem aber gab die familiäre Verbindung mit der angevinischen Dynastie dem geistigen Leben im Umkreis des Löwen entscheidende Impulse. Die damals in Südfrankreich aufblühende ritterliche Kultur hatte am Hof der englischen Königin Eleonore in Poitiers eine besondere Pflege gefunden. Durch ihre Tochter, die Herzogin Mathilde, und deren Gefolge wurde diese neue ritterliche Dichtung am Hof Heinrichs des Löwen bekannt. So entstanden nach französischen Vorlagen in der Umgebung des Herzogs zwei große Dichtungen, die zu den ersten Schöpfungen der frühhöfischen Epik auf deutschem Boden gehören.

Dieses Mäzenatentum des Welfen tritt am eindrucksvollsten in der bildenden Kunst, vor allem in der Architektur, in Erscheinung. Durch seinen Willen ist Braunschweig zu einer Kunststadt geworden; auch für ihn sollten die Bauten ein Zeichen seiner Macht sein. Das zeigte schon der Ausbau des Burgbezirks zu einer fürstlichen Residenz, für die der Pfalzbezirk im nahen Goslar, wie wir bereits sahen, das Vorbild war.

Genaue Daten besitzen wir leider nur für den Neubau der Kirche des Blasiusstifts. Im Jahre 1173 hat der Herzog die ältere kleinere Stiftskirche abreißen lassen und mit dem Bau einer neuen Kirche begonnen, die nicht nur den hohen Rang ihres Erbauers weithin sichtbar machen, sondern auch einen würdigen Aufbewahrungsort für einen Teil der kostbaren Reliquien bilden sollte, die er aus dem Orient mitgebracht hatte. Die Bauarbeiten wurden verhältnismäßig schnell durchgeführt. Bereits im September 1188 wurde im Chor der Marienaltar, eine Stiftung des Herzogspaares, von Bischof Adelog von Hildesheim geweiht; ein Jahr später wurde Mathilde in der Kirche beigesetzt. Beim Tod des Herzogs im Jahre 1195 muß das Langhaus im wesentlichen vollendet gewesen sein. Zum heiligen Blasius und Johannes dem Täufer, die jetzt die Hauptpatrone wurden, trat zu Beginn des 13. Jahrhunderts Thomas von Canterbury als dritter Schutzheiliger hinzu. Im Jahre 1226 wurde die Kirche zu Ehren dieser drei Heiligen geweiht.

In der Form einer kreuzförmigen Basilika im gebundenen System mit einer Krypta und einem Hochchor entsprach das neue Gotteshaus ebenso wie die im 11. Jahrhundert erbaute Stiftskirche im Goslarer Pfalzbezirk mehr einer Bischofs- als einer Stiftskirche. Mit seiner relativ kargen Ornamentik ist der Braunschweiger Dom, wie er später in der Regel genannt wird, aus der Tradition des sächsischen Kirchenbaus erwachsen, der seit dem ausgehenden 11. Jahrhundert stark von der Hirsauer Bauschule beeinflußt war. Das zeigt sich auch in dem massigen Westwerk, dessen Empore ursprünglich als Sitz des Fürsten gedacht war, der von hier aus den Gottesdienst verfolgen sollte. Andererseits stellt der Bau eine eigenständige Leistung dar. Während bei der von Kaiser Lothar III. begonnenen und erst unter Heinrich dem Löwen vollendeten Stiftskirche von Königslutter nur der Ostteil gewölbt war, wird beim Braunschweiger Dom die Gewölbetechnik in Niedersachsen zum ersten Mal auch bei allen drei Schiffen des Langhauses angewandt. Als erste durchgehend gewölbte Kirche des niedersächsischen Raumes steht die Stiftskirche am Beginn einer neuen Epoche des Kirchenbaus im Lande und wurde darin auch für eine Reihe gleichzeitig oder etwas später errichteter Kirchen vorbildlich.

Als Arnold von Lübeck, der frühere Braunschweiger Geistliche, in seiner Chronik den Tod Heinrichs des Löwen berichtet und sein Wirken mit Worten aus der Bibel würdigt, vergleicht er den Herzog, dem er auch ein Gedicht widmet, mit dem König Salomo. Das legt die Frage nahe, ob Heinrich selbst sich als neuer Salomo gesehen und seine Hofkirche, die er nach seiner Rückkehr aus dem Heiligen Land erbaut hat, als einen neuen Tempel Salomos betrachtet hat. Eine solche Vorstellung vom Tempel Salomos als dem Vorbild für den christlichen Sakralbau ist im Mittelalter durchaus geläufig. Diese Vermutung, die sich allerdings mit Sicherheit nicht beweisen läßt, findet in einigen Kultgegenständen, die zur ältesten Ausstattung der Braunschweiger Stiftskirche gehören und die noch auf Heinrich den Löwen zurückgehen, eine Stütze.

Das gilt zunächst für den Marienaltar, dessen Marmorplatte auf fünf mit Kapitellen verzierten Bronzesäulen ruht. Man hat ihn immer wieder mit dem Tisch im Tempel Salomos verglichen. Nach der Inschrift auf einer Bleiplatte im Kapitell der mittleren Säule, die auch als Aufbewahrungsort für Reliquien diente, ist der Altar im Jahre 1188 auf Veranlassung des Herzogspaares von Bischof Adelog von Hildesheim zu Ehren der Maria, der Mutter Gottes, geweiht worden. Wenn Heinrich der Löwe in dieser Weihinschrift als „Sohn der Tochter des Kaisers Lothar" und Mathilde als „die Tochter des Königs Heinrich II. von England, eines Sohnes der Kaiserin der Römer Mathilde" bezeichnet werden, so zeigen diese Worte, daß auch der gestürzte Herzog betonen wollte, daß er und seine Gemahlin kaiserlichen Geblüts waren.

Noch deutlicher wird die Bezugnahme auf den Tempel Salomos in dem großen siebenarmigen bronzenen Leuchter, der heute im Chor des Domes steht. Nach einer alten Tradition hat ihn der Herzog für die Kirche gießen und in ihr aufstellen lassen. Ein Jahr nach seinem Tode findet sich auch der älteste urkundliche Beleg für diesen Leuchter. Nach dem Alten Testament befand sich ein solcher siebenarmiger Leuchter schon in der Stiftshütte der Juden. Auf jeden Fall besaß aber der zweite Tempel in Jerusalem einen solchen Leuchter. Nach anfänglichem Zögern übernahm auch die christliche Kirche diesen siebenarmigen Leuchter für ihre sakralen Bauten, wobei seine Allegorie unterschiedlich gedeutet wurde. Im 12. Jahrhundert sah man in ihm meist ein Symbol der sieben Gaben des Heiligen Geistes. Ob der Herzog ihn ursprünglich, wie man vermutet hat, als Toten- und Auferstehungsleuchter am Grabe seiner Gemahlin hat aufstellen lassen, ist unsicher. Stilistisch weist er einerseits starke Einflüsse des rheinisch-lothringischen Bronzegusses der Zeit auf; doch zeigen die vier Löwen, die den Sockel tragen, eine gewisse Verwandtschaft mit dem Burglöwen. Vielleicht hat ein Künstler, der aus dem Rheinland nach Braunschweig zugewandert ist, ihn hier geschaffen. Das Michaeliskloster in Lüneburg besaß ebenfalls einen siebenarmigen Leuchter, der im Auftrag des Herzogs angefertigt sein soll. Abbildungen dieses am Ende des 18. Jahrhunderts eingeschmolzenen Leuchters lassen eine starke stilistische Verwandschaft mit dem Braunschweiger Leuchter erkennen.

Das dritte Kunstwerk des Domes, das mit größter Wahrscheinlichkeit aus der Zeit Heinrichs des Löwen stammt, ist ein großes hölzernes Kruzifix, das sogenannte Imervardkreuz. Es zeigt den Gekreuzigten mit ausgebreiteten Armen, mit langem Haar und einem Bart. Er trägt ein langes Gewand, das über den Hüften von einem geknoteten Gürtel zusammengefaßt wird. Auf den Gürtelenden hat der Künstler mit den Worten „Imervard me fecit" (Imervard hat mich gemacht) seinen Namen angegeben. Es war ein Großreliquiar; der Hinterkopf ist ausgehöhlt und enthielt ursprünglich eine größere Anzahl von Reliquien.

Es gehört zu dem sogenannten Volto-Santo-Typus, einer Gruppe von Großkreuzen, vornehmlich in Italien, Spanien, Frankreich und England, für die ein im Mittelalter unter dem Namen Volto Santo (Heiliges Antlitz) hochverehrtes Kruzifix im Dom zu Lucca das Vorbild war. Dieses Kreuz ist in Lucca spätestens im 11. Jahrhundert nachweisbar; doch ist das heute im Dom der Stadt befindliche Kreuz nicht das ursprüngliche, sondern eine Nachbildung eines älteren Kreuzes, die aus dem späten 12. oder frühen 13. Jahrhundert stammt. Da das Imervardkreuz strengere Formen als das jetzige Luccheser Kreuz zeigt, hat ihm vermutlich das ältere verlorene Kreuz als Vorlage gedient. Um 1170 dürfte es entstanden sein.

Das besonders wertvolle Triumphkreuz, das der Herzog nach den Angaben der Steterburger Annalen im Jahre 1194 für seine Hofkirche stiftete und das für Jahrhunderte seinen Platz im Eingangsbogen zum Chor hatte, ist nicht mehr erhalten. Zu Beginn des 19. Jahrhunderts wurde es – ein uns heute ganz ungeheuerlich erscheinender Vorgang – auf Veranlassung des damaligen Dompredigers verheizt. Nach älteren Beschreibungen zeigte es den Heiland umgeben von einem Gefolge. Die Vernichtung dieses Kreuzes ist ein besonders schwerer Verlust, weil es wohl eine Vorstufe des bekannten Triumphkreuzes im Halberstädter Dom war.

Außer diesen Kunstwerken hat man auch die ältesten Wandmalereien im Ostteil des Domes in die Zeit um 1200 datiert und einem zur Umgebung Heinrichs des Löwen gehörenden Geistlichen zugeschrieben. Ausgangspunkt für diese Annahme ist eine alte, allerdings teilweise beschädigte und später vielleicht falsch ergänzte Inschrift an einem Pfeiler des Mittelschiffes, in der ein gewisser Johannes Gallicus als Maler genannt wird. Dieser Johannes soll nach dieser These ebenso wie sein Bruder Eilbertus einer reichen Hildesheimer Tuchhändlerfamilie Wale entstammen. Er sei vielleicht mit dem Kanoniker Johannes identisch, der unter Kaiser Otto IV. das Amt des Kanzlers bekleidete und der vielleicht schon unter dessen Vater Heinrich dem Löwen in dessen letzter Lebenszeit als Notar tätig war. Diese Hypothese läßt sich aber, vor allem unter stilkritischen Gesichtspunkten, nicht halten. Mit der Ausmalung des Ostteils des Domes hat man erst in der Zeit von 1240 bis 1250 begonnen.

Hat der Braunschweiger Dom trotz späterer Erweiterungen und Umbauten im wesentlichen seine ursprüngliche Gestalt aus dem späten 12. Jahrhundert bewahrt, so hat die benachbarte Burg Dankwarderode, an deren Ausbau Heinrich entscheidend beteiligt war, im Laufe der Zeit ein sehr wechselvolles Schicksal gehabt. Nachdem sie schon im Spätmittelalter sehr verwahrlost war, wurde sie im 17. und 18. Jahrhundert in einen größeren Gebäudekomplex eingegliedert. Erst nach einem Brand in den 70er Jahren des vorigen Jahrhunderts wurden die romanischen Reste der Burg wiederentdeckt. Sie bildeten die Grundlage für den Wiederaufbau des Palas.

Wie sein Vorbild, die Kaiserpfalz in Goslar, war dieser Palas ein zweistöckiges Bauwerk. Die untere Halle, die eine Heizungsanlage besaß, diente im Winter als Versammlungshalle. Sie wurde in der Längsachse durch eine Pfeilerreihe unterteilt, die die Decke trug. Die große Festhalle, die das ganze Obergeschoß umfaßte, besaß große dreiteilige Fensterarkaden, deren Kapitelle Einflüsse der Kirche von Königslutter erkennen lassen. An der Südseite des Palas lagen die eigentlichen Wohnräume, die nicht wiederhergestellt sind, und weiter südöstlich die dreischiffige, ebenfalls nach dem Vorbild von Goslar gestaltete Doppelkapelle, von der bei den Restaurierungsarbeiten nur ein Turm wiederaufgebaut wurde. Wann diese großzügige Anlage geschaffen ist, wissen wir leider nicht. Vermutlich hat der Herzog schon bald nach seinem Regierungsantritt mit ihr begonnen. Als er im Jahre 1166 vor der Burg das Löwenmonument aufstellen ließ, war sie wohl schon weitgehend vollendet.

Dieser Burglöwe ist zweifellos das bekannteste Werk aus dem Kunstkreis Heinrichs des Löwen. Als erste frei im Raum stehende Großplastik nimmt er in der Kunst des Mittelalters einen besonderen Platz ein. Daß er im Jahre 1166 mitten in den erbitterten Kämpfen des Herzogs mit seinen Gegnern errichtet worden ist, wird in den Quellen ausdrücklich gesagt. Auf Grund neuerer metallographischer Untersuchung darf es auch als gesichert gelten, daß er im Braunschweiger Raum unter Benutzung von Erzen aus dem Harz gegossen ist.

Bei der Frage nach den Vorlagen hat man früher vor allem an die sogenannten Aquamanilen, kleine Wasserbehälter aus Bronze in der Form von Löwen, und an die Portallöwen bei oberitalienischen Kirchen gedacht. Das unmittelbare Vorbild für die Haltung des Löwen ist aber zweifellos die aus der Antike stammende kapitolinische Wölfin in Rom gewesen, die spätestens seit dem 8. Jahrhundert in der Nähe des Lateranpalastes in Rom stand.

Die gestraffte Gestalt des Löwen mit dem weit geöffneten Rachen sollte als Sinnbild des Herzogs Ausdruck des Macht- und Herrschaftswillens gegenüber seinen Gegnern sein. Herrschaft äußert sich im Mittelalter vor allem im Gericht. So sind im Mittelalter Löwenfiguren immer wieder als Zeichen des Gerichts bezeugt und überliefert. Auch der Braunschweiger Löwe ist deshalb nicht nur symbolischer Ausdruck der Macht des Herzogs, sondern auch Wahrzeichen des Gerichts, das hier im Burghof vom Herzog selbst oder in seinem Namen gehalten wurde.

Neben dem in seiner Gestaltung so eindrucksvollen Burgbezirk in Braunschweig stehen noch zwei andere Bauwerke, deren Anfänge, wie wir bereits erwähnten, eng mit dem Namen Heinrichs des Löwen verbunden sind: die beiden Dome in Ratzeburg und Lübeck. Der Grundstein zum Lübecker Dom wurde in Anwesenheit des Herzogs im Jahre 1173 gelegt, also im gleichen Jahr, in dem man in Braunschweig mit dem Bau der neuen Stiftskirche begann. Der Zeitpunkt, zu dem man in Ratzeburg auf der Nordspitze der Insel die Arbeiten am Dom in Angriff nahm, ist nicht bekannt. Vielleicht ist dies schon einige Jahre früher geschehen. In beiden Fällen hat der Herzog, wie wir sahen, die Bauarbeiten durch den sehr beträchtlichen Zuschuß von jährlich hundert Mark Silber ganz wesentlich gefördert. Als die Dotation mit seinem Sturz fortfiel, verlangsamten sich diese Arbeiten; erst im ersten Drittel des 13. Jahrhunderts wurden beide Dome vollendet.

Man hat immer wieder betont, daß die Braunschweiger Stiftskirche das Vorbild für die beiden Kathedralen gewesen sei. Das trifft aber nur teilweise zu. Ebenso wie die Braunschweiger Kirche sind beide Dome kreuzförmig angelegte Pfeilerbasiliken im gebundenen System. Beim Ratzeburger Dom umfaßt das Langhaus wegen des kleineren Baugeländes, das hier zur Verfügung stand, nicht vier, sondern nur drei Joche. Gemeinsam ist allen drei Bauten auch die durchgehende Wölbung der einzelnen Kirchenschiffe. Auf der anderen Seite sind die starken Unterschiede, die zwischen ihnen in der Ornamentik und in zahlreichen baulichen Details bestehen, nicht zu übersehen. Die Einflüsse des gleichzeitigen Kirchenbaus in Westfalen, etwa der Patroklikirche in Soest, die beim Lübecker Dom zu erkennen sind, sind bei den engen Verbindungen, die damals zwischen Lübeck und Westfalen, insbesondere zu Soest, bestanden, leicht zu erklären. Wenn der Ratzeburger Dom starke stilistische Bezüge zu den Prämonstratenserbauten in Mitteldeutschland, so zu der Kirche des Stiftes Jerichow in der Altmark, zeigt, so ergeben sich diese ganz zwanglos daraus, daß die ersten Bischöfe und Domherren von Ratzeburg aus den Prämonstratenserstiften dieses Raumes kamen. Bischof Isfried war vor seiner Erhebung zum Bischof von Ratzeburg Propst in Jerichow gewesen.

Die Unterschiede der beiden Dome gegenüber der Braunschweiger Stiftskirche erklären sich auch durch das andere Baumaterial. Sie sind nicht aus Hausteinen, sondern aus Ziegelsteinen errichtet. Zusammen mit der etwa gleichzeitig erbauten Stiftskirche von Segeberg sind die beiden Dome die ältesten großen Ziegelbauten im Kolonisationsgebiet östlich der unteren Elbe.

Ob Heinrich der Löwe die Initiative und auch die Mittel für den Bau anderer Kirchen in Sachsen gegeben hat, wissen wir nicht, da uns dafür alle Quellenangaben fehlen. Wir halten es nicht für wahrscheinlich, da sich sonst bei den betreffenden Kirchen wenigstens eine mündliche Überlieferung erhalten hätte. In jüngster Zeit hat man die Frage aufgeworfen, ob nicht die Kirche in dem kleinen Dorf Mandelsloh (nördlich Neustadt am Rübenberg), die für eine Dorfkirche sehr große Ausmaße hat, eine Gründung des Herzogs sei. Doch spricht nichts für eine solche Annahme, zumal Mandelsloh zum Tafelgut des Bischofs von Minden gehörte.

Das großzügige Mäzenatentum Heinrichs des Löwen hat auch der Buchmalerei der Zeit starke Impulse gegeben. In der deutschen Buchmalerei des 12. Jahrhunderts nimmt die Schreib- und Malschule des Klosters Helmarshausen einen hervorragenden Platz ein. Heinrich, der seit dem Jahre 1152 die Stiftsvogtei des Weserklosters innehatte, hat dieser Schule vermutlich den Auftrag zu drei Werken erteilt, die zu den bedeutendsten Schöpfungen der deutschen Buchmalerei dieser Zeit gehören. Es sind ein kleiner, heute im Museum in Baltimore liegender Psalter, ein nur in wenigen Fragmenten erhaltener Psalter, der sich jetzt im Britischen Museum in London befindet, und das Gmundener Evangeliar, dessen Aussagewert für die politische Ideenwelt am Hof des Welfen wir bereits in anderem Zusammenhang gewürdigt haben.

Der Psalter in Baltimore nennt oder zeigt keinen Auftraggeber, doch ist seine Zugehörigkeit zu der damaligen Helmarshäuser Schule, in der er etwa zwischen 1145 und 1160 entstanden sein dürfte, stilistisch gesichert. Ob der Psalter aber, wie man vermutet hat, sich im Besitz der Herzogin Clementia befunden hat und vielleicht bei ihrer Hochzeit mit dem Herzog hergestellt worden ist, bleibt unsicher. Der Londoner Psalter zeigt auf einem der wenigen von ihm erhaltenen Blätter bei der Darstellung des gekreuzigten Christus Heinrich und Mathilde in einer Doppelarkade zu Füßen des Kreuzes in betender Haltung und mit Spruchbändern. Vielleicht ist er bei der Heirat des Paares im Jahre 1168 oder bald danach entstanden. Mit dieser Darstellung des Herrscherpaares vor dem Kreuz bildet diese Miniatur eine Vorstufe zu den Andachtsbildern des späteren Mittelalters.

Den Höhepunkt der Buchmalerei des Klosters in dieser Zeit stellt zweifellos das in der Mitte der 70er Jahre entstandene prächtige Gmundener Evangeliar dar. Daß es im Auftrag des Herzogs in Helmarshausen angefertigt ist und für das Blasiusstift in Braunschweig bestimmt war, geht aus dem Widmungsgedicht und dem Dedikationsbild am Anfang des Codex hervor. Das Bild zeigt in seiner oberen Hälfte die Mutter Gottes als Gottesgebärerin (Theotokos) in einer Mandorla thronend; zu ihren beiden Seiten stehen die auch im Blasiusstift verehrten Heiligen Johannes der Täufer und Bartholomäus. In der unteren Bildhälfte überreicht der Herzog dem heiligen Blasius ein Buch, zweifellos das Evangeliar, während der heilige Ägidius, der Schutzpatron des den Welfen nahestehenden Ägidienklosters in Braunschweig, die Hand der Herzogin Mathilde hält.

Auch der Künstler, der das Werk schuf, ist uns bekannt. Im Widmungsgedicht heißt es, daß der Mönch Hermann das Evangeliar im Auftrag des Herzogs, den ihm der Abt übermittelte, das kostbare Evangeliar zum Lob Gottes angefertigt habe. Dieser Mönch Hermann ist die stärkste Künstlerpersönlichkeit in Helmarshausen im letzten Drittel des 12. Jahrhunderts. Von ihm stammen nicht nur die so kunstvoll ausgeführten Miniaturen des Evangeliars; er hat, wie wir heute wissen, auch den Text des ganzen Bandes geschrieben. Auch die Textseiten des Londoner Psalters zeigen, soweit sie erhalten sind, seine Hand, während die Miniaturen von einem anderen Künstler herrühren.

Diese Schreib- und Malschule von Helmarshausen steht auf der einen Seite in einer alten sächsischen Tradition. Sie läßt aber andererseits im Figurenstil und in der Ornamentik Einflüsse der Buchmalerei in Nordfrankreich und England erkennen. So hat man bei dem Gmundener Evangeliar auf Berührungen mit Handschriften des südenglischen Klosters St. Albans hingewiesen. Auch hierbei dürfen wir an eine Mittlerrolle des herzoglichen Hofes denken. Für die Kunst des Mönches Hermann ist vor allem die enge Verbindung der Darstellungen aus dem Neuen Testament mit allegorischen Sinnbildern charakteristisch, wobei diese Symbolik durch Texte auf Spruchbändern interpretiert wird. Das Krönungsbild, das im letzten Teil des Evangeliars vor dem Beginn des Johannes-Evangeliums steht, macht diese große symbolische Gestaltungskraft des Künstlers besonders deutlich. Von Helmarshausen sind in dieser Zeit zweifellos sehr starke Anregungen für die Buchmalerei in Sachsen ausgegangen; doch kennen wir sonst keine Handschriften, die dem Kunstkreis Heinrichs des Löwen zuzurechnen sind.

Der dritte Bereich der bildenden Kunst, den der Herzog durch seine Aufträge stark gefördert hat, war die Goldschmiedekunst. Für die zahlreichen Reliquien, die er bei seiner Pilgerfahrt aus Jerusalem und Byzanz mitbrachte und mit denen er nicht nur das Blasiusstift, sondern auch andere Kirchen bedachte, ließ er kostbare Reliquiare anfertigen. Eine Reihe von ihnen bildet noch heute einen wertvollen Bestand des sog. Welfenschatzes, der früher die zutreffendere Bezeichnung „Reliquienschatz des Hauses Braunschweig-Lüneburg" trug. Der heute im Kunstgewerbemuseum in Westberlin befindliche Schatz umfaßt den größeren und wertvolleren Teil des ursprünglichen Bestandes; eine Anzahl von Stücken ist jetzt im Besitz amerikanischer Museen, die diese zu Beginn der 30er Jahre erworben haben.

Die Frage, ob alle aus der zweiten Hälfte des 12. Jahrhunderts stammenden Kunstwerke dieses Schatzes im Auftrag des Herzogs geschaffen sind, läßt sich allerdings nicht mit Sicherheit beantworten. Ebensowenig können wir mit Bestimmtheit sagen, ob diese Reliquiare in einem dem Herzog nahestehenden Atelier in Braunschweig oder in Werkstätten am Rhein oder im benachbarten Hildesheim, wo die Goldschmiedekunst damals eine Blütezeit erlebte, entstanden sind. Im Laufe der Zeit hat dieser Reliquienschatz auch Verluste erlitten. So ist ein vermutlich recht wertvolles Reliquiar, das nach dem aus dem Ende des 15. Jahrhunderts stammenden Inventar des Schatzes eine Kirche mit fünf Türmen darstellte und das auf einer Inschrift ausdrücklich „Herzog Heinrich von Sachsen und Bayern" als Auftraggeber nannte, nicht mehr erhalten.

Zu den Prunkstücken des Welfenschatzes gehört zweifellos das sogenannte Kuppelreliquiar. Nach einer alten Tradition soll es ursprünglich den Kopf des Gregor von Nazianz enthalten haben, den der Herzog aus dem Orient mitgebracht haben soll. Es ist rheinischer Herkunft und ist wohl im Auftrag des Herzogs um 1175 angefertigt worden. Der Künstler ist möglicherweise aus dem Rheinland nach Braunschweig zugewandert und hat hier das Reliquiar geschaffen. Stilistisch zeigt dieses Reliquiar eine enge Verwandtschaft mit dem besonders kostbaren Tragaltar des Schatzes, dessen Meister, ein Eilbert aus Köln, seinen Namen auf einer Inschrift angab. Auch hier muß die Frage, ob Eilbert den Tragaltar in Köln angefertigt hat oder ob er aus Köln stammt und in Braunschweig oder Hildesheim für den Herzog gearbeitet hat, offenbleiben. Ob dieser Eilbert mit dem Hildesheimer Kanoniker Eilbert identisch ist, der in der zweiten Hälfte der 70er Jahre in einer Urkunde des Herzogs auftritt, ist nicht sicher.

Innerhalb des Welfenschatzes bilden einige aus der zweiten Hälfte des 12. Jahrhunderts stammende Armreliquiare eine relativ geschlossene Gruppe. Daß Heinrich mehrere Apostelarme als Reliquien mitgebracht hat und diese in Gold, Silber und Edelsteine fassen ließ, wird von Arnold von Lübeck berichtet. Zwei dieser Armreliquiare, die des heiligen Innocentius und des heiligen Theodorus, nennen auf ihren Inschriften Herzog Heinrich als Stifter. Vom gleichen Künstler wie diese beiden Arme stammt auch das Armreliquiar des heiligen Cäsarius; alle drei sind wohl in Braunschweig angefertigt. Auch zwei andere besonders kostbare Armreliquiare, der Laurentiusarm und der heute im Museum in Cleveland befindliche sogenannte Apostelarm, sind wohl ebenfalls Auftragsarbeiten des Herzogs; nach der bei ihnen angewandten Goldschmiedetechnik weisen sie aber mehr auf Hildesheim als Entstehungsort hin. Der Laurentiusarm ist möglicherweise das Werk eines Künstlers, der das heute zum Hildesheimer Domschatz gehörende Oswaldreliquiar schuf. Auch dieses steht also möglicherweise in Beziehung zum herzoglichen Hof. Zu der Gruppe der auf Veranlassung des Welfen hergestellten Armreliquiare gehört noch ein Arm im Domschatz zu Minden. Nach einer alten Tradition hat Heinrich dem Dom von Minden einen Arm des heiligen Gorgonius geschenkt. Auch für die Partikel vom Kreuze Christi, die er im Jahre 1173 dem Kreuzstift zu Hildesheim schenkte, ließ Heinrich ein Reliquiar in Form eines Kreuzes anfertigen. Auch das sogenannte Reliquiar Kaiser Heinrichs II., das sich heute im Louvre befindet, dürfte ebenfalls zu den Reliquiaren zu rechnen sein, die im Auftrag des Herzogs entstanden sind. Stilistisch zeigt es sehr enge Berührungen mit den Goldschmiedearbeiten aus dem Raum Braunschweig-Hildesheim aus dieser Zeit. Außer dem

Bild des Kaisers bringt es Darstellungen einiger Könige, die mit dem englischen Königshaus in engster Verbindung standen. Vielleicht ist es bald nach der Heirat Heinrichs mit Mathilde angefertigt worden.

Überblickt man diese zahlreichen Werke auf dem Gebiet der bildenden Kunst, die auf Veranlassung des Herzogs hin entstanden sind, so kann man geradezu von einem Kunstkreis Heinrichs des Löwen sprechen. Vermutlich gab es in oder bei Braunschweig – modern gesprochen – ein herzogliches Atelier, das bei dem großen Reichtum des Herzogs auf den verschiedensten Gebieten der Kunst ganz andere Möglichkeiten besaß als andere Werkstätten der Zeit. Diese Kunstwerke hatten einmal einen repräsentativen Charakter. Sie sollten die Machtfülle des Herzogs und seinen königsgleichen Rang deutlich zum Ausdruck bringen. Es ging Heinrich aber auch um etwas anderes. Nach den Worten der Steterburger Annalen wollte Heinrich in seinen letzten Lebensjahren durch sein Tun dem himmlischen König gefallen. Dieser Wunsch, durch fromme Werke für sein Seelenheil zu sorgen, ist für den einsam gewordenen Herzog, der sein Ende herannahen fühlte, zweifellos ein tiefes religiöses Bedürfnis gewesen. So reich dieses Kunstschaffen im Umkreis Heinrichs des Löwen auch war, so kann man doch nicht von einer typisch welfischen Kunst sprechen, die sich etwa stark von einer staufischen Kunst unterschieden hätte. Die Werke, an deren Entstehung der Löwe entscheidend beteiligt war, zeigen ein vielgestaltiges Bild, bei dem sich überkommene Formen mit neuen Anregungen verbinden.

Von den Denkmälern der Literatur, die vermutlich im Umkreis Heinrichs des Löwen entstanden sind, ist an erster Stelle das Rolandslied des Pfaffen Konrad zu nennen. Wir kennen seinen Dichter, da er sich am Schluß seines Werkes mit den Worten „Ich bin der Pfaffe Konrad" selbst vorstellt. Die stark bayerische Mundart des Epos und die häufigen Hinweise auf Bayern und Regensburg, die sich in ihm finden, machen es in hohem Maße wahrscheinlich, daß Konrad, über den wir sonst nichts wissen, aus Bayern stammt und wohl Geistlicher am Herzogshof in Regensburg gewesen ist.

Strittig ist allerdings die Entstehungszeit der Dichtung. In dem Epilog zu seinem Werk berichtet Konrad, daß ein Herzog Heinrich auf Bitten seiner edlen Gemahlin, der Tochter eines mächtigen Königs, das in Frankreich geschriebene Buch beschafft habe, um es ins Deutsche übertragen zu lassen. Er habe es zunächst ins Lateinische übersetzt und es später ins Deutsche übertragen, ohne etwas hinzuzufügen oder fortzulassen. Wegen der teilweise noch recht altertümlich anmutenden Sprache hat man in der Forschung wiederholt die Ansicht vertreten, daß das Rolandslied im zweiten Viertel des 12. Jahrhunderts abgefaßt sei. Der im Epilog genannte Herzog Heinrich könne deshalb nur Heinrich der Stolze oder Heinrich Jasomirgott sein, die beide mit Gertrud, der Tochter Kaiser Lothars III., vermählt waren.

Demgegenüber hat sich die Annahme, daß es sich bei diesem Herzog Heinrich nur um Heinrich den Löwen handeln könne, dessen Gemahlin die Tochter Heinrichs II. von England war, immer mehr durchgesetzt. Auch das Lob, daß der Herzog das Christentum ausgebreitet und die Heiden bekehrt habe, paßt nur auf Heinrich den Löwen. Und wenn einmal die Reliquien des heiligen Blasius erwähnt werden, während in der französischen Rolandsdichtung an dieser Stelle der heilige Basilius genannt wird, so spricht auch dies dafür, daß der Dichter zur Umgebung Heinrichs des Löwen gehört und sich zeitweilig vielleicht an dessen Hof in Braunschweig aufgehalten hat. Da Heinrichs Zug ins Heilige Land nicht erwähnt wird, hat man in der neueren Forschung im allgemeinen die ersten Jahre nach der Heirat des Herzogs mit Mathilde, also die Zeit von 1168–1172, als Entstehungszeit des Werkes angenommen. Die in jüngster Zeit vertretene Ansicht, das Herzogspaar habe die französische Fassung erst aus dem Exil nach Sachsen mitgebracht und Konrad habe seine Dichtung erst nach dem Tod der Mathilde in den letzten Lebensjahren des Herzogs, etwa 1193–1195, in Braunschweig selbst vollendet, hat weniger Wahrscheinlichkeit für sich. Wenn Mathilde bereits verstorben gewesen wäre, hätte dies der Dichter im Epilog zweifellos gesagt.

Die Dichtungen des Mittelalters, in deren Mittelpunkt die Gestalt Rolands steht, knüpfen an den Spanienfeldzug Karls des Großen im Jahre 778 an. Als der König wegen eines neuen Aufstandes der Sachsen vorzeitig den Rückzug antreten mußte, wurde die Nachhut seines Heeres in den Pyrenäen im Tal von Roncesvalles von den Basken überfallen. Dabei fand außer anderen fränkischen Großen auch Roland (Hruodland), der Befehlshaber der bretonischen Mark, den Tod.

Dieses Geschehen, das im Laufe der Jahre sagenhaft ausgeschmückt wurde, erhielt um 1100 in einer französischen Chanson de Roland seine älteste literarische Gestaltung. An dieses älteste, nicht mehr erhaltene Rolandslied schließen sich jüngere Bearbeitungen und Übersetzungen an. Dem deutschen Rolandslied, der ältesten Behandlung dieses Themas in der deutschen Literatur, lag wohl eine um die Mitte des 12. Jahrhunderts entstandene nicht mehr erhaltene französische Fassung zugrunde. Ob sie mit der in einer Oxforder Handschrift überlieferten Form der Dichtung weitgehend identisch war, bleibt fraglich.

Auch wenn er im wesentlichen seiner französischen Vorlage folgte, nahm Konrad in der Grundhaltung doch eine wichtige Veränderung vor. In der französischen Rolandsdichtung sind der nationale Gedanke und die Heimatliebe die bestimmenden Motive des Helden. Roland ist der kühne und unerschrockene Streiter für die Größe und Erweiterung des Frankenreiches. Demgegenüber ist das deutsche Rolandslied ganz von der Idee des heiligen Krieges gegen die Ungläubigen bestimmt, die auf die Zeit Karls des Großen übertragen wird. An die Stelle der politischen Problematik der französischen Vorlage tritt die religiöse. Der Dichter zeichnet das Ideal eines christlichen Ritters. Nicht irdische Ruhmsucht und der Wille zur Selbsterhaltung, sondern die fromme Bereitschaft zu Martyrium und Tod sind für Rolands Handeln maßgebend. So ist das Rolandslied des Pfaffen Konrad nicht nur die erste Behandlung dieses Stoffes in der deutschen Dichtung, sondern zugleich auch ein wichtiges Glied bei der Weiterentwicklung dieses Themas in der abendländischen Literatur. Daß Heinrich der Löwe an einer Dichtung, in der Karl der Große, sein Ahnherr, als Vorkämpfer der Christenheit gefeiert wurde, besonderes Interesse hatte, liegt auf der Hand.

Wie die Rolandssage hat auch ein anderes in der abendländischen Literatur immer wiederkehrendes Thema, die Erzählung von Tristan und Isolde, seine erste dichterische Gestaltung in deutscher Sprache aller Wahrscheinlichkeit nach im Umkreis Heinrichs des Löwen gefunden. Allerdings ergibt sich auch bei diesem Werk, dem „Tristant" des Eilhart von Oberg, eine Reihe von Fragen, die sich nicht mit Sicherheit beantworten lassen.

Angehörige des Geschlechts von Oberg, das seinen Namen nach einem Dorf bei Peine führt, gehören am Ende des 12. und zu Beginn des 13. Jahrhunderts zur welfischen Ministerialität, standen aber bei der damals häufigen Doppelvasallität auch im Dienst der Bischöfe von Hildesheim. In unmittelbarer Umgebung Heinrichs des Löwen begegnet uns zwar nur im Jahre 1190 ein Geistlicher Johannes von Oberg. Bereits ein Jahr früher tritt aber ein Eilhart von Oberg zusammen mit seinem Vater Johannes und anderen Angehörigen seines Geschlechts als Zeuge in einer Urkunde des Bischofs Adelog von Hildesheim auf, mit der dieser während der Abwesenheit des damals in England weilenden Herzogs der von Heinrich auf eigenem Grund und Boden in Oberg gegründeten Kapelle

Pfarrechte verleiht. In den Jahren von 1196 bis 1207 bezeugt dieser Eil-
hart eine Reihe von Urkunden des Pfalzgrafen Heinrich und des späteren
Kaisers Otto IV. Er wird schließlich noch in dem nach 1209 entstandenen
Güterverzeichnis des Grafen Siegfried II. von Blankenburg erwähnt. In
ihm werden wir trotz mancher gelegentlich geäußerter Bedenken jenen
Eilhart von Oberg zu sehen haben, der am Schluß des Tristant als dessen
Dichter genannt wird.

Strittig ist immer noch die Datierung des Werkes. Das liegt auch darin
begründet, daß wir von der ursprünglichen Fassung nur rund 1000 Verse,
etwa ein Zehntel des Epos, in drei bald nach 1200 entstandenen Hand-
schriftenfragmenten besitzen. Vollständig ist der Tristant nur in einer
Bearbeitung des 13. Jahrhunderts erhalten, die durch drei Handschriften
des 15. Jahrhunderts überliefert ist. Übereinstimmungen, die sich in einzelnen Partien mit der Eneide des Heinrichs von Veldeke, dem Haupt-
werk der frühhöfischen Epik ergeben, lassen sich nur dadurch erklären,
daß der Dichter des einen Werkes das andere gekannt haben muß. Heinrich von Veldeke hatte sein Epos schon zu einem großen Teil verfaßt, als
es ihm im Jahre 1174 entwendet wurde. Erst etwa ein Jahrzehnt später
kam er wieder in dessen Besitz und konnte es jetzt vollenden. Wenn er
Eilharts Dichtung benutzt hat, müßte diese zu Beginn der 70er Jahre
entstanden sein. Ist umgekehrt die Eneide die ältere Dichtung, so ließe
sich der Tristant erst in die späten 80er Jahre datieren. Die gegenüber der
Eneide noch stark altertümliche Sprache und die vielfach noch unbehol-
fene Vers- und Reimtechnik im Tristant deuten mehr auf eine frühe als
auf eine späte Datierung hin. Der Tristant wäre dann ein Jugendwerk
Eilharts, der uns sonst als Dichter nicht mehr begegnet. Auffällig bleibt
dann allerdings die Tatsache, daß Eilhart urkundlich erst seit dem Ende
der 80er Jahre belegt ist. Eine sichere Entscheidung über die Entstehungszeit des Tristant läßt sich also nicht treffen.

Die aus dem keltischen Sagen- und Mythenkreis stammende und im
Laufe der Zeit weiter ausgestaltete Erzählung von der durch einen ver-
hängnisvollen Trank heraufbeschworenen Liebe zwischen Tristant und
Isalde – so hier die Namensformen –, der Gattin des Königs Marke,
erhielt um die Mitte des 12. Jahrhunderts in Frankreich in Form eines
großen Epos eine neue künstlerische Gestalt. Dieses Werk eines unbekannten Dichters ist nicht mehr erhalten; es hat für mehrere in der Folgezeit entstandene Tristandichtungen, so auch für Eilharts Epos, als Vorlage gedient. Die Kenntnis dieser französischen Dichtung hat vermutlich
die Herzogin Mathilde oder ihre Umgebung dem welfischen Ministeria-

len vermittelt. Auch wenn dies im Unterschied zum Rolandslied nicht bezeugt ist, werden wir auch beim Tristant das sächsische Herzogspaar als Auftraggeber ansehen dürfen. Dies könnte dafür sprechen, daß das Werk in den 70er Jahren entstanden ist, in denen sich das Mäzenatentum des Welfenhofes besonders stark entfaltet hat.

Aber auch wenn Eilhart erst um 1190 gedichtet hat, so ist er auf jeden Fall der erste uns namentlich bekannte Dichter aus dem niedersächsischen Herrschaftsbereich der Welfen. Die gelegentlich geäußerte Ansicht, daß er sein Werk am Mittel- oder Niederrhein, also in dem Gebiet, in dem Veldeke lebte, oder in Thüringen geschaffen hat, hat demgegenüber wenig Wahrscheinlichkeit für sich. Die Sprache des Tristant ist zu sehr frei von mundartlichen Eigenarten, als daß sie sich einer bestimmten Landschaft zuordnen ließe.

Über das Verhältnis des Dichters zu seiner Vorlage können wir bei deren Verlust nichts sagen. Im Unterschied zu späteren Tristandichtungen, etwa dem bekannten Epos Gottfrieds von Straßburg, fehlt dem Dichter noch ein tieferes Verständnis für den Minnekult. Der Liebestrank ist für ihn noch ein unseliges Verhängnis, da er dem Helden die Kraft zum selbständigen Handeln nimmt. Nicht die Liebe, sondern die Taten Tristants stehen bei ihm im Vordergrund des Geschehens. So trägt das Werk noch starke Züge der Spielmannsdichtung. Das erklärt auch, daß es die Grundlage für das im späteren Mittelalter entstandene Volksbuch von Tristan und Isolde wurde.

Müssen beim Tristant nach Lage der Quellen wichtige Fragen offen bleiben, so sind wir über die Entstehung eines Werkes, das das starke Interesse des Herzogs an der gelehrten Bildung seiner Zeit deutlich erkennen läßt, gut unterrichtet. Es ist der „Lucidarius", ein von Anfang an vornehmlich für Laien bestimmtes Kompendium des allgemeinen, insbesondere des theologischen Wissens der Zeit. Das Werk ist in zwei Fassungen überliefert, von denen die kürzere zweifellos die ältere ist. Nach der Reimvorrede, die ihr vorausgeschickt ist, gab der Herzog seinen Kaplänen in der Stadt Braunschweig den Auftrag, das Buch abzufassen, und erteilte ihnen dafür auch nähere Anweisungen. Unter Benutzung lateinischer Vorbilder sollte ein entsprechendes Werk in deutscher Sprache entstehen, wobei Heinrich ausdrücklich wünschte, daß es in Prosa abgefaßt würde. Der „Meister", wie ihn die Vorrede nennt – modern gesprochen der Hauptredaktor des Buches – wollte lieber die Versform wählen; doch bestand der Herzog auf seinem Verlangen, da die Prosa die Wahrheit am besten zum Ausdruck bringe.

Er nannte auch einen Titel. Das Buch sollte „Aurea gemma" heißen und schon durch diese Bezeichnung den hohen allegorischen Wert, der ihm zukam, deutlich machen. Die Kapläne entschieden sich aber für den auch sonst bei derartigen Kompendien vorkommenden Begriff „Lucidarius", da das Werk ein Erleuchter oder „Lichtbringer" sein sollte. Seine Entstehungszeit ist nicht bekannt. Man wird die Abfassung des Lucidarius in seiner ältesten Gestalt in die letzten Lebensjahre Heinrichs des Löwen setzen dürfen, in denen die starke Anteilnahme des Herzogs am geistigen Leben seiner Zeit ausdrücklich bezeugt wird. Die Entscheidung, die er über die Form des Buches traf, und die Begründung, die er für sie gab, weisen in die Zukunft. Durch seinen Auftrag, den Lucidarius in Prosa abzufassen, hat Heinrich der Löwe einen nicht geringen Anteil an dem Entstehen einer deutschen Kunstprosa im Mittelalter gehabt.

Das Werk bringt eine umfassende Weltkunde. Das erste Buch geht vom Universum aus. Es handelt vom Himmel und der Erde, vom Paradies und der Hölle. Es gibt eine kurze Beschreibung der drei damals bekannten Erdteile; es erläutert das Wesen der Elemente, die Gestirne, das Wetter und andere Naturereignisse und erklärt schließlich die Entstehung des menschlichen Lebens. Daran schließt sich im zweiten Buch eine Unterweisung in der christlichen Heilslehre an, bei der neben den Fragen des Glaubens auch die Normen und Gebräuche des täglichen kirchlichen Lebens erörtert werden. Das dritte, vielleicht erst später entstandene Buch behandelt in einer eschatologischen Betrachtung die letzten Dinge, vor allem das jüngste Gericht und das ewige Leben der von Gott Erlösten.

Als Hauptquelle haben die Braunschweiger Kapläne das „Elucidarium" des Honorius Augustodunensis benutzt, jenes uns heute noch vielfach rätselhaft bleibenden Theologen aus der ersten Hälfte des 12. Jahrhunderts, der zeitweilig wohl auch in Regensburg gelebt hat. Als enzyklopädische Zusammenfassung des damaligen Wissens fand es schon im 12. Jahrhundert starke Verbreitung. Von diesem Elucidarium übernahmen die Verfasser des Lucidarius auch den Aufbau des Werkes in Form eines Dialogs. Ein Schüler („Junger") fragt den „Meister" und erhält von ihm die Antwort über die Dinge, die er wissen will.

Neben dem Elucidarium haben die Kapläne auch andere Schriften des Honorius, so sein „Imago mundi" und seine „Gemma animae", herangezogen. Diese genaue Kenntnis der Werke des Honorius erklärt sich auch daraus, daß sich während der Regierung Heinrichs des Löwen zweifellos sehr enge Beziehungen zwischen der Braunschweiger und der Regensburger Geistlichkeit ergeben hatten. Daneben sind auch die Schriften anderer Theologen, so für das zweite Buch ein Traktat des Rupert von Deutz über den Gottesdienst, benutzt worden. Insgesamt läßt der Lucidarius den hohen theologischen Bildungsstand der herzoglichen Kapläne und damit auch der Braunschweiger Geistlichkeit erkennen.

Dem Willen des Herzogs folgend, haben die Verfasser des Lucidarius den didaktischen Zweck, den ihr Werk haben sollte, berücksichtigt. Das Wissen, das bisher nur den Geistlichen vorbehalten war, sollte auch dem Laien zugänglich gemacht werden. Deshalb haben die Kapläne auf die Erörterung schwieriger Glaubensfragen verzichtet und sich bei der Auswahl des Stoffes auf die Gegenstände beschränkt, die für den Unterricht von Laien wichtig waren. Als erste in deutscher Sprache verfaßte Weltkunde fand das Werk eine weite Verbreitung. Mehr als fünfzig Handschriften sind von ihm bekannt. So erklärt es sich auch, daß der Lucidarius im 15. Jahrhundert von den Druckern der Volksbücher übernommen und mit gewissen Änderungen auch in der Neuzeit immer wieder gedruckt wurde. Dadurch hat er in der deutschen Bildungsgeschichte eine Nachwirkung gehabt, die Heinrich der Löwe nicht voraussehen konnte, als er den Auftrag zur Abfassung des Buches erteilte.

Andere literarische Denkmäler, die in der Umgebung des Herzogs entstanden sein könnten, sind nicht bekannt. Die damals in Südfrankreich aufkommende Minnelyrik hat an seinem Hof noch keine Pflege gefunden. So besitzen wir nur zwei, allerdings recht wichtige Dichtungen, die mit Heinrich in Verbindung stehen. Deshalb kann man auch nicht, wie dies gelegentlich geschehen ist, von einer spezifisch welfischen Dichtung sprechen, die sich von der bald stärker hervortretenden staufischen Literatur durch ihren angeblich mehr „archaischen" Charakter wesentlich unterschieden hätte.

## Zwölftes Kapitel

# Erscheinung und Charakterbild.
## Die Gestalt im Wandel des Geschichtsbildes

Heinrich der Löwe gehört zweifellos zu den populärsten, aber auch zu den umstrittensten Herrschergestalten des deutschen Mittelalters. Feierte man ihn auf der einen Seite immer wieder in überschwenglicher Weise als den Vorkämpfer einer nationalen Politik und einen der wichtigsten Wegbereiter der mittelalterlichen deutschen Ostsiedlung, so hat man ihn andererseits auf das schärfste verdammt, weil er Friedrich Barbarossa in einer äußerst kritischen Situation im Stich gelassen und dadurch einen schweren Rückschlag in der Reichs- und Italienpolitik des Kaisers verschuldet habe. Dabei ist die Geschichtsschreibung – gerade im 19. und 20. Jahrhundert – oft nicht der Gefahr entgangen, moderne Vorstellungen auf das 12. Jahrhundert zu übertragen, und hat zuwenig berücksichtigt, daß das hohe Mittelalter wie jede Zeit seine Wertmaßstäbe in sich selbst trägt und nur aus ihnen heraus zu verstehen ist.

Schon frühzeitig hat sich aber auch die Sage der Person des Herzogs bemächtigt und einzelne Ereignisse in seinem Leben in phantasievoller Weise ausgeschmückt. Diese im Braunschweiger Raum um 1200 entstandene Sage von Heinrich dem Löwen fand im Laufe der Jahrhunderte über Niedersachsen hinaus nicht nur in Deutschland, sondern auch in anderen Ländern eine weite Verbreitung, wobei sich ihre ursprüngliche Form ständig wandelte. Auch für die Dichtung wurden das Leben und die Taten des Löwen immer wieder ein beliebtes Motiv. Dabei hat man in dichterischer Freiheit und oft in Anlehnung an die Sage das wirkliche Geschehen abgewandelt. Sage und Dichtung haben aber entscheidend dazu beigetragen, daß die Person des großen Welfen im Geschichtsbewußtsein der späteren Zeiten stets lebendig blieb, wobei im populären Geschichtsbild Wahrheit und Dichtung immer mehr miteinander verschmolzen.

Versuchen wir deshalb in einer abschließenden Würdigung des Herzogs, uns zunächst ein Bild von seiner Persönlichkeit zu machen, soweit dies die Zeugnisse seiner Zeit gestatten. Heinrichs äußere Erscheinung ist dabei verhältnismäßig gut erkennbar. Allerdings kann dafür das Skelett, das man im Jahre 1935 bei den Ausgrabungen im Braunschweiger Dom in der Gruft unter dem Grabmal des Herzogspaares fand, keine Anhaltspunkte geben, da es sich bei ihm, wie wir bereits betonten, aller Wahrscheinlichkeit nach nicht um die Gebeine des Herzogs handelt.

Das Grabmal selbst, das wohl in der Zeit von 1230 bis 1240 entstanden ist, gehört zu den schönsten und eindrucksvollsten Werken der niedersächsischen Bildhauerkunst des 13. Jahrhunderts. Der Künstler, der es schuf, hat den Herzog und die vor diesem verstorbene Herzogin nicht mehr gesehen. Er wollte mit den beiden Gestalten Idealfiguren eines Fürstenpaares nach den Anschauungen seiner Zeit darstellen. Heinrich ist auf dem Grabmal ein Mann in jüngeren Jahren. Er ist bartlos, sein Haar ist gelockt. In seiner rechten Hand hält er als Stifter des Domes ein Modell der Kirche, in seiner linken trägt er ein Schwert, das ihn als Schützer des Rechtes ausweisen soll. Sonst fehlen aber alle Symbole, die seinen fürstlichen Rang zum Ausdruck bringen könnten. Zu seiner linken Seite ruht Mathilde. Ihr Haupt ist von einem breiten Band mit Zierscheiben umgeben; dabei handelt es sich aber nicht um einen Kronreif. Die Herzogin, deren Frömmigkeit wiederholt gerühmt wird, hebt die Hände zum Gebet empor. Auffällig ist, daß ihre Gestalt etwa einen Kopf kleiner als die des Herzogs ist.

Ganz anders ist der Eindruck der Bilder des Paares, die noch zu dessen Lebzeiten entstanden sind. Es sind dies die drei Miniaturen in den beiden im Auftrage des Herzogs in Helmarshausen hergestellten liturgischen Handschriften. Wir haben diese Bilder bereits in anderem Zusammenhang in ihrem künstlerischen und symbolischen Wert gedeutet. Hier stellt sich uns die Frage, ob sie etwas über die Statur und das Aussehen des Herzogs und der Herzogin aussagen können. Dabei sind die beiden Miniaturen in dem sogenannten Gmundener Evangeliar, die Heinrich und Mathilde als ganze Gestalten zeigen, aufschlußreicher als das Bild im Londoner Psalter, das beide nur als Halbfiguren zu Füßen des Gekreuzigten darstellt. Die Mönche in Helmarshausen, die diese Miniaturen geschaffen haben, haben den Herzog und die Herzogin zweifellos persönlich gekannt. Sie wollten aber, wie es im frühen und hohen Mittelalter üblich ist, kein naturgetreues Porträt der Personen geben, sondern mehr den Typus eines Fürsten ihrer Zeit darstellen, wobei aber gewisse individuelle Züge nicht zu verkennen sind.

Heinrich trägt auf allen drei Bildern ebenso wie die übrigen Fürsten auf dem Krönungsbild der Sitte der Zeit entsprechend einen Vollbart, dazu

einen kleinen Schnurrbart und fast bis zur Schulter reichendes und in der
Mitte gescheiteltes Haar. Die Farbe der Haupt- und Barthaare und der
Augen ist dunkel. Auffallend ist es, daß Mathilde auf dem Krönungsbild
wesentlich größer als Heinrich ist. Man hat dies damit erklären wollen,
daß der Herzog kniend, die Herzogin aber stehend dargestellt sei. Gewiß
ist nur bei Heinrich die kniende Haltung mit den abgewinkelten Unter-
schenkeln deutlich zu erkennen. Ein genauer Vergleich dieses Krönungsbildes mit dem von dem gleichen Künstler stammenden Dedikationsbild
des Evangeliars spricht aber dafür, daß auch Mathilde auf dem Krönungsbild kniet, wobei diese kniende Haltung durch ihr Gewand verdeckt
wird. Es ist auch wenig wahrscheinlich, daß beide Ehegatten ihre Kronen
aus der Hand Gottes in unterschiedlicher Haltung, der Herzog kniend,
die Herzogin stehend, empfangen. Mathilde dürfte also größer als Heinrich gewesen sein. Auch wenn es sich bei diesen Miniaturen nicht um
Porträts im modernen Sinn handelt, so werden sie dem Aussehen des
Herzogspaares doch ziemlich nahekommen.

Diese Vermutung wird durch eine Beschreibung des Welfen bestätigt.
Sie stammt von dem kaiserlichen Hofrichter Acerbus Morena aus Lodi,
der in das von seinem Vater Otto begonnene und von ihm fortgeführte
Geschichtswerk über die Taten Friedrichs I. in der Lombardei zum Jahre
1163 kurze Schilderungen des Kaisers und einiger Persönlichkeiten aus
dessen Umgebung einschob, die er zweifellos während Friedrichs zweiten Italienzugs selbst kennengelernt hat. Danach war Heinrich der Löwe,
der damals etwas über dreißig Jahre alt war und auf der Höhe seines
Lebens stand, von mittlerer Größe, von einem ebenmäßigen Gliederbau
und von starker Körperkraft. Er hatte – so fährt Acerbus fort – ein breites
Gesicht, große schwarze Augen und fast schwarzes Haar. Heinrich, so
sagt Acerbus weiter, war hochherzig, reich an Gütern und Macht; er
stammte aus einem sehr edlen Geschlecht und war der Enkel Kaiser
Lothars. Wenn Acerbus als Italiener den Herzog mittelgroß nennt, so
spricht dies dafür, daß er von verhältnismäßig kleiner Statur war. Auch
sonst läßt seine Schilderung erkennen, daß der Anteil italienischen Blutes,
den der Welfe als später Nachfahre der Estes besaß, bei ihm stärker zum
Durchbruch gekommen ist als bei seinem Vetter Friedrich, der über seine
Mutter Judith die gleichen italienischen Vorfahren hatte.

Fragen wir nach dem Charakterbild des Löwen, so sind wir dabei ganz
auf die Urteile der Zeitgenossen über ihn und auf sein Handeln angewiesen. Persönliche Äußerungen, die uns einen Einblick in seine Geisteshal-
tung gewähren könnten, besitzen wir von ihm nicht. Als Rahewin, der

die Gesta Friderici des Otto von Freising nach dessen Tod fortführte, die militärische Hilfe erwähnt, die Heinrich und Welf VI. dem Kaiser im Jahre 1159 in Oberitalien leisteten, gibt er eine Charakteristik ihrer beiden Persönlichkeiten. Wenn er sich dabei eng an Formulierungen des römischen Historikers Sallust anschließt und dessen Gegenüberstellung des älteren Cato und Cäsars fast wörtlich auf Heinrich den Löwen und seinen Onkel Welf überträgt, so wendet er eine im Mittelalter übliche Erzähltechnik an, die eigene Darstellung durch Übernahme antiker Vorbilder literarisch zu überhöhen.

Einige der Eigenschaften, die er dabei für Heinrich rühmend hervorhebt, werden aber auch sonst für diesen bezeugt. Das sind seine körperliche Tüchtigkeit, sein persönlicher Mut, die Freude am Waffenhandwerk und sein scharfer Verstand. Heinrichs Unerschrockenheit zeigt sich immer wieder auf seinen Feldzügen in Deutschland, in Italien und im Slawenland. Bezeichnend dafür ist sein ganz persönlicher Einsatz bei der Niederwerfung des Aufstandes der Römer am Tag der Kaiserkrönung Barbarossas. Dabei erforderten gerade die Feldzüge im Slawenland bei den schwierigen Wege- und Geländeverhältnissen und der Regelung des Nachschubs ein besonderes strategisches Geschick, das auch in dem Zusammenwirken des Herzogs mit König Waldemar deutlich wird.

Diese Kriege wurden auf beiden Seiten mit unerbittlicher Härte geführt. Mit welcher Grausamkeit Heinrich dabei vorgehen konnte, zeigt die vollständige Zerstörung der Stadt Bardowick, zu der er sich in seinem Jähzorn hinreißen ließ. Eine solche rücksichtslose Kriegführung war aber damals keine Seltenheit. Auch die Kämpfe Friedrichs I. mit den oberitalienischen Städten, die in der totalen Zerstörung Mailands gipfelten, waren in vieler Hinsicht an Unmenschlichkeit und Härte nicht zu übertreffen.

Besonders stark ausgeprägt war aber das Machtbewußtsein des Herzogs. Man könnte bei ihm geradezu von einer Machtbesessenheit sprechen. Bei dem Ausbau seines Herrschaftsbereichs ist er mit größter Rücksichtslosigkeit vorgegangen. Während er auf der einen Seite stets auf seine eigenen wirklichen und vermeintlichen Rechte pochte, setzte er sich andererseits über die gut begründeten Ansprüche seiner Rivalen ohne jeden Skrupel hinweg. Durch Gewaltmaßnahmen schuf er immer wieder vollendete Tatsachen, die seine Gegner schließlich anerkennen mußten. Charakteristisch dafür ist schon das Vorgehen des jungen Herzogs bei seinem Zugriff auf die Stader Erbschaft. Aber auch später ist er bei der Neugründung der Stadt Lübeck oder bei der Gründung Münchens in ähnlicher Weise vorgegangen.

In seiner Politik spielt aber auch das Geld eine wichtige Rolle. Neben den Normannenherrschern und den englischen Königen gehörte Heinrich damals zu den reichsten Fürsten des Abendlandes. An Reichtum übertraf er vermutlich Friedrich Barbarossa. Die großen Geldmittel, über die er verfügte, hat er dazu benutzt, seine Ziele durchzusetzen. Auf der anderen Seite war er bestrebt, diesen Reichtum noch dadurch zu vermehren, daß er seine politische und militärische Hilfe von finanziellen Gegenleistungen abhängig machte. Wir erwähnten bereits das Wort Helmolds von Bosau, daß bei Heinrichs Feldzügen im Slawenland niemals vom Christentum, sondern immer nur vom Geld die Rede gewesen sei. Diese harte Kritik wird durch die ebenfalls bei Helmold überlieferte Klage des Obodritenfürsten Pribislaw über die Ausbeutung seiner Landsleute in Wagrien bestätigt. Und wenn der dänische Historiker Saxo bemerkt, daß Heinrichs Freundschaft eher käuflich als nützlich sei, und wenn er ihm Habgier und Geiz vorwirft, so liegt in diesen Behauptungen ein wahrer Kern, auch wenn man berücksichtigt, daß Saxos ganz allgemein negatives Urteil über den Herzog von der stark antideutschen Tendenz seines Werkes bestimmt ist.

Am besten konnten wir diese finanziellen Aspekte in der Politik des Herzogs dank der guten Quellenlage in Nordelbingen und in seinen Verhandlungen mit Waldemar I. von Dänemark verfolgen. Das gleiche gilt aber zweifellos auch für sein Vorgehen im übrigen Sachsen und in Bayern. Auch in dem zähen Ringen um die Goslarer Vogtei mit ihren reichen Silberschätzen im Rammelsberg tritt das Streben nach neuem Reichtum deutlich zutage. Trotz der großen ihm zur Verfügung stehenden Mittel fehlte dem Löwen aber die freigebige Art, mit der sich sein Onkel Welf VI. Freunde zu machen verstand.

Die für lange Zeit trotz mancher Rückschläge so erfolgreiche Machtpolitik und sein wachsender Reichtum haben das ohnehin starke Selbstbewußtsein des Herzogs immer mehr gesteigert und schließlich zu einem ausgesprochenen Hochmut geführt, wobei Heinrich seine eigene Stellung weit überschätzte. Seine Herrschaft lastete schwer auf seinen Landen. Nicht nur die von ihm unterworfenen Slawen, sondern auch sein eigener Lehnsadel und seine Ministerialität fühlten sich in zunehmendem Maße bedrückt. So erwuchs eine stetig wachsende Opposition, die sich beim Sturz des Herzogs mit aller Schärfe entlud.

Zudem besaß Heinrich nicht das diplomatische Geschick seines Vetters Friedrich, mit dem der Kaiser immer wieder schwierige Situationen zu meistern verstand. Mit dem ihm eigenen Starrsinn hat der Löwe an seinen

Zielen festgehalten, ohne dabei zu erkennen, daß sich seit dem Beginn der 70er Jahre die politischen Verhältnisse zu wandeln begannen. Wenn man in ihm gelegentlich einen kühl rechnenden Realpolitiker gesehen hat, so hat er sich gerade in den entscheidenden Jahren seiner Regierung nicht als ein solcher erwiesen.

Das Machtstreben des Herzogs ging oft auf Kosten der Kirche und führte zu heftigen Auseinandersetzungen mit geistlichen Fürsten. Man darf aber daraus nicht, wie dies gelegentlich geschehen ist, Rückschlüsse auf Heinrichs persönliche religiöse Haltung ziehen. Er war erfüllt von einer starken und noch ganz unreflektierten Religiosität. Bei allem Interesse für das geistige Leben der Zeit stand er aber den neuen religiösen Bewegungen dieser Epoche fern. Der Gedanke, daß Gott ihn über viele andere Menschen erhoben habe und daß er sich dieser Gnade durch gute Werke erweisen müsse, kehrt in der allerdings sehr stark formelhaften Sprache seiner Urkunden immer wieder. Auch für seine Pilgerfahrten nach Jerusalem und Santiago de Compostela spielt das religiöse Moment eine starke Rolle, so sehr der Zug nach dem Orient auch repräsentativen Charakter hatte. Diese religiöse Einstellung des Herzogs hat sich in seinen letzten Lebensjahren, insbesondere nach dem Tod seiner Gemahlin Mathilde, noch vertieft und in den zahlreichen Stiftungen jener Jahre ihren sichtbaren Ausdruck gefunden.

Es liegt auf der Hand, daß ein solcher Mann und sein wechselvolles Schicksal schon die Zeitgenossen sehr stark beschäftigt haben. Das gute Einvernehmen zwischen Staufern und Welfen, das seit dem Regierungsantritt Friedrichs I. für mehr als zwei Jahrzehnte bestand, spiegelt sich auch in den in dieser Zeit entstandenen Geschichtswerken wider. In der Beurteilung des Löwen sind sich die den Welfen nahestehenden Chronisten und die staufische Hofhistoriographie ganz einig. Für Helmold von Bosau ist Heinrich trotz mancher Kritik, die er an ihm übt, der mächtige und erfolgreiche Streiter im Kampf gegen die heidnischen Slawen. Er hebt aber auch die wichtige Rolle hervor, die er in der Reichs- und Italienpolitik des Kaisers gespielt hat. Auf der anderen Seite betont Rahewin – um nur eine Stimme aus dem staufischen Lager zu nennen –, wie wertvoll Heinrichs Hilfe für Barbarossas Vorgehen im Reich und in Italien war.

Der Bruch zwischen Kaiser und Herzog bei ihrer Zusammenkunft in Chiavenna, der Prozeß gegen den Löwen und sein Sturz lassen in der Geschichtsschreibung des ausgehenden 12. und des beginnenden 13. Jahrhunderts die gegensätzlichen Standpunkte der staufischen und

welfischen Parteigänger deutlich hervortreten. Der Konflikt zwischen
Friedrich I. und Heinrich dem Löwen wird jetzt für lange Zeit das
Hauptthema aller Werke, die die Geschichte dieser Jahrzehnte behandeln. Arnold von Lübeck, ein unbedingter Anhänger der Welfen, ist
bemüht, Heinrichs Handlungsweise, obwohl er sie als rechtswidrig ansieht, zu erklären und zu rechtfertigen. Demgegenüber wurde für Gottfried von Viterbo, den Kaplan Friedrichs I. und Heinrichs VI., aus dem
Herzog, der zunächst ein „Edelstein des Vaterlandes" gewesen war, ein
Verräter an der Sache des Reiches, als er sich, wie Gottfried glaubt, durch
„Geschenke der Griechen" zum Abfall vom Kaiser verleiten ließ. Nicht
minder hart ist das Urteil, das am Ende des 12. Jahrhunderts Giselbert
von Mons in seiner Chronik des Hennegaus über den Welfen fällt. Er
schildert seine Unnachgiebigkeit gegenüber dem Hilfegesuch des Kaisers
in besonders krasser Form und nennt ihn geradezu „den hochfahrendsten
und rücksichtslosesten fast aller Menschen".

Von den Geschichtswerken dieser Zeit, die außerhalb des Reiches entstanden sind, haben sich fast nur die Quellen im anglonormannischen
Reich und in Dänemark mit dem Löwen beschäftigt. Dabei ist auffällig,
daß die englischen Chronisten des ausgehenden 12. und frühen 13. Jahrhunderts trotz der engen verwandtschaftlichen und politischen Beziehungen zwischen den Welfen und dem englischen Königshaus im Konflikt
zwischen Friedrich I. und Heinrich mehr auf seiten des Kaisers stehen.
Das negative Bild, das Saxo Grammaticus vom Charakter des Welfen
gibt, ist ganz von dem dänischen Nationalstolz seiner Gesta Danorum
bestimmt. Er geißelt nicht nur seine Habgier, sondern vor allem auch
seine Politik, die er als hinterhältig bezeichnet.

Wenn im Laufe des 13. Jahrhunderts in das Bild, das man sich vom
Herzog macht, immer mehr anekdotenhafte und legendäre Züge eindringen, so ist dies vor allem dadurch bedingt, daß seine Gestalt jetzt ein
Objekt der Sage wird. Sie knüpft an das Löwenstandbild in Braunschweig
und Heinrichs Pilgerfahrt ins Heilige Land an. Wohl schon um 1200
entstand in Braunschweig die Erzählung, daß Heinrich aus dem Morgenland einen Löwen mitgebracht habe, dem er in dessen Kampf mit einem
Drachen zu Hilfe gekommen sei. Dieser habe ihm dafür über den Tod
hinaus seine Anhänglichkeit bewahrt, bis er im Braunschweiger Dom, an
dessen Tür noch die Spuren der Krallen des Löwen zu sehen seien, am
Grab des Herzogs gestorben sei. Diese lokale Sage übernahm später Motive der im Abendland weit verbreiteten Heimkehrersage. Nach ihr wird
ein Held durch widrige Umstände in der Fremde festgehalten, so daß die

für seine Heimkehr vorgesehene Frist verstreicht und seine Frau sich schon entschließt, eine neue Ehe einzugehen. Erst im letzten Augenblick kehrt der verschollene und totgesagte Held zu seiner Frau zurück. Die so ausgeschmückte Sage von Heinrich dem Löwen wird dann schließlich zu einem Liebes- und Abenteuerroman weiterentwickelt.

Diese Sage fand über Niedersachsen und Deutschland hinaus weite Verbreitung. Schon sehr bald kam sie nach Skandinavien. Die um 1230 auf der Kirchentür in Valthjofstad auf Island entstandenen Schnitzereien mit der Darstellung eines Drachenkampfes und dem Bild eines Löwen auf einem Grab lassen die Heinrichsage in ihrer ursprünglichen vorliterarischen Form erkennen.

In dem um 1300 von einem alemannischen Dichter verfaßten Epos „Reinfried von Braunschweig" fand die Sage ihre älteste literarische Fassung. Heinrich, der hier Reinfried heißt, ist ein Fürst, der ins Heilige Land zieht, dort merkwürdige Abenteuer besteht, an einem Berg Schiffbruch erleidet, dann aber von einem Fabelwesen gerettet wird und nach einer Reihe anderer Erlebnisse nach Hause kommt, als sich seine Gattin wieder vermählen will. Der Löwe, den er aus dem Orient mitbringt, ist sein ständiger Begleiter; er stirbt schließlich am Grab seines Herrn. In der Folgezeit finden sich noch andere literarische Gestaltungen dieser Sage; auch mehrere Meistersinger, so später Hans Sachs, benutzen sie als Vorlage für ihre Gedichte. In die Geschichtsschreibung fand sie durch die im Jahre 1492 erschienene „Cronecken der Sassen" des Braunschweigers Konrad Bothe Eingang. Bereits im 14. Jahrhundert begegnet sie uns in der tschechischen Literatur und wurde hier später Gegenstand eines Volksbuches. Durch die Übersetzung dieses Volksbuches ins Russische wurde die Sage im 17. Jahrhundert auch in Rußland bekannt. Dem 15. oder beginnenden 16. Jahrhundert gehört die bildliche Darstellung der Sage in einem Raum des früheren Castorstifts in Karden an der Mosel an.

Das Bestreben der Geschichtsschreibung des Humanismus, zu den echten Quellen vorzudringen, zeigt sich auch bei der Beschäftigung mit Heinrich dem Löwen. In seiner zu Beginn des 16. Jahrhunderts entstandenen „Saxonia" gibt der Hamburger Ratsherr Albert Krantz auf der Grundlage der Berichte der Zeitgenossen auch ein Bild vom Herzog, dem er mit großer Sympathie gegenübersteht.

Im Zeitalter der Reformation und Gegenreformation wurde das Bild, das man von Heinrich gab, stark von den konfessionellen Gegensätzen der Zeit bestimmt. Bezeichnend dafür ist etwa eine kleine Schrift „Papsttreu Hadriani und Alexanders III. gegen Kaiser Friedrichen geübt", die

im Jahre 1545 in Wittenberg erschien und zu der Luther das Vorwort
schrieb. In dieser Schrift, einer freien Übersetzung der entsprechenden
Abschnitte einer lateinischen Papstgeschichte eines englischen Reforma-
tionstheologen, wird Heinrich als ein von Papst Alexander gegen den
Kaiser aufgewiegelter und durch Geld bestochener Verräter hingestellt.
Auf der anderen Seite sehen manche katholischen Historiker des frühen
17. Jahrhunderts in ihm einen treuen Sohn der Kirche, der durch seine
Weigerung, dem Kaiser in Italien Hilfe zu leisten, wesentlich zur Beendigung des Schismas beigetragen habe.

Gegenüber dieser konfessionellen Geschichtsbetrachtung bedeutete die
am Ende des 17. Jahrhunderts einsetzende dynastische Geschichtsschreibung einen großen Fortschritt. In der um 1680 beginnenden Phase des
Aufstiegs des Welfenhauses wird die Historie ein wichtiges Instrument
der Politik. Für das zähe Ringen um die neunte Kurwürde war der Rück-
griff auf die Geschichte der Dynastie ebenso wertvoll wie für die Ansprüche, die die Welfen nach dem Aussterben der Askanier auf das Herzogtum Sachsen-Lauenburg erhoben. Heinrich der Löwe, der mächtige Ahnherr des Geschlechts, sollte der welfischen Politik neue Impulse geben.
Für die Eröffnung eines neuen Opernhauses in Hannover im Jahre 1689
entstand im Auftrag des dortigen Hofes eine in italienischer Sprache
abgefaßte Oper „Enrico il Leone", in der Heinrich unter Benutzung von
Motiven aus der Sage im Stil der Barockoper der Zeit verherrlicht wurde.

Diese damals einsetzende intensive Erforschung der welfischen Geschichte ist aufs engste mit dem Namen von Leibniz verbunden, der im
Jahre 1676 als Leiter der kurz vorher gegründeten herzoglichen Biblio-
thek nach Hannover berufen und später in der Stellung eines Hofhistoriographen mit der Erforschung und Darstellung der Geschichte des Welfenhauses betraut wurde. Dieses Vorhaben, für das Leibniz nicht nur in
den Archiven und Bibliotheken der welfischen Lande, sondern auch auf
einer mehrjährigen Reise in Süddeutschland, Wien und Italien umfangreiches Material sammelte, trat später hinter anderen Plänen des Philoso-
phen zurück und war bei seinem Tod im Jahre 1716 noch nicht vollendet.
Seine Nachfolger im Amt des Bibliothekars und des Hofhistoriographen
haben diese umfassende Sammlung des Quellenmaterials fortgeführt.
Aber erst Christian Ludwig Scheidt, der im Jahre 1748 beide Funktionen
übernahm, konnte das große Werk vollenden. In den Jahren 1750–1753
veröffentlichte er die vier stattlichen Bände der „Origines Guelficae",
deren umfangreicher dritter Band Heinrich dem Löwen und seinen Söhnen gewidmet ist.

Diese Origines Guelficae bildeten wegen der Fülle des urkundlich überlieferten und des anderen Quellenmaterials, das sie enthalten, für lange Zeit die wichtigste Grundlage für die Darstellung der Geschichte des Welfenhauses bis zur Mitte des 13. Jahrhunderts. Sie besitzen auch heute noch für die Geschichte Heinrichs des Löwen einen gewissen Wert, auch wenn ihre kritischen Bemerkungen vielfach überholt sind. Die ersten noch im 18. Jahrhundert entstandenen Biographien des Herzogs tragen mehr den Charakter von Essays und sind in ihren moralphilosophischen Erwägungen stark von der pragmatischen Geschichtsauffassung der Zeit bestimmt. Demgegenüber ist das Buch „Heinrich der Löwe, Herzog der Sachsen und Bayern", das der damalige Leipziger Privatdozent Carl Wilhelm Böttiger im Jahre 1819 veröffentlichte, die erste wissenschaftliche Biographie des Löwen, die diese Bezeichnung verdient.

Mit der Wiederentdeckung des Mittelalters durch die Romantik wandte sich das historische Interesse vor allem der deutschen Kaiserzeit und den großen deutschen Herrschergestalten dieser Jahrhunderte zu. In seiner „Geschichte der Hohenstaufen und ihrer Zeit", mit der Friedrich von Raumer in den Jahren 1823–1825 die erste groß angelegte Darstellung einer Epoche des Hochmittelalters gab, tritt der Herzog sehr stark hinter Kaiser Friedrich zurück, wenn auch Raumer bemüht ist, dem Welfen gerecht zu werden.

Eine neue Wertung Heinrichs des Löwen kündigt sich in der in den 30er Jahren des 19. Jahrhunderts erschienenen „Geschichte des teutschen Volkes" des Historikers Heinrich Luden an, der einer der Wegbereiter der kleindeutschen Geschichtsauffassung des 19. Jahrhunderts wurde. Für ihn ist der Herzog der Vorkämpfer einer nationaldeutschen Politik, da er im Norden und Osten des Reiches dauernde Erfolge erzielte, während der Kaiser, „ durch den Zauber der Leidenschaft in Italien festgehalten", sich um die Rechte der Krone nicht kümmerte.

Diese neue Auffassung, die in Heinrich einen grundsätzlichen Gegner der Italienpolitik Barbarossas sah, gewann eine aktuelle politische Note, als sich seit dem Jahre 1848 bei der Diskussion über den Umfang eines deutschen Nationalstaates die großdeutsche und die kleindeutsche Partei immer schärfer gegenübertraten. Bezeichnend dafür ist schon ein anonymer Aufsatz „Die modernen Ghibellinen", den zu Beginn des Jahres 1849 die „Grenzboten", eines der Sprachrohre der Kleindeutschen, brachten. Er enthält die bis dahin schärfste Verurteilung der mittelalterlichen Kaiserpolitik, der das Handeln Heinrichs des Löwen als vorbildlich gegenübergestellt wird. Die Hilfsverweigerung in Chiavenna sei eine ganz bewußte Absage an eine falsche Italienpolitik gewesen.

Dieser Gegensatz zwischen kleindeutscher und großdeutscher Geschichtsauffassung bei der Beurteilung Heinrichs des Löwen trat sehr deutlich hervor, als ein Jahrzehnt später in der Zeit leidenschaftlicher Diskussion über die Möglichkeiten und die Wege deutscher Politik der wissenschaftliche Streit zwischen Heinrich von Sybel und Julius Ficker über die deutsche Kaiserpolitik des Mittelalters entbrannte. Beide erwähnen in ihren verschiedenen Schriften Heinrich den Löwen zwar nur beiläufig; aber ihre Argumente kehren seitdem in der wissenschaftlichen Erörterung immer wieder. Sybel als Verfechter der kleindeutschen Auffassung sieht in dem Herzog den ersten deutschen Fürsten, der sich offen von der Kaiserpolitik lossagte, der die Nation seit den Tagen Ottos I. nur widerwillig gefolgt sei. Ebenso wie vor ihm schon König Heinrich I. habe der Welfe die Möglichkeiten einer nationalen Politik im Osten erkannt und verwirklicht. Demgegenüber betont Ficker aus seiner großdeutsch-universalistischen Sicht heraus, daß der Welfe nicht aus nationalen, sondern nur aus eigenen Interessen in den 70er Jahren seine Hilfe bei der Italienpolitik Barbarossas verweigert habe. Die allgemeine Zustimmung, die sein Sturz in Deutschland gefunden habe, beweise, daß die Nation auf der Seite des Kaisers gestanden habe.

Diese Kontroverse um die mittelalterliche Kaiserpolitik hat in den 60er Jahren mehr in der Publizistik als in der wissenschaftlichen Forschung eine Resonanz gefunden. Auch die beiden Biographien Heinrichs des Löwen, die Hans Prutz und Martin Philippson in diesem Jahrzehnt veröffentlichten, lassen einen Einfluß der damals so heftig geführten historisch-politischen Diskussion kaum erkennen.

Nach der Reichsgründung des Jahres 1871 hat sich in Deutschland im populären Geschichtsbewußtsein nicht, wie man es vielleicht hätte erwarten können, die kleindeutsche Auffassung der mittelalterlichen Geschichte durchgesetzt. Für die im allgemeinen herrschende positive Beurteilung der Kaiserpolitik wurden aber nicht Fickers universalistische Gedankengänge, sondern eine dritte Bewertung des mittelalterlichen Kaisertums maßgebend, für die sich schon etwas früher der Begriff „Ghibellinismus" eingebürgert hatte. Diese Geschichtsbetrachtung schlug in kühner Weise einen Bogen vom Reich der Staufer zur Monarchie der Hohenzollern. Die Kaiserherrlichkeit des deutschen Mittelalters schien in dem neuen Kaiserreich wiedererstanden zu sein. Die Dichtung und auch die bildende Kunst – es sei nur an das große Denkmal am Kyffhäuser erinnert – brachten diesen Gedanken in der Folgezeit immer wieder zum Ausdruck.

Die oppositionelle Haltung der welfischen Bewegung jener Jahrzehnte brachte es mit sich, daß Heinrich der Löwe vielfach nur als Rebell gegen Kaiser und Reich angesehen wurde. Bekannt ist das harte Verdikt, das Bismarck in seinen „Gedanken und Erinnerungen" über ihn fällt: „Für die welfischen Bestrebungen ist für alle Zeit ihr erster Markstein in der Geschichte, der Abfall Heinrichs des Löwen vor der Schlacht von Legnano, entscheidend, die Desertion vom Kaiser und Reich im Augenblick des schwersten und gefährlichsten Kampfes aus persönlichem und dynastischem Interesse".

Für die Beurteilung Heinrichs des Löwen in der deutschen Geschichtswissenschaft waren für lange Zeit die Ansichten Rankes und seiner Schule maßgebend. Das Bestreben Rankes, das Spannungsverhältnis zwischen universalen und nationalen Tendenzen auch in der Geschichte des deutschen Mittelalters deutlich zu machen, spiegelt sich auch in seinen Äußerungen über Heinrich den Löwen wider. Während er ihn noch in der Einleitung zu seiner „Preußischen Geschichte" als einen Verfechter nationaler Interessen und als einen der ersten bedeutenden Vertreter des Landesfürstentums ansieht, hebt er später in seiner „Weltgeschichte" die Möglichkeiten hervor, die ein Zusammengehen zwischen dem Herzog und dem Kaiser für die universale Stellung des Reiches eröffnet hätten: „Auf ihrer Vereinigung beruhte die Zukunft des deutschen Reiches, der Welt. Mit vereinter Macht konnten sie die Herrschaft der Deutschen über Italien und das Papsttum herstellen, aber sie verstanden sich nicht".

Für Rankes Schüler Wilhelm von Giesebrecht, dessen große „Geschichte der deutschen Kaiserzeit" über die Fachwissenschaft hinaus weite Verbreitung fand, trat im Laufe der Arbeit an seinem Werk der machtpolitische Gesichtspunkt immer mehr in den Vordergrund, gerade auch bei der Darstellung der Zeit Friedrichs I. Der Kaiser mußte den Kampf mit seinem Vetter aufnehmen, wenn er die Macht der Krone sichern wollte. Heinrich besaß für Giesebrecht „wohl das Genie des Staatsmannes"; er befleckte aber „seine großen Eigenschaften durch Habgier, Treulosigkeit und Hochmut" und führte dadurch selbst seinen Sturz herbei.

War für die Bewertung Heinrichs des Löwen bis dahin in erster Linie der Standpunkt der politischen Geschichte bestimmend gewesen, so verschob sich seit dem Ende des 19. Jahrhunderts das Schwergewicht der Fragestellung mehr auf die rechts- und verfassungsgeschichtliche Proble-

matik. Gerade die zahlreichen Untersuchungen zum Prozeß gegen den
Herzog, der Gegenstand einer lebhaften wissenschaftlichen Kontroverse
wurde, haben uns eine vertiefte Einsicht in das Prozeßverfahren des mittelalterlichen deutschen Staates gebracht.

Das Fazit dieser und anderer Forschungen zur Geschichte des Löwen
hat neben anderen deutschen Historikern seit dem Beginn unseres Jahrhunderts immer wieder Karl Hampe gezogen. Neben seinen Darstellungen dieses Zeitalters in der „Deutschen Kaisergeschichte zur Zeit der
Salier und Staufer" und in seinem Werk über das Hochmittelalter ist vor
allem seine ausgewogene Würdigung des Herzogs zu nennen, die er in
seine „Herrschergestalten des deutschen Mittelalters" aufnahm. Die im
Jahre 1912 erschienene Biographie Heinrichs des Löwen aus der Feder
des später durch andere wichtige Arbeiten zur Geschichte des Mittelalters
bekannt gewordenen englischen Historikers Austin Lane Poole trägt
mehr den Charakter eines ausführlichen Essays.

In den ersten Jahren nach der nationalsozialistischen Machtergreifung
gingen maßgebende Parteistellen daran, ein neues Bild auch der Geschichte des deutschen Mittelalters zu entwickeln. Dabei griff man auf
der einen Seite auf die Argumente der kleindeutschen Geschichtsauffassung des 19. Jahrhunderts zurück, verband diese aber in oft recht wider-
spruchsvoller Weise mit der eigenen Rassen- und Volkstumsideologie.
Wie Sybel und andere kleindeutsche Historiker feierte man König Heinrich I. und Heinrich den Löwen als die Vorkämpfer einer nationalen
Politik, die der Ausbreitung und Sicherung des deutschen Volksbodens
im Osten gedient hätte.

Beide sollten im Geschichtsbewußtsein des deutschen Volkes den ihnen gebührenden Platz erhalten, den die Fachwissenschaft ihnen angeblich verweigert hatte. Nicht nur der Braunschweiger Dom mit dem Grab
des Herzogs, sondern auch die Quedlinburger Stiftskirche, in der Heinrich I. beigesetzt ist, wurden zu „nationalen Gedenkstätten" umgestaltet.
Im Braunschweiger Dom wurde nicht nur die Gruft umgebaut, man
begann auch, die Seitenwände im Obergeschoß des Mittelschiffes mit
Szenen auszumalen, durch die Heinrich der Löwe als Förderer der deutschen Ostkolonisation verherrlicht wurde. Als der Dom nach dem Ende
des Zweiten Weltkrieges seinen Charakter als Gotteshaus zurückerhielt,
wurden diese Bilder mit vollem Recht wieder entfernt.

Als die nationalsozialistische Außenpolitik seit 1938 immer mehr im-
perialistische Züge annahm, vollzog auch die parteiamtliche Geschichts-

auffassung eine abrupte Wendung. Zur ideologischen Begründung der eigenen Politik prägte man den Begriff des Reiches als „europäischer Ordnungsmacht". Man konstruierte eine „germanische Reichsidee", die man der christlich-universalen Auffassung des mittelalterlichen Kaisertums entgegenstellte. Karl der Große und die deutschen Kaiser und Könige des Mittelalters wurden jetzt als Träger dieser germanischen Reichsidee ausgegeben. Damit änderte sich auch das Urteil über Heinrich den Löwen. Gegenüber Friedrich Barbarossa trat er jetzt in den Hintergrund. In der Schrift des NS-Historikers Karl Richard Ganzer „Das Reich als europäische Ordnungsmacht", die während des Zweiten Weltkrieges zu propagandistischen Zwecken weit verbreitet wurde, hieß es geradezu, daß der Herzog „mit seinen partikularistischen Planungen" eine schwere Krise für das Reich heraufgeführt habe. Demgegenüber hielt der Schriftsteller Hans Martin Elster in seiner im Jahre 1940 erschienenen Biographie Heinrichs des Löwen noch an der einseitigen Verherrlichung des Herzogs aus kleindeutscher und welfischer Sicht fest.

Die deutsche Geschichtswissenschaft – das muß ausdrücklich betont werden– hat sich damals von diesen Geschichtsklitterungen ferngehalten. Wenn sie sich seit dem Beginn der 30er Jahre wieder stärker der Geschichte Heinrichs des Löwen zuwandte, so war sie dabei vor allem darum bemüht, die verfassungsrechtlichen und landesgeschichtlichen Fragestellungen und Methoden, die die Forschung in anderen deutschen Landschaften entwickelt hatte, auf Heinrichs Herrschaft in seinen beiden Herzogtümern anzuwenden und damit zu einer vertieften Einsicht in den Aufbau des deutschen Reiches im 12. Jahrhundert zu kommen.

Wir erkennen heute immer mehr, daß sich in Deutschland während des 12. Jahrhunderts der Übergang von älteren nur locker gefügten Herrschaftsformen mehr persönlicher Natur zum institutionellen Flächenstaat anbahnt. Die Grundlegung des modernen Staates ist das Neue dieses Jahrhunderts für die deutsche Verfassungsgeschichte.

Dieser Wandel in der staatlichen Struktur ist in Sachsen an die Person Heinrichs des Löwen geknüpft. Sein Ziel war es, die vielfachen Herrschaftsrechte, die er in seiner Hand vereinigte, auf der höheren Basis eines neuen großen territorialen Herzogtums zusammenzufassen und eine Gebietsherrschaft großen Stils zu schaffen.

Dieser Versuch, ein in sich geschlossenes staatliches Gebilde zu errichten, das das ganze sächsische Stammesgebiet umspannen sollte, ist zwar gescheitert. Durch seine Politik hat aber Heinrich der Löwe die Grundlagen dafür geschaffen, daß die Welfen später wieder eine führende Stellung

im norddeutschen Raum und damit in der Geschichte des deutschen
Reiches erringen konnten. Dieser Wiederaufstieg des Welfenhauses setzt
in der Mitte des 13. Jahrhunderts in einer Zeit ein, in der mit dem Aussterben der Staufer deren bedeutende Rolle in der deutschen Geschichte
nach einer Dauer von nur etwa hundert Jahren zu Ende geht.

Heinrich der Löwe ist für uns nicht der Vorkämpfer für eine „nationale" Politik, aber auch nicht der „Rebell gegen Kaiser und Reich". Er ist
für uns vielmehr der erste bedeutende Vertreter des deutschen Landesfürstentums, das durch seine Leistungen für das Werden eines modernen
Staates und für die kulturelle Vielfalt in Deutschland zu den starken
gestaltenden Kräften unserer Geschichte gehört.

Die neuere Forschung hat uns aber noch eine andere wichtige Erkennt-
nis gebracht. Die Alternative „Friedrich Barbarossa oder Heinrich der
Löwe", die lange Zeit die Geschichtsschreibung bestimmt hat, hat sich
immer mehr als falsch erwiesen. Über dem Zusammenstoß dieser beiden
bedeutenden Herrscherpersönlichkeiten – so unvermeidlich er schließlich
auch wurde – darf man nicht vergessen, daß diesem späteren Konflikt
eine enge fast ein Vierteljahrhundert bestehende Zusammenarbeit vor-
ausging, die die innere Festigung der Staatsgewalt und die starke Stellung
des Reiches nach außen überhaupt erst möglich gemacht hat. So läßt das
Zeitalter Friedrichs I. und Heinrichs des Löwen die Möglichkeiten, aber
auch die Spannungen und Gegensätze, die der deutschen Geschichte immer wieder das Gepräge gegeben haben, in aller Deutlichkeit erkennen.

# Quellen und Literatur

*Vorbemerkung:* Dem Charakter des Buches entsprechend habe ich auf einen ausführlichen Apparat mit laufenden Anmerkungen verzichtet. Die folgenden Angaben sollen die erforderlichen wissenschaftlichen Nachweise bringen und es dem Leser auch möglich machen, einzelnen Fragen, die nur kürzer behandelt werden konnten, weiter nachzugehen. Bei der Fülle der Spezialliteratur gerade zur Geschichte Heinrichs des Löwen mußte ich mich – schon aus Raumgründen – im allgemeinen darauf beschränken, die neuesten Arbeiten zu nennen; doch bringen sie ohne Schwierigkeiten den Zugang zu der älteren Forschung. Auf Kontroversen, die inzwischen erledigt sind, gehe ich nicht mehr ein; meine Stellungnahme zu den noch strittigen Fragen findet sich implizite im Text. Für die Spezialliteratur zu den Fragen der Reichsgeschichte in dieser Zeit verweise ich auf die entsprechenden Abschnitte in meinem Beitrag „Investiturstreit und frühe Stauferzeit" in: *Gebhardt-Grundmann*, Handbuch der deutschen Geschichte 1 (⁹1970) S. 323 ff.; jetzt auch selbständig als Taschenbuch (1973) mit Ergänzungen in den Anmerkungen und bei *Fuhrmann* (s. u. S. 271).

## Verzeichnis der Siglen und der häufiger benutzten und abgekürzt zitierten Literatur

| | |
|---|---|
| AfD. | Archiv für Diplomatik |
| AUF. | Archiv für Urkundenforschung |
| BlldtLG. | Blätter für deutsche Landesgeschichte |
| DA. | Deutsches Archiv für Erforschung (bis 1944: Geschichte) des Mittelalters |
| HZ. | Historische Zeitschrift |
| Jb(b). | Jahrbuch, -bücher |
| LG. | Landesgeschichte |
| MG. | Monumenta Germaniae Historica |
| Einzelne Reihen | |
| Const. | Constitutiones |
| DD. | Diplomata (D mit Herrschername: DF(riedrich) I. und DKo(nrad) III. |
| SS. | Scriptores |
| SS. rer. Germ. | Scriptores rerum Germanicarum in usum scholarum |
| UHdL. | Die Urkunden Heinrichs des Löwen |
| MIÖG. | Mitteilungen des Instituts für Österreichische Geschichtsforschung |
| Nds. Jb. | Niedersächsisches Jahrbuch für Landesgeschichte |

UB.                          Urkundenbuch
ZRG. Germ. Abt.              Zeitschrift der Savigny-Stiftung für Rechtsgeschichte, Germani-
                             stische Abteilung
Zs.                          Zeitschrift

*Am Ende, B.*, Studien zur Verfassungsgeschichte Lübecks im 12. und 13. Jahrhundert
(Veröffentl. zur Geschichte der Hansestadt Lübeck Reihe B 2, 1975)

*Bärmann, J.*, Die Städtegründungen Heinrichs des Löwen und die Stadtverfassung des
12. Jahrhunderts (Forschungen zur deutschen Rechtsgeschichte 1, 1961)

*Bradler, G.*, Heinrich der Löwe in Oberschwaben, Beiträge zur Landeskunde, Beilage
zum Staatsanzeiger für Baden-Württemberg 1978, Nr. 2, S. 1 ff.

*Büttner, H.*, Staufer und Welfen im politischen Kräftespiel zwischen Bodensee und
Iller während des 12. Jahrhunderts, Zs. für württemb. LG. 20 (1961) S. 17 ff., Neudruck in: ders., Schwaben und Schweiz im frühen und hohen Mittelalter, Gesammelte Aufsätze (Vorträge und Forschungen hg. vom Konstanzer Arbeitskreis für
mittelalterliche Geschichte 15, 1972) S. 337 ff.

*Cartellieri, A.*, Das Zeitalter Friedrich Barbarossas (Weltgeschichte als Machtge-
schichte 5, 1972)

*Classen, P.*, Das Wormser Konkordat in der deutschen Verfassungsgeschichte, in:
Investiturstreit und Reichsverfassung (Vorträge und Forschungen hg. vom Konstanzer Arbeitskreis für mittelalterliche Geschichte 17, 1973) S. 411 ff.

*Diestelkamp, B.*, Welfische Stadtgründungen und Stadtrechte des 12. Jahrhunderts,
ZRG. Germ. Abt. 81 (1964) S. 164 ff.

*Eggert, O.*, Die Wendenzüge Waldemars I. und Knuts VI. nach Pommern und Mecklenburg, Baltische Studien NF. 29 (1927) S. 1 ff.

– Dänisch-wendische Kämpfe in Pommern und Mecklenburg (1157–1200), ebd. 30, 2
(1928) S. 1 ff.

*Feldmann, K.*, Herzog Welf VI. und sein Sohn (Diss. Tübingen 1971)

*Giesebrecht, W. v.*, Geschichte der deutschen Kaiserzeit 5 (1880), 6, hg. von B. v.
Simson (1895)

*Glaeske, G.*, Die Erzbischöfe von Hamburg-Bremen als Reichsfürsten (937–1258).
(Quellen und Darstellungen zur Geschichte Niedersachsens 60, 1962)

*Hamann, M.*, Mecklenburgische Geschichte (Mitteldeutsche Forschungen 51, 1968)

*Hasenritter, F.*, Beiträge zum Urkunden- und Kanzleiwesen Heinrichs des Löwen
(Greifswalder Abhandlungen zur Geschichte des Mittelalters 6, 1936)

*Heilig, K. J.*, Ostrom und das Deutsche Reich um die Mitte des 12. Jahrhunderts, in:
Kaisertum und Herzogsgewalt im Zeitalter Friedrichs I. (Schriften des Reichsinstituts für ältere deutsche Geschichtskunde [M. G. H.] 9, 1944) S. 1 ff.

*Hein, L.*, Anfang und Fortgang der Slawenmission, in: Schleswig-Holsteinische Kirchengeschichte 1 (1977) S. 105 ff.

*Heinemann, W.*, Das Bistum Hildesheim im Kräftespiel der Reichs- und Territorialpolitik, vornehmlich des 12. Jahrhunderts (Quellen und Darstellungen zur Geschichte
Niedersachsens 72, 1968)

*Heydel, J.*, Das Itinerar Heinrichs des Löwen, Nds. Jb. 6 (1929) S. 1 ff.

*Hildebrand, R.*, Der sächsische „Staat" Heinrichs des Löwen (Historische Studien 302,
1937)

*Hoffmann, E.*, Vicelin und die Neubegründung des Bistums Oldenburg/Lübeck, in: Lübeck 1226, Reichsfreiheit und frühe Stadt (1976) S. 115 ff.

*Hoppe, W.*, Erzbischof Wichmann von Magdeburg, Geschichtsbll. für Stadt und Land Magdeburg 43 (1908) S. 134 ff. und 44 (1909) S. 38 ff.; jetzt in: ders., Die Mark Brandenburg, Wettin und Magdeburg, Ausgewählte Aufsätze (1965) S. 1 ff.

*Jesse, W.*, Münz- und Geldgeschichte Niedersachsens (Braunschweiger Werkstücke 15, 1952)

*Jordan, K.*, Die Bistumsgründungen Heinrichs des Löwen (Schriften des Reichsinstituts für ältere deutsche Geschichtskunde [Monumenta Germaniae historica] 3, 1939)

– Heinrich der Löwe und Dänemark, in: Geschichtliche Kräfte und Entscheidungen, Festschrift für Otto Becker (1954) S. 16 ff.

–, Herzogtum und Stamm in Sachsen während des hohen Mittelalters, Nds. Jb. 30 (1958) S. 1 ff.

–, Nordelbingen und Lübeck in der Politik Heinrichs des Löwen, Zs. des Vereins für lübeck. Geschichte und Altertumskunde 39 (1959) S. 29 ff.

–, Die Städtepolitik Heinrichs des Löwen, Hansische Geschichtsbll. 78 (1960) S. 1 ff.

–, Goslar und das Reich im 12. Jahrhundert, Nds. Jb. 35 (1963) S. 49 ff.

–, 800 Jahre Braunschweiger Burglöwe, Gedanken zur Städtepolitik Heinrichs des Löwen, in: *K. Jordan* und *M. Gosebruch*, 800 Jahre Braunschweiger Burglöwe (Braunschweiger Werkstücke 38, 1967) S. 13 ff.

–, Heinrich der Löwe und das Schisma unter Alexander III., MIÖG. 78 (1970) S. 224 ff.

–, Sachsen und das deutsche Königtum im hohen Mittelalter, HZ. 210 (1970) S. 529 ff.

–, Das politische Kräftespiel an Oberweser und Leine um die Mitte des 12. Jahrhunderts, in: Festschrift für Hermann Heimpel 2 (Veröffentl. des Max-Planck-Instituts für Geschichte 36, 2, 1972) S. 1042 ff.

–, Lübeck unter Graf Adolf II. von Holstein und Heinrich dem Löwen, in: Lübeck 1226, Reichsfreiheit und frühe Stadt (1976) S. 143 ff.

–, Der Harzraum in der Geschichte der deutschen Kaiserzeit, in: Festschrift für Helmut Beumann (1977) S. 163 ff.

*Kienast, W.*, Deutschland und Frankreich in der Kaiserzeit. 2. Aufl. (Monographien zur Geschichte des Mittelalters 9, 1–3, 1974/75)

*Lamma, P.*, Comneni e Staufer, 2 Bde. (Istituto storico italiano per il medio evo, Studi storici 14–18, 22–25, 1955 und 1957)

*Lange, K.-H.*, Der Herrschaftsbereich der Grafen von Northeim 950 bis 1144 (Studien und Vorarbeiten zum historischen Atlas Niedersachsens 24, 1969)

*Läwen, G.*, Die herzogliche Stellung Heinrichs des Löwen in Sachsen (Diss. Königsberg, 1937)

*Lechner, K.*, Die Babenberger (Veröffentl. des Instituts für österreichische Geschichtsforschung 23, ²1976)

*Mitteis, H.*, Politische Prozesse des früheren Mittelalters in Deutschland und Frankreich (Sitzungsberichte der Heidelberger Akademie der Wissenschaften, phil.-hist. Kl. Jahrgang 1926/27 Nr. 3, 1927)

*Opll, F.*, Das Itinerar Kaiser Friedrichs I. (Forschungen zur Kaiser- und Papstgeschichte des Mittelalters, Beihefte zu F. J. *Böhmer* Regesta Imperii 1, 1978)

*Patze, H.*, Kaiser Friedrich Barbarossa und der Osten, in: Probleme des 12. Jahrhunderts (Vorträge und Forschungen, hg. vom Konstanzer Arbeitskreis für mittelalterliche Geschichte 12, 1968) S. 337 ff.

*Petke, W.,* Die Grafen von Wöltingerode-Wohldenberg (Veröffentl. des Instituts für historische Landesforschung der Universität Göttingen 4, 1971)

*Prinz, F.,* Bayern vom Zeitalter der Karolinger bis zum Ende der Welfenherrschaft. Die innere Entwicklung, in: Handbuch der bayer. Geschichte, hg. von *M. Spindler* 1 (1967) S. 268 ff.

*Rassow, P.,* Honor Imperii. Die neue Politik Friedrich Barbarossas 1152–1159 (²1961)

*Reindel, K.,* Bayern vom Zeitalter der Karolinger bis zum Ende der Welfenherrschaft. Die politische Entwicklung, in: Handbuch d. bayer. Geschichte 1 (1967) S. 183 ff.

*Reinecke, K.,* Studien zur Vogtei- und Territorialentwicklung im Erzbistum Bremen (937–1184). (Einzelschriften des Stader Geschichts- und Heimatvereins 23, 1971)

*Riezler, S. v.,* Geschichte Baierns 1, 2 (²1927, Neudruck 1964)

*Schmid, K.,* Graf Rudolf von Pfullendorf und Kaiser Friedrich I. (Forschungen zur oberrheinischen LG. 1, 1954)

*Schulze, H. K.,* Adelsherrschaft und Landesherrschaft (Mitteldeutsche Forschungen 29, 1963)

*Simonsfeld, H.,* Jahrbücher des Deutschen Reiches unter Friedrich I. 1 (1908, Nachdruck 1967)

*Starke, H.-D.,* Die Pfalzgrafen von Sommerschenburg (1088–1179), Jb. für die Geschichte Mittel- und Ostdeutschlands 4 (1955) S. 1 ff.

*Vogt, H. W.,* Das Herzogtum Lothars von Süpplingenburg 1106–1125 (Quellen und Darstellungen zur Geschichte Niedersachsens 57, 1959)

*Wadle, E.,* Reichsgut und Königsherrschaft unter Lothar III. (1125–1137) (Schriften zur Verfassungsgeschichte 12, 1969)

Die übrige Literatur wird jeweils mit vollem Titel zitiert.

## Überblick über die wichtigsten Quellen und Literatur

*Erzählende Quellen:* Eine kritische Übersicht jetzt bei *W. Wattenbach – F. J. Schmale,* Deutschlands Geschichtsquellen im Mittelalter vom Tode Heinrichs V. bis zum Ende des Interregnum 1 (1976). Die wichtigsten chronikalischen Quellen zur Geschichte Heinrichs des Löwen sind die zwischen 1163 und 1172 verfaßte Cronica Slavorum des Helmold von Bosau, hg. von *B. Schmeidler,* MG. SS. rer. Germ. (³1937, danach wird zitiert) und mit deutscher Übersetzung von *H. Stoob,* Ausgewählte Quellen zur deutschen Geschichte des Mittelalters 19 (²1973), und ihre Fortsetzung, die um 1210 entstandene Cronica Slavorum des Arnold von Lübeck, hg. von *M. Lappenberg,* MG. SS. rer. Germ. (1868).

Von den norddeutschen Annalen der Zeit bringen vor allem die Annales Palidenses (Pöhlde am Harz), Pegavienses (Pegau bei Merseburg), Magdeburgenses und Stederburgenses (Steterburg bei Wolfenbüttel) und die um die Mitte des 13. Jahrhunderts von Albert von Stade abgefaßten Annales Stadenses (alle MG. SS. 16) wichtige Nachrichten zur Geschichte des Herzogs. Für die Reichsgeschichte in den Anfängen Friedrichs I. bis 1160 sind die Gesta Friderici I. imperatoris des Otto von Freising und seines Fortsetzers Rahewin hg. von *G. Waitz* und *B. von Simson,* MG. SS. rer. Germ. (³1912) und mit deutscher Übersetzung von *A. Schmidt* hg. von *F. J. Schmale,*

Ausgewählte Quellen ... 17 (²1974) die wichtigste Quelle. Die für die Anfänge der Welfen und die Geschichte der süddeutschen Welfen maßgebende Historia Welforum ist hg. von *E. König,* Schwäbische Chroniken der Stauferzeit 1 (1938, Nachdruck 1977).

*Urkunden:* Die Urkunden Heinrichs des Löwen, Herzogs von Sachsen und Bayern, bearb. von *K. Jordan,* MG. (1941/49), Nachruck 1957/60 = UHdL.). Von den Kaiser- und Königsurkunden der Staufer liegen bisher nur die Ausgabe der Diplome Konrads III., bearb. von *F. Hausmann,* MG. DD. 9 (1969), und der erste bis 1158 reichende Band der Ausgabe der Diplome Friedrichs I., bearb. von *H. Appelt,* MG. DD. 10, 1 (1975) vor. Wichtiges Urkundenmaterial zur Geschichte Sachsens verzeichnen auch die Regesten der Erzbischöfe von Bremen 1, bearb. von *O. H. May* (1937 = *May* Reg.), die Regesten der Erzbischöfe von Köln im Mittelalter 2, bearb. von *R. Knipping* (1901 = *Knipping* Reg.) und die Regesten der Markgrafen von Brandenburg aus askanischem Haus, bearb. von *H. Krabbo* (1910ff. = *Krabbo* Reg.).

*Darstellungen:* Für die Reichsgeschichte dieser Zeit ist, da von den Jbb. Friedrichs I. nur der erste bis 1158 reichende, von *Simonsfeld* bearbeitete Band erschienen ist, immer noch *Giesebrechts* Deutsche Kaiserzeit wichtig (s. Lit.-Verzeichnis). Die 1972 erschienene neue Gesamtdarstellung der Zeit Friedrichs I. von *Cartellieri* ist bereits bald nach Ende des Zweiten Weltkrieges abgeschlossen. Wertvoll immer noch *K. Hampe,* Deutsche Kaisergeschichte in der Zeit der Salier und Staufer, bearb. von *F. Baethgen* (¹²1968), und ders., Das Hochmittelalter (⁶1977). Kürzerer Überblick: *O. Engels,* Die Staufer (²1977). Letzte und durch neue Fragestellungen besonders wichtige Behandlung dieser Zeit: *H. Fuhrmann,* Deutsche Geschichte im hohen Mittelalter (Deutsche Geschichte, hg. von *J. Leuschner* 2, 1978).

*Wichtige neuere Aufsatzsammlungen:* Probleme des 12. Jahrhunderts (Vorträge und Forschungen, hg. vom Konstanzer Arbeitskreis für mittelalterliche Geschichte 12, 1968); Friedrich Barbarossa, hg. von *G. Wolf* (Wege der Forschung 390, 1975); Die Zeit der Staufer, Katalog der Ausstellung Stuttgart 1977, Bd. 3: Aufsätze, Bd. 4: Karten und Stammtafeln (1977).

*Neuere Biographien Friedrichs I.: K. Jordan,* Friedrich Barbarossa (²1967), *M. Pacaut,* Frédéric Barbarousse (1967, deutsche Übersetzung 1969) und *P. Munz,* Frederick Barbarossa (1969, dazu aber HZ. 211 S. 120ff.).

*Heinrich der Löwe:* Die älteren Biographien von *H. Prutz,* Heinrich der Löwe, Herzog von Baiern und Sachsen (1865) und *M. Philippson,* Geschichte Heinrichs des Löwen, Herzogs von Bayern und Sachsen und der staufisch-welfischen Politik seiner Zeit, 2 Bde. (1867, 2. Aufl. in einem Band unter dem Titel „Heinrich der Löwe und seine Zeit", 1918) sind überholt und besitzen nur noch als Materialsammlungen einen gewissen Wert. Kürzerer Überblick: *A. L. Poole,* Henry the Lion (The Lothian Historical Essay for 1912, 1912). Verfehlt ist *E. Gronen,* Die Machtpolitik Heinrichs des Löwen und sein Gegensatz gegen das Kaisertum (Historische Studien 139, 1919). Eine wertvolle Zusammenstellung des gesamten Quellenmaterials in chronologischer Folge bringt *J. Heydel,* Das Itinerar Heinrichs des Löwen (s. Lit.-Verzeichnis). – Neuere kürzere Würdigungen: *K. Hampe,* Heinrich der Löwe, in: ders., Herrschergestalten des deutschen Mittelalters (⁷1967) S. 194 ff.; *H. H. Jacobs,* Heinrich der Löwe (Colemans kleine Biographien 24, 1933); *H. Mau,* Heinrich der Löwe (1943); *Th. Mayer,* Friedrich I. und Heinrich der Löwe, in: Kaisertum und Herzogsgewalt im Zeitalter Friedrichs I. (Schriften des Reichsinstituts für ältere deutsche Geschichtskunde 9, 1944) S. 365 ff., jetzt auch als Sonderausgabe (1958); *K. Jordan,* Heinrich der Löwe, in: Neue deutsche Biographie 8 (1969) S. 388 ff. – Mehr belletristischen Charakter haben: *P. Barz,* Heinrich der Löwe (1977) und *H. Hiller,* Heinrich der Löwe (1978).

## Angaben zu den einzelnen Kapiteln

### Erstes Kapitel

Welfische Geschichtsschreibung im 12. Jh.: *K. Schmid,* Welfisches Selbstverständnis, in: Adel und Kirche, Festschrift für G. Tellenbach (1968) S. 389 ff.; *O. G. Oexle,* Die „sächsische Welfenquelle" als Zeugnis der welfischen Hausüberlieferung, DA. 24 (1968) S. 435 ff.; ders., Bischof Konrad von Konstanz in der Erinnerung der Welfen und der welfischen Hausüberlieferung während des 12. Jahrhunderts, Freiburger Diöz.-Archiv 95 (1975) S. 7 ff. – Die fränkische Abstammung der Welfen ist jetzt geklärt durch *J. Fleckenstein,* Über die Herkunft der Welfen und ihre Anfänge in Süddeutschland, in: Studien und Vorarbeiten zur Geschichte des großfränkischen und frühdeutschen Adels, hg. von *G. Tellenbach* (Forschungen zur oberrhein. LG. 4 (1957) S. 71 ff.; vgl. auch *G. Tellenbach,* Über die ältesten Welfen im West- und Ostfrankenreich, ebd. S. 335 ff. und *G. Schnath,* Neue Forschungen zur ältesten Geschichte des Welfenhauses, Nds. Jb. 31 (1959) S. 255 ff. mit neuer Stammtafel. – Zu Einzelfragen: *W. Metz,* Heinrich „mit dem goldenen Wagen", BlldtLG. 107 (1971) S. 136 ff.

Genealogie der jüngeren Welfen: Wichtig immer noch *F. Curschmann,* Zwei Ahnentafeln. Ahnentafeln Kaiser Friedrichs I. und Heinrichs des Löwen (Mitteil. der Zentralstelle für deutsche Personen- und Familiengeschichte 27, 1921). – Besitzgeschichte: *R. Goes,* Die Hausmacht der Welfen in Süddeutschland (Diss. Tübingen 1960 in Masch.-Schrift); *H. Schwarzmaier,* Hochadelsbesitz im 12. Jh. (Zähringer-Welfen), Karte V 3 mit Erläuterungen in: Historischer Atlas von Baden-Württemberg (1974). – Klostergründungen: *E. König,* Die süddeutschen Welfen als Klostergründer (1934); *C. Buhl,* Weingarten-Altdorf, die Anfänge, in: Weingarten 1056–1956, Festschrift zur 900-Jahrfeier des Klosters (1956) S. 12 ff. – Anfänge der Welfen in Bayern: *Riezler,* Geschichte 1, 2 S. 116 ff. und *Reindel* in: Handbuch der bayer. Geschichte 1 S. 246 ff.

Lothar III.: Als Materialsammlung immer noch wichtig: *W. Bernhardi,* Lothar von Supplinburg (Jbb. der deutschen Geschichte 1879, Nachdruck 1975); die Einzelliteratur bei *Jordan* in: Gebhardt-Grundmann 1 S. 369 ff. (Taschenbuchausgabe S. 90 ff.). Zur Königswahl jetzt *H. Stoob,* Die Königswahl Lothars von Sachsen, in: Historische Forschungen für W. Schlesinger (1974) S. 438 ff.

Wende um 1100: *K. Jordan,* Das Zeitalter des Investiturstreites als politische und geistige Wende des abendländischen Hochmittelalters, Geschichte in Wissenschaft und Unterricht 23 (1972) S. 513 ff.; *Classen* S. 411 ff. und jetzt vor allem *Fuhrmann,* Deutsche Geschichte S. 39 ff.

Herzogtum in Bayern: *Prinz* in: Handbuch der bayer. Geschichte 1 S. 302 ff. – Sächsisches Herzogtum: *Jordan,* Herzogtum und Stamm, S. 1 ff.; ders., Sachsen und das deutsche Königtum S. 529 ff.; zu Einzelfragen *H.-J. Freytag,* Die Herrschaft der Billunger in Sachsen (Studien und Vorarbeiten zum historischen Atlas Niedersachsens 20, 1951); *R. G. Hucke,* Die Grafen von Stade 900–1144 (Einzelschriften des Stader Geschichts- und Heimatvereins 8, 1956); *Lange,* Herrschaftsbereich.

Lothar als Herzog: *Vogt,* insbes. S. 4 ff. mit den Regesten S. 148 ff.; *H. Stoob,* Die sächsische Herzogswahl im Jahre 1106, in: Landschaft und Geschichte, Festschrift für F. Petri (1970) S. 499 ff.; zu seiner Hausmachtpolitik während seiner Herzogszeit auch *Wadle* S. 141 ff.

Der Norden und Osten des Reiches unter Lothar: *Jordan,* Heinrich der Löwe und Dänemark S. 16 ff.; *Hoffmann* S. 115 ff.; *Hein* S. 127 ff.; *H. Stoob,* Gedanken zur Ostseepolitik Lothars III., in: Festschrift für F. Hausmann (1978) S. 531 ff.; Gesamtwürdigung: *F. J. Schmale,* Lothar und Friedrich I. als Könige und Kaiser, in: Probleme des 12. Jh.s S. 33 ff., Neudruck in der Aufsatzsammlung „Friedrich Barbarossa", S. 121 ff.

Konrad III.: Wichtig als Materialsammlung noch *W. Bernhardi,* Konrad III. (Jbb. der deutschen Geschichte 1883, Nachdruck 1975); die Einzelliteratur bei *Jordan* in: *Gebhardt-Grundmann* 1 S. 377 ff. (Taschenbuchausgabe S. 104 ff.). Neuer Überblick über seine Regierung: *F. Hausmann,* Die Anfänge des staufischen Zeitalters unter Konrad III., in: Probleme des 12. Jh.s S. 53 ff.

Heinrich der Stolze: Eine biographische Darstellung fehlt noch. Prozeß gegen ihn: *Mitteis,* S. 42 ff. – Der Beiname Leo für ihn bei Helmold c. 35 und 56 (S. 69 und 109); vgl. die verlorenen Paderborner Annalen zum Jahre 1138: *similis factus leoni in operibus suis,* P. Scheffer-Boichorst, Annales Patherbrunnenses (1870) S. 167, ebenso die Kölner Königschronik, hg. von *G. Waitz,* MG. SS. rer. Germ. (1880) S. 76. – Zu den Münzen Heinrichs des Stolzen und Welfs VI. *Jesse* S. 26 und *G. Braun-v. Stumm,* Der Münzfund von Merzig, in: Bericht VI. der staatlichen Denkmalspflege im Saarland (1953) S. 83 ff., insbes. S. 112 f.

## Zweites Kapitel

Geburtsjahr Heinrichs des Löwen: Die Altersangabe bei seinem Tode: Annales Stederburgenses, MG. SS. 16, 231. Die Annales Welfici Weingartenses, hg. *König,* Historia Welforum S. 88 geben als Jahr der Taufe 1135 an; da sie aber weiter berichten, daß im gleichen Jahr Heinrich der Stolze nach Italien gezogen sei, käme auch 1136 in Betracht, *König* S. 123 A. 156. Für 1134/35 als Zeitpunkt der Geburt vor allem *A. Hofmeister,* Puer, Iuvenis, Senex, in: Papsttum und Kaisertum, Festschrift für P. Kehr (1926) S. 287 ff., insbes. S. 309 f.; *Heydel* S. 2, *König* S. 123 A. 156 und mit weiteren Argumenten *K. Feldmann,* Welf VI., Schwaben und das Reich, Zs. für württemb. LG. 30 (1971) S. 317 ff. An 1129/30 als Zeitpunkt der Geburt halten fest *K. Hampe,* Zu Heinrichs des Löwen 800. Geburtstag, Braunschweigisches Magazin 1929 Sp. 81 f. und *H. Grundmann,* Der Cappenberger Barbarossakopf (Münsterische Forschungen 12, 1959) S. 29.

Kämpfe nach dem Tod Heinrichs des Stolzen: *Bernhardi* S. 128 ff.; *Büttner,* Staufer und Welfen S. 36 ff. (Neudruck S. 355 ff.); *Feldmann,* Welf VI. und sein Sohn, S. 13 ff. – Weinsberg: *K. Weller,* Die neuere Forschung über die Geschichte von den treuen Weinsberger Weibern, Zs. für württemb. LG. 4 (1940) S. 1 ff.

Nordelbingen seit 1137: *Jordan,* Nordelbingen S. 33 ff. – Gründung Lübecks: Helmold c. 57 (S. 112); dazu zuletzt *Am Ende* S. 92 ff.; *Jordan,* Lübeck S. 143 ff.; *G. Fehring,* Neue archäologische Erkenntnisse und Entdeckungen zur frühen Geschichte der Hansestadt Lübeck, Der Wagen, ein lübeck. Jb. 1978 S. 165 ff. Die These, daß schon seit der Zeit Lothars III. auf dem Werder Bucu neben Alt-Lübeck eine deutsche Kaufmannssiedlung bestanden habe, hat *H. Stoob* in einem noch nicht gedruckten Vortrag „Schleswig-Lübeck-Wisby" auf einem Ostseekolloquium in Lübeck im Jahre 1977 vertreten, den ich durch sein freundliches Entgegenkommen im Manuskript einsehen durfte.

Stader Erbschaft: Neben den Stader Annalen, MG. SS. 16 S. 324, bilden die Urkunden Konrads III. D. 122, 123 und 125 die wichtigste Quelle, ergänzend Helmold c. 102 (S. 202); dazu zuletzt *Glaeske* S. 143 ff.; *Patze* S. 342 ff. und vor allem *M. Hohmann,* Das Erzstift Bremen und die Grafschaft Stade im 12. und frühen 13. Jahrhundert, Stader Jb. 1969 S. 64 ff.

Übergang des Boyneburger Erbes an die Winzenburger: *Lange,* Herrschaftsbereich S. 125 ff.; *Jordan,* Politisches Kräftespiel S. 1048 ff. – Streit um Fischbeck und Kemnade: *K. Lübeck,* Korveys Kampf um das Stift Kemnade, Westfäl. Zs. 101/102 (1953) S. 401 ff.; *H. W. Krumwiede,* Das Stift Fischbeck an der Weser (Studien zur Kirchengeschichte Niedersachsens 9, 1958) S. 98 ff. und *F. Stephan-Kühn,* Wibald als Abt von Stablo und Corvey und im Dienst Konrads III. (Diss. Köln 1973) S. 96 ff.

Frankfurter Reichstag 1147: *Bernhardi* S. 545 ff. – Wendenkreuzzug: Neben Helmold c. 62 ff. (S. 119 ff.) bilden die Magdeburger Annalen, MG. SS. 16 S. 188 die wichtigste Quelle; zur Beurteilung des Zuges jetzt vor allem *H. D. Kahl,* Zum Ergebnis des Wendenkreuzzuges von 1147, Wichmann-Jb. 11/12 (1957/58) S. 99 ff., jetzt in: Heidenmission und Kreuzzugsgedanke in der deutschen Ostpolitik des Mittelalters, hg. von *H. Beumann* (1963) S. 275 ff. und *F. Lotter,* Bemerkungen zur Christianisierung der Abodriten, in: Festschrift für W. Schlesinger 2 (Mitteldeutsche Forschungen 74 II, 1972) S. 395 ff. und ders., Die Konzeption des Wendenkreuzzugs (Vorträge und Forschungen, hg. vom Konstanzer Arbeitskreis für mittelalterliche Geschichte, Sonderband 23, 1977).

Zug gegen Dithmarschen: UHdL. 12; dazu *H. Stoob,* Meldorf als Landesvorort Dithmarschens in staufischer Zeit, in: 700 Jahre Meldorf (1965) S. 41 ff. – Dänische Thronwirren: *Jordan,* Heinrich der Löwe und Dänemark S. 19 ff.

Streit mit Hartwig von Bremen: Helmold c. 69 (S. 130); dazu *Jordan,* Bistumsgründungen S. 81 ff.; *Glaeske* S. 155 ff.; *Hoffmann* S. 131 ff.

Konrads Politik auf und nach dem zweiten Kreuzzug: *Rassow* S. 26 ff.; *Heilig* S. 146 ff.; *W. Ohnsorge,* Das Zweikaiserproblem im früheren Mittelalter (1947) S. 91 ff.; *Lamma* 1 S. 56 ff.

Heirat Heinrichs mit Clementia: Helmold c. 68 (S. 129). – Kämpfe in Süddeutschland: *Feldmann* S. 27 ff. – Konrads Vorstoß nach Sachsen: Helmold c. 72 (S. 137 f.).

## Drittes Kapitel

Zur ersten Regierungszeit Friedrichs I. außer *Simonsfeld* jetzt *Cartellieri* S. 3 ff. – Wahl Friedrichs: *O. Engels,* Beiträge zur Geschichte der Staufer im 12. Jh. (I), DA. 27 (1971) S. 373 ff., insbes. S. 399 ff., der eine anfängliche Kandidatur Heinrichs des Löwen für möglich hält, und *H. Appelt,* Heinrich der Löwe und die Wahl Friedrich Barbarossas, in: Festschrift für H. Wiesflecker (1973) S. 39 ff. mit dem Nachweis der persönlichen Begegnung zwischen Friedrich und Heinrich vor der Wahl.

Die Regelung der Vogteiverhältnisse in Goslar ist bei der unzureichenden Quellenlage immer noch strittig. Nach *Jordan*, Goslar und das Reich S. 62 ff., *S. Wilke*, Das Goslarer Reichsgebiet und seine Beziehungen zu den territorialen Nachbargewalten (Veröffentl. des Max-Planck-Instituts für Geschichte 32, 1970) S. 100 ff. und *H. Lubenow*, Heinrich der Löwe und die Reichsvogtei Goslar, Nds. Jb. 45 (1973) S. 337 ff. hat Friedrich I. die Vogtei Heinrich dem Löwen zu Lehen gegeben, der sie seinem Ministerialen Anno übertrug. Demgegenüber nehmen *Heinemann*, S. 237 ff., *Petke*, Wöltingerode S. 303 ff. und ders., Pfalzstadt und Reichsministerialität, BlldtLG. 109 (1973) S. 270 ff. (hier allerdings etwas einschränkend) an, daß der König Anno direkt mit der Vogtei belehnt hat. Zur ganzen Frage zuletzt *Jordan*, Harzraum S. 177 ff.

Schiedsspruch im dänischen Thronstreit: *E. Hoffmann*, Königserhebung und Thronfolgeordnung in Dänemark bis zum Ausgang des Mittelalters (Beiträge zur Geschichte und Quellenkunde des Mittelalters 5, 1976) S. 88 ff.

Privileg für Weißenau: UHdL. 18, dazu *Büttner*, Staufer und Welfen S. 42 f. (Neudruck S. 362 f.) und *Bradler*, S. 3.

Prozeß und Verhandlungen um Bayern bis 1156: zuletzt *H. Fichtenau*, Von der Mark zum Herzogtum (²1965) S. 30 ff.; *H. Appelt*, Privilegium minus (1973) S. 32 ff. und *Lechner* S. 142 ff.

Das Investiturprivileg für Heinrich: jetzt DFI. 80, dazu *Jordan*, Bistumsgründungen S. 85 f. und *Classen* S. 435.

Konstanzer Vertrag: jetzt DFI. 51 und 52; zur Interpretation vor allem *Rassow* S. 45 ff.

Erster Italienzug: *Simonsfeld* S. 233 ff.; zum Itinerar Friedrichs jetzt auch *Opll* S. 13 ff. – Heinrichs Vertrag mit dem Markgrafen von Este: UHdL. 30. – Die Vorgänge bei der Kaiserkrönung: Kritische Übersicht über die Quellen bei *Simonsfeld*, Exkurs V, S. 689 ff.

Reichstag zu Regensburg 1156: Der Bericht Ottos von Freising Gesta II c. 55, ed. *Waitz* S. 160, jetzt auch mit deutscher Übersetzung bei *Appelt*, Privilegium minus, S. 100 ff. Letzter Druck des Privilegium DFI. 151 mit Erörterung aller quellenkritischen Fragen; deutsche Übersetzung bei *Appelt*, Privilegium S. 97 f. Die zuletzt von *Heilig* S. 48 ff. vertretene Annahme, daß ein zweites nicht mehr erhaltenes Exemplar des Diploms für Heinrich den Löwen ausgefertigt sei, ist nicht haltbar, dazu schon *H. Fichtenau*, Zur Überlieferung des Privilegium minus, MIÖG. 73 (1965) S. 1 ff. Aus der umfangreichen Literatur zu diesen Vorgängen nenne ich nur *H. Büttner*, Das politische Handeln Friedrich Barbarossas im Jahre 1156, BlldtLG. 106 (1970) S. 54 ff. und die oben erwähnten Arbeiten von *Fichtenau* S. 36 ff.; *Appelt* S. 49 ff. und *Lechner* S. 154 ff. – Zu der immer wieder diskutierten Frage, welches die drei nach Otto von Freising seit alters zur Mark gehörenden Grafschaft waren, jetzt *Lechner* S. 159 ff. und *M. Weltin*, Die „tres comitatus" Ottos von Freising und die Grafschaften der Mark Österreich, MIÖG. 84 (1976) S. 31 ff.

Reinald von Dassel: *R. M. Herkenrath*, Rainald von Dassel, Reichskanzler und Erzbischof von Köln (Diss. Graz 1962 in Masch.-Schrift); *W. Grebe*, Studien zur geistigen Welt Rainalds von Dassel, Ann. des hist. Vereins für den Niederrhein 171 (1969) *S. 5 ff., Neudruck in der Aufsatzsammlung „Friedrich Barbarossa"* S. 245 ff. Zu seinen Anfängen auch *W. Föhl*, Studien zu Reinald von Dassel, Jb. Köln. Gesch.-Verein 17

(1935) S. 234ff. und 20 (1938) S. 238ff. Er ist im Juli 1156 Zeuge in einer Urkunde Heinrichs des Löwen: UHdL. 34.

Ende der dänischen Thronkämpfe: *Jordan,* Heinrich der Löwe und Dänemark S. 21ff.

Polenfeldzug Barbarossas: *Simonsfeld* S. 545ff.

Reichstag zu Besançon: zuletzt W. *Heinemeyer,* „beneficium – non feudum, sed bonumfactum". Der Streit auf dem Reichstag zu Besançon 1157, AfD. 15 (1969) S. 155ff. Zu Heinrichs Vermittlerrolle: *Jordan,* Heinrich der Löwe und das Schisma S. 226ff. Der Zeitpunkt der Strafexpedition gegen die Grafen von Eppan ist nicht sicher. Man hat sie gelegentlich schon in das Jahr 1158 angesetzt; nach dem Itinerar paßt er aber besser in das Jahr 1159, *Heydel* S. 46.

Der Schiedsspruch Friedrichs I. im Streit Heinrichs mit Otto von Freising jetzt DFI. 218. Die Literatur zu den Anfängen Münchens unten S. 281.

Ausgleich mit Bremen: Die Urkunden Friedrichs I. für die Bremer Kirche vom März und April 1158 jetzt DFI. 208–210, 213 und 214, die Urkunde vom Juni 1158 D 219; zur Sache *Glaeske* S. 162f. und *Patze,* S. 363f.

Zweiter Italienzug Friedrichs I.: *Giesebrecht* 5 S. 141ff. und 6 S. 359ff.; *Cartellieri* S. 78ff. – Zum Reichstag von Roncaglia jetzt V. *Colorni,* Le tre leggi perdute di Roncaglia (1158), ritrovate in un manuscritto parigiano, in: Scritti in memoria di A. Giuffrè (1967) S. 111ff., deutsche Übersetzung von G. *Dolazelek* (Untersuch. zur deutschen Staats- und Rechtsgeschichte NF. 12, 1969). – Zu Heinrichs Teilnahme am Italienzug in den Jahren 1159/60 und 1161: *Heydel* S. 46 mit genauer Angabe des Itinerars.

Doppelte Papstwahl: *J. Haller,* Das Papsttum 3 (²1952, Neudruck 1962) S. 145ff. Heinrichs Stellung im Schisma: *Jordan,* Heinrich der Löwe und das Schisma S. 227ff.

Fürstentag zu Erfurt: Die Quellen bei *Heydel* S. 48.

Kämpfe um Mailand: Wichtig immer noch die ausführliche Darstellung bei *Giesebrecht* 5 S. 278ff. und 6 S. 400ff. Die Nachricht, daß Friedrich I. für den Fall seines Todes zunächst seinen Neffen Herzog Friedrich von Schwaben und nach ihm Heinrich den Löwen als seinen Nachfolger designiert habe, findet sich bei Sigebert von Gembloux, Auctarium Affligemense, MG. SS. 6 S. 408, jetzt hg. von P. *Gorissen* (Verhandel. van de Koninkl. Vlaamse Acad. voor Wetenschappen ... Klassen der Letteren Nr. 15, 1952) S. 143.

Vorgänge an der Saône: W. *Heinemeyer,* Die Verhandlungen an der Saône im Jahre 1162, DA. 20 (1964) S. 155ff.; F. J. *Schmale,* Friedrich I. und Ludwig VII. im Sommer des Jahres 1162, Zs. für bayer. LG. 31 (1968) S. 315ff. und *Kienast* S. 204ff. mit Abdruck der Quellen S. 669ff.

Scheidung von Clementia: Annales Welfici Weingartenses zu 1162, hg. von *König,* Historia Welforum S. 90. Daß Friedrich I. aus Furcht vor dem Übergewicht eines welfisch-zähringischen Bündnisses die Scheidung betrieben habe, behauptet Giselbert von Mons in seiner Chronik des Hennegaus: La Chronique de Gislebert de Mons ed. L. *Vanderkindere* (1904) S. 65. – Die Frage, ob aus Heinrichs Ehe mit Clementia eine oder, was wahrscheinlicher ist, zwei Töchter hervorgegangen sind, läßt sich bei den sich teilweise widersprechenden Angaben der Quellen nicht entscheiden, dazu *Eggert,* Wendenzüge S. 67ff. und *Jordan,* Heinrich der Löwe und Dänemark S. 25 A. 55.

## Viertes Kapitel

Für Heinrichs Vorgehen in Nordelbingen bis zum Beginn der 70er Jahre bilden außer Helmold die allerdings teilweise verfälschten Urkunden des Herzogs für die Bistümer Oldenburg-Lübeck, Ratzeburg und Schwerin und einige Urkunden des Erzbischofs Hartwig von Bremen und Friedrichs I. die wichtigsten Quellen. Zur Urkundenkritik *Jordan*, Bistumsgründungen S. 13 ff. Zu den Ereignissen selbst außer den Ausführungen ebd. S. 85 ff. *M. Hamann* S. 68 ff.

Gründung und Ausstattung des Bistums Ratzeburg: Helmold c. 77 (S. 145) und die allerdings im 13. Jahrhundert verfälschte Dotationsurkunde des Herzogs vom Jahre 1158 UHdL. 41; dazu jetzt *W. Prange*, Siedlungsgeschichte des Landes Lauenburg im Mittelalter (Quellen und Forschungen zur Geschichte Schleswig-Holsteins 41, 1960) S. 88 ff.

Neugründung Lübecks und Rechtsverleihung für die Bürger: Helmold c. 86 (S. 168). Zur Chronologie: *A. v. Brandt*, Zur Einführung und Begründung, Zs. des Vereins für lübeck. Geschichte und Altertumskunde 39 (1959) S. 1 ff. – Der Gründungsvorgang ist seit der von *F. Rörig* im Jahre 1921 in seiner Untersuchung „Der Markt von Lübeck" (jetzt zusammen mit R.s weiteren Arbeiten zu den Anfängen Lübecks in: ders., Wirtschaftskräfte im Mittelalter, ²1971) aufgestellten, später aber von ihm selbst wesentlich modifizierten Theorie von einem Unternehmerkonsortium der Kaufleute als dem eigentlichen Träger der Stadtgründung lange Zeit Gegenstand einer lebhaften Kontroverse gewesen, die durch die Fragestellung und Ergebnisse der neueren stadtgeschichtlichen Forschung inzwischen überholt ist. Der Forschungsstand am Ende der 50er Jahre bei *Jordan*, Städtepolitik S. 8 ff. Von neueren Arbeiten nenne ich: *Bärmann*, Städtegründungen, passim, dessen These einer rein hoheitsrechtlichen Gründung aber nicht haltbar ist; *Diestelkamp* S. 164 ff. insbes. S. 185 ff.; *W. Schlesinger*, Zur Frühgeschichte des norddeutschen Städtewesens, Lüneburger Bll. 17 (1966) S. 5 ff.; *W. Ebel*, Lübisches Recht 1 (1971) S. 10 ff. und S. 128 ff.; *B. Scheper*, Frühe bürgerliche Institutionen norddeutscher Hansestädte (Quellen und Darstellungen zur hansischen Geschichte NF. 20, 1975) S. 99 ff.; *Am Ende* S. 89 ff.; *Jordan*, Lübeck unter Graf Adolf II. und Heinrich dem Löwen S. 148 ff. – Zur Frage, welche Bestimmungen des um 1225 verfälschten Privilegs Friedrichs I. für Lübeck aus dem Jahre 1188, UB. der Stadt Lübeck 1 (1843) S. 8 Nr. 7, letzter Druck der dispositiven Teile: Elenchus fontium historiae urbanae 1 (1967) S. 156 Nr. 95, auf die verlorene Urkunde Heinrichs des Löwen für die Stadt zurückgehen, und zum mutmaßlichen Zeitpunkt dieser Urkunde zuletzt *Am Ende* S. 27 ff. und *Jordan*, Lübeck S. 153 ff. Die in niederdeutscher Sprache abgefaßte angebliche Ratswahlordnung des Herzogs für Lübeck, UHdL. 63, ist eine freie Fälschung aus dem Ende des 13. Jahrhunderts. *B. Scheper*, Über Ratsgewalt und Gemeinde in nordwestdeutschen Hansestädten des Mittelalters, Nds. Jb. 49 (1977) S. 87 ff. hat seine ursprüngliche These (Bürgerliche Institutionen, S. 115 ff. und S. 170 ff.), daß die Ratsverfassung in Lübeck schon vom Herzog 1163 eingeführt sei, erheblich eingeschränkt. – Zum Vogt: *G. W. v. Brandt*, Vogtei und Rektorat in Lübeck während des 13. Jahrhunderts, BlldtLG. 101 (1971) S. 162 ff.

Die verlorenen und nur aus späteren Bestätigungen bekannten Handelsverträge mit Schweden und dem Fürstentum Nowgorod: UHdL. *115 und *116.

Die Chronologie der Züge Waldemars I. nach Mecklenburg und Vorpommern, für die Saxo, Gesta Danorum lib. 14 c. 25 ff., hg. von *J. Olrik – H. Raeder* 1 (1931) S. 427 ff.

und die Knytlinga-Saga c. 120ff., hg. von *C. af Petersens – E. Olson* (1919–1923) S. 264ff. die wichtigsten Quellen sind, ist jetzt geklärt durch *Eggert*, Wendenzüge S. 32ff. Zu den Zügen selbst und Waldemars Verhältnis zu Heinrich dem Löwen: ders., Dänisch-wendische Kämpfe S. 1ff.; *Jordan*, Heinrich der Löwe und Dänemark S. 23ff.; *Hamann* S. 76ff.

Kämpfe und Neuordnung des Jahres 1160: Helmold c. 88 (S. 171ff.). – Erhebung Schwerins zur Stadt: UHdL. *46, dazu *Jordan*, Städtepolitik S. 16f.; *Bärmann*, Städtegründungen passim. – Verlegung des Bistums Oldenburg nach Lübeck: Helmold c. 90 (S. 175).

Die Urkunde für die Gotländer: UHdL. 48, das Mandat für den Vogt Odelrich: UHdL. 49. Die wiederholt von skandinavischen Forschern, zuletzt von *A. E. Christensen*, Das Artlenburg-Privileg und der Ostseehandel Gotlands und Lübecks im 12. und 13. Jahrhundert, Nerthus 2 (1969) S. 219ff. vertretene Ansicht, Odelrich sei kein Vogt des Herzogs auf Gotland, sondern einer seiner Beamten in Nordelbingen gewesen, ist nicht haltbar, ebensowenig die These *Christensens* von einer späteren Verfälschung des Privilegs, dazu *K. Jordan*, Zu den Gotland-Urkunden Heinrichs des Löwen, Hans. Geschbll. 91 (1973) S. 24ff. mit älterer Literatur.

Dotierung der Bistümer Ratzeburg und Lübeck und die Regelung der Zehntfragen: Helmold c. 84 und 90 (S. 162f. und 175), UHdL. 52 für Ratzeburg, U. 59 und 60 für Lübeck, dazu *W. Prange*, Die 300 Hufen des Bischofs von Lübeck, in: Aus Reichsgeschichte und Nordischer Geschichte (Kieler Historische Studien 16, 1972) S. 244ff. Die Urkunde des Erzbischofs Hartwig *May* Nr. 549.

Zehntstreit im Bistum Lübeck: Helmold c. 92 (S. 178ff.).

Kämpfe in Mecklenburg: *Hamann* S. 85ff. – Neuordnung des Jahres 1167: Helmold c. 103 (S. 203).

Regelung der Rechtsverhältnisse in den Bistümern Ratzeburg und Lübeck: UHdL. 81 und 82, dazu *Jordan*, Bistumsgründungen S. 110ff. – Dotierung des Bistums Schwerin: UHdL. 89.

Einsetzung des Bischofs Heinrich in Lübeck und Grundsteinlegung des Domes: Arnold lib. I c. 13 (S. 35).

## Fünftes Kapitel

Besitz- und Herrschaftsrechte Heinrichs in Sachsen: Grundlegend immer noch *L. Hüttebräuker*, Das Erbe Heinrichs des Löwen (Studien und Vorarbeiten zum historischen Atlas von Niedersachsen 9, 1927); dazu die beiden Karten in: Geschichtlicher Handatlas von Niedersachsen (1939) Nr. 29: Eigengüter Heinrichs des Löwen, und Nr. 30/31: Der Machtbereich Heinrichs des Löwen.

Heinrich und seine Gegenspieler: *Hildebrand* S. 209ff.; doch sind ihre Ergebnisse durch neuere Forschungen ergänzt und berichtigt. – Einzelne Territorien: Bremen: *Reinecke* S. 136ff. – Hildesheim: *Heinemann* S. 225ff. – *K. Bogumil*, Das Bistum Halberstadt im 12. Jahrhundert (Mitteldeutsche Forschungen 69, 1972) S. 235ff. – *D. Claude*, Geschichte des Erzbistums Magdeburg bis ins 12. Jahrhundert 2 (Mitteldeutsche Forschungen 67 II, 1975) S. 71ff. – Askanischer Herrschaftsbereich: *H. K. Schulze* S. 105ff. – Sommerschenburg: *Starke* S. 1ff., insbes. S. 52ff. – Südliches Sachsen: *K. A. Eckhardt*, Heinrich der Löwe an Werra und Oberweser (Beiträge zur Geschichte der Werralandschaft 6, ²1958); *H. Patze*, Die Entstehung der Landesherrschaft

in Thüringen 1 (Mitteldeutsche Forschungen 22, 1962) S. 221 ff.; *W. Schöntag*, Untersuchungen zur Geschichte des Erzbistums Mainz unter den Erzbischöfen Arnold und Christian I. (Quellen und Forschungen zur hessischen Geschichte 22, 1973) S. 150 ff.
Heinrichs Politik im Harzgebiet: zuletzt *Jordan*, Harzraum S. 179 ff. Die Urkunde des Herzogs für das Stift Riechenberg aus dem Jahre 1154: UHdL. 27. – Die beiden Urkunden Friedrichs I. für Heinrich vom 1. Januar 1158: jetzt DFI. 199 und 200; dazu *Patze*, Friedrich Barbarossa, S. 359 ff.
Westfalen: Außer *Hildebrand* S. 275 ff. jetzt *A. K. Hömberg*, Westfalen und das sächsische Herzogtum (Schriften der historischen Kommission Westfalens 5, 1963) S. 32 ff., dessen These, daß sich die herzogliche Herrschaft vor allem über die Landschaften Engern und Westfalen erstreckt habe, jedoch nicht haltbar ist; vgl. dazu die Besprechung von *G. Schnath*, Nds. Jb. 35 (1963) S. 227 ff. – Das Heinrich zugeschriebene Wort *terminum ducatus sui Westphalie se extendere in quantum eques lanceam a littore Reni apud Tuicium in Renum sagittare posset* findet sich in einem allerdings in einer sehr späten Überlieferung erhaltenen Brief des Erzbischofs Philipp von Köln, *Knipping* Reg. 2 Nr. 1106, dazu *Hömberg* S. 46 mit A. 142.
Auseinandersetzungen mit den Grafen von Schwalenberg: *Läwen* S. 14 ff.; *F. Forwik*, Die staatsrechtliche Stellung der ehemaligen Grafen von Schwalenberg (Geschichtl. Arbeiten zur westfälischen Landesforschung 5, 1963) S. 32 ff.; *Hömberg* S. 49 f.; *Jordan*, Politisches Kräftespiel S. 1058 ff. Zum Vorgehen Heinrichs seine beiden Briefe: UHdL. Nr. 35 und 36. – Maßnahmen gegen Graf Heinrich von Arnsberg: *Knipping* Nr. 809; dazu *Hömberg* S. 47.
Kämpfe in Sachsen: Da eine neuere Untersuchung für sie fehlt, ist immer noch wichtig *Giesebrecht* 5 S. 512 ff. und S. 606 ff., 6 S. 456 f. und S. 482 f. Die wichtigsten Quellen, zu denen außer Helmold c. 103 f. (S. 203 ff.) die verschiedenen sächsischen Annalen, vor allem die Pöhlder Annalen, gehören, sind jetzt zusammengestellt bei *Krabbo* Reg. Nr. 354 ff. und *Knipping* Reg. Nr. 854 und 896 f. Zur Chronologie der Ereignisse: *Heydel* S. 61 ff. – Der Brief des Bischofs Albert von Freising über die geplante Verschwörung des Jahres 1163 bei *H. Sudendorf*, Registrum oder merkwürdige Urkunden 1 (1849) S. 66 Nr. 24. – Niederlage Adalberts von Sommerschenburg: *Starke* S. 43 f. – Zu den Kämpfen in Ostsachsen auch *Hoppe* S. 197 ff. (Neudruck S. 54 ff.); *D. Claude*, Geschichte des Erzbistums Magdeburg 2 (1975) S. 148 ff. – Die Vereinbarungen der Kölner Kirche mit den ostsächsischen Fürsten: UB des Erzstifts Magdeburg 1 (Geschichtsquellen der Provinz Sachsen und des Freistaates Anhalt, Neue Reihe 18, 1937) S. 421 Nr. 324. – Das Gerücht über die angebliche schwere Niederlage Heinrichs in einem Brief des Johannes von Salisbury: *J. C. O. Robertson*, Materials for the History of Thomas Becket 6 (Rer. Brit. medii aevi SS. 67, 6, 1882) S. 415 Nr. 410; dazu *Krabbo* Reg. Nr. 366.
Friedensbemühungen Friedrichs I.: *Giesebrecht* 5 S. 613, 635 f. und 654 f., 6 S. 484, 489 und 493; *Cartellieri* S. 247 ff.
Vorgänge in Bremen nach dem Tod Hartwigs: *Glaeske* S. 165 ff. – Die Urkunde für Friedrich von Mackenstedt: UHdL. Nr. 88.
Der Erwerb der Erbschaft Ottos von Assel wird nur ganz kurz bei Helmold c. 102 (S. 202) erwähnt. – Sommerschenburger Erbe: *Starke* S. 48 f.

## Sechstes Kapitel

Grafschaftsverwaltung unter Lothar III. und Heinrich dem Löwen: *Hildebrand* S. 359ff.; *Vogt* S. 124ff.; *K. Mascher,* Reichsgut und Komitat am Südharz im Hochmittelalter (Mitteldeutsche Forschungen 9, 1957); *Wadle* S. 142ff. und S. 209ff.; *Petke* S. 261ff.; *Schulze* S. 79ff. zu Lüchow und S. 90ff. zu Dannenberg.

Ministerialität: *O. Haendle,* Die Dienstmannen Heinrichs des Löwen (Arbeiten zur deutschen Rechts- und Verfassungsgeschichte 8, 1930); *H. Lubenow,* Die welfischen Ministerialen in Sachsen (Diss. Kiel 1964 in Masch.-Schrift); zur Ministerialität Lothars auch *Wadle* S. 161ff.

Städtepolitik: Eine Zusammenfassung der Ergebnisse der älteren Forschung bei *Jordan,* Städtepolitik S. 1ff.; kurzer Überblick: ders., Burglöwe S. 13ff.; ferner *Bärmann,* Städtegründungen, allerdings vielfach sehr anfechtbar; *Diestelkamp,* Städtegründungen S. 164ff. – Neueste Spezialliteratur zu einzelnen Städten: Braunschweig: *M. Garzmann,* Stadtherr und Gemeinde in Braunschweig im 13. und 14. Jahrhundert (Braunschweiger Werkstücke 53, 1976), auch für die frühere Zeit wichtig, zu Heinrich dem Löwen insbes. S. 126ff. – Stade und Bremen: *Reinecke* S. 149ff.; *K. Jordan,* Heinrich der Löwe und Bremen, in: Stadt und Land in der Geschichte des Ostseeraums, Festschrift für W. Koppe (1973) S. 11ff. – Bardowick und Lüneburg: *U. Reinhardt,* Bardowick-Lüneburg-Lübeck, in: Lübeck 1226, Reichsfreiheit und frühe Stadt (1976) S. 207ff. – Hannover: *H. Plath,* Die Anfänge der Stadt Hannover, Hannov. Geschbll. NF. 15 (1961) S. 167ff. – (Hann.-)Münden: *K. Heinemeyer,* Die Gründung der Stadt Münden, Hess. Jb. für LG. 23 (1973) S. 141ff., dort auch die übrige umfangreiche Literatur zu dieser Frage; ganz unzureichend: *R. Grenz,* Die Anfänge der Stadt Münden nach den Ausgrabungen in der St. Blasius-Kirche (1973). – Göttingen: *O. Fahlbusch,* Die Topographie der Stadt Göttingen (Studien und Vorarbeiten zum historischen Atlas von Niedersachsen 21, 1952) S. 14ff. – Haldensleben: *B. Schwineköper* in: Die Kunstdenkmale des Kreises Haldensleben (Die Kunstdenkmale im Bezirk Magdeburg 1, 1961) S. 316ff.; ders., Artikel Haldensleben, in: Provinz Sachsen, Anhalt (Handbuch der historischen Stätten Deutschlands 11, 1975) S. 174ff.

Münzwesen: *W. Jesse,* Die Brakteaten Heinrichs des Löwen, Braunschw. Jb. 30 (1949) S. 10ff.; ders., Münz- und Geldgeschichte S. 26ff.; ders., Der zweite Brakteatenfund von Mödesse und die Kunst der Brakteaten zur Zeit Heinrichs des Löwen (Braunschweiger Werkstücke 21, 1957); *G. Welter,* Die Münzen der Welfen seit Heinrich dem Löwen, 2 Bde. (1971/73), insbes. 1 S. 1ff. mit den entsprechenden Abbildungen in Bd. 2 Taf. 1ff. – Für Bremen speziell: *G. A. Löning,* Das Münzrecht im Erzbistum Bremen (Quellen und Studien zur Verfassungsgeschichte des Deutschen Reiches in Mittelalter und Neuzeit VII 3, 1937) S. 74ff.

Kirchenvogtei und Klosterpolitik: *Hildebrand* S. 393ff. und *Vogt* S. 115ff. Zu Einzelfragen, insbesondere zur Regelung der Rechtsverhältnisse in den Klöstern Bursfelde, Homburg, Northeim und Reinhausen, die infolge von Fälschungen oder Verfälschungen herzoglicher und anderer Urkunden nicht immer deutlich zu erkennen sind, auch *K. Jordan,* Studien zur Klosterpolitik Heinrichs des Löwen, AUF. 17 (1941) S. 1ff.

Verwaltungsklerus: *Hildebrand* S. 417ff. – Kapelle und Kanzlei: *Hasenritter,* insbes. S. 144ff.; *Jordan* in der Einleitung zur Urkundenausgabe S. XXff.

Wesen der herzoglichen Gewalt: *Hildebrand* S. 11ff. hat die Annahme der älteren Forschung, Heinrichs Ziel sei die Neubelebung des früheren Stammesherzogtums gewesen, mit Recht abgelehnt; doch ist auch ihre eigene Theorie, seine Herrschaft sei nur ein Konglomerat von markgräflichen, gräflichen, Vogtei- und Besitzrechten gewesen, in dieser Einseitigkeit nicht haltbar. Vgl. dazu außer den verschiedenen Besprechungen ihres Buches schon *Läwen* S. 45 f.; *Jordan*, Herzogtum und Stamm, S. 24 ff. und vor allem die ausgewogene Erörterung des Problems durch *G. Schnath*, Vom Sachsenstamm zum Lande Niedersachsen (1966) S. 26 ff. – Der Ausdruck „stammesbezogenes Herzogtum" bei *K. G. Hugelmann*, Stämme, Nation und Nationalstaat im deutschen Mittelalter 1 (1955) S. 179.

## Siebentes Kapitel

Herrschaftsgrundlagen und Politik in Bayern: Wichtig immer noch *Riezler*, 1, 2 S. 297 ff. u. 369 ff.; ferner *R. Hildebrand*, Studien über die Monarchie Heinrichs des Löwen (Diss. Berlin 1931), die allerdings Heinrichs Vorgehen zu einseitig als reine Wirtschaftspolitik ansieht. Der Stand der neueren Forschung jetzt bei *Reindel* im Handbuch der bayer. Geschichte 1 S. 263 ff. und *Prinz*, ebd. S. 270 ff.

Reichsgut im Lehnsbesitz des Herzogs: *H. C. Faußner*, Herzog und Reichsgut im bairisch-österreichischen Rechtsgebiet im 12. Jahrhundert, ZRG. Germ. Abt. 85 (1968) S. 1 ff. – Zu den Besitz- und Herrschaftsverhältnissen in Schwaben und am Lechrain jetzt auch *G. Bradler*, Studien zur Geschichte der Ministerialität im Allgäu und in Oberschwaben (Göppinger Akademische Beiträge 50, 1973) S. 331 ff. und ders., Heinrich der Löwe in Oberschwaben, S. 2 ff. – Zur strittigen Frage der Zugehörigkeit des Traungaus zu Bayern bis 1180: *Reindel* S. 263 mit älterer Literatur, und *Lechner* S. 161 f.

Gründung Münchens: Die umfangreiche Literatur dazu jetzt im Artikel „München" in: Bayerisches Städtebuch Teil 2 (Deutsches Städtebuch 5, 2, 1974) S. 394 ff. Eine Zusammenfassung der älteren Forschung bei *Jordan*, Städtepolitik S. 5 ff. Neuere Untersuchungen: *Bärmann* S. 26 ff. und öfter, auch hier in Einzelheiten anfechtbar, und zuletzt *E. Pitzer*, Der Föhringer Streit im Lichte des Rechtes und der Politik, Sammelbl. des historischen Vereins Freising 25 (1965) S. 17 ff.

Landsberg: *H. J. Rieckenberg*, Landsberg-Phetine, ein Beitrag zur Geschichte der freiherrlichen Familie von Pfetten, Bll. des bayer. Landesvereins für Familienkunde 27 (1964) S. 465 ff.; *P. Fried*, Die Stadt Landsberg am Lech in der Städtelandschaft des frühen bayerischen Territorialstaats, Zs. für bayer. LG. 32 (1969) S. 68 ff.

Reichenhall: *H. Vogel*, Geschichte von Reichenhall, Oberbayer. Archiv 94 (1971) S. 1 ff., insbes. S. 21 ff.

Burghausen: *Hildebrand* S. 28 ff.

Regensburg: *P. Schmid*, Regensburg, Stadt der Könige und Herzöge im Mittelalter (Regensburger historische Forschungen 6, 1977), S. 180 ff. und öfter.

Klosterpolitik: *Hildebrand* S. 58 ff. – Zum Streit um Münsteuer: *P. Classen*, Der Prozeß um Münsteuer (1154–1176) und die Regalienlehre Gerhochs von Reichersberg, ZRG. Germ. Abt. 77 (1960) S. 324 ff.

Auswirkungen des Schismas auf Bayern: *Riezler* 1, 2 S. 316 ff.; *R. Bauerreiß*, Kirchengeschichte Bayerns 3 (1951) S. 64 ff.; *Jordan*, Heinrich der Löwe und das Schisma S. 227 ff.; *G. Hödl*, Das Erzstift Salzburg und das Reich unter Kaiser Friedrich Barbarossa, Mitteil. der Gesellschaft für Salzburger Landeskunde 114 (1975) S. 37 ff.

*Achtes Kapitel*

Zur Politik Friedrichs I. seit 1163 außer *Giesebrecht* 5 S. 382 ff. und 6 S. 422 ff. *Cartellieri* S. 143 ff.

Bündnispolitik Manuels I.: *Ohnsorge*, Zweikaiserproblem S. 109 ff.; *Lamma* 2 S. 88 ff. und S. 123 ff.; *P. Classen*, La politica di Manuele Comneno tra Federico Barbarossa e le città italiane, in: Popolo e stato in Italia nell'età di Federico Barbarossa (Relazioni e comunicazioni al XXXIII congresso storico subalpino, 1970) S. 263 ff.; ders; Die Komnenen und die Kaiserkrone des Westens, Journal of Medieval History 3 (1977) S. 207 ff. Griechische Gesandtschaft in Braunschweig: Helmold c. 101 (S. 199).

Gesandtschaft Reinalds nach England: Die Quellen sind zusammengestellt bei *Knipping* Reg. Nr. 816.

Würzburger Reichstag 1165: MG. Const. 1, 314 ff. Nr. 223–226; *Knipping* Reg. Nr. 818; *G. Rill*, Zur Geschichte der Würzburger Eide von 1165, Würzburger Diözesangeschichtsbll. 22 (1960) S. 7 ff.

Vierter Italienzug Friedrichs I.: *Giesebrecht* 5 S. 522 ff., 6 S. 458 ff.; *Cartellieri* S. 196 ff. Lombardenbund: *G. Fasoli*, Federico Barbarossa e le città lombarde, in: Probleme des 12. Jahrhunderts S. 121 ff. (deutsche Übersetzung in dem Sammelband „Friedrich Barbarossa" S. 149 ff.); dies., La Lega Lombarda-Antecedenti, formazione, struttura, in: Probleme ... S. 143 ff.; zu Einzelfragen auch die Beiträge in dem Band „Popolo e stato" (s. o.).

Heirat Heinrichs mit Mathilde: vor allem Helmold c. 106 (S. 209). Der Tag ergibt sich aus der Urkunde des Herzogs für die Mindener Kirche: UHdL. 77. *H. Lubenow*, Die politischen Hintergründe der Trauung Heinrichs des Löwen 1168 im Mindener Dom, Mindener Heimatbll. 40 (1968) S. 35 ff.

Gesandtschaft zu Heinrich II. und Ludwig VII.: Die teilweise stark voneinander abweichenden Quellen bei *Knipping* Reg. Nr. 915–917; dazu zuletzt *Kienast* S. 222 f., der es unter Hinweis auf die Angabe des Stephan von Rouen sogar für möglich hält, daß Friedrich I. als Nachfolger Karls des Großen den französischen Königsthron für sich beansprucht und sich bereiterklärt habe, den gleichnamigen ältesten Sohn Heinrichs II. mit Frankreich zu belehnen; doch ist die Nachricht wenig glaubwürdig.

Deutsch-byzantinische Verhandlungen seit 1170: zuletzt *Lamma* 2 S. 227 ff.

Zusammenkunft in Vaucouleurs: MG. Const. 1 S. 331 Nr. 237; dazu *Kienast* S. 224.

Pilgerfahrt Heinrichs: Der Bericht Arnolds von Lübeck lib. I c. 1–12 (S. 10 ff.); dazu *E. Joranson*, The Palestine Pilgrimage of Henry the Lion, in: Medieval and Historical Essays in the Honor of J. W. Thompson (1938) S. 146 ff.; die Urkunde Heinrichs für die Grabeskirche: UHdL. 94. Während *Joranson* den religiösen Charakter des Zuges betont, vertritt vor allem *W. Ohnsorge*, Die Byzanzpolitik Friedrich Barbarossas und der „Landesverrat" Heinrichs des Löwen, DA. 6 (1943) S. 118 ff. (jetzt auch in: ders., Abendland und Byzanz, Gesammelte Aufsätze, 1958) S. 456 ff. die Ansicht, daß diese Fahrt auch eine stark politische Note gehabt habe. Allerdings läßt sich seine Annahme, daß Heinrich dem byzantinischen Kaiser gewisse territoriale Zugeständnisse Friedrichs I. in Italien in Aussicht gestellt habe, quellenmäßig nicht belegen; dazu jetzt auch *Lamma* 2 S. 230 ff.

Die im Cosmodromius des Gobelinus Person, hg. *H. Meibom*, Rerum Germanicarum tom. 1 (1688) S. 271 überlieferte Nachricht von den Abmachungen Friedrichs I. mit den sächsischen Vasallen des Herzogs verdient, wie schon *K. Hampe*, Heinrichs des Löwen Sturz in historisch-politischer Beurteilung, HZ. 109 (1912) S. 49 ff. gegenüber *J. Haller,* Der Sturz Heinrichs des Löwen, AUF. 3 (1911) S. 326 ff. mit Recht betont hat, wenig Glaubwürdigkeit.

Territorialpolitik Friedrichs I. in Schwaben: *K. Schmid,* insbes. S. 169 ff.; *Büttner,* Staufer und Welfen S. 54 f. (Neudruck S. 375 f.), ders., Staufische Territorialpolitik im 12. Jahrhundert, Württemb.-Franken 47 (1963) S. 5 ff.

Erbschaft Welfs VI.: Hauptquelle ist die Continuatio Staingadensis der Historia Welforum, hg. von *E. König,* Historia Welforum, S. 68 ff.; zum Zeitpunkt der einzelnen Abmachungen Welfs mit Heinrich und Friedrich I.: *König* S. 134 f.; *Feldmann,* Welf VI., S. 73 ff.; zur Bedeutung dieser Erbschaft auch *H. Schwarzmaier,* Die Heimat der Staufer (²1977) S. 48 ff. und *Bradler,* Heinrich der Löwe S. 4 f.

Bautätigkeit in Braunschweig: *E. Döll,* Die Kollegiatstifte St. Blasius und St. Cyriacus zu Braunschweig (Braunschweiger Werkstücke 36, 1967) S. 34. Die Spezialliteratur unten S. 286 f.; dort auch die Literatur zum Gmundener Evangeliar. Zur Interpretation des Krönungsbildes jetzt vor allem *J. Fried,* Königsgedanken Heinrichs des Löwen, Arch. für Kulturgesch. 55 (1973) S. 312 ff., insbes. S. 325 ff.

Königspläne: Die von *H. Mau,* Heinrich der Löwe, S. 47 ff. vertretene These, Heinrich habe eine eigene Königsherrschaft in Norddeutschland angestrebt, ist weitergeführt bei *Fried,* Königsgedanken S. 312 ff. und *O. Engels,* Neue Aspekte zur Geschichte Friedrich Barbarossas und Heinrichs des Löwen, in: Selbstbewußtsein und Politik der Staufer (Schriften zur staufischen Geschichte und Kunst 3, 1977) S. 28 ff.

## *Neuntes Kapitel*

5. Italienzug Friedrichs I.: *Giesebrecht* 5 S. 733 und 6 S. 511; *Cartellieri* S. 319 ff. – Friede von Montebello: *W. Heinemeyer ,* Der Friede von Montebello, DA. 11 (1954/55) S. 101 ff.

Chiavenna: Die These, daß eine Zusammenkunft zwischen Kaiser und Herzog nicht stattgefunden hat, hat in neuerer Zeit vor allem *F. Güterbock,* Der Prozeß Heinrichs des Löwen (1909) S. 5 ff. und ders., Die Gelnhäuser Urkunde und der Prozeß Heinrichs des Löwen (Quellen und Darstellungen zur Geschichte Niedersachsens 32, 1920) S. 157 ff. vertreten, hat aber später selbst in seinem Aufsatz „Über Otto von St. Blasien, Burchard von Ursberg und eine unbekannte Welfenquelle mit Ausblick auf die Chiavennafrage", in: Kritische Beiträge zur Geschichte des Mittelalters, Festschrift für R. Holtzmann (Historische Studien 238, 1933) S. 191 ff. die Möglichkeit einer Zusammenkunft zugegeben. Gegen *Güterbock* vor allem *J. Haller,* Der Sturz Heinrichs des Löwen, AUF. 3 (1911) S. 297 ff. und *K. Hampe,* Heinrich der Löwe in politisch-historischer Beurteilung, HZ. 109 (1912) S. 57 ff. – Goslarforderung: *Jordan,* Goslar und das Reich S. 64 ff. mit Quellen und älterer Literatur. Die Annahme von *P. Munz,* Frederick Barbarossa and Henry the Lion in 1176, Historical Studies Australia and New Zealand 12 (1965) S. 1 ff., ders., Frederick Barbarossa S. 310, Heinrich habe mit dieser Forderung vor allem Friedrichs weitere politische Ziele testen wollen, scheint mir nicht haltbar zu sein.

Vorfriede von Anagni: MG. Const. 1, 349 ff. Nr. 249 und 250. – Die Akten zum Frieden von Venedig ebd. S. 360 ff. Nr. 259–273; dazu *Cartellieri* S. 340 ff.

Kämpfe in Sachsen seit 1177: *W. Biereye,* Die Kämpfe gegen Heinrich den Löwen in den Jahren 1177–1181, in: Forschungen und Versuche zur Geschichte des Mittelalters

und der Neuzeit, Festschrift für D. Schäfer (1915) S. 149 ff.; *Hoppe* S. 232 ff. (Neudruck
S. 85 ff.). Zu der nicht immer gesicherten Chronologie *Knipping* Reg. Nr. 1105 und
1137 und *Heydel* S. 87 ff.; zu Einzelheiten auch *H. Grundmann,* Rotten und Brabanzonen, DA. 5 (1942) S. 419 ff.

Prozeß Heinrichs des Löwen: Bester Druck der Gelnhäuser Urkunde, deren Interpretation den Ausgangspunkt für eine lebhafte Diskussion gebildet hat, bei *Güterbock,*
Gelnhäuser Urkunde S. 23 ff. Die umfangreiche neuere Literatur bei *Jordan* in *Gebhardt-Grundmann* S. 408 A. 3 (Taschenbuchausgabe S. 154 A. 3). Außer den eben bereits angeführten Arbeiten von *Güterbock* und *Haller* sind vor allem *Mitteis,* Prozesse
S. 48 ff. und *C. Erdmann,* Der Prozeß Heinrichs des Löwen, in: Kaisertum und Herzogsgewalt im Zeitalter Friedrichs I. (Schriften des Reichsinstituts für ältere deutsche
Geschichtskunde 9, 1944) S. 273 ff. zu nennen; doch sind *Erdmanns* Thesen teilweise
nicht haltbar, vgl. *H. Mitteis,* Zur staufischen Verfassungsgeschichte, ZRG. Germ.
Abt. 65 (1947) S. 325 ff., jetzt auch in: ders., Die Rechtsidee in der Geschichte (1957)
S. 490 ff. Daß das landrechtliche und das lehnrechtliche Verfahren aufeinander gefolgt
sind, geht aus dem Bericht der Gelnhäuser Urkunde deutlich hervor. Der Tag des
Achtspruches (vielleicht der 29. Juni 1179) ergibt sich aus der Verhängung der Oberacht auf dem Regensburger Reichstag Ende Juni 1180. Die Annahme *Erdmanns,* daß
das landrechtliche Verfahren auf dem Reichstag zu Magdeburg im Juni 1179 steckenge-
blieben und die Acht erst zusammen mit dem lehnrechtlichen Urteil im Januar 1180 in
Würzburg verhängt ist, ist nicht haltbar. Richtig ist lediglich seine Ansicht, daß bereits
in Worms im Januar 1179 ein Feststellungsurteil über eine eventuelle spätere Acht
ergangen ist. Auch *Erdmanns* Meinung, daß im Anschluß an das erste angeblich nicht
zu Ende geführte landrechtliche Verfahren auf Grund der Hochverratsklage des Markgrafen Dietrich von Landsberg ein zweiter landrechtlicher Prozeß angestrengt ist, läßt
sich nicht halten. Unter dem Begriff *evidens reatus maiestatis* (offensichtliche Majestätsverletzung) der Gelnhäuser Urkunde ist zweifellos das Nichterscheinen vor dem
königlichen Gericht, nicht aber ein angeblicher Hoch- oder Landesverrat zu verstehen.

„Komplott" der schwäbischen Großen: *Erdmann* S. 315 ff.; *K. Schmid* S. 194 ff.;
*Bradler* S. 3 ff.

Haltung Heinrichs II. beim Sturz Heinrichs des Löwen: zuletzt *F. Trautz,* Die Könige von England und das Reich 1272–1377. Mit einem Rückblick auf ihr Verhältnis zu
den Staufern (1961) S. 73 f. mit älterer Literatur. – Haltung Philipps II. von Frankreich
und Philipps von Flandern: *A. Cartellieri,* Philipp II. August 1 (1900) S. 71 ff. mit Bei-
lagen S. 45 ff., *Kienast* S. 225 f.

Zu den Kämpfen der Jahre 1180 und 1181 *Biereye* S. 174 ff. und *Hoppe* S. 239 ff.
(Neudruck S. 100 ff.). Zur Chronologie auch *Knipping* Reg. Nr. 1167 und *Heydel*
S. 92 ff.

Reichstag zu Altenburg: *Riezler* 1, 2 S. 360 ff. *M. Spindler* in: Handbuch der bayer.
Geschichte 2 (1969) S. 15 ff.

Vorgänge vor Lübeck: *F. Curschmann,* Die Belehnung Herzog Bogislavs I. im Lager
vor Lübeck 1181, Pommersche Jbb. 31 (1937) S. 5 ff.; *Jordan,* Heinrich der Löwe und
Dänemark S. 28.

Reichstag zu Erfurt: *Giesebrecht* 5 S. 943 ff., 6 S. 578 ff.; *Cartellieri* S. 391.

Auswirkungen des Sturzes Heinrichs des Löwen: Von den neueren Arbeiten zu
diesem oft behandelten Problem nenne ich vor allem *Th. Mayer,* Friedrich I. und Heinrich der Löwe, in: Kaisertum und Herzogsgewalt S. 401 ff. (Neudruck S. 56 ff.). Ausbil-

dung des jüngeren Reichsfürstenstandes: dazu jetzt vor allem *E. E. Stengel,* Land- und lehnrechtliche Grundlagen des Reichsfürstenstandes, ZRG. Germ. Abt. 66 (1948) S. 294 ff., jetzt in: ders., Abhandlungen und Untersuchungen zur mittelalterlichen Geschichte (1960) S. 133 ff. Zum Kölner Dukat: *G. Kallen,* Das Erzstift Köln und der ducatus Westfalie et Angarie, Jb. Köln. Geschichtsverein 31/32 (1957) S. 78 ff.

Leihezwang: Gegen die vor allem von *H. Mitteis,* Lehnrecht und Staatsgewalt (1933, Nachdruck 1958) S. 690 ff. und ders., Der Staat des hohen Mittelalters (⁸1968) S. 264 ff. vertretene These, daß im Jahre 1180 ein Leihezwang reichsrechtlich festgelegt sei: *W. Goez,* Der Leihezwang (1962) S. 226 ff. Zur ganzen Frage zuletzt *H. G. Krause,* Der Sachsenspiegel und das Problem des sogenannten Leihezwangs, ZRG. Germ. 93 (1976) S. 21 ff.

## Zehntes Kapitel

Zeit der Verbannung: *A. L. Poole,* Die Welfen in der Verbannung, DA. 2 (1938) S. 129 ff.; *R. Moderhack,* Heinrich der Löwe und England, in: Braunschweiger Kalender 1948, S. 29 ff. – Die beiden Gedichte Bertrans: Bertran de Born, hg. von *A. Stimming* (²1913) S. 129 ff. Nr. 34 und 35, dazu die Einleitung S. 16 f. und: Die Lieder Bertrans de Born, neu hg. von *C. Appel* (1932) S. 18 ff. Nr. 7 und 8; deutsche Übersetzung des Gedichtes Nr. 35 (bei Stimming) bei *F. Wellner,* Die Trobadors, neu hg. von *H. G. Tuchel* (1966) S. 129.

Hoffest zu Mainz 1184: *J. Fleckenstein,* Friedrich Barbarossa und das Rittertum, in: Festschrift für H. Heimpel 2 (Veröffentl. des Max-Planck-Instituts für Geschichte 36, 2, 1972) S. 1023 ff.; Anwesenheit Heinrichs des Löwen: *Poole* S. 133 f.; *Cartellieri* S. 408. – Reise Philipps von Köln nach England: *Knipping* Reg. Nr. 1232; dazu *Poole* S. 135. – Eheprojekte für die junge Mathilde: *Poole* S. 139 ff.

Nordelbingen nach 1180: *H.-J. Freytag,* Der Nordosten des Reiches nach dem Sturz Heinrichs des Löwen, DA. 25 (1969) S. 471 ff.

Die Briefe Heinrichs, in denen er den Kaiser um die Wiederherstellung seiner Ehre, die Rückgabe seiner Besitzungen und um Hilfe gegen seine Feinde bittet (UHdL. Nr. 137–139), sind zwar wie die meisten anderen Briefe der jüngeren Hildesheimer Briefsammlung aus dem Ende des 12. Jahrhunderts Stilübungen, doch können ihnen entsprechende Bitten Heinrichs zugrunde liegen. Zum Quellenwert dieser Sammlung für die Zeit von etwa 1185–1190 zuletzt *B. Scheper,* Beiträge zum Quellenwert der Hildesheimer Formelsammlung, Nds. Jb. 33 (1961) S. 223 ff. und *F. Opll,* Beiträge zur historischen Auswertung der jüngeren Hildesheimer Briefsammlung, DA. 33 (1977) S. 473 ff. mit älterer Literatur.

Zu den Siegeln vgl. die Ausgabe der Urkunden S. XLVI. f.; Abbildung aller Siegel bei *Hasenritter,* Siegeltafel; zu einzelnen Siegeln auch: Die Zeit der Staufer, Katalog der Ausstellung 1977 1 S. 44 Nr. 65 und 66 mit Abbildungen 2 Nr. 13 und 14.

Mainzer Hoftag von 1188: *F. W. Wentzlaff-Eggebert,* Der Hoftag Jesu Christi 1188 in Mainz (Vorträge des Instituts für europäische Geschichte Mainz 32, 1962) und *Fleckenstein* (s. o.).

Reichstag zu Goslar und Vorschläge Friedrichs I.: Arnold lib. IV c. 7 (S. 128); dazu aber kritisch *Giesebrecht* 6 S. 190 f. und 680; *Poole* S. 141.

Dritter Kreuzzug: *H. E. Mayer,* Geschichte der Kreuzzüge (1965) S. 129 ff.; engl. Übersetzung: The Crusades (1972) S. 134 ff.; *E. Eickhoff,* Friedrich Barbarossa im

Orient (Deutsches Archäologisches Institut Istanbul, Mitteilungen Beiheft 17, 1977).
Rückkehr Heinrichs nach Deutschland und Kämpfe in Sachsen: Arnold lib. V c. 1 ff.
(S. 147 ff.); dazu *Freytag* S. 494 ff.

Gründung der Hamburger Neustadt: *H. Reincke*, Das städtebauliche Wesen und
Werden Hamburgs bis zum Ausgang der Hansezeit, in: ders., Forschungen und Skizzen zur Geschichte Hamburgs (Veröffentl. aus dem Staatsarchiv der Hansestadt Hamburg 3, 1951) S. 7 ff., insbes. S. 33 ff.; ders., Die ältesten Urkunden der Hansestadt
Hamburg, ebd. S. 93 ff. Die verlorene Urkunde Heinrichs UHdL. Nr. 123, dazu
*Reincke* S. 158 ff., der S. 161 ff. die Ansicht vertritt, daß Heinrich noch eine zweite
ebenfalls verlorene Urkunde für die Stadt ausgestellt hat, dazu aber *Jordan* in der
Besprechung seines Buches, Hans. Geschbll. 71 (1952) S. 93 f.

Friede von Fulda: Arnold lib. V c. 3 (S. 150).

Italienzug Heinrichs VI. und Abfall Heinrichs von Braunschweig: zuletzt *K. Jordan*,
Papst Cölestin III. und die Welfen zu Beginn seines Pontifikats, AfD. 23 (1978)
S. 242 ff.; das Privileg des Papstes: JL. 16736.

Weitere Kämpfe in Deutschland: *Freytag S. 497 ff.; Jordan*, Papst Cölestin III.
S. 255.

Gefangennahme Richards I. und Verhandlungen über seine Freilassung: das ganze
Quellenmaterial jetzt: UB. zur Geschichte der Babenberger 4, 1 (1968) S. 218 ff.; dort
auch letzter Druck des Vertrages zwischen Heinrich VI. und Richard S. 223 ff. Nr. 926;
zur Sache jetzt *Lechner* S. 186 f.

Heirat Heinrichs von Braunschweig: Annales Stederburgenses SS. 16 S. 227; Arnold
lib. V c. 20 (S. 183).

Zusammenkunft in Tilleda: Annales Stederburgenses S. 227.

Letzte Lebenszeit und Tod Heinrichs: Annales Stederburgenses S. 230; Arnold lib.
V c. 24 (S. 193).

Grablege im Braunschweiger Dom: Von den zahlreichen Arbeiten zu der strittigen
Frage, ob man bei den Ausgrabungen des Jahres 1935 die Gebeine des Herzogs gefunden hat, nenne ich nur: *E. Fischer*, Heinrichs des Löwen sterbliche Überreste, Welt als
Geschichte 12 (1952) S. 233 ff. mit dem anthropologischen Befund; dagegen aber
*M. Hackenbroch* und *W. Holtzmann*, Die angeblichen Überreste Heinrichs des Löwen, DA. 10 (1954) S. 488 ff.; *F. Bock*, Um das Grab Heinrichs des Löwen in S. Blasien
in Braunschweig, Nds. Jb. 31 (1959) S. 271 ff. mit teilweisem Abdruck des Grabungsberichts hält an der Annahme, daß man die Gebeine Heinrichs gefunden habe, fest.
Zuletzt mit Anführung der gesamten Literatur *T. Schmidt*, Die Grablege Heinrichs des
Löwen im Dom zu Braunschweig, Braunschweiger Jb. 55 (1974) S. 9 ff. und ders.,
Nachuntersuchung der angeblichen Gebeine Heinrichs des Löwen, Anthropol. Anzeiger 34 (1974) S. 250 ff., der die These aufstellt, daß die in dem Steinsarkophag gefundenen Gebeine die der Herzogin Mathilde seien.

## Elftes Kapitel

Rolle Heinrichs für die bildende Kunst: Grundlegend immer noch *G. Swarzenski*, Aus
dem Kunstkreis Heinrichs des Löwen, Städel-Jb. 7/8 (1932) S. 241 ff.

Braunschweiger Dom: *H. Meyer-Bruck*, Die Stellung des Braunschweiger Domes in
der sächsischen Baukunst des 12. Jahrhunderts (Diss. Göttingen in Masch.-Schrift,

1952); *J. C. Klamt*, Die mittelalterlichen Monumentalmalereien im Dom zu Braun-schweig (Diss. Berlin FU. 1968); eine kurze Zusammenfassung der Forschungsergeb-nisse bei *A. Quast*, Der Sankt-Blasius-Dom zu Braunschweig, seine Geschichte und seine Kunstwerke (²1975). – Marienaltar: *H.-H. Möller*, Zur Geschichte des Marienal-tars im Braunschweiger Dom, Deutsche Kunst und Denkmalpflege 25 (1967) S. 107 ff. – Siebenarmiger Leuchter: *P. Bloch*, Siebenarmige Leuchter in christlichen Kirchen, Wallraf-Richartz-Jb. 23 (1961) S. 55 ff. – Imervardkreuz: *R. Haußherr*, Das Imervard-kreuz und der Volto-Santo-Typ, Zs. für Kunstwissenschaft 16 (1962) S. 129 ff. und *W. S(auerländer)*, in: Die Zeit der Staufer, Katalog der Ausstellung 1977, 1 S. 343 Nr. 462 mit älterer Literatur. – Triumphkreuz: *A. Fink*, Das Imervardkreuz und das Triumphkreuz Heinrichs des Löwen für den Braunschweiger Dom, Braunschw. Maga-zin 31 (1925) Sp. 65 ff.

Älteste Wandmalereien: Zu der Kontroverse zwischen *W. Berges* und *H. J. Riecken-berg*, Eilbertus und Johannes Gallicus (Nachrichten der Akademie der Wissenschaften in Göttingen 1951, phil.-hist. Klasse Nr. 2) und *R. Drögereit*, Eilbertus und Johannes Gallicus, Nds. Jb. 24 (1952) S. 144 ff., ob der in einer Inschrift genannte Johannes Gallicus mit dem Notar Johannes Heinrichs des Löwen identisch ist (dazu die beiden Erwiderungen in Nds. Jb. 25, 1953, S. 132 ff. und S. 142 ff.) jetzt *Klamt* (s. o.) S. 181 ff.

Burg Dankwarderode: eine neuere baugeschichtliche Untersuchung fehlt. – Burg-löwe: *K. Jordan* und *M. Gosebruch*, 800 Jahre Braunschweiger Burglöwe (1967).

Dome in Lübeck und Ratzeburg: *A. Kamphausen*, Die Baudenkmäler der deutschen Kolonisation in Ostholstein (Studien zur schleswig-holsteinischen Kunstgeschichte 3, 1938) S. 68 ff. und S. 80 ff.; *M. Venzmer*, Der Dom zu Lübeck (Diss. Hamburg 1957 in Masch.-Schrift) und ders., Der Lübecker Dom als Zeugnis bürgerlicher Kolonisations-kunst, Zs. des Vereins für lüb. Geschichte und Altertumskunde 39 (1959) S. 49 ff.; *A. Kamphausen*, Der Ratzeburger Dom (1954). – Mandelsloh: *H. J. Rieckenberg*, Man-delsloh – ein Kirchenbau Heinrichs des Löwen?, Nds. Jb. 49 (1977) S. 303 ff.

Buchmalerei: *F. Jansen*, Die Helmarshausener Buchmalerei zur Zeit Heinrichs des Löwen (1933); *K.-H. Usener*, Buchmalerei bis 1200, in: Kunst und Kultur im Weser-raum 800–1600, Ausstellung des Landes Nordrhein-Westfalen, Corvey 1966, Katalog 2 S. 464 ff.; *E. Krüger*, Die Schreib- und Malwerkstatt der Abtei Helmarshausen bis in die Zeit Heinrichs des Löwen (Quellen und Forschungen zur hessischen Geschichte 21, 1–3, 1972); zum Londoner Psalter auch *R. H(außherr)* in: Die Zeit der Staufer, Katalog der Ausstellung 1 S. 584 Nr. 755 mit Abbildungen 2 Nr. 547 und 548.

Welfenschatz: *O. v. Falke, R. Schmidt, G. Swarzenski*, Der Welfenschatz (1930); *G. Swarzenski* (†), Der Welfenschatz, Jb. der Stiftung Preußischer Kulturbesitz 2 (1963) S. 91 ff.; ferner mehrere Ausstellungskataloge, zuletzt: *D. Kötzsche*, Der Welfenschatz im Berliner Kunstgewerbemuseum (Bilderhefte der Staatlichen Museen Preußischer Kulturbesitz 20/21, 1973). Zum Apostelarm jetzt auch der Katalog der Staufer-Ausstel-lung 1 S. 448 Nr. 578 mit Abbildung 2 Nr. 387; Reliquiar Heinrichs II.: ebd. 1 S. 444 Nr. 575 mit Abbildung 2 Nr. 380; Bernward-Patene: ebd. S. 447 Nr. 577 mit Abbil-dung 2 Nr. 384.

Literarisches Leben: *L. Wolff*, Welfisch-Braunschweigische Dichtung der Ritterzeit, Jb. des Vereins für niederdeutsche Sprachforschung 71/73 (1948/50) S. 68 ff.; *R. Le-jeune*, Rôle littéraire de la famille d'Aliénor d'Aquitaine, Cahiers de la civilisation médiévale 1 (1958) S. 319 ff.; *K. Bertau*, Deutsche Literatur im europäischen Mittelalter 1 (1972) S. 456 ff. und öfter.

Rolandslied: Neben der maßgebenden Ausgabe von *C. Wesle, Das Rolandslied des Pfaffen Konrad,* 2. Aufl. besorgt von *P. Wapneski* (Altdeutsche Textbibliothek 69, 1967) jetzt: Das Rolandslied des Pfaffen Konrad, mittelhochdeutscher Text und Übertragung, hg., übersetzt und mit einem Nachwort von *D. Kartschoke* (Fischer-Bücherei 1970); dort auch die ältere Literatur. Zum zeitlichen Ansatz (um 1170) und zur Interpretation außer *D. Kartschoke, Die Datierung des deutschen Rolandsliedes* (Germanistische Abhandlungen 9, 1965) jetzt *K. Bertau, Das Rolandslied und die Repräsentationskunst Heinrichs des Löwen,* Der Deutschunterricht 20 (1968) S. 4 ff. und *T. Urbanek, The Rolandslied by Pfaffe Conrad. Some Chronological Aspects and its Historical and Literary Background,* Euphorion 65 (1971) S. 219. Die m. E. nicht haltbare These, daß das Werk erst in den Jahren 1193–1195 entstanden sei, bei *H. E. Keller, Der Pfaffe Konrad am Hofe von Braunschweig,* in: Wege der Worte, Festschrift für W. Fleischhauer (im Druck). Für die Möglichkeit, diese Arbeit schon während der Drucklegung einsehen zu können, bin ich dem Verfasser zu Dank verpflichtet.

Tristant: Neue Ausgabe: Eilhart von Oberg, Tristant. Edition diplomatique des manuscripts et traduction en française par *D. Buschinger* (Göppinger Arbeiten zur Germanistik 202, 1967). Dies., Le Tristant d'Eilhart von Oberg (Thèse Université de Paris IV, 1974) geht auf die Person des Dichters und die Entstehungszeit nicht näher ein. Der Stand der Forschung zu diesen beiden Fragen jetzt bei *M. Last,* Eilhart von Oberg, in: Niedersächsische Lebensbilder 8 (1973) S. 19 ff. mit ausführlichen Literaturangaben. Über das Verhältnis von Eilhart zu Heinrich von Veldeke zuletzt *L. Wolff,* Heinrich von Veldeke und Eilhart von Oberg, in: Kritische Bewahrung, Festschrift für Werner Schröder (1974) S. 241 ff., der Eilharts Eigenart gegenüber der von ihm benutzten Eneide betont. – Die Vermutung von *J. Goossens,* Tristam von Hoberge, in: „Sagen mit Sinne", Festschrift für M.-L. Dittrich (Göppinger Arbeiten zur Germanistik 180, 1976) S. 63 ff., Eilhart stamme vielleicht aus dem Brabantischen und sei ein Angehöriger des später bei Mechelen sitzenden Geschlechts „von Hobergen", scheint mir überzeugend zu sein.

Lucidarius: Die Reimvorrede der älteren Fassung ist nicht nach der auch sonst unzulänglichen Ausgabe des Werkes von *F. Heidlauf* (Deutsche Texte des Mittelalters 28, 1915), sondern nach *E. Schröder,* Die Reimvorreden des deutschen Lucidarius, Nachrichten der Gesellschaft der Wissenschaften zu Göttingen, phil.-hist. Klasse 1917 S. 153 ff., zu benutzen. Der Forschungsstand bei *K. Stackmann,* Lucidarius, in: Die deutsche Literatur des Mittelalters, Verfasserlexikon 5 (1955) Sp. 621 ff. und in dem Nachwort von *H. D. Kreuder* zu der Faksimileausgabe des Volksbuches vom Jahre 1479, in: Apollonius von Tyrus, Griseldis, Lucidarius (Deutsche Volksbücher in Faksimiledrucken Reihe A Bd. 2, 1975). S. I* ff. Zum Elucidarium des Honorius jetzt *Y. Lefèvre,* L'Elucidarium et les lucidaires (Bibliothèque des écoles françaises d'Athènes et de Rome 180, 1954); doch wird der deutsche Lucidarius hier nicht berücksichtigt.

## Zwölftes Kapitel

Äußere Erscheinung: *H. Reincke,* Gestalt, Ahnenerbe und Bildnis Heinrichs des Löwen, Zs. Verein f. lüb. Gesch. und Altertumskunde 28 (1936) S. 203 ff.

Grabmal: *F. N. Steigerwald,* Das Grabmal Heinrichs des Löwen und Mathildes im Dom zu Braunschweig (Braunschw. Werkstücke 47, 1972), im einzelnen aber sehr anfechtbar. Der Forschungsstand jetzt besser bei *W. S(auerländer)* in: Die Zeit der Staufer, Katalog 1, 325 Nr. 447.

Bildnisse im Londoner Psalter und Gmundener Evangeliar: s. die oben S. 287 genannte Literatur. Die von *Steigerwald* S. 48 A. 37 und *Schmidt*, Braunschw. Jb. 55 S. 32 vertretene Annahme, daß Mathilde auf dem Krönungsbild des Evangeliars stehend dargestellt sei, scheint mir bei dem genauen Vergleich dieses Bildes mit dem Dedikationsbild des Evangeliars nicht haltbar zu sein. Der Faltenwurf des Gewandes der Herzogin ist auf beiden Bildern ein wesentlich anderer.

Die Schilderung bei Acerbus Morena: Das Geschichtswerk des Otto Morena und seiner Fortsetzer … neu hg. von *F. Güterbock*, MG. SS. rer. Germ. NS. 7 (1930) S. 169; die Schilderung bei Rahewin, Gesta Friderici lib. IV c. 46, ed. *Waitz-Simson* S. 286.

Wandel des Geschichtsbildes: *U. Jentzsch*, Heinrich der Löwe im Urteil der deutschen Geschichtsschreibung von den Zeitgenossen bis zur Aufklärung (Beiträge zur mittelalterlichen und neueren Geschichte 11, ²1942); *W. Rasche*, Die Gestalt Heinrichs des Löwen im Spiegel mittelalterlicher Quellen (Diss. Kiel 1949 in Masch.-Schrift), Teildruck unter dem Titel „Heinrich der Löwe im Spiegel ausländischer Quellen des Mittelalters", Braunschw. Jb. 32 (1951) S. 70 ff. In diesen Arbeiten auch die Quellenstellen, die hier deshalb nicht noch einmal aufgeführt werden. Zuletzt *K. Jordan*, Die Gestalt Heinrichs des Löwen im Wandel des Geschichtsbildes, Geschichte in Wissenschaft und Unterricht 26 (1975) S. 226 ff.; zu Einzelfragen auch *F. Graus*, Heinrich der Löwe als Gegenspieler Barbarossas und Organisator der Ostkolonisation, in: ders., Lebendige Vergangenheit, Überlieferung im Mittelalter und in den Vorstellungen vom Mittelalter (1975) S. 354 ff.

Sage: *K. Hoppe*, Die Sage von Heinrich dem Löwen (Schriften des niedersächsischen Heimatbundes 22, 1952); *J. Ruland*, Die Sage von Heinrich dem Löwen am Mittelrhein, Rhein.-Westfälische Zs. für Volkskunde 1 (1954) S. 112 ff.; *P. Paulsen*, Drachenkämpfer, Löwenritter und Heinrichsage (1966), insbes. S. 175 ff.; *W. Baumann*, Die Sage von Heinrich dem Löwen bei den Slaven (Slavistische Beiträge 73, 1975).

Welfische Geschichtsforschung im 17. und 18. Jahrhundert: *A. Reese*, Die Rolle der Historie beim Aufstieg des Welfenhauses 1680–1714 (Quellen und Darstellungen zur Geschichte Niedersachsens 71, 1967).

Streit Sybel-Ficker: Die betreffenden Schriften sind jetzt neu hg. von *Fr. Schneider* in dem Band „Universalstaat oder Nationalstaat" (1941); zum Streit zwischen beiden zuletzt *H. Ritter v. Srbik*, Geist und Geschichte vom deutschen Humanismus bis zur Gegenwart 2 (1951) S. 33 ff. und *H. Gollwitzer*, Zur Auffassung der mittelalterlichen Kaiserpolitik im 19. Jahrhundert, in: Dauer und Wandel der Geschichte, Festgabe für K. v. Raumer (1966) S. 483 ff.

Die Äußerung Bismarcks: Erinnerung und Gedanke, in: Die gesammelten Werke 15 (1932) S. 202. – Die Urteile Rankes: Neun Bücher Preußischer Geschichte 1 (1847) S. 3; eine leicht veränderte Fassung in: Zwölf Bücher Preußischer Geschichte, zuletzt hg. von *G. Küntzel* in der Gesamtausgabe der Werke Rankes der Deutschen Akademie 1 (1930) S. 14, und in: Weltgeschichte 8 (1887) S. 195.

## Nachträge zur Literatur

Nach der Drucklegung des Buches sind mir noch folgende für die hier behandelten Fragen in Betracht kommende Arbeiten bekannt geworden:

S. 277 f.: Gotland-Urkunden und verlorener Handelsvertrag mit Nowgorod: *W. Rennkamp*, Studien zum deutsch-russischen Handel bis zum Ende des 13. Jahrhunderts. Nowgorod und Dünagebiet (Bochumer historische Studien, mittelalterliche Geschichte 2, 1977) S. 29 ff. und S. 49 ff.

S. 281: Gründung Münchens: *M. Schattenhofer*, Die Anfänge Münchens, in: Abensberger Vorträge 1977 (Zs. für bayer. LG Beiheft 9 Reihe B, 1978) S. 7 ff. mit erneuter kritischer Erörterung der sich bei der Gründung der Stadt ergebenden Fragen.

S. 289: Sage von Heinrich dem Löwen: *R. Moderhack*, Spätmittelalterliche Wandmalereien zur Heinrichsage in Karden a. d. Mosel, Braunschweig. Heimat 64 (1978) S. 52 ff.

# Zeittafel

*(wichtige Daten zur Geschichte Heinrichs des Löwen)*

| | |
|---|---|
| Etwa 1129/31 | Geburt Heinrichs |
| 1142 | Belehnung mit Sachsen |
| 1147 | Wendenkreuzzug |
| 1152 | Wahl Friedrichs I. zum König |
| 1154 | Investiturprivileg für die Bistümer in Nordelbingen |
| 1154/55 | Teilnahme am 1. Italienzug Friedrichs I. |
| 1156 | Belehnung mit Bayern |
| 1157/58 | Gründung Münchens |
| 1159 | Neugründung Lübecks |
| 1159/60 | Teilnahme am 2. Italienzug Friedrichs I. |
| 1160 | Eroberung des Obodritenlandes |
| 1161 | Erneute Teilnahme am 2. Italienzug |
| 1165 | Verlobung mit Mathilde von England; Reichstag zu Würzburg |
| 1166 | Beginn schwerer Kämpfe in Sachsen |
| 1168 | Heirat mit Mathilde |
| 1170 | Ende der Kämpfe in Sachsen |
| 1172 | Pilgerfahrt nach Jerusalem |
| 1176 | Zusammenkunft zu Chiavenna |
| 1177 | Ausbruch neuer Kämpfe in Sachsen |
| 1178 | Beginn des Prozesses gegen Heinrich |
| 1179 | Achtspruch auf dem Reichstag zu Magdeburg |
| 1180 | Lehnrechtliche Verurteilung auf dem Reichstag zu Würzburg; Verhängung der Oberacht; Beginn des Reichskrieges gegen Heinrich |
| 1181 | Heinrichs Unterwerfung auf dem Reichstag zu Erfurt |
| 1182/85 | Erstes Exil |
| 1189 | Zweites Exil; Tod der Mathilde; Rückkehr nach Deutschland |
| 1190 | Friede zu Fulda |
| 1195 | Tod Heinrichs |

# Zu den Stammtafeln

Die Aufstellung einer Stammtafel der älteren Welfen ist bei den vielfach voneinander abweichenden Angaben der verschiedenen Fassungen der welfischen Hausüberlieferung sehr schwierig und muß deshalb in einer Reihe von Punkten hypothetisch bleiben. Sicherheit über die Abfolge der Generationen besteht erst seit dem Anfang des 11. Jahrhunderts; vgl. dazu die oben S. 272 genannten Arbeiten von *Fleckenstein, Tellenbach, Schnath* und *Oexle*. Für weitere Hinweise bin ich Herrn Professor *Oexle* zu besonderem Dank verpflichtet.

Auch bei der Stammtafel der jüngeren Welfen bleiben manche Fragen offen. Die Angaben bei *W. K. Prinz zu Isenburg*, Stammtafeln zur Geschichte europäischer Staaten I (1953²) Tafel 11 sind teilweise zu berichtigen. Die Reihenfolge der Kinder Heinrichs des Schwarzen ist unsicher. Von den Nachkommen aus der Ehe des Staufers Friedrich II. von Schwaben mit der Welfin Judith sind nur die aufgenommen, die in unserer Darstellung erwähnt werden. Eine vollständige Stammtafel der Staufer gibt jetzt *H. Decker-Hauff*, Das staufische Haus, in: Die Zeit der Staufer 3, S. 339 ff. mit den beiden Übersichtstafeln in 4 Nr. XV und XVI; ergänzend dazu jetzt *E. Assmann*, Friedrich Barbarossas Kinder, DA 33 (1977) S. 435 ff.

Die Reihenfolge der Kinder Heinrichs des Löwen aus seiner ersten Ehe mit Clementia von Zähringen, aus der aller Wahrscheinlichkeit nach zwei Töchter hervorgegangen sind (vgl. oben S. 74), ist nicht sicher. Der Name der Konkubine des Herzogs ist nicht bekannt. Wenn er in der neueren Literatur, so zuletzt bei *E. Brandenburg*, Die Nachkommen Karls des Großen (1935, Nachdruck 1964) S. 44 Nr. XII 188c mit Ida angegeben wird, so ist dies ein auf die Origines Guelficae 3. S. 181 f. mit Anm. k zurückgehender Irrtum. Hier wird bei der Aufzählung der Kinder des Grafen Gottfried von Blieskastel das Wort „illam" in der Chronik des Alberich von Trois-Fontaines, MG. SS 23 S. 851 Z 11 ff., in unzulässiger Weise in „Idam" geändert. Vgl. dazu *A. Hofmeister*, Genealogische Untersuchungen zur Geschichte des pommerschen Herzogshauses, Pomm.Jbb. 32 (1938) S. 18 f. mit Anm. 111.

# In den Stammtafeln benutzte Zeichen und Abkürzungen

| | |
|---|---|
| * | geboren |
| ∞ | verheiratet |
| ⊕ | geschieden |
| † | gestorben |
| ††† | ausgestorben |

| | |
|---|---|
| Gf. | Graf |
| Hg. | Herzog |
| Mkgf. | Markgraf |
| Pfgf. | Pfalzgraf |
| K. | Kaiser |
| Kg. | König |

# Stammtafel der älteren Welfen

(nach Fleckenstein, Tellenbach, Schnath und Oexle)

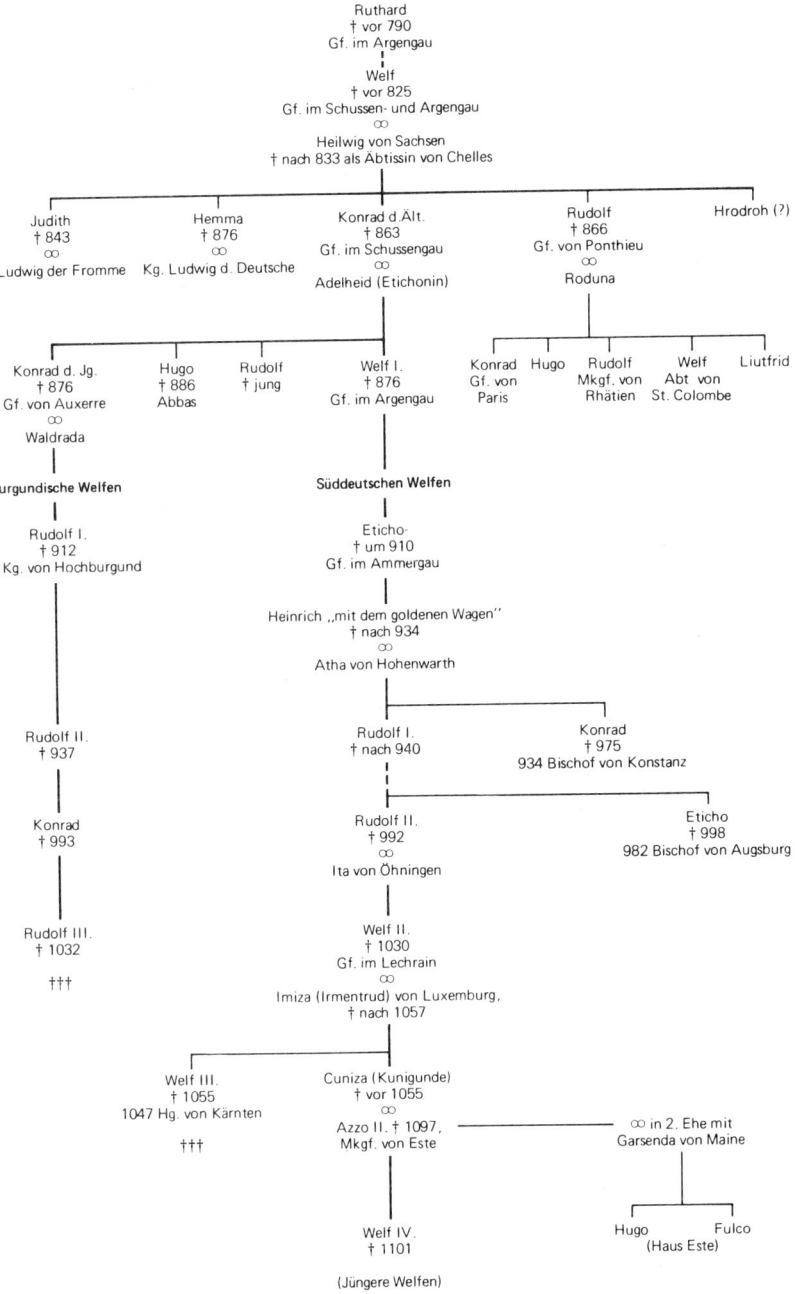

Ruthard
† vor 790
Gf. im Argengau

Welf
† vor 825
Gf. im Schussen- und Argengau
∞
Heilwig von Sachsen
† nach 833 als Äbtissin von Chelles

Judith
† 843
∞
K. Ludwig der Fromme

Hemma
† 876
∞
Kg. Ludwig d. Deutsche

Konrad d. Ält.
† 863
Gf. im Schussengau
∞
Adelheid (Etichonin)

Rudolf
† 866
Gf. von Ponthieu
∞
Roduna

Hrodroh (?)

Konrad d. Jg.
† 876
Gf. von Auxerre
∞
Waldrada

Hugo
† 886
Abbas

Rudolf
† jung

Welf I.
† 876
Gf. im Argengau

Konrad
Gf. von Paris

Hugo

Rudolf
Mkgf. von Rhätien

Welf
Abt von St. Colombe

Liutfrid

**Burgundische Welfen**

Rudolf I.
† 912
888 Kg. von Hochburgund

**Süddeutschen Welfen**

Eticho
† um 910
Gf. im Ammergau

Heinrich „mit dem goldenen Wagen"
† nach 934
∞
Atha von Hohenwarth

Rudolf II.
† 937

Rudolf I.
† nach 940

Konrad
† 975
934 Bischof von Konstanz

Konrad
† 993

Rudolf II.
† 992
∞
Ita von Öhningen

Eticho
† 998
982 Bischof von Augsburg

Rudolf III.
† 1032

†††

Welf II.
† 1030
Gf. im Lechrain
∞
Imiza (Irmentrud) von Luxemburg,
† nach 1057

Welf III.
† 1055
1047 Hg. von Kärnten

†††

Cuniza (Kunigunde)
† vor 1055
∞
Azzo II. † 1097,
Mkgf. von Este

∞ in 2. Ehe mit
Garsenda von Maine

Welf IV.
† 1101

Hugo    Fulco
(Haus Este)

(Jüngere Welfen)

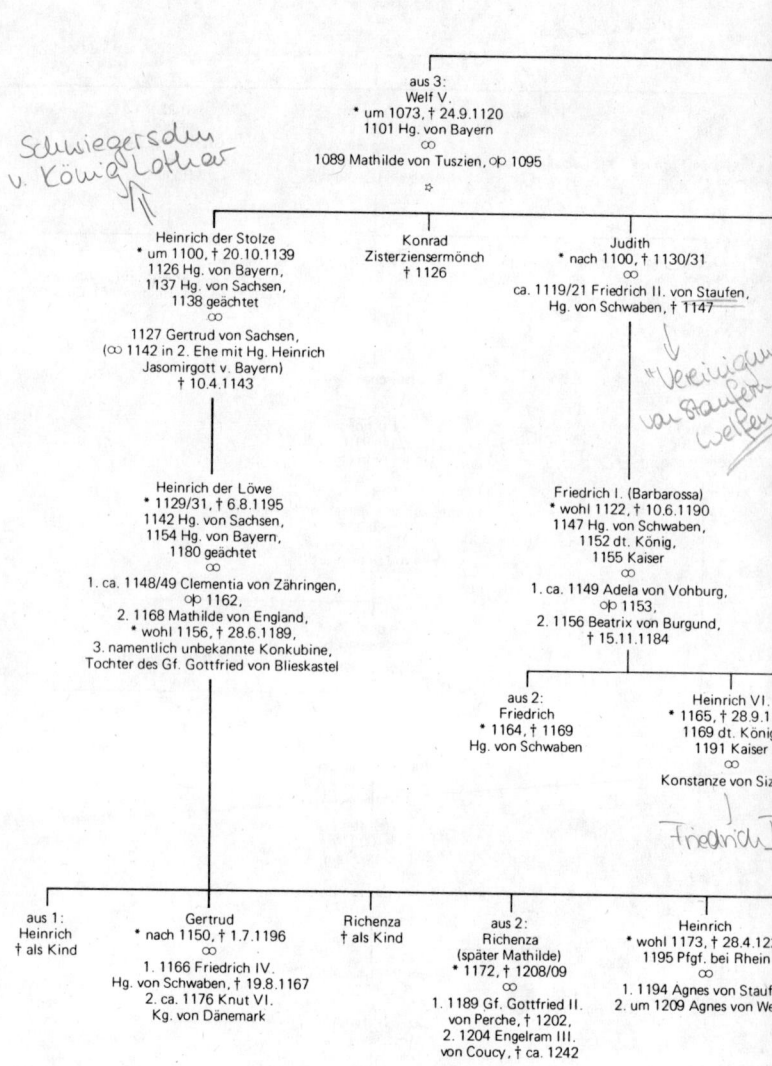

*(handwritten, upper left)* Schwiegersohn v. König Lothar

**aus 3:**
**Welf V.**
\* um 1073, † 24.9.1120
1101 Hg. von Bayern
∞
1089 Mathilde von Tuszien, ⚭⚭ 1095
✧

| | | |
|---|---|---|
| **Heinrich der Stolze** | **Konrad** | **Judith** |
| \* um 1100, † 20.10.1139 | Zisterziensermönch | \* nach 1100, † 1130/31 |
| 1126 Hg. von Bayern, | † 1126 | ∞ |
| 1137 Hg. von Sachsen, | | ca. 1119/21 Friedrich II. von Staufen, |
| 1138 geächtet | | Hg. von Schwaben, † 1147 |
| ∞ | | |
| 1127 Gertrud von Sachsen, | | |
| (∞ 1142 in 2. Ehe mit Hg. Heinrich | | |
| Jasomirgott v. Bayern) | | |
| † 10.4.1143 | | |

*(handwritten, right)* "Vereinigung v. Staufern + Welfen"

**Heinrich der Löwe**
\* 1129/31, † 6.8.1195
1142 Hg. von Sachsen,
1154 Hg. von Bayern,
1180 geächtet
∞
1. ca. 1148/49 Clementia von Zähringen,
⚭⚭ 1162,
2. 1168 Mathilde von England,
\* wohl 1156, † 28.6.1189,
3. namentlich unbekannte Konkubine,
Tochter des Gf. Gottfried von Blieskastel

**Friedrich I. (Barbarossa)**
\* wohl 1122, † 10.6.1190
1147 Hg. von Schwaben,
1152 dt. König,
1155 Kaiser
∞
1. ca. 1149 Adela von Vohburg,
⚭⚭ 1153,
2. 1156 Beatrix von Burgund,
† 15.11.1184

**aus 2:**
**Friedrich**
\* 1164, † 1169
Hg. von Schwaben

**Heinrich VI.**
\* 1165, † 28.9.11⋯
1169 dt. König,
1191 Kaiser
∞
Konstanze von Sizi⋯

*(handwritten)* Friedrich I⋯

| aus 1: | Gertrud | Richenza | aus 2: | Heinrich |
|---|---|---|---|---|
| **Heinrich** | \* nach 1150, † 1.7.1196 | † als Kind | Richenza | \* wohl 1173, † 28.4.122⋯ |
| † als Kind | ∞ | | (später Mathilde) | 1195 Pfgf. bei Rhein |
| | 1. 1166 Friedrich IV. | | \* 1172, † 1208/09 | ∞ |
| | Hg. von Schwaben, † 19.8.1167 | | ∞ | 1. 1194 Agnes von Staufe⋯ |
| | 2. ca. 1176 Knut VI. | | 1. 1189 Gf. Gottfried II. | 2. um 1209 Agnes von Wett⋯ |
| | Kg. von Dänemark | | von Perche, † 1202, | |
| | | | 2. 1204 Engelram III. | |
| | | | von Coucy, † ca. 1242 | |

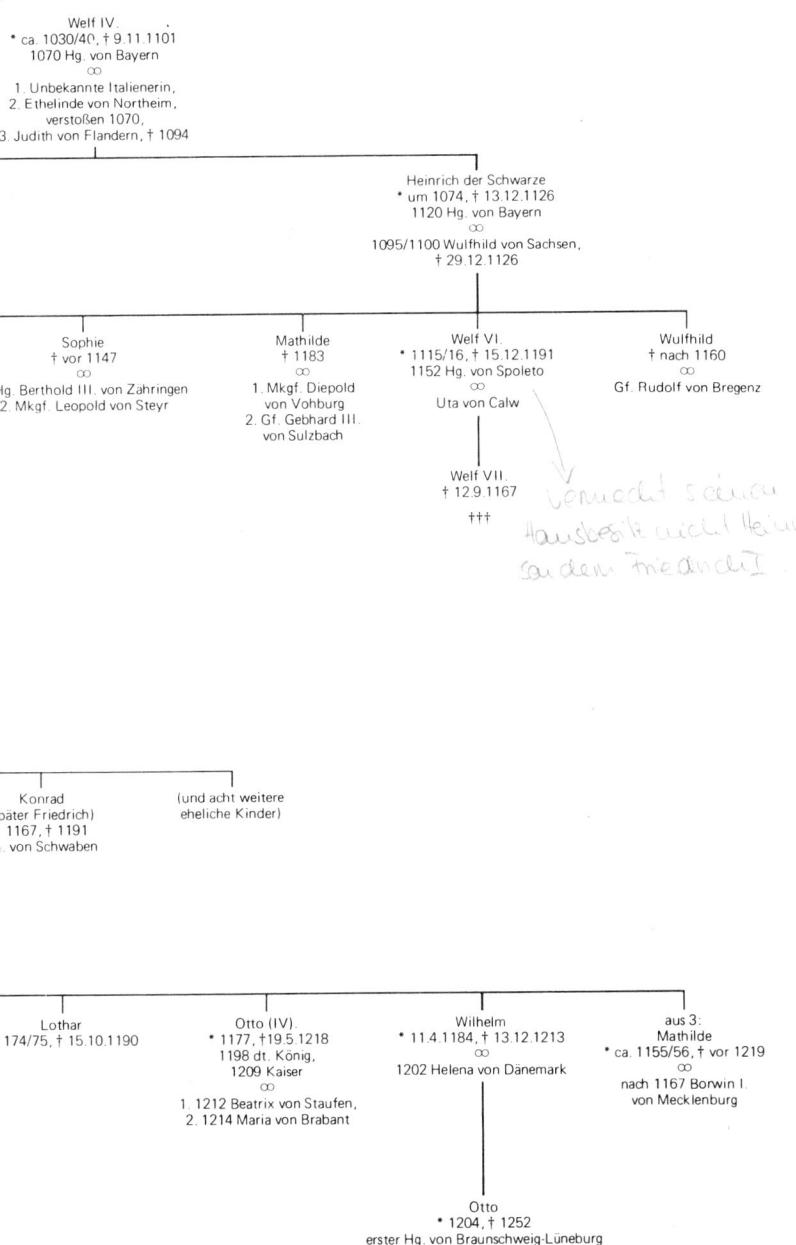

Welf IV.
* ca. 1030/40, † 9.11.1101
1070 Hg. von Bayern
∞
1. Unbekannte Italienerin,
2. Ethelinde von Northeim,
   verstoßen 1070,
3. Judith von Flandern, † 1094

Heinrich der Schwarze
* um 1074, † 13.12.1126
1120 Hg. von Bayern
∞
1095/1100 Wulfhild von Sachsen,
† 29.12.1126

Sophie
† vor 1147
∞
Hg. Berthold III. von Zähringen
2. Mkgf. Leopold von Steyr

Mathilde
† 1183
∞
1. Mkgf. Diepold
   von Vohburg
2. Gf. Gebhard III.
   von Sulzbach

Welf VI.
* 1115/16, † 15.12.1191
1152 Hg. von Spoleto
∞
Uta von Calw

Wulfhild
† nach 1160
∞
Gf. Rudolf von Bregenz

Welf VII.
† 12.9.1167
†††

*vermacht seinen
Hausbesitz nicht Heinrich,
sondern Friedrich I.*

Konrad
(später Friedrich)
1167, † 1191
. von Schwaben

(und acht weitere
eheliche Kinder)

Lothar
174/75, † 15.10.1190

Otto (IV).
* 1177, †19.5.1218
1198 dt. König,
1209 Kaiser
∞
1. 1212 Beatrix von Staufen,
2. 1214 Maria von Brabant

Wilhelm
* 11.4.1184, † 13.12.1213
∞
1202 Helena von Dänemark

aus 3:
Mathilde
* ca. 1155/56, † vor 1219
∞
nach 1167 Borwin I.
von Mecklenburg

Otto
* 1204, † 1252
erster Hg. von Braunschweig-Lüneburg

Für die Karte „Welfischer Herrschaftsbereich in Schwaben und Bayern" dient die Karte von *H. Schwarzmaier*, Hochadelsbesitz im 12. Jahrhundert. Welfenbesitz in: Historischer Atlas von Baden-Württemberg, Beiwort zu Karte V 3 (1974) als Vorlage; diese Karte ist, insbesondere für Bayern, ergänzt worden.

Der Karte „Das Herzogtum Sachsen unter Heinrich dem Löwen (bis 1180)" liegt die entsprechende Karte von *G. Schnath* in: Großer Historischer Weltatlas, hrsg. vom Bayerischen Schulbuch-Verlag, 2. Teil: Mittelalter (1970) Karte 111 b. zugrunde, die in einigen Punkten ergänzt ist.

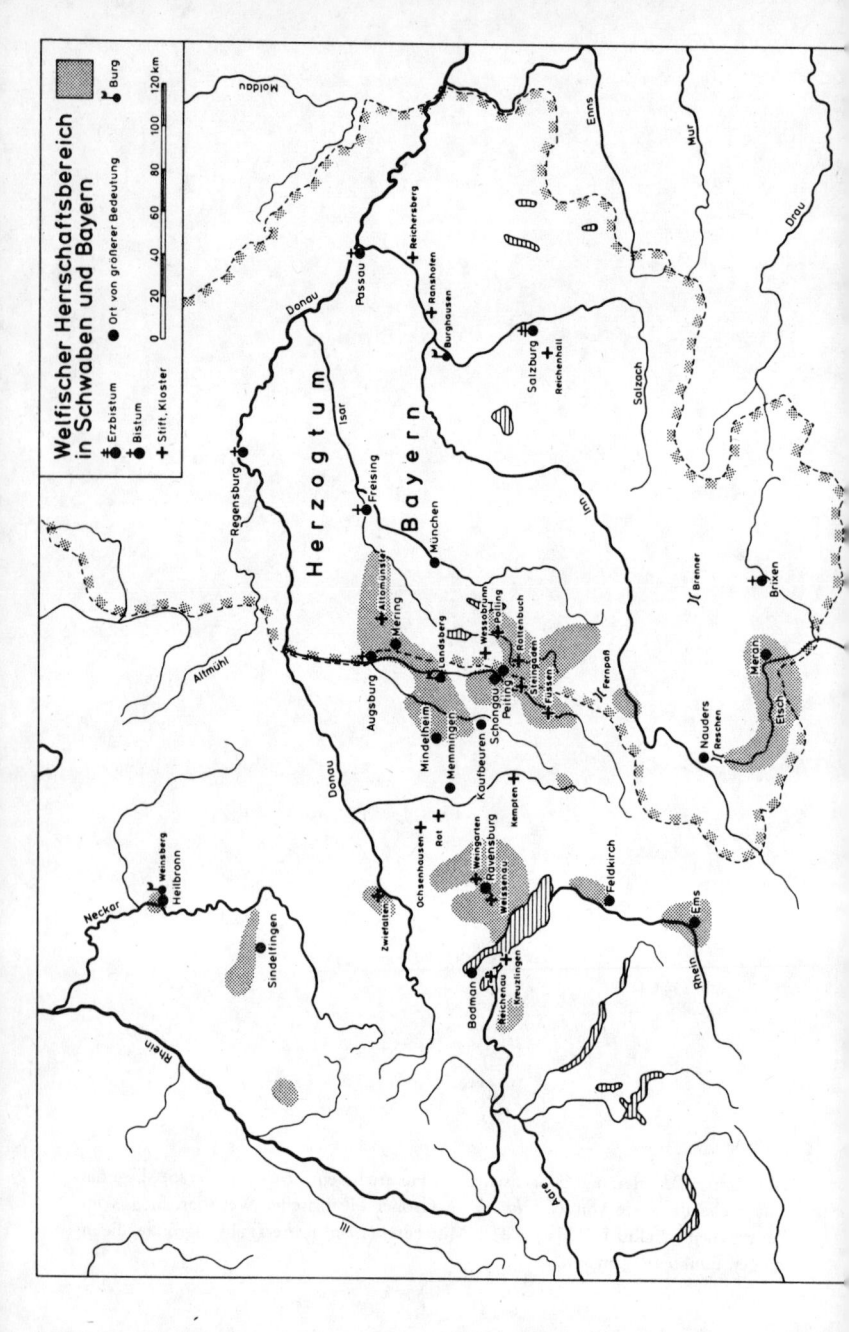

**Welfischer Herrschaftsbereich in Schwaben und Bayern**

Legende:
- ⌘ Erzbistum
- ✝ Bistum
- ✝ Stift, Kloster
- ● Ort von größerer Bedeutung
- ⌐ Burg

Maßstab: 0 20 40 60 80 100 120 km

Gewässer und Regionen: Moldau, Donau, Isar, Inn, Enns, Drau, Mur, Salzach, Neckar, Rhein, Altmühl, Lech, Iller, Aare, Etsch

Ortsangaben: Regensburg, Passau, Reichersberg, Ranshofen, Burghausen, Salzburg, Reichenhall, Freising, München, Altomünster, Ilming, Landsberg, Wessobrunn, Polling, Rottenbuch, Steingaden, Füssen, Schongau, Peiting, Augsburg, Mindelheim, Memmingen, Kaufbeuren, Kempten, Rot, Ochsenhausen, Weingarten, Ravensburg, Weissenau, Zwiefalten, Feldkirch, Ems, Bodman, Reichenau, Kreuzlingen, Sindelfingen, Weinsberg, Heilbronn, Meran, Brixen, Nauders, Reschen, Brenner, Fernpaß

Herzogtum Bayern

**as Herzogtum Sachsen
nter Heinrich dem Löwen (bis 1180)**

Von Heinrich dem Löwen beanspruchte
Herrschaft über den Westen des sächsischen
Stammesbereiches

Gebiet besonders dichten Besitzes von Grafschaften
und Eigengütern

Herrschaftsbereich östlich der Elbe

K G R.

D Ä N E M A R K

Ostsee

Nordsee

Schleswig

Oldenburg
1160 nach
Lübeck verlegt

WAGRIEN

HOLSTEIN

Segeberg

Lübeck

Mecklenburg
1160 nach
Schwerin verlegt

DITHMARSCHEN

Oldesloe

Obodriten

STORMARN

Ratzeburg

Schwerin

HADELN

Jever

Reepsholt

Stade

Hamburg

Polaben

Emden

WURSTEN

Lauenburg

Ramelsloh

Bardowick
Lüneburg

Elbe

Havelberg

Oldenburg

Bremen

Weser

Verden

Salzwedel

DRENTHE

Wildeshausen

Bassum
Bücken

Ems

Leine

Aller

Nordmark

TWENTE

Osnabrück

Minden

Wunstorf

Hannover

Neuhaldensleben

Brandenburg

Vreden

Tecklenburg

Ravensberg

Schaumburg

Hameln

Braunschweig

Supplingenburg

Königslutter
Werla

Magdeburg

Münster

Freckenhorst

Kemnade

Hildesheim

Sömmerschenburg

OSTFALEN

Winzenburg

Goslar

Halberstadt

Corvey

Gandersheim

Blankenburg

Dortmund

Werl

Soest

Paderborn

Helmarshausen

Dassel

Bodenfeld

Pöhlde

Quedlinburg

Saale

Essen

Werden

Arnsberg

Desenberg

Northeim

Nordhausen

Wallhausen

Hilwartshausen

Göttingen

Tilleda

Allstedt

Halle

Köln

Kassel

Kaufungen

Hann. Münden

Merseburg

Fritzlar

Hessen

Naumburg

Rhein

Hzm. Franken

Hersfeld

Werra

Fulda

Thüringen

Weimar

Erfurt

Zeitz

| Erzbistum | Ort von größerer Bedeutung |
| Bistum | Pfalz |
| Stift, Kloster | Burg |

0   20   40   60   80 km

= potentielle Gegner

# Register der Personen- und Ortsnamen

Der Name Heinrich der Löwe ist nicht aufgenommen.

## Abkürzungen

| B. | Bischof | hgl. | herzoglich |
|---|---|---|---|
| Btm. | Bistum | K. | Kaiser |
| Eb. | Erzbischof | Kg. | König |
| Ebtm. | Erzbistum | Ldgf. | Landgraf |
| Gf. | Graf | Mkgf. | Markgraf |
| Gfsch. | Grafschaft | Pfgf. | Pfalzgraf |
| Hg. | Herzog | T. | Tochter |

# Geschichte des Mittelalters

*Horst Fuhrmann*
Einladung ins Mittelalter
4., durchgesehene Auflage. 1989. 327 Seiten mit
45 Abbildungen. Leinen

*Hartmut Boockmann*
Das Mittelalter
Ein Lesebuch aus Texten und Zeugnissen
vom 6. bis zum 16. Jahrhundert
2. Auflage. 1989. 383 Seiten. Leinen

*Hartmut Boockmann*
Die Stadt im späten Mittelalter
3., durchgesehene Auflage. 1994
357 Seiten mit 521 Abbildungen. Leinen im Schuber

*Hartmut Boockmann*
Fürsten, Bürger, Edelleute
Lebensbilder aus dem späten Mittelalter
1994. 239 Seiten mit 9 Abbildungen. Leinen

*Heinrich Schipperges*
Die Kranken im Mittelalter
3., ergänzte Auflage. 1993. 252 Seiten
mit 22 Abbildungen. Gebunden

*Klaus Bergdolt*
Der Schwarze Tod in Europa
Die Große Pest und das Ende des Mittelalters
2., unveränderte Auflage. 1994.
267 Seiten mit 8 Abbildungen. Leinen

## Verlag C. H. Beck München